Max Morley 6c

D1140774

Lambacher Schweizer 2

Mathematik für Gymnasien

Baden-Württemberg

erarbeitet von
Manfred Baum
Martin Bellstedt
Heidi Buck
Rolf Dürr
Hans Freudigmann
Frieder Haug

Ernst Klett Verlag
Stuttgart · Leipzig

Redaktion
Dr. Marielle Cremer
Eva Göhner

Gestaltung
Simone Glauner
Andreas Staiger, Stuttgart

DTP/Satz
topset Computersatz, Nürtingen

Grafiken
Uwe Alfer, Waldbreitbach
Jochen Ehmann, Stuttgart
Christine Lackner-Hawighorst, Ittlingen

Bildkonzept Umschlag
Soldankommunikation, Stuttgart

Umschlagfotografie
Katja Krause, Würzburg

Reproduktion
Meyle + Müller, Medien-Management,
Pforzheim

Druck
Firmengruppe APPL, aprinta druck, Wem-
ding

Autoren
Manfred Baum
Martin Bellstedt
Heidi Buck
Prof. Rolf Dürr
Hans Freudigmann
Dr. Frieder Haug

Unter Mitarbeit von
Bärbel Barzel
Dr. Dieter Brandt
Thorsten Jürgensen
Prof. Detlef Lind
Rolf Reimer
Reinhard Schmitt-Hartmann
Dr. Heike Tomaschek
Dr. Peter Zimmermann

Zu diesem Buch gibt es ein Lösungsheft mit der ISBN 978-3-12-734363-2.

1. Auflage

1 10 9 8 7 6 | 2016 15 14 13 12

Alle Drucke dieser Auflage sind unverändert und können im Unterricht nebeneinander verwendet werden. Ab dem 3. Druck befindet sich im Anhang ein Selbsttraining mit Lösungen. Die letzten Zahlen bezeichnen jeweils die Auflage und das Jahr des Druckes.

Das Werk und seine Teile sind urheberrechtlich geschützt. Jede Nutzung in anderen als den gesetzlich zugelassenen Fällen bedarf der vorherigen schriftlichen Einwilligung des Verlages. Hinweis zu § 52 a UrhG: Weder das Werk noch seine Teile dürfen ohne eine solche Einwilligung eingescannt und in ein Netzwerk eingestellt werden. Dies gilt auch für Intranets von Schulen und sonstigen Bildungseinrichtungen.

Fotomechanische Wiedergabe nur mit Genehmigung des Verlages.
© Ernst Klett Verlag GmbH, Stuttgart 2005.
Alle Rechte vorbehalten.
Internetadresse: www.klett.de

Printed in Germany

ISBN 978-3-12-734361-8

Moderner Mathematikunterricht mit dem Lambacher Schweizer

Mathematik – vielseitig und schülerorientiert

Der heutige Mathematikunterricht soll den Kindern und Jugendlichen neben Rechenfertigkeiten auch zahlreiche weitere Fähigkeiten, die für die Allgemeinbildung grundlegend sind, vermitteln.

Das Erlernen solcher fachlicher und überfachlicher **Basisfähigkeiten** wird im Lambacher Schweizer in einem vielfältigen Aufgabenangebot für die Schülerinnen und Schüler ermöglicht. Auf den Seiten Wiederholen – Vertiefen – Vernetzen und in den Sachthemen werden zudem die Inhalte der Kapitel bzw. des Buches noch einmal für integriertes und vernetztes Lernen aufbereitet. Die Sachthemen behandeln unter einem Oberthema Inhalte aus allen Kapiteln des Buches oder schulen übergreifende Fähigkeiten wie das Lösen von Problemen. Sie lassen sich sowohl nutzen, um über sie in die Kapitel einzusteigen, als auch als Wiederholung und Festigung im Anschluss an die Kapitel.

Die Inhalte des Mathematikunterrichts zentralen Ideen zuzuordnen, bietet für die Schülerinnen und Schüler die Chance, Zusammenhänge über die Kapitel hinaus herzustellen und damit ein größeres Verständnis für die Mathematik zu erlangen. Aus diesem Grund werden die Kapitel insgesamt sechs schülerverständlichen **Leitideen** zugeordnet, die über die achtjährige Schulzeit hin Bestand haben: Zahl und Maß, Form und Raum, Beziehung und Änderung, Daten und Zufall, Muster und logische Struktur, Modell und Simulation.

Um grundlegende Fertigkeiten und Inhalte, so genanntes **Basiswissen**, bei den Schülerinnen und Schülern abzusichern, werden mit der Frage „Kannst du das noch?" immer wieder Aufgaben zu früheren Themen eingestreut. Außerdem ist die Möglichkeit zu selbstkontrolliertem Üben gegeben, innerhalb der Lerneinheiten mit den Aufgaben zu „Bist du sicher?" und am Ende des Kapitels in den „Trainingsrunden".

Das achtjährige Gymnasium

Die Verkürzung der gymnasialen Schulzeit erfordert eine Straffung des Lernstoffes. Der Bildungsplan sieht entsprechende Änderungen vor, die im Schulbuch sinnvoll umgesetzt werden müssen.

Im Lambacher Schweizer werden negative Zahlen nun in Klasse 5 behandelt. In Klasse 6 können die rationalen Zahlen deshalb sofort im positiven und negativen Bereich eingeführt werden. Bei den Rechenvorgängen kann hier auf das Vorgehen bei den ganzen Zahlen zurückgegriffen werden. Eine weitere Straffung der Inhalte wurde dadurch erreicht, dass früher getrennt aufbereitete Inhalte sinnvoll zusammengefasst wurden, d.h. so, dass sie ein integriertes und vernetztes Lernen fördern. Ein Beispiel dafür ist die gemeinsame Einführung der Bruch- und Dezimaldarstellung von rationalen Zahlen. Sie verdeutlicht, dass es sich nur um verschiedene Darstellungsweisen derselben Zahl handelt.

Wichtig ist zudem die verständnisorientierte Vorbereitung zukünftigen Lernstoffs. So wird in Klasse 6 bereits die Prozentangabe eingeführt, aus der Erkennung von Mustern wird auf einfache Terme geschlossen und das Beweisen und Begründen wird durch experimentelles, aber systematisches Entdecken geübt. Dies ebnet den Weg für das abstraktere Vorgehen bei den entsprechenden Inhalten in Klasse 7.

Taschenrechner-Einsatz

Der sinnvolle Einsatz des Taschenrechners in Klasse 5 wird in Klasse 6 entsprechend fortgesetzt, um auch hier Anwendungsbezüge zu ermöglichen, die zeitaufwändige und fehleranfällige Berechnungen erfordern. Deshalb wird bei entsprechenden Aufgaben der Gebrauch (durch ▦) angezeigt.

In einer Lerneinheit zur Selbsterarbeitung können sich die Schülerinnen und Schüler mit dem Umgang des Taschenrechners bei rationalen Zahlen vertraut machen.

Inhaltsverzeichnis

Lernen mit dem Lambacher Schweizer

Liebe Schülerinnen und Schüler,

auf diesen zwei Seiten stellen wir euer neues Mathematikbuch vor, das euch im Mathematikunterricht begleiten und unterstützen soll.

Wie ihr im Inhaltsverzeichnis sehen könnt, besteht das Buch aus sechs **Kapiteln** und zwei **Sachthemen**. In den Kapiteln lernt ihr nacheinander neue mathematische Inhalte kennen. In dem Sachthema Olympia trefft ihr wieder auf die Inhalte aller Kapitel, allerdings versteckt in olympischen Rekorden. In dem anderen Sachthema lernt ihr viele allgemein hilfreiche Techniken zum Lösen von Problemen kennen. Ihr seht also, mathematischen Problemen begegnet man nicht nur im Mathematikunterricht.

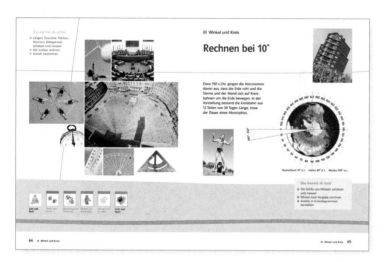

In den Kapiteln geht es darum, neue Inhalte kennen zu lernen, zu verstehen, zu üben und zu vertiefen.
Sie beginnen mit einer **Auftaktseite**, auf der ihr entdecken und lesen könnt, was euch in dem Kapitel erwartet.

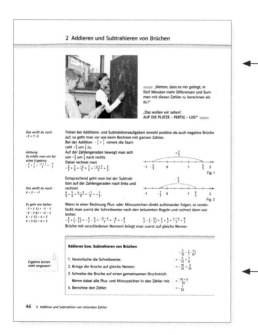

Die Kapitel sind in **Lerneinheiten** unterteilt, die euch immer einen mathematischen Schritt voranbringen. Zum **Einstieg** findet ihr stets eine Anregung oder eine Frage zu dem Thema. Ihr könnt euch dazu alleine Gedanken machen, es in der Gruppe besprechen oder mit der ganzen Klasse gemeinsam mit eurer Lehrerin oder eurem Lehrer diskutieren.

Im **Merkkasten** findet ihr die wichtigsten Inhalte der Lerneinheit zusammengefasst. Ihr solltet ihn deshalb sehr aufmerksam lesen.

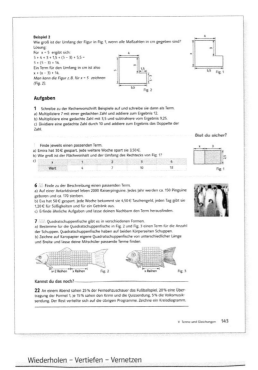

V Terme und Gleichungen 143

Wiederholen – Vertiefen – Vernetzen

Rückblick

Training   Runde 1

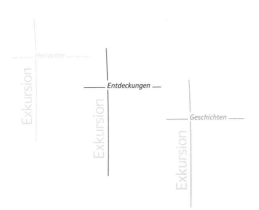

Vor den Aufgaben findet ihr **Beispiel**aufgaben. Sie führen euch vor, wie ihr die nachfolgenden Aufgaben lösen sollt. Hilfreiche Hinweise sind in kursiver Schrift ergänzt.

In dem Aufgabenblock **Bist du sicher?** könnt ihr alleine testen, ob ihr die grundlegenden Aufgaben zu dem neu gelernten Stoff lösen könnt. Die Lösungen dazu findet ihr hinten im Buch.

In den Aufgaben, die mit ⚇ oder ⚈ gekennzeichnet sind, bietet es sich besonders an, mit einem Partner oder in einer Gruppe zu arbeiten.

Mit den **Kannst-du-das-noch?**-Aufgaben könnt ihr altes Wissen wiederholen. Oft bereitet es euch auf das nächste Kapitel vor.

Auf den Seiten **Wiederholen – Vertiefen – Vernetzen** findet ihr Aufgaben, die den Lernstoff verschiedener Lerneinheiten und manchmal auch der Kapitel miteinander verbinden.

Am Ende des Kapitels findet ihr jeweils zwei Seiten, die euch helfen, das Gelernte abzusichern. Auf den **Rückblick**seiten sind die wichtigsten Inhalte des Kapitels zusammengefasst. Und in den **Trainingsrunden** könnt ihr noch einmal üben, was ihr im Kapitel gelernt habt. Sie eignen sich auch gut als Vorbereitung für Klassenarbeiten. Die Lösungen dazu findet ihr auf den hinteren Seiten des Buches.

Besonders viel Spaß wünschen wir euch bei den **Exkursionen**: Horizonte, Entdeckungen, Geschichten am Ende der Kapitel. Auf den **Horizonte**-Seiten könnt ihr interessante Dinge erfahren, z. B., wie man mithilfe einer Landkarte die Dauer einer Wanderung bestimmen kann. Auf den **Entdeckungen**-Seiten könnt ihr selbst aktiv werden und z. B. herausfinden, was Bierdeckeltürme mit Termen zu tun haben. Die **Geschichten** schließlich könnt ihr vor allem einfach lesen. Vielleicht werdet ihr manchmal staunen, wie alltäglich Mathematik sein kann.

Ihr könnt euch also auf euer Mathematikbuch verlassen. Es gibt euch viele Hilfestellungen für den Unterricht und die Klassenarbeiten und vor allem möchte es euch zeigen: Mathematik ist sinnvoll und kann Freude machen.

Wir wünschen euch viel Erfolg!
Das Autorenteam und der Verlag

Das kannst du schon

- Mit ganzen Zahlen rechnen
- Mit Längen, Gewichten und Uhrzeiten rechnen
- Flächeninhalte und Rauminhalte berechnen

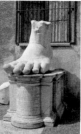

Zahl und Maß **Daten und Zufall** Beziehung und Änderung Modell und Simulation Muster und Struktur Form und Raum

Bruch, Komma und Prozent

Wir schreiben für den Beginn
mal ein paar neue Zahlen hin:
1; 0,1; 0,001; 0,0001 …
Kaum steh'n sie da, hört man die Worte:
Von uns gibt's auch noch diese Sorte
$\frac{1}{1}$; $\frac{1}{10}$; $\frac{1}{100}$; $\frac{1}{1000}$; $\frac{1}{10000}$ …

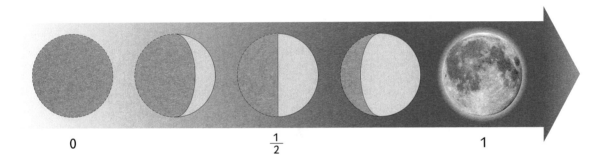

0        $\frac{1}{2}$ 1

Das kannst du bald

- Anteile mit Brüchen beschreiben
- Brüche erweitern und kürzen
- Anteile in Prozenten angeben
- Die Kommaschreibweise verstehen

1 Brüche und Anteile

Wusstest du, dass $\frac{2}{3}$ von uns aus Wasser besteht?

600 kg

Beide gleich viel Wasser?

9 kg

Bisher kennst du die natürlichen Zahlen 0; 1; 2; 3 … und die negativen Zahlen −1; −2; −3 …, die zusammen die ganzen Zahlen bilden. Bei Größen hast du Bruchteile wie $\frac{1}{4}$ kg kennen gelernt. Die Angabe $\frac{1}{4}$ gibt es auch ohne Maßeinheit.

Größen wie Längen, Gewichte und Zeitdauern werden oft als **Bruchteile** einer Maßeinheit angegeben, z. B. $\frac{2}{5}$ km, $\frac{1}{2}$ h oder $\frac{3}{4}$ kg. Dabei bedeutet der Ausdruck $\frac{3}{4}$ kg:
Drei Viertel von 1 Kilogramm; kurz: $\frac{3}{4}$ von 1 kg.
Den Bruchteil $\frac{3}{4}$ kg kann man auch in Gramm angeben.

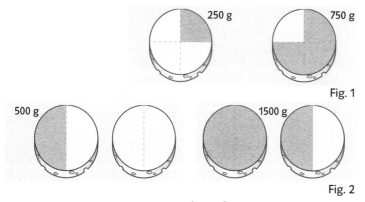

250 g

750 g

Fig. 1

500 g

1500 g

Fig. 2

Zunächst teilt man 1 kg in vier gleiche Teile, das ergibt 1 kg : 4 = 1000 g : 4 = 250 g. Anschließend fasst man drei dieser Teile zusammen: $\frac{3}{4}$ kg = 3 · 250 g = 750 g (Fig. 1).

Ebenso wie $\frac{3}{4}$ von 1 kg kann man auch $\frac{3}{4}$ von 2 kg ausrechnen. Dabei geht man von 2 kg als Ganzem aus, teilt es in vier gleiche Teile und nimmt drei davon:
2000 g : 4 = 500 g; 3 · 500 g = 1500 g;
$\frac{3}{4}$ von 2 kg sind also 1500 g (Fig. 2).

Brüche wie $\frac{1}{4}$ und $\frac{3}{4}$ benützt man nicht nur bei Längen, Gewichten und Zeitdauern. Sind in einer Klasse 30 Kinder und davon 20 Mädchen und 10 Jungen, sagt man: Zwei Drittel der Kinder sind Mädchen, ein Drittel der Kinder sind Jungen. Oder: Der **Anteil** der Mädchen in der Klasse ist $\frac{2}{3}$, der Anteil der Jungen in der Klasse ist $\frac{1}{3}$.

*Der **Zähler** „zählt" die Teile.*

Bruchstrich ⟶ $\frac{3}{4}$

*Der **Nenner** „nennt" die Art eines Teiles.*

Zur Beschreibung von Anteilen verwendet man **Brüche** wie $\frac{1}{5}$, $\frac{3}{5}$, $\frac{3}{4}$ … .
Die obere Zahl nennt man **Zähler**, die untere **Nenner** des Bruches.
Man bestimmt den Anteil $\frac{3}{5}$ eines Ganzen, indem man das Ganze in 5 gleiche Teile teilt und 3 davon zusammennimmt.

Beispiel 1 Anteile bestimmen

Welcher Anteil des Ganzen ist mit Farbe gekennzeichnet? Schreibe das Ergebnis mithilfe eines Bruches und in Worten.

a)

b)

c)

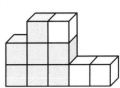

Lösung:

a) $\frac{1}{6}$

Ein Sechstel

b) $\frac{3}{8}$

Drei Achtel

c) $\frac{7}{10}$

Sieben Zehntel

Zu d):
2 h = 120 min

:6 ↓

20 min

· 5 ↓

100 min

Beispiel 2 Bruchteile berechnen

Schreibe ohne Verwendung eines Bruches.

a) $\frac{3}{4}$ m   b) $\frac{7}{10}$ t   c) $\frac{2}{5}$ von 20 Personen   d) $\frac{5}{6}$ von 2 h

Lösung:

a) $\frac{1}{4}$ m = 25 cm; $\frac{3}{4}$ m = 3 · 25 cm = 75 cm. $\frac{3}{4}$ *heißt: Teile durch 4; nimm 3 dieser Teile.*

b) $\frac{1}{10}$ t = 100 kg; $\frac{7}{10}$ t = 7 · 100 kg = 700 kg. $\frac{7}{10}$ *heißt: Teile durch 10; nimm 7 dieser Teile.*

c) $\frac{1}{5}$ von 20 Personen sind 4 Personen; $\frac{2}{5}$ von 20 Personen sind 8 Personen.

d) 2 h = 120 min; $\frac{1}{6}$ von 120 min sind 20 min;   *Schreibe 2 h zunächst in Minuten.*

$\frac{5}{6}$ von 120 min sind 5 · 20 min = 100 min.   *Teile dann durch 6; nimm 5 dieser Teile.*

Aufgaben

1 Wenn die Tankanzeige voll anzeigt, sind 80 Liter im Tank. Wie viel Liter sind im Tank?

a)

b)

c)

2 Welcher Anteil ist gefärbt? Schreibe als Bruch und in Worten.

a)

b)

c)

3 Stelle den Bruch in Form eines Anteils von einem Ganzen bildlich dar.

a) $\frac{2}{3}$ b) $\frac{4}{12}$ c) $\frac{1}{7}$ d) $\frac{8}{20}$

4 👥 Stelle drei Brüche bildlich als Anteil eines Ganzen dar und lass deinen Nachbarn herausfinden, welche Brüche du dargestellt hast.

Soll ich die Pizza in acht oder vier Teile schneiden?

Lieber vier, acht schaffe ich nicht.

5 Schreibe ohne Bruch.

a) $\frac{1}{2}$ km   b) $\frac{1}{4}$ m   c) $\frac{1}{5}$ cm   d) $\frac{1}{4}$ h   e) $\frac{1}{3}$ h

$\frac{3}{4}$ € $\frac{3}{4}$ km $\frac{3}{10}$ kg $\frac{3}{4}$ h $\frac{4}{5}$ km

$\frac{3}{10}$ t $\frac{1}{6}$ h $\frac{2}{6}$ h $\frac{1}{2}$ g $\frac{1}{10}$ cm

6 a) $\frac{1}{20}$ m   b) $\frac{3}{100}$ kg   c) $\frac{20}{100}$ €   d) $\frac{1}{8}$ km   e) $\frac{1}{60}$ h

$\frac{1}{12}$ h $\frac{3}{10}$ min $\frac{6}{20}$ t $\frac{7}{60}$ min $\frac{99}{100}$ m

7 a) $\frac{1}{4}$ von 8 kg   b) $\frac{2}{3}$ von 60 m   c) $\frac{1}{10}$ von 1 cm   d) $\frac{2}{5}$ von 100 Personen

$\frac{3}{10}$ von 20 Äpfeln $\frac{1}{2}$ von 5 € $\frac{7}{8}$ von 40 Eiern $\frac{3}{100}$ von 8 km

$\frac{1}{100}$ von 2 € $\frac{4}{30}$ von 2 min $\frac{4}{4}$ von 12 € $\frac{3}{4}$ von 48 g

Zu Aufgabe 8:
a) + b) + c) + d) = 188

8 In der Klassenstufe 6 sind 80 Kinder. Wie viele Kinder sind davon

a) drei Viertel,   b) vier Achtel,   c) ein Zehntel,   d) fünf Fünftel?

9 Welcher Anteil des Rechtecks ist gefärbt und welcher Anteil ist nicht gefärbt?

a)   b)   c)

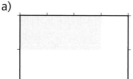

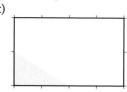

Zur Erinnerung:
$1\,m^2 = 100\,dm^2$
$1\,dm^2 = 100\,cm^2$
$1\,m^3 = 1000\,dm^3$
$1\,dm^3 = 1000\,cm^3$
$1\,a = 100\,m^2$
$1\,ha = 100\,a$

10 Schreibe ohne Bruch.

a) $\frac{1}{2}$ m²   b) $\frac{1}{5}$ m²   c) $\frac{1}{5}$ cm²   d) $\frac{1}{4}$ dm²   e) $\frac{1}{10}$ cm²

$\frac{1}{2}$ m³ $\frac{3}{10}$ dm³ $\frac{3}{4}$ m³ $\frac{1}{4}$ m³ $\frac{1}{5}$ dm³

$\frac{1}{2}$ a $\frac{1}{10}$ a $\frac{1}{2}$ ha $\frac{1}{10}$ ha $\frac{1}{5}$ ha

11 a) $\frac{1}{4}$ von 8 m²   b) $\frac{2}{3}$ von 60 cm²   c) $\frac{1}{10}$ von 3 cm³   d) $\frac{2}{5}$ von 6 m²

$\frac{3}{10}$ von 2 ha $\frac{3}{100}$ von 8 a $\frac{1}{100}$ von 10 m² $\frac{2}{3}$ von 9 Liter

Bist du sicher?

1 Welcher Anteil der Figur ist gefärbt?

a)   b)   c)

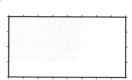

2 Gib die Größen ohne Bruch an.

a) $\frac{3}{10}$ kg   b) $\frac{1}{4}$ m²   c) $\frac{2}{3}$ von 30 min   d) $\frac{1}{8}$ von 4 m³.

3 Von einer Tafel Schokolade mit 24 Stückchen isst Yvonne $\frac{1}{6}$ und Ricki $\frac{2}{3}$. Wie viele Stückchen bleiben übrig?

12 Welchem Anteil von drei Schokoladentafeln à 24 Stückchen entsprechen zwölf Stückchen?

13 Rothirsche und Impala-Antilopen haben mit 10 m die größte Sprungweite aller Tiere. Löwen kommen auf $\frac{2}{5}$ dieser Weite, Füchse auf $\frac{1}{4}$ und Flöhe auf $\frac{1}{20}$. Berechne die Sprungweiten dieser Tiere.

14 Welcher Anteil an einer Schokoladentafel mit 24 Stückchen sind
a) 8   b) 16   c) 4
d) 10   e) 20 Stückchen?

15 Zeichne die Figuren (Fig. 1) in dein Heft und ergänze sie zu einem Ganzen.

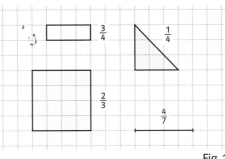

Fig. 1

16 Gero hat von seinen Einnahmen des letzten halben Jahres $\frac{2}{3}$ für einen Kletterkurs gespart. Seine Einnahmen waren: Das monatliche Taschengeld von 6 € und Geldgeschenke von 15 € und 60 €. Wie viel hat er für den Kletterkurs gespart?

17 Nina und ihre Mutter spielen für 12 € Lotto. Davon bezahlt Nina 2 € und ihre Mutter 10 €. Zu ihrer Freude gewinnen sie 300 €. Wie würdest du den Gewinn aufteilen?

18 Dreieck und Parallelogramm
Von dem Parallelogramm in Fig. 2 wird ein Dreieck abgeschnitten. Welcher Anteil von der Parallelogrammfläche ist das?

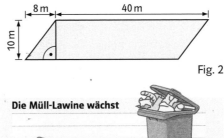

Fig. 2

19 Wie man sich täuschen (lassen) kann
In Zeitungen und Prospekten werden Anteile oft bildlich dargestellt. Dabei kann es passieren, dass die bildliche Darstellung nicht zu den angegebenen Zahlen passt (Fig. 3 und Fig. 4). Beschreibe jeweils, warum die Darstellung irreführend ist. Fertige eine passende Zeichnung an.

Fig. 3

Fig. 4

Kannst du das noch?

20 Berechne.
a) $24:(-8)$ b) $(-6) \cdot 7$ c) $(-11) \cdot (-10)$ d) $(-40):(-8)$ e) $72:(-12)$ f) $-9:(-3)$

21 Welche Zahl gehört in das Kästchen?
a) $\square \cdot 4 = -36$ b) $\square \cdot (-7) = 28$ c) $60:\square = -12$ d) $\square:(-8) = -5$ e) $7:\square = 1$

2 Kürzen und erweitern

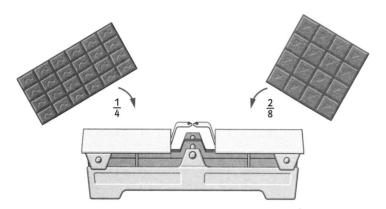

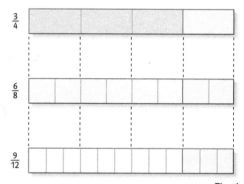

$\frac{1}{4}$ $\frac{2}{8}$

Von den zwei 100 g schweren Schokoladentafeln wird von der einen der Anteil $\frac{1}{4}$ und von der anderen der Anteil $\frac{2}{8}$ abgebrochen. Die beiden Teile werden auf die Waagschalen gelegt. Man kann bei Schokoladentafeln weitere Bruchteile finden, die gleich viel wiegen.

Anteile kann man mit Brüchen darstellen. Dabei kann es vorkommen, dass verschiedene Brüche den gleichen Anteil beschreiben. Dies lässt sich einfach veranschaulichen.

Von drei gleichlangen Papierstreifen wird jeweils ein Stück abgeschnitten (Fig. 1):
Vom ersten Streifen schneidet man $\frac{3}{4}$ ab.
Den zweiten Streifen teilt man in Achtel und schneidet $\frac{6}{8}$ ab.
Den dritten Streifen teilt man in Zwölftel und schneidet $\frac{9}{12}$ ab.
Die Einteilung wird immer feiner. Das abgeschnittene Stück ist aber immer gleich lang, da von der feineren Einteilung entsprechend mehr Teile genommen werden.

$\frac{3}{4}$

$\frac{6}{8}$

$\frac{9}{12}$

Fig. 1

Die Anteile $\frac{3}{4}$, $\frac{6}{8}$ und $\frac{9}{12}$ sind gleich. Die Brüche $\frac{6}{8}$ und $\frac{9}{12}$ entstehen aus dem Bruch $\frac{3}{4}$, indem man Zähler und Nenner mit derselben Zahl 2 bzw. 3 multipliziert.
Man sagt: $\frac{3}{4}$ **erweitert** mit 2 ergibt $\frac{6}{8}$ und $\frac{6}{8}$ **gekürzt** mit 2 ergibt $\frac{3}{4}$.

Erweitern eines Bruches bedeutet: Der Zähler und der Nenner des Bruches werden mit derselben Zahl multipliziert, z. B. $\frac{1}{4}$ erweitert mit 3 ergibt $\frac{3}{12}$.

Kürzen eines Bruches bedeutet: Der Zähler und der Nenner des Bruches werden durch dieselbe Zahl dividiert, z. B. $\frac{2}{6}$ gekürzt mit 2 ergibt $\frac{1}{3}$.

Wird ein Bruch erweitert oder gekürzt, dann bezeichnet der ursprüngliche und der entstandene Bruch denselben Anteil. Man schreibt: $\frac{1}{4} = \frac{3}{12}$; $\frac{2}{6} = \frac{1}{3}$.

Man kann einen Bruch mit jeder natürlichen Zahl erweitern. Kürzen kann man einen Bruch nur mit einer Zahl, durch die man den Zähler und Nenner ohne Rest dividieren kann. Eine solche Zahl heißt **gemeinsamer Teiler** von Zähler und Nenner.

Beispiel 1 Erweitern und kürzen

a) Erweitere $\frac{3}{7}$ mit 3. b) Kürze $\frac{16}{28}$ mit 4.   c) Kürze $\frac{48}{72}$ so weit wie möglich.

Statt „kürze soweit wie möglich" sagt man auch: „kürze vollständig".

Lösung:

a) $\frac{3}{7} = \frac{9}{21}$ *Zähler: $3 \cdot 3 = 9$; Nenner $7 \cdot 3 = 21$*

b) $\frac{16}{28} = \frac{4}{7}$ *Zähler $16 : 4 = 4$; Nenner: $28 : 4 = 7$*

c) $\frac{48}{72} = \frac{24}{36} = \frac{12}{18} = \frac{6}{9} = \frac{2}{3}$ *Weitere Möglichkeiten: $\frac{48}{72} = \frac{2}{3}$ (gekürzt mit 24) oder*

  $\frac{48}{72} = \frac{24}{36} = \frac{4}{6} = \frac{2}{3}$ *oder* $\frac{48}{72} = \frac{6}{9} = \frac{2}{3}$ *oder* $\frac{48}{72} = \frac{12}{18} = \frac{2}{3}$ *oder ...*

Beispiel 2 Brüche mit verschiedenen Nennern schreiben

a) Schreibe den Bruch $\frac{5}{9}$ als Bruch mit dem Nenner 36.

b) Handelt es sich bei $\frac{6}{8}$ und $\frac{9}{12}$ um denselben Anteil?

Lösung:

a) $\frac{5}{9} = \frac{20}{36}$ *$36 : 9 = 4$; man muss $\frac{5}{9}$ mit 4 erweitern.*

b) $\frac{6}{8} = \frac{3}{4}$ *(gekürzt mit 2)*; $\frac{9}{12} = \frac{3}{4}$ *(gekürzt mit 3). Es handelt sich um denselben Anteil.*

Aufgaben

1 Drücke den Anteil der braunen Stückchen an der ganzen Tafel mit verschiedenen Brüchen aus.

a)    b)   c)

2 Erweitere.

a) $\frac{2}{3}$ mit 5   b) $\frac{1}{2}$ mit 3   c) $\frac{5}{4}$ mit 2   d) $\frac{3}{10}$ mit 10   e) $\frac{3}{2}$ mit 11   f) $\frac{1}{13}$ mit 3

 $\frac{1}{12}$ mit 6 $\frac{5}{7}$ mit 7 $\frac{8}{8}$ mit 8 $\frac{1}{4}$ mit 15 $\frac{20}{25}$ mit 5 $\frac{8}{9}$ mit 7

3 Kürze.

a) $\frac{6}{10}$ mit 2   b) $\frac{8}{10}$ mit 2   c) $\frac{6}{18}$ mit 6   d) $\frac{6}{12}$ mit 2   e) $\frac{6}{9}$ mit 3   f) $\frac{20}{100}$ mit 10

 $\frac{15}{50}$ mit 5 $\frac{14}{28}$ mit 7 $\frac{26}{39}$ mit 13 $\frac{28}{42}$ mit 7 $\frac{18}{42}$ mit 6 $\frac{19}{38}$ mit 19

Kürze mit 1: $\frac{1370797}{9500378}$

4 a) Mit welcher Zahl wurde erweitert?   b) Mit welcher Zahl wurde gekürzt?

  $\frac{3}{5} = \frac{9}{15}$; $\frac{6}{8} = \frac{60}{80}$; $\frac{4}{9} = \frac{36}{81}$; $\frac{7}{11} = \frac{84}{132}$ $\frac{15}{20} = \frac{3}{4}$; $\frac{14}{35} = \frac{2}{5}$; $\frac{25}{75} = \frac{1}{3}$; $\frac{91}{117} = \frac{7}{9}$

5 Gib nach der Größe geordnet alle Zahlen an, mit denen man den Bruch kürzen kann.

a) $\frac{8}{10}$ b) $\frac{12}{18}$ c) $\frac{15}{25}$ d) $\frac{18}{36}$ e) $\frac{10}{50}$ f) $\frac{48}{72}$

*Zu Aufgabe 5:
Die Zahl 1 ist immer dabei. Wenn du die Zahlen addierst, ergibt das folgende Ergebnisse:*

6 Kürze vollständig.

a) $\frac{12}{24}$; $\frac{12}{18}$; $\frac{30}{40}$; $\frac{25}{100}$; $\frac{50}{60}$; $\frac{50}{75}$ b) $\frac{15}{18}$; $\frac{16}{18}$; $\frac{6}{30}$; $\frac{48}{56}$; $\frac{75}{100}$; $\frac{120}{200}$ c) $\frac{8}{12}$; $\frac{35}{42}$; $\frac{13}{65}$; $\frac{80}{100}$; $\frac{125}{1000}$; $\frac{34}{51}$

12 60   3   6
  18   39

7 Gib einen Bruch an, den man nur mit den angegebenen Zahlen kürzen kann.

a) 1; 5   b) 1; 2; 4   c) 1; 3; 9   d) 1; 2; 3; 6   e) 1; 2; 7; 14

Die gesuchten Zahlen aus Aufgabe 9 ergeben ein Lösungswort.

27	T
12	U
4	C
60	I
143	H
18	L
6	S
130	H
72	C
88	T
56	S
5	H

8 Gib den gefärbten Anteil der Figur mit einem vollständig gekürzten Bruch an.

a)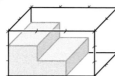

b)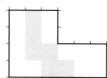

c)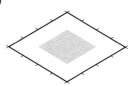

9 Übertrage ins Heft und ergänze die fehlende Zahl.

a) $\frac{\square}{12} = \frac{1}{2}$ b) $\frac{35}{42} = \frac{\square}{6}$ c) $\frac{\square}{108} = \frac{5}{9}$ d) $\frac{9}{\square} = \frac{3}{9}$ e) $\frac{45}{\square} = \frac{5}{8}$ f) $\frac{60}{144} = \frac{5}{\square}$

$\frac{32}{40} = \frac{\square}{5}$ $\frac{\square}{42} = \frac{3}{7}$ $\frac{\square}{121} = \frac{8}{11}$ $\frac{16}{\square} = \frac{2}{7}$ $\frac{91}{\square} = \frac{7}{10}$ $\frac{99}{\square} = \frac{9}{13}$

10 Prüfe, ob die Brüche denselben Anteil bezeichnen.

a) $\frac{4}{12}; \frac{1}{3}$ b) $\frac{30}{48}; \frac{10}{16}$ c) $\frac{12}{16}; \frac{9}{12}$ d) $\frac{10}{15}; \frac{6}{9}$ e) $\frac{18}{24}; \frac{15}{20}$ f) $\frac{36}{60}; \frac{15}{30}$

11 Ergänze die richtige Zahl.   a) $\frac{\square}{6} = \frac{2}{4}$ b) $\frac{\square}{8} = \frac{3}{12}$ c) $\frac{5}{25} = \frac{\square}{15}$

Bist du sicher?

Das sind die Zähler und Nenner der Ergebnisse von Aufgabe 1:

3   9   24   6

4   54

1 a) Erweitere $\frac{4}{9}$ mit 6.   b) Kürze $\frac{24}{32}$ vollständig.   c) Schreibe $\frac{4}{6}$ mit dem Nenner 9.

2 Gib einen Bruch an, den man mit 6, aber nicht mit 4 kürzen kann.

3 Welche der Anteile $\frac{3}{12}; \frac{20}{100}; \frac{20}{80}; \frac{3}{15}; \frac{5}{20}$ sind gleich?

12 a) Schreibe die Anteile $\frac{4}{5}; \frac{1}{4}; \frac{18}{60}$ und $\frac{18}{24}$ jeweils als Bruch mit dem Nenner 20.

b) Schreibe die Anteile $\frac{30}{100}; \frac{5}{25}$ und $\frac{8}{16}$ jeweils als Bruch mit dem Nenner 10.

13 Gib sechs Brüche mit dem Nenner 20 an, die man nicht kürzen kann.

14 Gib die Anteile mit einem vollständig gekürzten Bruch an.
a) Von 100 Losen waren 90 Nieten.
b) Drei von 72 kontrollierten Fahrgästen fuhren ohne Fahrausweis.
c) Von 60 kontrollierten Autos fuhren 24 zu schnell.

15 **Wahr oder falsch?**
a) Wenn der Zähler und der Nenner eines Bruches beide eine gerade Zahl sind, dann kann man den Bruch mit einer Zahl kürzen, die größer als 1 ist.
b) Wenn der Zähler und der Nenner eines Bruches beide eine ungerade Zahl sind, dann kann man den Bruch mit einer Zahl kürzen, die größer als 1 ist.
c) Es gibt keinen Bruch, den man mit 1077 kürzen kann.

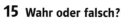

Macht $\frac{150}{1000}$ vom 10-€-Schein.

Ich hätte gern $\frac{250}{1000}$ von der Wurst.

16 Denke dir einen Würfel mit der Kantenlänge 4 cm. Dieser Würfel ist aus kleinen Würfeln mit der Kantenlänge 1 cm zusammengesetzt. Alle kleinen Würfel, die man von außen sehen kann, haben die Farbe Grün. Die anderen kleinen Würfel haben die Farbe Rot. Welcher Anteil von allen kleinen Würfeln ist rot?

3 Brüche und Prozente

Für die Beschreibung von Anteilen wurden bisher Brüche verwendet.
Um verschiedene Anteile besser vergleichen zu können, werden sie oft auch anders beschrieben.

Bei einer Kontrolle wurden 200 LKWs untersucht. 40 LKWs hatten Mängel. Zwei weitere LKWs hatten so schwere Mängel, dass sie stillgelegt wurden. Mithilfe von Tabellen kann man die Ergebnisse der Kontrolle darstellen.

Die obere Tabelle zeigt die genauen Anzahlen der bemängelten und stillgelegten LKWs. Dafür sagt man auch **absolute Häufigkeit**.

200 LKWs kontrolliert	Mängel	stillgelegt
Absolute Häufigkeit	40	2

Gibt man anstelle der genauen Anzahlen Anteile an, sagt man dafür auch **relative Häufigkeit**. Der Anteil der stillgelegten LKWs von den untersuchten beträgt $\frac{2}{200} = \frac{1}{100}$. Man schreibt dafür **1%** (sprich: ein **Prozent**).
Für den Anteil $\frac{40}{200} = \frac{20}{100}$ schreibt man 20%.

200 LKWs kontrolliert	Mängel	stillgelegt
Relative Häufigkeit	20%	1%

pro cento (lat.):
von Hundert $\frac{1}{100} = 1\%$

Um einen Anteil in Prozent anzugeben, muss man ihn zuerst als Bruch mit dem Nenner 100 schreiben. Der Anteil $\frac{1}{4}$ ist in Prozent: $\frac{1}{4} = \frac{25}{100} = 25\%$.

> Für Brüche mit dem Nenner 100 kann man die **Prozentschreibweise** benutzen.
> Es bedeutet: $1\% = \frac{1}{100}$; $2\% = \frac{2}{100}$; $10\% = \frac{10}{100} = \frac{1}{10}$; $50\% = \frac{50}{100} = \frac{1}{2}$.

Den Anteil $\frac{1}{1000}$ kann man nicht mit dem Nenner 100 schreiben. Für diesen Anteil gibt es den Ausdruck **Promille**. Ein Promille sind $\frac{1}{1000}$, zwei Promille sind $\frac{2}{1000}$.

pro mille (lat.):
von Tausend $\frac{1}{1000} = 1‰$

Beispiel 1 Bruch- und Prozentschreibweise
a) Schreibe den Anteil als Bruch: 5%; 75%; 20%; 95%.
b) Drücke den Anteil in Prozent aus: $\frac{1}{2}$; $\frac{1}{10}$; $\frac{3}{5}$; $\frac{1}{4}$.
c) Wie viel sind 8% von 50 € ?
Lösung:
a) $5\% = \frac{5}{100} = \frac{1}{20}$; $75\% = \frac{75}{100} = \frac{3}{4}$; $20\% = \frac{20}{100} = \frac{1}{5}$; $95\% = \frac{95}{100} = \frac{19}{20}$
b) $\frac{1}{2} = \frac{50}{100} = 50\%$; $\frac{1}{10} = \frac{10}{100} = 10\%$; $\frac{3}{5} = \frac{60}{100} = 60\%$; $\frac{1}{4} = \frac{25}{100} = 25\%$
c) $8\% = \frac{8}{100}$; $\frac{8}{100}$ von 50 € sind $8 \cdot 50\,\text{ct} = 4\,€$.

Bei der Bluttransfusion muss auf die Blutgruppe geachtet werden. Jeder Mensch kann einem anderen Menschen mit derselben Blutgruppe Blut spenden. Menschen mit der Blutgruppe 0 können jedem Blut spenden. Sie sind Universalspender. Menschen mit der Blutgruppe AB können von jedem Blut empfangen. Sie sind Universalempfänger.

Beispiel 2 Prozentuale Anteile bestimmen und darstellen
Bei einer Blutspendeaktion wurden 300 Menschen auf ihre Blutgruppe untersucht. Die Tabelle rechts zeigt das Ergebnis. Bestimme die relativen Häufigkeiten der Blutgruppen in Prozentschreibweise. Stelle das Ergebnis übersichtlich in einer Tabelle und einem Diagramm dar.

Blutgruppe	Anzahl
A	150
B	30
AB	15
0	105

Lösung:
Anteil der Blutgruppen:

A: 150 von 300; $\frac{150}{300} = \frac{50}{100} = 50\,\%$

B: 30 von 300; $\frac{30}{300} = \frac{10}{100} = 10\,\%$

AB: 15 von 300; $\frac{15}{300} = \frac{5}{100} = 5\,\%$

0: 105 von 300; $\frac{105}{300} = \frac{35}{100} = 35\,\%$

Blutgruppe	A	B	AB	0
Anteil in %	50	10	5	35

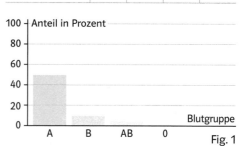

Fig. 1

Aufgaben

1 Gib die relative Häufigkeit in Prozent an.
a) 94 von 100 Kindern können im Alter von zehn Jahren schwimmen.
b) Von 25 Schülern der Klasse wohnen zwei außerhalb des Stadtbezirks.
c) 30 von 250 Befragten lesen jede Woche ein Buch.

2 Schreibe als Bruch. Kürze, wenn möglich.

a) 2%	b) 6%	c) 10%	d) 5%	e) 50%	f) 8%
20%	3%	40%	80%	12%	60%
25%	75%	90%	95%	30%	33%

3 Schreibe als Prozentangabe.

a) $\frac{1}{2}$ b) $\frac{1}{5}$ c) $\frac{3}{5}$ d) $\frac{1}{4}$ e) $\frac{1}{10}$ f) $\frac{2}{100}$

$\frac{3}{10}$ $\frac{20}{50}$ $\frac{4}{20}$ $\frac{60}{200}$ $\frac{3}{4}$ $\frac{900}{1000}$

4 Wie viel Prozent der Fläche sind gefärbt?

a) b) c) d) e)

5 Drücke mit einem Bruch und in Prozent aus.
a) Jedes zwanzigste Los gewinnt.
b) Bei dem Unwetter wurde jedes vierte Haus beschädigt.
c) Am letzten Samstag fielen vier von fünf Bundesligaspielen aus.
d) Im Mittelalter verlangten die Grundherren von den Bauern den Zehnten.

6 Wie viel sind

a) 5% von 10 kg,
   60% von 4000 €,
   10% von 3 km,

b) 20% von 80 €,
   4% von 50 Dollar,
   90% von 1 kg,

c) 50% von 25000 Menschen,
   12% von 50 ct,
   2% von 10 € ?

7 Die Tabelle zeigt das Ergebnis einer Schätzung der Klasse 6a.

Von 50 Ferientagen waren		
langweilig	gelungen	durchwachsen
30	15	5

Von 200 Schultagen waren		
langweilig	gelungen	durchwachsen
80	70	50

Finden die Schüler der 6a die Ferien oder die Schule besser?

Bist du sicher?

1 a) Schreibe als Bruch und kürze.

   2%; 25%; 70%; 4%; 44%

b) Schreibe in Prozent.

   $\frac{1}{5}$; $\frac{6}{10}$; $\frac{35}{100}$; $\frac{16}{40}$; $\frac{100}{250}$

Alle Prozentangaben von Aufgabe 1b) addiert ergeben 195%.

2 Wie viel ergeben

a) 20% von 20 €,

b) 11% von 2 m,

c) 82% von 1 kg?

Alle prozentualen Anteile von Aufgabe 3 addiert ergeben 100%.

3 Die Tabelle zeigt, wie die 80 Schülerinnen und Schüler der Klassenstufe 6 in die Schule kommen.
Bestimme die Anteile in Prozent und stelle sie in einer Tabelle zusammen.

zu Fuß	Fahrrad	Bus	Auto
8	28	40	4

8 Förster erstellen in regelmäßigen Abständen eine Bestandsaufnahme der von ihnen betreuten Wälder. Um einen Überblick darüber zu gewinnen, wie viele Bäume der verschiedenen Arten vorhanden sind, zählt der Förster z. B. 400 Bäume eines Waldstückes aus. Die Tabelle zeigt das Ergebnis.

In Deutschland besteht etwa zwei Drittel des Waldes aus Nadelbäumen und ein Drittel aus Laubbäumen.

Fichte	Kiefer	Buche	Eiche	Sonstige
160	80	100	40	20

Bestimme die prozentualen Anteile der Baumarten und stelle das Ergebnis in einer Tabelle und in einem Diagramm dar.

9 Welcher Geldbetrag ergibt sich,
a) wenn sich der Preis eines Autos von 12000 € um 3% erhöht,
b) wenn der Verkäufer die 40 € teure Hose 5% billiger abgibt?

10 Wie viel sind   a) 2 Promille von 1 kg,   b) 1 Promille von 5000?

11 Überschrift in der Zeitung: „In der Stadt A gibt es vier Krankenhäuser, in der Stadt B dagegen nur drei." Welche Informationen sind noch notwendig, damit man die Frage entscheiden kann, ob die Stadt A oder die Stadt B besser mit Krankenhäusern versorgt ist?

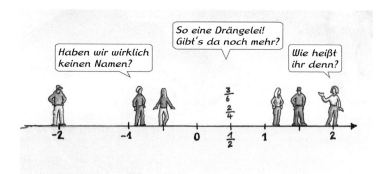

Auf einer Zahlengeraden werden die natürlichen Zahlen in gleichen Abständen rechts von der Null abgetragen und die negativen ganzen Zahlen in gleichen Abständen links von der Null.

Auf einer Tankanzeige wird bei vollem Tank 1 angezeigt. Die Anteile $\frac{1}{4}$, $\frac{1}{2}$ und $\frac{3}{4}$ sind dadurch auf der Skala festgelegt. Wenn die Tankfüllung noch genauer angezeigt werden soll, kann man die Skala feiner in Achtel einteilen. Die Brüche $\frac{1}{4}$ und $\frac{2}{8}$ stehen dann auf der Skala an derselben Stelle.

Fig. 1

Auf einer Zahlengeraden, auf der die Zahlen 0 und 1 eingetragen sind, kann man jedem Bruch eine bestimmte Stelle zuordnen. Dabei werden Brüche, die denselben Anteil beschreiben wie $\frac{1}{4}$ und $\frac{2}{8}$, an derselben Stelle eingetragen. Diese Brüche bezeichnen dieselbe so genannte **rationale Zahl**.

Brüche wie $\frac{3}{2}$, bei denen der Zähler größer als der Nenner ist, werden rechts von der 1 eingetragen. Wie bei den ganzen Zahlen kann man auch zu jeder rationalen Zahl wie $\frac{1}{2}$ die Gegenzahl $-\frac{1}{2}$ eintragen.

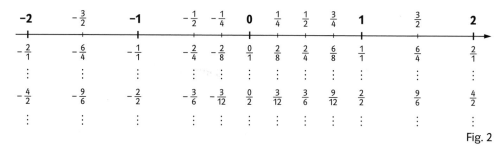

Fig. 2

Jetzt muss man beim Dividieren gar nicht mehr rechnen:

$9:3 = \frac{9}{3}$

$9:5 = \frac{9}{5}$

$9:1 = \frac{9}{1}$

Eine Division wie 2 : 3 wurde bisher nicht berechnet. Diese Rechnung müsste man beispielsweise ausführen, wenn man zwei Blechkuchen auf drei Personen verteilen möchte. Fig. 3 zeigt das Ergebnis: Jede Person erhält $\frac{2}{3}$ eines Blechkuchens. Das Ergebnis der Division 2:3 ist die rationale Zahl $\frac{2}{3}$. Es gilt $2:3 = \frac{2}{3}$.

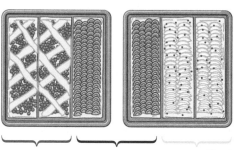

Fig. 3

Kommen bei der Division negative Zahlen vor, muss man auf das Vorzeichen achten.

Man weiß: $(-9):3 = -3 = -\frac{9}{3}$. Andererseits ist $(-9):3 = \frac{-9}{3}$.

Also gilt: $\frac{-9}{3} = -\frac{9}{3}$. Entsprechend überlegt man: $\frac{9}{-3} = -\frac{9}{3}$ und $\frac{-9}{-3} = +\frac{9}{3} = \frac{9}{3}$.

Auch manche natürliche Zahlen kann man mit verschiedenen Zeichen schreiben, z. B. gibt es für die Zahl Hundert die Zeichen 100 oder 10^2.

> Brüche, die durch Kürzen und Erweitern auseinander hervorgehen, werden auf der Zahlengeraden an derselben Stelle eingetragen. Sie bezeichnen dieselbe **rationale Zahl**. Eine Division von zwei Zahlen wie $(-7):8$ hat als Ergebnis die rationale Zahl $\frac{-7}{8} = -\frac{7}{8}$.

Beispiel 1 Brüche anordnen

Zeichne in eine Zahlengerade die Brüche $\frac{1}{3}$; $-\frac{1}{2}$; $\frac{5}{6}$; $\frac{4}{3}$; $\frac{2}{6}$ ein.

Lösung:

Fig. 1

Man muss überlegen, wie lang die Strecke von 0 bis 1 sein soll. Bei diesen Zahlen ist für eine günstige Einteilung 6 cm geeignet.

*Die Strecke zwischen den Zahlen 0 und 1 nennt man auch **Einheitsstrecke**.*

Beispiel 2 Brüche als Ergebnis von Divisionen

Schreibe das Ergebnis als Bruch.

a) $15:(-12)$ 　　　　　b) $6\,kg:11$ 　　　　　c) $(-10):(-7)$

Lösung:

a) $15:(-12) = \frac{15}{-12} = -\frac{15}{12} = -\frac{5}{4}$ 　　b) $6\,kg:11 = \frac{6}{11}\,kg$ 　　　c) $(-10):(-7) = \frac{-10}{-7} = \frac{10}{7}$

Aufgaben

1 Übertrage die Zahlengerade in Fig. 2 in dein Heft. Zeichne die Sstrecke $\overline{AE}$ zwischen 0 und 1 5 cm lang.

Zeichne die Brüche $\frac{2}{5}$; $\frac{1}{4}$; $-\frac{1}{5}$; $\frac{8}{10}$; $-\frac{7}{10}$; $\frac{80}{100}$ ein.

Fig. 2

2 Schreibe für jeden Buchstaben einen vollständig gekürzten Bruch.

a) 　　　　　　　b) 　　　　　　　c)

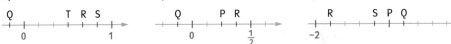

3 Zeichne eine Zahlengerade, bei der das Teilstück zwischen -2 und $+2$ eine Länge von 16 cm hat. Trage die Brüche $-\frac{1}{4}$; $\frac{3}{8}$; $-\frac{5}{5}$; $\frac{14}{8}$; $-\frac{18}{16}$ ein.

4 Es ist $18\,cm:30 = \frac{18}{30}\,cm = \frac{3}{5}\,cm = 6\,mm$. Schreibe ebenso mit einer natürlichen Maßzahl.

a) $3\,kg:5$ 　　b) $12\,m:24$ 　　c) $50\,m^3:20$ 　　d) $4\,km:100$ 　　e) $300\,cm^2:120$

5 Schreibe mit einem positiven oder negativen Bruch. Kürze vollständig.

a) $40:30$ 　　b) $(-25):20$ 　　c) $16:(-18)$ 　　d) $(-6):(-8)$ 　　e) $1:13$ 　　f) $(-81):(-54)$

Fig. 3

6 Gib drei Divisionsaufgaben an, die als Ergebnis die angegebene rationale Zahl haben.

a) $\frac{3}{4}$ b) $-\frac{3}{4}$ c) $\frac{1}{12}$

7 Bei welchen Brüchen handelt es sich um dieselbe rationale Zahl?

a) $\frac{4}{5}$; $\frac{12}{15}$ b) $\frac{20}{5}$; $\frac{-4}{-1}$ c) $-\frac{3}{2}$; $-\frac{2}{3}$ d) $-\frac{14}{18}$; $\frac{-7}{9}$ e) $\frac{-25}{30}$; $\frac{10}{12}$ f) $\frac{80}{-100}$; $-\frac{4}{5}$

Bist du sicher?

1 Schreibe für jeden Buchstaben einen vollständig gekürzten Bruch.

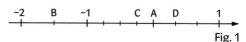

Fig. 1

2 Prüfe, ob es sich um dieselbe rationale Zahl handelt.

a) $-\frac{9}{15}$; $\frac{-12}{20}$ b) $-\frac{9}{6}$; $-\frac{32}{8}$

Diese Einheitsstrecken passen zu Aufgabe 8:

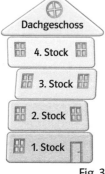

Fig. 2

Der Minus übertreibt mal wieder völlig!

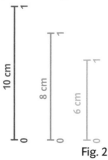

Fig. 3

8 Trage die Brüche auf einer Zahlengeraden ein. Überlege vorher, wie lang du die Einheitsstrecke (das ist die Strecke zwischen den Zahlen 0 und 1) machst.

a) $\frac{1}{5}$; $\frac{2}{10}$; $\frac{5}{10}$; $\frac{4}{5}$; $\frac{2}{20}$; $\frac{7}{20}$ b) $\frac{5}{8}$; $\frac{-3}{-4}$; $\frac{9}{8}$; $-\frac{3}{8}$; $\frac{-1}{4}$ c) $-\frac{4}{12}$; $\frac{7}{12}$; $\frac{1}{6}$; $\frac{12}{12}$; $\frac{11}{-12}$

9 Welche ganze Zahl steht im Kästchen?

a) $-\frac{100}{150} = \frac{\square}{15}$ b) $\frac{11}{2} = \frac{-44}{\square}$ c) $\frac{-1}{\square} = \frac{4}{12}$ d) $\frac{150}{\square} = -\frac{300}{150}$ e) $\frac{\square}{22} = \frac{22}{11}$

10 Gib fünf Brüche an, die alle die rationale Zahl $-\frac{6}{10}$ bezeichnen.

11 Finde passende Zahlen für das Kästchen und das Dreieck.

a) $3 : \square = \frac{9}{\triangle}$ b) $\square : 18 = \frac{\triangle}{-6}$ c) $-27 : \square = \frac{9}{\triangle}$ d) $-\square : 24 = \frac{\triangle}{18}$

12 Schreibe den Bruch $-\frac{-1}{-2}$ mit weniger Minuszeichen.

13 Zum Knobeln

Welche Brüche wohnen in der Bruchbude? Lies den Text sorgfältig durch.
Im 1. Stock wohnt ein Bruch mit dem Nenner 8. Im 2. Stock und 3. Stock wohnen Brüche, die dieselbe rationale Zahl bezeichnen. Bei den Brüchen im Dachgeschoss und im 4. Stock sind Zähler und Nenner vertauscht. Im 4. Stock wohnt ein Bruch, dessen Zähler dem Flächeninhalt und dessen Nenner dem Umfang eines Quadrates mit der Seitenlänge 3 entspricht. Der Zähler des Bruches im 1. Stock ist ein Viertel von seinem Nenner. Beim Bruch im 2. Stock sind Zähler und Nenner gleich und ihre Summe entspricht der Stocknummer. Beim Bruch im 3. Stock ist die Summe aus Zähler und Nenner 10.

Kannst du das noch?

14 Berechne.

a) 12 − 30   b) −40 + 100   c) −22 − 33   d) 8 − (−4)

15 Wie weit und in welche Richtung muss man auf der Zahlengeraden gehen,
a) um von der Zahl −11 zur Zahl 30 zu kommen,
b) um von der Zahl −110 zur Zahl −190 zu kommen?

5 Dezimalschreibweise

Onkel Gero hat seine über viele Jahre zusammengetragene Laborausrüstung seinen Nichten geschenkt. Sie stellen die doppelt vorhandenen Geräte zueinander.

Die rationalen Zahlen auf der Zahlengeraden wurden bisher mit Brüchen bezeichnet. Es gibt für diese Zahlen aber noch eine andere Schreibweise.

Was bedeutet eine Kommazahl wie 0,63? Man erkennt dies, wenn man die Zahl mit einer Größe verbindet.

$0,\mathbf{1}\,\text{m} = 1\,\text{dm} = \frac{1}{10}\,\text{m};$
$0,1$ bedeutet $\frac{1}{10};$

$0,\mathbf{63}\,\text{€} = 63\,\text{ct} = \frac{63}{100}\,\text{€};$
$0,63$ bedeutet $\frac{63}{100};$

$0,\mathbf{308}\,\text{kg} = 308\,\text{g} = \frac{308}{1000}\,\text{kg}$
$0,308$ bedeutet $\frac{308}{1000}$

0,63 liest man: null Komma sechs drei (nicht: null Komma dreiundsechzig).

Die Beispiele zeigen: Bei der Kommaschreibweise oder **Dezimalschreibweise** von Zahlen entscheidet die Anzahl der Stellen hinter dem Komma darüber, ob in der Bruchschreibweise der Nenner 10, 100 oder 1000 steht. Dies gilt auch, wenn vor dem Komma keine 0 steht: $1,53\,\text{€} = 153\,\text{ct} = \frac{153}{100}\,\text{€}.$

Hat eine Zahl in **Dezimalschreibweise** eine, zwei, drei ... Stellen hinter dem Komma, dann kann man sie als Bruch mit dem Nenner 10; 100; 1000 ... schreiben.

$0,7 = \frac{7}{10};$ $\qquad 3,31 = \frac{331}{100};$ $\qquad 8,039 = \frac{8039}{1000};$ $\qquad -10,05 = -\frac{1005}{100}$

Bei der Bruchschreibweise kann eine Zahl verschieden dargestellt werden.
$\frac{3}{10} = \frac{30}{100}\ \left(\frac{3}{10}\text{ erweitert mit }10\right)$
$\frac{3}{10} = \frac{300}{1000}\ \left(\frac{3}{10}\text{ erweitert mit }100\right)$
Diese verschiedenen Darstellungen finden sich entsprechend in der Dezimalschreibweise.
$\frac{3}{10} = 0,3;\ \frac{30}{100} = 0,30;\ \frac{300}{1000} = 0,300\,.$
Dies zeigt: $0,3 = 0,30 = 0,300.$

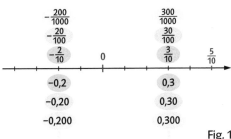

Fig. 1

Rationale Zahlen können in Bruchschreibweise und in Dezimalschreibweise angegeben werden. Für „rationale Zahl in Dezimalschreibweise" sagt man kurz: **„Dezimalzahl"**.

Abkürzungen

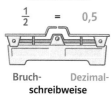

Eine Zahl, zwei
Schreibweisen

$\frac{1}{2}$ = 0,5

Bruch-   Dezimal-
schreibweise
                Fig. 1

Umwandeln in die Dezimalschreibweise:

Um einen Bruch wie $\frac{1}{4}$ dezimal zu schreiben, muss man so erweitern, dass der Nenner 10 oder 100 oder 1000 ... ist: $\frac{1}{4} = \frac{25}{100} = 0,25$.

Brüche wie $\frac{1}{3}$ lassen sich auf diese Weise nicht dezimal schreiben, weil man diesen Bruch nicht mit einem der Nenner 10 oder 100 oder 1000 ... schreiben kann.

Umwandeln in die Bruchschreibweise:

Die Dezimalzahl 0,75 hat zwei Stellen hinter dem Komma. Man schreibt sie als Bruch mit dem Nenner 100, d. h. $0,75 = \frac{75}{100}$. Gekürzt erhält man $0,75 = \frac{75}{100} = \frac{3}{4}$.

Entsprechend gilt:

2,050 hat drei Stellen hinter dem Komma. Man schreibt die Zahl als Bruch mit dem Nenner 1000 (und kürzt den Bruch): $2,050 = \frac{2050}{1000} = \frac{205}{100} = \frac{41}{20}$.

Beispiel 1   Eine Dezimalzahl als Bruch schreiben

Schreibe als Bruch.

In Beispiel 1b könnte man den Bruch $\frac{-48}{100}$ noch kürzen.

a) 0,9   b) −0,48   c) 0,700   d) −8,030

Lösung:

a) $0,9 = \frac{9}{10}$ b) $-0,48 = -\frac{48}{100}$ c) $0,700 = \frac{700}{1000} = \frac{7}{10}$ d) $-8,030 = -\frac{8030}{1000} = -\frac{803}{100}$

Beispiel 2   Einen Bruch als Dezimalzahl schreiben

Schreibe als Dezimalzahl.

a) $\frac{71}{100}$ b) $-\frac{1}{5}$ c) $-\frac{18}{15}$ d) $\frac{5}{8}$

Lösung:

a) $\frac{71}{100} = 0,71$ b) $-\frac{1}{5} = -\frac{2}{10} = -0,2$ c) $-\frac{18}{15} = -\frac{6}{5} = -\frac{12}{10} = -1,2$ d) $\frac{5}{8} = \frac{625}{1000} = 0,625$

Aufgaben

1   Übertrage die Zahlengerade in dein Heft und trage unter die Brüche die entsprechenden Dezimalzahlen ein.

a)

b)

2   Schreibe als Bruch.

a)	b)	c)	d)	e)	f)
0,3	−0,27	0,90	−0,4	0,67	−0,10
−0,06	0,84	0,11	0,60	−0,108	0,010
0,800	−0,006	0,012	−0,404	0,999	−1,001
−1,4	3,8	−2,90	4, 25	−10,80	10,100

Häufig verwendete Dezimalzahlen:

$0,1 = \frac{1}{10}$

$0,5 = \frac{1}{2}$

$0,25 = \frac{1}{4}$

$0,75 = \frac{3}{4}$

$0,2 = \frac{1}{5}$

$0,125 = \frac{1}{8}$

3   Schreibe als Dezimalzahl.

a)	b)	c)	d)	e)	f)
$\frac{1}{2}$	$-\frac{1}{5}$	$\frac{1}{4}$	$-\frac{3}{5}$	$\frac{7}{10}$	$-\frac{12}{100}$
$-\frac{10}{100}$	$\frac{25}{20}$	$-\frac{6}{1000}$	$\frac{7}{200}$	$-\frac{1}{8}$	$\frac{20}{25}$
$\frac{5}{4}$	$-\frac{3}{4}$	$\frac{11}{5}$	$-\frac{2}{8}$	$\frac{9}{18}$	$-\frac{24}{30}$

4   Schreibe für die Buchstaben in Aufgabe a) und b) die passende rationale Zahl in Bruchschreibweise und in Dezimalschreibweise.

a)

D   C   −1   B   A   0

b)

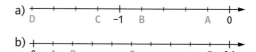

0   A   B   C   D   0,1

5 Trage die Zahlen auf einer Zahlengeraden ein.
a) 0,9; 0,6; 0,15; 1,1; −1,2   b) 0,25; 0,5; 0,75; −0,25   c) −0,75; −2,5; −1,25; −1,75

6 Zeichne die Schlange in dein Heft und zähle in jeder Richtung in gleichen Schritten weiter.

Tipp zu Aufgabe 6:
Kopf und Schwanz der
Schlange sind:

0,23   0,11

Bist du sicher?

1 Schreibe als Bruch.
a) 0,8   b) −0,09   c) 0,25   d) −0,011   e) 0,4500

2 Schreibe dezimal.
a) $\frac{3}{5}$ b) $-\frac{70}{100}$ c) $-\frac{3}{4}$ d) $\frac{7}{1000}$ e) $\frac{990}{1000}$

3 Schreibe für die Buchstaben die passende rationale Zahl in Bruchschreibweise und in Dezimalschreibweise.

Fig. 1

7 Zwei Flöhe springen von der Startzahl aus in beide Richtungen die angegebene Zahl von Sprüngen. Schreibe die Dezimalzahlen auf, bei denen sie landen.

Startzahl	Sprungweite	Anzahl der Sprünge
0,8	0,1	5
89,5	0,1	6
−0,4	0,1	6
0	0,01	20

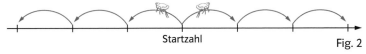

Startzahl   Fig. 2

8 Milli und Mikro
Bei Größen bedeutet das Beiwort **Kilo** „Tausend": 1 Kilometer = 1000 Meter. Solche Beiworte gibt es auch für „Tausendstel", „Million" usw. (siehe Tabelle).

Beiwort	Giga	Mega	Kilo	Milli	Mikro
Bedeutung	10^9	$1\,000\,000 = 10^6$	$1000 = 10^3$	$0{,}001 = \frac{1}{1000}$	$0{,}000\,001 = \frac{1}{1\,000\,000}$

Schreibe mithilfe einer Zahl.
a) eine Millisekunde   b) ein Mikrometer   c) ein Milliliter   d) ein Gigabyte (1 GB)

Der Ausdruck 1 MB (Me-
gabyte) bedeutet über-
setzt 1 Million Bytes.
Da bei Computern ein
anderes Zahlsystem
(das Zweiersystem) ver-
wendet wird, ergibt sich
die leicht abweichende
Zahl
1 MB = 1 048 576 Bytes.

Info

Dezi ist ein lateinisches Wort mit der Bedeutung „Zehntel". Zum Beispiel bedeutet Dezimeter übersetzt Zehntelmeter. „Dezi" kommt auch in dem Wort „dezimieren" vor. Es wird verwendet, um starke Verluste auszudrücken und hat seinen Ursprung in einer grausamen Strafe der römischen Armee. Dabei mussten bei bestimmten Vergehen alle Soldaten einer Einheit in einer Reihe antreten. Dann wurde jeder zehnte Mann getötet.

Dezi
Wo kommt es her?
Was bedeutet es?

6 Dezimalschreibweise bei Größen

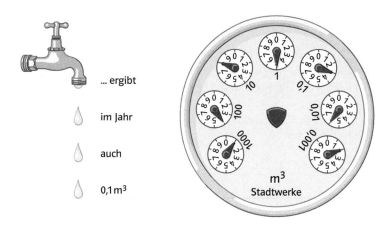

... ergibt

im Jahr

auch

0,1 m³

Jedes Haus hat eine Wasseruhr. Sie misst die Wassermenge, die entnommen wird. Am Ende jedes Jahres wird die Wasseruhr von den Stadtwerken abgelesen. Ein Vier-Personen-Haushalt verbraucht im Jahr etwa 120 000 l Wasser. Neu eingebaute Wasseruhren werden auf ihre Genauigkeit geprüft. Dazu wird zunächst der Stand der Uhr aufgeschrieben. Anschließend werden in der Badewanne 1-l- und 10-l-Behälter gefüllt. Nachher kontrolliert man die Zeiger der Uhr.

Eine in Dezimalschreibweise gegebene Größe kann man mit einer anderen Maßeinheit schreiben, wenn man die Maßzahl entsprechend verändert.

Für Längen gilt:

Da $1\,\text{cm} = \frac{1}{10}\,\text{dm}$,

sind $17\,\text{cm} = \frac{17}{10}\,\text{dm} = 1{,}7\,\text{dm}$.

Das Komma wurde von 17,0 cm zu 1,7 dm um **eine Stelle** nach **links** verschoben.

$1{,}4\,\text{m} = \frac{14}{10}\,\text{m} = 14\,\text{dm}$.

Das Komma wurde von 1,4 m zu 14,0 dm um **eine Stelle** nach **rechts** verschoben.

Wo ist bei 14 dm ein Komma? Ganz einfach: 14 dm = 14,0 dm.

Für Gewichte gilt:

Da $1\,\text{kg} = \frac{1}{1000}\,\text{t}$,

sind $105\,\text{kg} = \frac{105}{1000}\,\text{t} = 0{,}105\,\text{t}$.

Das Komma wurde von 105,0 kg zu 0,105 t um **drei Stellen** nach **links** verschoben.

$0{,}045\,\text{kg} = \frac{45}{1000}\,\text{kg} = 45\,\text{g}$.

Das Komma wurde von 0,045 kg zu 45,0 g um **drei Stellen** nach **rechts** verschoben.

Für Flächeninhalte gilt:

$9\,\text{mm}^2 = \frac{9}{100}\,\text{cm}^2 = 0{,}09\,\text{cm}^2$.

Das Komma wurde von 9,0 mm² zu 0,09 cm² um **zwei Stellen** nach **links** verschoben.

$0{,}02\,\text{dm}^2 = \frac{2}{100}\,\text{dm}^2 = 2\,\text{cm}^2$.

Das Komma wurde von 0,02 dm² zu 2,0 cm² um **zwei Stellen** nach **rechts** verschoben.

Wie verschiebt man bei 16 das Komma um drei Stellen nach links? Man fügt Nullen dazu, verändert aber die Zahl nicht: 16 = 16,0 = 0016,0. Jetzt kann man das Komma nach links verschieben.

Für Rauminhalte gilt:

$16\,\text{mm}^3 = \frac{16}{1000}\,\text{cm}^3 = 0{,}016\,\text{cm}^3$.

Das Komma wurde von 16,0 mm³ zu 0,016 cm³ um **drei Stellen** nach **links** verschoben.

$0{,}68\,\text{m}^3 = \frac{68}{100} = \frac{680}{1000}\,\text{m}^3 = 680\,\text{dm}^3$.

Das Komma wurde von 0,68 m³ zu 680,0 dm³ um **drei Stellen** nach **rechts** verschoben.

Zur größeren Maßeinheit gehört die kleinere Maßzahl und umgekehrt.

Bei der **Dezimalschreibweise von Größen** entspricht der Wechsel zu einer größeren Maßeinheit einer **Kommaverschiebung** nach links. Der Wechsel zu einer kleineren Maßeinheit entspricht einer Kommaverschiebung nach rechts.

Das Komma wird um eine, um zwei, um drei Stellen verschoben, wenn die eine Maßeinheit das 10fache, das 100fache, das 1000fache der anderen Maßeinheit ist.

Beispiel 1   Kommaverschiebung beim Wechsel von Maßeinheiten
Schreibe in der angegebenen Einheit.
a) 8089 g (in kg)   b) 2,68 m (in dm)   c) 420 m² (in a)   d) 34,2 m³ (in l)
Lösung:
a) 8089 g = 8,089 kg   *Größere Maßeinheit; 1 kg = 1000 g; Komma drei Stellen nach links*
b) 2,68 m = 26,8 dm   *Kleinere Maßeinheit; 1 m = 10 dm; Komma eine Stelle nach rechts*
c) 420 m² = 4,20 a   *Größere Maßeinheit; 1 a = 100 m²; Komma zwei Stellen nach links*
d) 34,2 m³ = 34 200 l *Kleinere Maßeinheit; 1 m³ = 1000 l; Komma drei Stellen nach rechts*

Zur Erinnerung:

Flächen-einheiten	Volumen-einheiten
1 km²	- -
1 ha	- -
1 a	- -
1 m²	1 m³
1 dm²	1 dm³ (= 1 l)
1 cm²	1 cm³
1 mm²	1 mm³

Beispiel 2   Größenangaben ohne Komma und Bruch schreiben
Schreibe so, dass die Maßzahl eine natürliche Zahl ist.
a) 0,2 m²   b) 0,371 m
Lösung:
a) 0,2 m² = 20 dm²   *Wechsel zur kleineren Maßeinheit 1 dm²; 1 m² = 100 dm²;*
                     Komma zwei Stellen nach rechts
b) 0,371 m = 371 mm *0,371 m = 3,71 dm = 37,1 cm = 371 mm*

Beispiel 3   Größenangaben mit Komma schreiben
Schreibe mit Komma.
a) 10 km 56 m   b) 1 m³ 3 dm³   c) $\frac{1}{20}$ m   d) 6 % von 2 m²
Lösung:
a) 10 km 56 m = 10 056 m = 10,056 km   b) 1 m³ 3 dm³ = 1003 dm³ = 1,003 m³
c) $\frac{1}{20}$ m = $\frac{5}{100}$ m = 0,05 m   d) 2 m² = 200 dm²;
                                              $\frac{6}{100}$ von 200 dm² sind 12 dm².

Aufgaben

1   In der Schlange steht nach rechts immer die nächst größere Einheit. Übertrage in
dein Heft und vervollständige.
a)

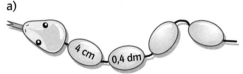

b)

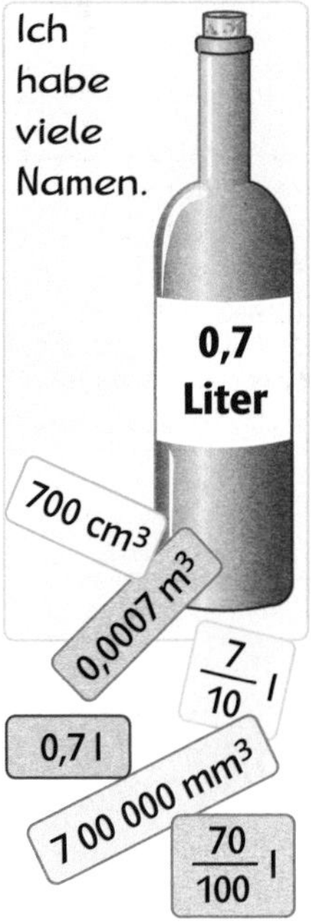

2   Schreibe mit Komma in der angegebenen Einheit.
a) 2 cm (in dm)   b) 30 g (in kg)   c) 4,2 m (in cm)   d) 1,06 t (in kg)
   4,8 kg (in g)   3,09 km (in m)   104 m (in km)   560 mm (in dm)
   6 ct (in €)   6,831 m (in cm)   17,3 € (in ct)   91,5 kg (in t)

3   Schreibe für das Kästchen die passende Zahl oder die passende Maßeinheit.
a) 69 cm² = ☐ dm²   b) 400 mm³ = ☐ cm³   c) 2,4 a = ☐ m²   d) 4900 cm² = ☐ m²
   120 l = 0,12 ☐   40 dm² = 0,4 ☐   75 cm³ = ☐ l   3,7 m³ = 3700 ☐
   532 m² = ☐ a   3 a = 300 ☐   300 ha = ☐ m²   8840 m² = 0,8840 ☐

4   Schreibe so, dass die Maßzahl eine natürliche Zahl ist.
a) 5,07 t   b) 0,078 km   c) 0,60 m³   d) 1,2 ha   e) 0,08 km²   f) 4,60 cm²
   0,03 m²   10,70 €   8,930 kg   10,12 kg   3,2 m³   405,70 l
   0,1 cm³   0,4 ha   8,04 km   10,5 m³   5,05 €   4,8 cm

Ich habe viele Namen.

0,7 Liter

700 cm³

0,0007 m³

$\frac{7}{10}$ l

0,71 l

7 00 000 mm³

$\frac{70}{100}$ l

Fig. 1

5 Schreibe mit Komma.

a) 30 m 20 cm   b) 2 m³ 200 dm³   c) 40 km 40 m   d) 8 m² 1 dm²   e) 5 € 7 ct
   30 a 20 m²   2 kg 200 g   40 l 40 cm³   8 m 10 cm   5 ha 7 a
   30 m³ 20 l   2 km² 20 ha   40 dm² 40 cm²   8 cm³ 1 mm³   5 t 7 kg

6 Gib mit Komma in der Einheit an, die in der Klammer steht.

a) 20 % von 600 g (in kg)   b) $\frac{2}{5}$ von 20 dm² (in m²)   c) 3 % von 900 l (in m³)

   $\frac{3}{4}$ von 10 a (in a)   5 % von 1 l (in l) $\frac{9}{10}$ von 25 m² (in dm²)

   60 % von 12 € (in €) $\frac{1}{50}$ von 2 km² (in km²)   4 % von 88 cm³ (in cm³)

Bist du sicher?

1 Schreibe mit Komma in der Einheit, die in Klammern steht .

a) 106 m (in km)   b) 10 g (in kg)   c) 0,4 m² (in dm²)   d) 8,03 a (in m²)   e) 45 l (in m³)

Zu Aufgabe 3:

60   4   0,05

2 a) 2 m² 40 dm² (in dm²)   b) 30 m³ 30 dm³ (in m³)   c) 7 ha 20 a (in ha)

3 a) 10 % von 0,5 m² (in m²)   b) $\frac{2}{5}$ von 0,01 m³ (in l)   c) 5 % von 1,2 cm³ (in mm³)

7 Gib den Flächeninhalt in der Einheit 1 cm² an.

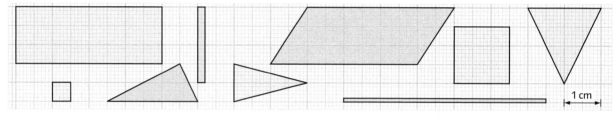

1 cm

Fig. 1

8 Welches Volumen (in dm³) hat ein Quader mit den Maßen 0,04 m auf 5 cm auf 0,8 dm?

9 Gib den Anteil als Bruch und in Prozent an.

a) 0,2 m von 80 cm   b) 50 m² von 2,5 a   c) 20 dm³ von 0,1 m³
   40 mm² von 1,60 cm²   400 g von 0,8 kg   0,01 m² von 20 dm²

10 👥 Hier siehst du für dieselbe Größe viele verschiedene Schreibweisen:

2,5 m² = 250 dm² = $\frac{25}{10}$ m² = 2 m² 50 dm² = 25 000 cm² = $\frac{5}{2}$ m² = 0,025 a = 2,50 m² …

Wer findet dafür die meisten Schreibweisen?   a) 6,02 kg   b) 0,05 dm³

Info

Warum schreibt man Zeitdauern selten in Kommaschreibweise?

Das Besondere an den Maßeinheiten der Zeitdauern ist die Umrechnungszahl **60**.
1 h = **60** min; 1 min = **60** sek. Diese Einteilung ist vor 4000 Jahren in Babylonien ent-
standen. Das bedeutet: **0,1 h** = $\frac{1}{10}$ h = 60 min : 10 = **6 min**.
Beim Wechsel der Maßeinheit erhält man die eine Maßzahl nicht durch Kommaverschiebung aus der anderen Maßzahl.

11 Schreibe ohne Komma: a) 0,1 min,   b) 1,5 h,   c) 1,2 min,   d) 0,25 h,   e) 0,9 min.

7 Größenvergleich von rationalen Zahlen

▬▬▬ Bei den Olympischen Spielen 2004 in Athen wurden beim Weitsprung der Männer unter den besten drei die rechts stehenden Weiten erzielt:

Bei vielen Gelegenheiten im Alltag wird verglichen, z. B. die Preise beim Einkaufen. Beim Vergleichen von rationalen Zahlen muss beachtet werden, dass verschiedene Schreibweisen und Vorzeichen vorkommen können. ▬▬▬

AΘHNA 2004

Versuch	1.	2.	3.
Philipps	8,59 m	8,35 m	–
Moffitt	8,28 m	8,47 m	8,10 m
Martinez	8,32 m	8,06 m	8,22 m

8,00   8,60

Von zwei ganzen Zahlen ist diejenige größer, die auf der Zahlengeraden weiter rechts liegt. Z. B. ist 5 > 4; 2 > –1; –1 > –3.

-3 -1 0 2 4 5

Fig. 1

Auch für zwei rationale Zahlen gilt: Diejenige rationale Zahl ist die größere, die auf der Zahlengeraden weiter rechts liegt. Um dies bei zwei vorgegebenen Zahlen zu entscheiden, müssen sie beide in Dezimalschreibweise oder beide in Bruchschreibweise vorliegen.

Sind zwei positive rationale Zahlen wie $\frac{5}{6}$ und $\frac{3}{4}$ in **Bruchschreibweise** gegeben, schreibt man beide Brüche mit dem gleichen Nenner 12.
Es ist $\frac{5}{6} = \frac{10}{12}$ (erweitert mit 2) und $\frac{3}{4} = \frac{9}{12}$ (erweitert mit 3). Wegen $\frac{10}{12} > \frac{9}{12}$ ist $\frac{5}{6} > \frac{3}{4}$. Die Zahl 12 ist in diesem Fall nicht der einzige **gemeinsame Nenner** von $\frac{5}{6}$ und $\frac{3}{4}$. Man hätte die Brüche $\frac{5}{6}$ und $\frac{3}{4}$ auch mit dem gemeinsamen Nenner 24 oder 36 oder 48 ... schreiben können.

Wenn man die Nenner von zwei Brüchen multipliziert, erhält man immer einen gemeinsamen Nenner. Bei den Brüchen $\frac{5}{6}$ und $\frac{3}{4}$ ist das 24.
*Das ist aber nicht immer der **kleinste gemeinsame Nenner**. Der ist in diesem Fall 12.*

> Zwei **positive Brüche** kann man der **Größe nach vergleichen**, indem man sie zunächst mit einem gemeinsamen Nenner schreibt. Dann ist der Bruch mit dem größeren Zähler auch die größere rationale Zahl.

Sind zwei positive rationale Zahlen wie 0,618 und 0,635 in **Dezimalschreibweise** gegeben, dann gilt: $0,618 = \frac{618}{1000}$ und $0,635 = \frac{635}{1000}$.
Also gilt für die rationalen Zahlen 0,618 und 0,635: 0,618 < 0,635.

...
Maier
Maurer
Mauser
Mayer
Meier
Meyer
Miller
Müller
...

> Von zwei **positiven Dezimalzahlen** ist diejenige größer, die von links nach rechts gelesen an derselben Stelle zuerst eine größere Ziffer hat.
> 0,74**1**8 < 0,74**6**2; 12,**0**50 < 12,**1**9999

Vergleicht man eine positive und eine negative Zahl, dann liegt die positive Zahl auf der Zahlengeraden rechts von der negativen Zahl. Die positive Zahl ist stets die größere Zahl.

Für den Größenvergleich zweier **negativer Zahlen** wie –1,3 und –1,4 kann man diese Zahlen und ihre Gegenzahlen 1,3 und 1,4 auf der Zahlengeraden eintragen (Fig. 1). Es gilt: 1,4 liegt rechts von 1,3; –1,4 liegt links von –1,3; also: 1,4 > 1,3, aber –1,4 < –1,3.

Vergleicht man anstelle zweier Zahlen ihre Gegenzahlen nach der Größe, so dreht sich das Ungleichheitszeichen um. Dies lässt sich zum Größenvergleich von zwei negativen Zahlen nutzen.

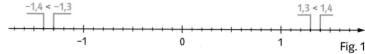

Fig. 1

Um von zwei negativen Zahlen die größere zu bestimmen, vergleicht man zunächst die positiven Gegenzahlen und dreht dann das Ungleichheitszeichen um.

$$0,76 > 0,72 \qquad\qquad \frac{7}{11} < \frac{9}{11}$$
$$-0,76 < -0,72 \qquad\qquad -\frac{7}{11} > -\frac{9}{11}$$

Bei Zahlen wie $\frac{23}{5}$ sieht man nicht auf den ersten Blick, zwischen welchen ganzen Zahlen sie liegen. An der Zahlengeraden sieht man: $\frac{23}{5}$ liegt um $\frac{3}{5}$ weiter rechts als 4. Man schreibt für $\frac{23}{5}$ auch $4\frac{3}{5}$.

Fig. 2

*Die Schreibweise $4\frac{3}{5}$ heißt **gemischte Schreibweise**.*

Beispiel 1 Vergleich von rationalen Zahlen
Vergleiche und schreibe mit dem Größerzeichen.

a) $\frac{5}{8}$; $\frac{7}{10}$ \qquad b) 0,4; $\frac{3}{7}$ \qquad c) –1,05; –1,22

Lösung:

a) $\frac{5}{8} = \frac{50}{80}$ und $\frac{7}{10} = \frac{56}{80}$. \qquad *Die Brüche werden auf den gemeinsamen*

Da $\frac{56}{80} > \frac{50}{80}$, ist $\frac{7}{10} > \frac{5}{8}$. \qquad *Nenner 80 gebracht.*

Bei Beispiel 1a hätte man auch den kleinsten gemeinsamen Nenner 40 nehmen können.

b) $0,4 = \frac{4}{10} = \frac{28}{70}$; $\frac{3}{7} = \frac{30}{70}$. \qquad *0,4 wird zunächst als Bruch geschrieben.*

Da $\frac{30}{70} > \frac{28}{70}$, ist $\frac{3}{7} > 0,4$.

c) 1,22 > 1,05; also –1,05 > –1,22. \qquad *Zuerst werden die Gegenzahlen verglichen.*

Beispiel 2 Vergleich von Anteilen
In welchem Gefäß ist der Anteil der Gewinnlose höher?
Lösung: Im linken Gefäß beträgt der Anteil der Gewinnlose 4 von 16, also $\frac{4}{16} = \frac{1}{4}$.
Im rechten Gefäß beträgt der Anteil der Gewinnlose 3 von 10, also $\frac{3}{10}$.
$\frac{1}{4} = \frac{10}{40}$; $\frac{3}{10} = \frac{12}{40}$. Der Anteil der Gewinnlose ist im rechten Gefäß höher.

■ Niete ● Gewinn

Fig. 3

Aufgaben

1 Ordne die beim Sporttag von den Mädchen der 6b erzielten 50-m-Zeiten:
Anita 8,93 s; ● Barbara 9,21 s; Franca 9,02 s; ● Doris 8,99 s; ✓ Fatma 8,96 s; ● Eleni 9,00 s; ·
Lisa 8,88 s; ● Marja 9,20 s; Sabina 8,78 s; · Petra 9,03 s; · Gina 8,98 s; · Anne 9,04 s; ·

2 Vergleiche. Schreibe mit dem Kleinerzeichen.

a) $\frac{3}{5}$; $\frac{1}{5}$ b) $\frac{1}{3}$; $\frac{1}{2}$ c) $\frac{3}{4}$; $\frac{4}{5}$ d) $\frac{2}{7}$; $\frac{4}{10}$ e) $\frac{11}{6}$; 2   f) $\frac{5}{3}$; $\frac{3}{5}$

$2\frac{1}{5}$; 3 $\frac{8}{8}$; $\frac{8}{9}$ $\frac{18}{3}$; 5 $8\frac{1}{2}$; $\frac{80}{2}$ $\frac{1}{6}$; $\frac{2}{9}$ $\frac{12}{18}$; $\frac{8}{10}$

3 a) 0,4; 0,6   b) 0,76; 0,71   c) 1,45; 1,29   d) 6,958; 6,955   e) 5,09; 5,111
      0,034; 0,04   2,98; 2,89   0,004; 0,010   3,900; 3,055   7,701; 7,107

4 In welchem Gefäß ist der Anteil der Gewinnlose höher?

a)   b)

 ▣ Niete
● Gewinn

5 Setze im Heft für ▢ eines der Zeichen < oder > und für △ eine passende Ziffer ein.

a) 0,6 ▢ $\frac{4}{5}$ b) $\frac{1}{2}$ < 0,△9   c) $\frac{3}{4}$ ▢ 0,7   d) △,3 < $\frac{1}{3}$ e) $\frac{1}{8}$ < 0,△   f) $\frac{5}{6}$ ▢ 0,6

$3\frac{1}{4}$ > 3,△ $\frac{7}{5}$ ▢ 1,5   10,△ > $\frac{21}{2}$ $\frac{3}{3}$ ▢ 1,01 $\frac{7}{4}$ > △,5   8,8 ▢ $\frac{8}{1}$

6 a) −0,5 > −0,△   b) −2,2 < △,4   c) $-\frac{2}{5}$ ▢ $-\frac{1}{4}$ d) −2,1 ▢ $-\frac{18}{10}$ e) −0,△9 < $-\frac{1}{10}$

$-\frac{5}{2}$ ▢ $-\frac{8}{3}$ −0,010 ▢ −0,101   −0,△7 < $\frac{1}{7}$ $-\frac{1}{2}$ ▢ $-\frac{1}{3}$ $-3\frac{1}{3}$ ▢ −3,1

7 In den Klassen 6a und 6b des Einstein-Gymnasiums sind 30 bzw. 24 Schüler. Von diesen singen 12 bzw. 10 im Chor. In welcher Klasse ist dieser Anteil höher?

8 Zeichne in dein Heft je einen Stapel für Längen, Gewichte und Zeitdauern. Trage die Größen in den passenden Stapel ein.

4,81 m	0,8 kg	$\frac{3}{4}$ h	4,09 m	$\frac{3}{4}$ kg	0,5 h	
0,790 kg	$\frac{1}{3}$ h	50,01 dm	0,001 t	40 min	3,90 m	

2000 m
1,3 km
1,09 km
1,02 km

Bist du sicher?

1 Setze < oder > passend im Heft ein.

a) 0,63 ▢ 0,71   b) $\frac{3}{5}$ ▢ $\frac{7}{10}$ c) 1,245 ▢ $\frac{126}{100}$ d) 8,051 ▢ 8,049   e) $\frac{8}{3}$ ▢ $1\frac{5}{6}$

2 a) −0,88 ▢ −0,59   b) $-\frac{6}{8}$ ▢ $-\frac{8}{10}$ c) −3,5 ▢ $\frac{30}{10}$ d) −5,05 ▢ −5,27   e) $-\frac{3}{10}$ ▢ $-\frac{7}{20}$

Bei Aufgabe 1 gibt es dreimal <; zweimal >.

Bei Aufgabe 2 gibt es dreimal >; zweimal <.

3 Von zwei gleichen Torten wird eine in 12 Stücke und die andere in 16 Stücke geschnitten. Welcher Anteil ist größer: 4 Stücke der ersten oder 6 Stücke der zweiten Torte?

9 Für das Kästchen soll die gleiche Ziffer eingesetzt werden. Gib, wenn möglich, eine Lösung an.

a) 10,5☐ < 10,6 < 10,☐5   b) 5,☐12 < 5,213 < 5,21☐   c) −1,5☐ < −1,5 < −1,☐9

10 Welche ganze Zahlen können für das Kästchen stehen?

a) $1,6 < \frac{\square}{10}$ b) $\frac{6}{4} < \square,39$ c) $\frac{1}{\square} > 0,1$

11 Gib eine Zahl an, die zwischen den gegebenen Zahlen liegt.

a) 3,4; 3,5   b) $\frac{4}{8}$; $\frac{6}{10}$ c) −0,3; −0,34   d) $\frac{1}{4}$; $\frac{1}{5}$ e) 1,06; 1,07   f) −0,01; −0,011

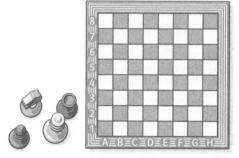

12 Lege aus den Kärtchen auf dem Rand alle möglichen Dezimalzahlen, die vor dem Komma die Ziffer 1 haben, und ordne sie nach der Größe.

13 Die Tabelle zeigt die Geburtenzahlen einer Klinik während einer Woche.

	Mo	Di	Mi	Do	Fr	Sa	So
Jungen	40	45	56	36	48	24	35
Mädchen	60	45	42	44	42	36	25

a) Wurden mehr Jungen oder mehr Mädchen geboren?

b) Der Anteil der Jungengeburten am Montag ist 40 von 100. An welchem Wochentag war der Anteil der Jungengeburten am größten?

14 **Für Schachspieler**

Auf einem sonst leeren Schachbrett steht nur die angegebene Figur. Wie groß ist der Anteil der Felder, die von der Figur in einem Zug erreicht werden können? Das Feld, auf dem die Figur steht, zählt nicht mit.

a) Der König steht auf B 2.
b) Ein Turm steht auf A 1.
c) Ein Läufer steht auf B 7.
d) Ein Pferd steht auf H 4.

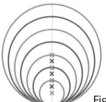

Fig. 1

Kannst du das noch?

15 Zeichne das „Auge", die „Blume" und das „Kugellager" mit dem Zirkel in dein Heft.

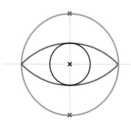
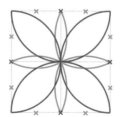

Fig. 2

8 Rationale Zahlen mit dem Taschenrechner

Im täglichen Leben nutzen wir vielerlei technische Geräte. Eines davon ist der Taschenrechner, in dessen Bedienung man sich einarbeiten muss.

Die in der Schule gebräuchlichen Taschenrechner können mit Brüchen und Dezimalzahlen rechnen. Dabei werden bei verschiedenen Typen von Taschenrechnern unterschiedliche Tasten benützt. Deshalb muss man manchmal probieren, um herauszufinden, wie man die folgenden Aufgaben mit einem Taschenrechner lösen kann.

→ Selbstständige Erarbeitung

Ziel	Tipps	Anzeige
Eine Dezimalzahl wie 0,25 eingeben	Das Komma wird bei den meisten Taschenrechnern als Punkt eingegeben	2.04 (selten 2,04)
Einen Bruch wie $-\frac{1}{4}$ eingeben	Die Vorzeichentaste $\boxed{-}$ (oder $\boxed{+/-}$) benützen. Die Bruchrechentaste $\boxed{a/b}$ (oder $\boxed{a\,b/c}$) benützen.	$-1 \lrcorner 4$ oder 1/4 oder
Einen Bruch wie $5\frac{2}{3}$ eingeben.	Die Bruchrechentaste $\boxed{a\,b/c}$ benützen 5 2/3	$5 \lrcorner 2 \lrcorner 3$ oder
Eine Dezimalzahl wie 0,47 in Bruchschreibweise umwandeln.	0.47 eingeben; die Bruchrechentaste $\boxed{a/b}$ (oder $\boxed{a\,b/c}$) oder $\boxed{> F}$ oder …) benützen.	$47 \lrcorner 100$ oder 47/100
Einen Bruch wie $\frac{3}{25}$ in Dezimalschreibweise umwandeln	$\frac{3}{25}$ eingeben; die Bruchrechentaste $\boxed{a/b}$ (oder $\boxed{a\,b/c}$ oder $\boxed{> D}$ oder …) benützen. Zweite Möglichkeit: 3:25 eingeben	0.12 0.12
Einen Bruch wie $\frac{18}{24}$ kürzen.	$\frac{18}{24}$ eingeben; die Taste $\boxed{> Simp}$ benützen (manche Taschenrechner zeigen auch ohne weiteres gleich den gekürzten Bruch an).	$3 \lrcorner 4$ oder 3/4

Nicht vergessen: Für das Wort „Eingabe" (oder „eingeben") muss die $\boxed{=}$-Taste oder die $\boxed{Enter}$-Taste gedrückt werden.

Beispiel 1 Vergleich von Brüchen und ganzen Zahlen
Zwischen welchen ganzen Zahlen liegt die Zahl $\frac{781}{34}$?
Lösung:
$\frac{781}{34}$ = 22,97 … (mit TR)
Die Zahl liegt zwischen 22 und 23.

Der Bruch wird mit dem TR in Dezimalschreibweise umgewandelt.

Der Taschenrechner zeigt hier mehr Stellen an. Sie sind für die Lösung der Aufgabe nicht von Bedeutung.

Beispiel 2 Vergleich von Brüchen und Prozentangaben

Ist der Anteil $\frac{1431}{5000}$ größer als 20 %?

Lösung:

$\frac{1431}{5000} = 0,2862$ (mit TR); $20\% = \frac{20}{100} = \frac{2}{10} = 0,2$; $0,2862 > 0,2$.

Der Anteil $\frac{1431}{5000}$ ist größer als 20 %.

Aufgaben

1 Schreibe als Dezimalzahl.

a) $\frac{12}{50}$ b) $-\frac{56}{5}$ c) $\frac{362}{16}$ d) $-\frac{679}{14}$ e) $-\frac{255}{50}$

2 Schreibe mit einem vollständig gekürzten Bruch.

a) 0,56   b) −0,565   c) 0,125   d) −0,0125   e) 0,056   f) −0,0075

3 Zwischen welchen ganzen Zahlen liegt die Zahl?

a) $\frac{568}{45}$ b) $-\frac{67}{4}$ c) $\frac{677}{80}$ d) $-\frac{3400}{234}$ e) $\frac{34567}{2}$ f) $-\frac{1000000}{300}$

4 Welche Zahl ist größer?

a) $\frac{45}{3}$; $\frac{56}{4}$ b) $\frac{456}{3}$; 150,999   c) −3507; $-\frac{518620}{17}$ d) $\frac{45}{2000}$; $\frac{67}{3900}$

5 a) Ist der Anteil $\frac{2700}{6877}$ größer als 50 %?   b) Sind die Anteile $\frac{756}{3024}$ und 25 % gleich?

Zu Aufgabe 5:
Der Anteil 5 von 20 ist:

$\frac{5}{20} = \frac{1}{4}$ *in Bruchschreibweise*

$0,25$ *in Dezimalschreibweise*

25% *in Prozentschreibweise*

Bist du sicher?

1 Schreibe als Dezimalzahl.

a) $\frac{680}{16}$ b) $-\frac{21}{420}$ c) $6\frac{6}{8}$ d) $-10\frac{1}{50}$

2 Welche Zahl ist kleiner? a) 6,89; $\frac{578}{87}$ b) $-\frac{5}{56}$; $-\frac{7}{73}$ c) $\frac{9}{405}$; $\frac{80}{4000}$

3 Welcher Anteil ist kleiner?   a) 40 % oder $\frac{21}{50}$ b) 80 % oder $\frac{80}{110}$

6 **Zum Forschen**

a) Schreibe die Brüche $\frac{1}{4}$; $\frac{1}{40}$; $\frac{1}{400}$ ... in Dezimalschreibweise. Was beobachtest du? Beschreibe, wie sich die Dezimalschreibweise eines Bruches ändert, wenn man an ihren Nenner eine Null anhängt.

b) Bei welchen der Brüche $\frac{1}{2}$; $\frac{2}{3}$; $\frac{3}{4}$ ..., bei denen der Zähler um eins kleiner ist als der Nenner, ist in Dezimalschreibweise die erste Stelle nach dem Komma 9?

7 a) Verwandle mit dem Taschenrechner die Brüche $\frac{1}{6}$; $\frac{1}{9}$; $\frac{1}{11}$ in die Dezimalschreibweise

b) Zu welchem Bruch gehört die Dezimalschreibweise 0,01111111 ... (0,010101010101 ...)?

Info ═══

Periodische Dezimalzahlen

Der Taschenrechner wandelt auch einen Bruch wie $\frac{1}{3}$ in die Dezimalschreibweise 0,33333333333... um. Eine solche Dezimalzahl, die „nicht aufhört", sondern „in gleicher Weise weiter geht", nennt man eine periodische Dezimalzahl.

1 Der Punkt A des Pferdekopfes in Fig. 1 hat die Koordinaten A(–0,9 | 0,3). Gib die Koordinaten der Punkte B bis H an.

2 Zeichne in dein Heft ein Koordinatensystem wie in Fig. 1. Spiegle den Pferdekopf an der y-Achse (in Fig. 1 ist der Spiegelpunkt A' von A eingezeichnet). Gib die Koordinaten der gespiegelten Punkte A' bis H' an.

3 Denke dir den Pferdekopf an der x-Achse gespiegelt. Gib ohne eine Zeichnung die Koordinaten der gespiegelten Punkte A̅ bis H̅ an.

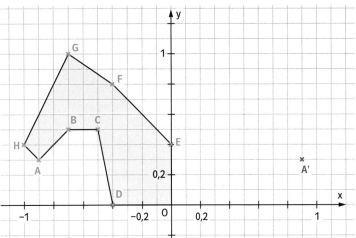

Fig. 1

4 Welcher Anteil der Fläche ist gefärbt? Gib das Ergebnis als Bruch und in Prozent an.

a)   b)   c)

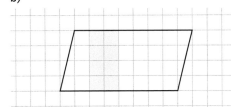

5 Zahlenvergleich mit Köpfchen
Versuche durch Nachdenken und ohne Rechnung die größere Zahl anzugeben. Beschreibe deine Überlegung.

a) $\frac{5}{11}$; $\frac{5}{12}$ b) $\frac{8}{20}$; $\frac{8}{30}$ c) $\frac{15}{18}$; $\frac{19}{16}$ d) $\frac{7}{5}$; $\frac{19}{22}$ e) $\frac{13}{14}$; $\frac{8}{9}$ f) $\frac{25}{24}$; $\frac{7}{6}$

6 In der Tabelle sind die acht bevölkerungsreichsten und die acht flächengrößten Bundesländer aufgeführt. Dabei bedeutet B 15; F 20: Der Bevölkerungsanteil ist 15 %, der Flächenanteil ist 20 %, bezogen auf Deutschland.

Bayern	Mecklenburg-Vorpommern	Baden-Württemberg	Niedersachsen	Hessen	Sachsen	Brandenburg	Nordrhein-Westfalen
B 15; F 20	B 2; F 7	B 12; F 10	B 10; F 13	B 7; F 6	B 6; F 5	B 4; F 8	B 22; F 10

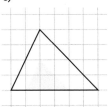

Bevölkerungsanteil
Flächenanteil

Bayern   Mecklenb.-V.

Fig. 2

a) Stelle eine Reihenfolge der sechs bevölkerungsreichsten Bundesländer auf.
b) Stelle eine Reihenfolge der sechs flächengrößten Bundesländer auf.
c) Erstelle für die Bevölkerungs- und die Flächenanteile ein Säulendiagramm wie in Fig 2.

7 Zum Forschen
a) Welcher Anteil an der Fläche des großen Dreiecks ist jeweils gefärbt? Gib den Anteil mit einem vollständig gekürzten Bruch an.
b) Angenommen, bei einem großen Dreieck sind 100 kleine Dreiecke gefärbt. Welcher Anteil ist dies vermutlich?

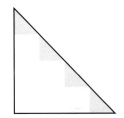

Fig. 3

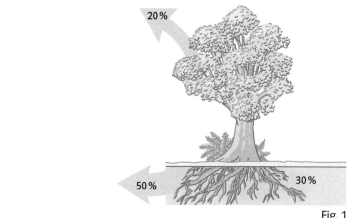

Fig. 1

8 Wenn es auf Blätter und Nadeln einer Baumkrone regnet, so verdunsten je nach Witterung etwa 20% des Regenwassers. Das meiste Wasser tropft auf den Boden und versickert. Ungefähr 30% des Regenwassers kann der Waldboden im Wurzelraum speichern und 50% des Regenwassers gelangen ins Grundwasser.
a) Stelle die Prozentanteile in einem Diagramm dar.
b) Bei einem Landregen prasseln auf eine Baumkrone 8000 l Wasser. Wie viele Liter davon verdunsten, wie viele werden im Waldboden gespeichert?

9 Beim Schulfest darf man mit Wurfpfeilen auf eine der in Fig. 2 abgebildeten Scheiben schießen. Wenn man auf ein farbiges Feld trifft, erhält man einen Gewinn. Welche Zielscheibe würdest du nehmen?

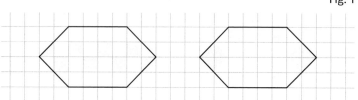

Fig. 2

Sparte	Anteil an der Sendezeit
Information	12%
Unterhaltung (ohne Musik)	53%
Natursendungen	8%
Musiksendungen	5%
Sport	14%
Sonstiges	8%

10 Prozentangaben kritisch verwenden
Bei einem Fernsehkanal wurde an sieben aufeinanderfolgenden Tagen die Zeitdauer (nicht die Anzahl der Sendungen) verschiedener Sparten aufgeschrieben. Die Tabelle zeigt das Ergebnis. Welche Aussagen sind durch die Tabelle belegt?
a) Mehr als die Hälfte der Sendezeit ist Unterhaltung.

Fig. 3

b) Etwa jede zweite Sendung ist eine Unterhaltungssendung.
c) Pro Stunde Sendezeit sind im Schnitt drei Minuten Musiksendungen.
d) Von 100 Sendungen waren 14 Sportsendungen.

Knobeleien mit Eiern

11 Ein Hühnerei besteht zu etwa drei Viertel aus Wasser, zu 15% aus Eiweiß und zu 10% aus Fett. Wie viel Prozent Wasser enthalten zwei Hühnereier?

12 Ein Ei wird in $\frac{1}{10}$ h hartgekocht. Wie lange brauchen fünf Eier?

13 Auf der Eiergeraden steht bei 1 ein Ei mit der Spitze nach oben, bei 1,25 liegt ein Ei auf der Seite und bei 1,5 steht ein Ei wie das Ei des Kolumbus auf der Spitze. Bei 1,75 steht wieder ein Ei mit der Spitze nach oben usw.
Stehen oder liegen die Eier bei −1 und 4 auf die gleiche Art?

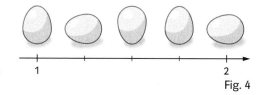

Fig. 4

Unendlich endlich: Hausnummer 0

Felicitas Hoppe

In Träumen, sagt man, ist alles möglich. Man schwimmt wie ein Fisch und ist frei wie ein Vogel. Man muss auch nicht erst ein Flugzeug besteigen, um endlich an anderen Orten zu sein. Mühelos kann man die Erde verlassen. Die Sterne sind zählbar und leicht zu haben. Man kann zu Fuß bis zur Sonne gehen und verbrennt sich dabei keinen Finger. Man kann die schwierigsten Aufgaben lösen, jede Rechnung geht auf. Problemlos erreicht man das Ende der Welt, obwohl niemand weiß, wo das wirklich ist. Denn was uns bei Tag kompliziert erscheint, wird im Traum plötzlich leicht.

Doch letzte Nacht war es umgekehrt. Ich träumte, ich sei längst erwachsen geworden. Ich trug eine Briefträgeruniform, ging schwitzend im Traum durch die Straßen der Stadt und warf den Leuten die Post in die Kästen. Nur ein Brief blieb übrig, der Brief mit der seltsamen Hausnummer 0. An Haus Nummer 1 war ich längst vorbei, doch die Straße schien trotzdem kein Ende zu nehmen, stattdessen schien sie nur länger zu werden. Häuser zur linken und rechten Seite, mit Nummern, die gar nicht zu Häusern passen. Halbe, viertel und sechzehntel Häuser, die sich niemand mehr vorstellen kann. Das nächste, dachte ich, das muss es sein, das nächste ist endlich das Haus Nummer 0. Doch so weit ich auch ging und so lange ich suchte, das Haus Nummer 0 war nirgends zu finden.

Langsam begann ich unruhig zu werden, die Häuser kamen mir unheimlich vor. „Wo bitte ist das Haus Nummer 0?", fragte ich eine Frau, die vor ihrem Haus die Straße fegte. „Einfach zu finden", sagte sie lachend, „geradeaus, gleich am Ende der Straße", dann fegte sie weiter. Ich ging weiter und weiter und immer schneller, nur das Haus Nummer 0 war nicht zu finden. „Wo bitte ist das Haus Nummer 0?", fragte ich einen Mann mit Hund. „Am Ende der Straße, nur geradeaus", sagte er lachend, „man kann es doch fast schon von weitem sehen!" Doch so weit ich auch ging und so lange ich suchte, das Haus Nummer 0 war nicht zu finden.

Die Sonne stand schon hoch am Himmel, mir war sehr heiß in der Uniform. Trotzdem ging ich schneller und schneller, und schließlich begann ich zu laufen, denn in Haus Nummer 0 wartet jemand auf Post! Und links und rechts fliegen Häuser vorüber, hundertstel, tausendstel, endlose Häuser, ich laufe und laufe und zähle und zähle, ich zähle endlose Zahlenreihen, ich zähle, bis mir schwindelig wird. Nur das Haus Nummer 0 ist nirgends zu finden.

Und so bleibe ich schließlich am Straßenrand sitzen. Erschöpft reiße ich mir die Mütze vom Kopf und schreie ein letztes Mal laut und verzweifelt: „Wo bist du, verfluchtes Haus Nummer 0?" Und da spüre ich auf meinem Kopf eine Hand und höre die Stimme meiner Mutter, die neben mir auf der Bettkante sitzt und lachend sagt: „Das Haus Nummer 0 ist das Ende der Welt und nichts als Erfindung, nichts als ein Traum. Und heute ist Sonntag, da kommt keine Post, und niemand muss warten. Und Aufgaben musst du heut auch nicht lösen, denn sonntags haben die Menschen frei, hier und am Ende der Welt!"

Rückblick

Anteile als Prozent, Bruch, Dezimalzahl

Anteile gibt man oft in Prozent an. 1% bedeutet den Anteil $\frac{1}{100}$ oder 0,01.

Statt 1% sagt man auch: „1 von Hundert" oder „jeder Hundertste".

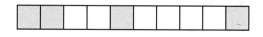

4 von 10 Karos sind gefärbt. Das ist ein Anteil von $\frac{4}{10}$ oder $\frac{40}{100}$ oder 40% oder 0,4.

Brüche

Bei einem Bruch heißt die obere Zahl der Zähler und die untere Zahl der Nenner des Bruches.

Bei dem Bruch $\frac{8}{12}$ ist 8 der Zähler und 12 der Nenner.

Ein Bruch wird erweitert, indem man den Zähler und den Nenner mit derselben Zahl multipliziert.

$\frac{8}{12}$ mit 3 erweitert ergibt $\frac{24}{36}$.

Ein Bruch wird gekürzt, indem man den Zähler und den Nenner durch dieselbe Zahl dividiert.

$-\frac{8}{12}$ mit 4 gekürzt ergibt $-\frac{2}{3}$.

Gekürzte und erweiterte Brüche bezeichnen auf der Zahlengeraden dieselbe rationale Zahl.

Dezimalzahlen

Dezimalzahlen mit einer, zwei, drei ... Stellen nach dem Komma sind eine andere Schreibweise für Brüche mit dem Nenner 10, 100, 1000 ...

$0,3 = \frac{3}{10}$; $1,06 = \frac{106}{100}$; $-0,391 = -\frac{391}{1000}$
$\frac{3}{4} = \frac{75}{100} = 0,75$; $-\frac{7}{200} = -\frac{35}{1000} = -0,035$

Kommaverschiebung bei Größen

Wechselt man bei einer Größe die Maßeinheit, muss bei der Maßzahl das Komma verschoben werden. Es gilt

bei Längen $\quad$ 1mm = 0,1cm = 0,01dm = 0,001m

14,8 cm = 1,48 dm; 14,8 cm = 148,0 mm

bei Gewichten $\quad$ 1g = 0,001kg = 0,000001t

578,9 kg = 0,5789 t; 578,9 kg = 578 900 g

bei Flächeninhalten $\quad$ 1mm² = 0,01cm² = 0,0001dm²
$\qquad\qquad\qquad$ = 0,000 001m²
$\qquad\qquad\quad$ 1m² = 0,01a = 0,0001ha = 0,000 001km²

45 dm² = 0,45 m²; 3,4 ha = 340 a

bei Rauminhalten $\quad$ 1mm³ = 0,001cm³ = 0,000 001dm²
$\qquad\qquad\quad$ 1dm³ = 1l = 0,001m³

78 cm³ = 0,078 dm³; 0,05 m³ = 50 l

Größer und kleiner bei rationalen Zahlen

Dezimalzahlen vergleicht man, indem man die Ziffern stellenweise miteinander vergleicht.

Brüche vergleicht man, indem man sie mit gleichem Nenner schreibt und die Zähler miteinander vergleicht.

$-1,5 < -1 < -0,5 < 0 < 0,5 < 1 < 1,5$
$-\frac{3}{2} < -1 < -\frac{1}{2} < 0 < \frac{1}{2} < 1 < \frac{3}{2}$

Training

1 Schreibe als Bruch und kürze vollständig.
a) 4%   b) 60%   c) 0,2   d) −0,3   e) −2,6

2 Schreibe als Dezimalzahl.
a) $\frac{7}{10}$ b) $-\frac{4}{5}$ c) $\frac{21}{4}$ d) $\frac{230}{1000}$ e) $3\frac{6}{100}$

3 Schreibe ohne Bruch und Komma.
a) $\frac{3}{5}$ kg   b) $\frac{1}{20}$ von 4 km   c) 2,6 m²   d) 25% von 80 €   e) 3% von 1 Liter

4 Welcher Anteil in Fig. 1 ist jeweils gefärbt? Schreibe mit einem vollständig gekürzten Bruch und in Prozent.

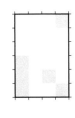
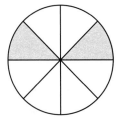
15 cm   15 cm   15 cm   15 cm

Fig. 1

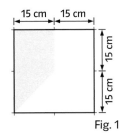

5 Schreibe in der angegebenen Einheit.
a) 280 m (in km)   b) 3,45 m³ (in dm³)
c) 20% von 1,5 t (in t)   d) $\frac{3}{100}$ von 3 a (in a)

6 Setze im Heft passend < oder > ein.
a) 2,786 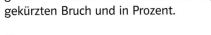 2,699   b) $\frac{7}{9}$ ▷ $\frac{8}{12}$ c) −0,34 ☐ $-\frac{9}{25}$

7 Schreibe die zu dem Buchstaben in Fig. 2 gehörende Zahl in Dezimal- und Bruchschreibweise.

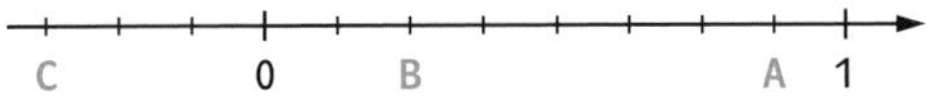

C   0   B   A   1
Fig. 2

8 Mit einem Wurfpfeil wird auf die schnell rotierenden Scheiben in Fig. 3 geschossen. Rot zählt als Treffer. Sind die Zielscheiben bei einem Wettkampf gleichwertig?

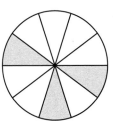
Fig. 3

1 Schreibe als Dezimalzahl und in Prozent.
a) $\frac{15}{100}$ b) $\frac{7}{10}$ c) $\frac{1}{5}$ d) $\frac{9}{12}$

2 Schreibe mit einem gekürzten Bruch.
a) 6,8   b) −0,18   c) 35%   d) −1,25

3 a) Schreibe $\frac{12}{18}$ und $-\frac{4}{6}$ mit dem Nenner 30.   b) Kürze $\frac{24}{32}$ vollständig.

4 Schreibe ohne Bruch und Komma.
a) 0,7 m²   b) $\frac{12}{100}$ m³   c) 75% von 10 €   d) $\frac{3}{8}$ von 4 ha   e) 2,66 cm³

5 Zwischen welchen ganzen Zahlen liegt
a) $\frac{7}{2}$,   b) −6,66,   c) $-\frac{17}{5}$,   d) 9,99?

6 Bei Vorgängen, bei denen eine bestimmte Zeitspanne nicht überschritten werden darf, verwendet man Uhren wie in Fig. 4, bei denen sich eine Skala mit Farbe füllt. Wie viel Zeit steht noch zur Verfügung?

Beginn 8.00 Uhr   Ende 12.00 Uhr

Fig. 4

Das kannst du schon

- Mit ganzen Zahlen rechnen
- Rationale Zahlen in Bruch- und Dezimalschreibweise darstellen
- Situationen mit rationalen Zahlen beschreiben
- Brüche kürzen und erweitern

He – jo, spann den Wa – gen an. Denn der Wind treibt Re – gen ü – bers Land.

Erfrischungsdrink

$\frac{1}{2}$ l Mineralwasser

$\frac{2}{4}$ l naturtrüber Apfelsaft

$\frac{1}{8}$ l Orangensaft

$\frac{1}{4}$ l Ananassaft

Zutaten mischen.
Fertig!

Das kommt in den Rucksack

☐ Rucksack	1,040 kg
☐ Regenjacke	0,369 kg
☐ Regenhose	0,358 kg
☐ Gamaschen, Überschuhe	–
☐ Fleece-Jacke	0,650 kg
☐ Beinlinge	0,125 kg
☐ Armlinge	0,117 kg
☐ Windstopper-Weste	0,148 kg

 Zahl und Maß

 Daten und Zufall

 Beziehung und Änderung

 Modell und Simulation

 Muster und Struktur

 Form und Raum

Mit Brüchen muss man rechnen ... mit Kommas aber auch!

Der Mathematiker

Es war sehr kalt, der Winter dräute,
da trat – und außerdem war's glatt –
Professor Wurzel aus dem Hause,
weil er was einzukaufen hat.

Kaum tat er seine ersten Schritte,
als ihn das Gleichgewicht verließ,
er rutschte aus und fiel und brach sich
die Beine und noch das und dies.

Jetzt liegt er nun, völlig gebrochen,
im Krankenhaus in Gips und spricht:
„Ich rechnete schon oft mit Brüchen,
mit solchen Brüchen aber nicht!"

Heinz Erhardt

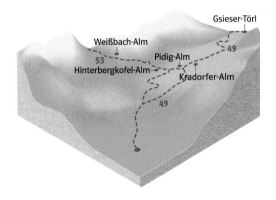

Das kannst du bald

■ Rationale Zahlen addieren und
  subtrahieren
■ Rationale Zahlen runden und eine
  Überschlagsrechnung durchführen

1 Addieren und Subtrahieren von positiven Brüchen

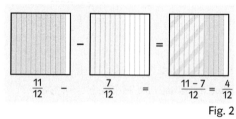

Darwin
Townsville
AUSTRALIEN
Brisbane
Perth
Sydney
Melbourne
☐ Ackerland
☐ Wald
☐ Weideland
Tasmanien
☐ Ödland

Zum Vergleich:
Fläche Deutschlands:
ca. 357000 km²

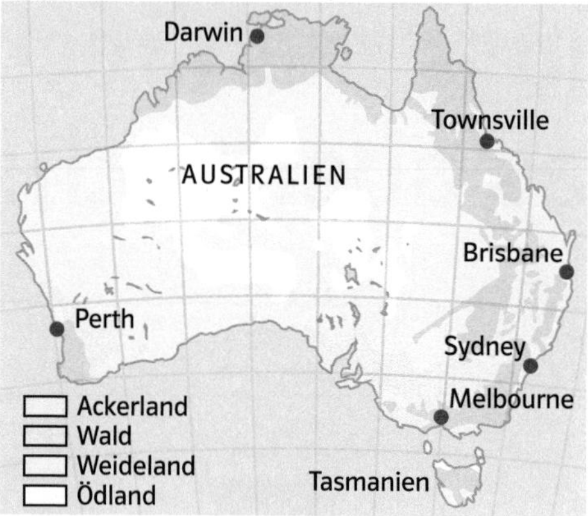

Fläche Australiens: Ca. 7,7 Mio. km²

Mit rationalen Zahlen kann man ebenso rechnen wie mit ganzen Zahlen. Es gibt Situationen, in denen man sie in der Bruchschreibweise addieren oder subtrahieren muss.

Australien besteht zu $\frac{1}{25}$ aus Ackerland, zu $\frac{1}{20}$ aus Wald, zu $\frac{3}{5}$ aus Weideland. Der Rest ist Ödland, vor allem Wüste.

Addieren und Subtrahieren von Brüchen ist leicht, wenn die Brüche **gleiche Nenner** haben.

Addieren von Brüchen
mit gleichem Nenner.

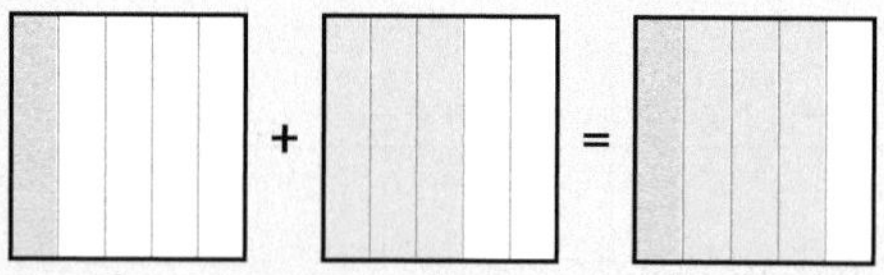

Subtrahieren von Brüchen
mit gleichem Nenner.

$$\frac{1}{5} + \frac{3}{5} = \frac{1+3}{5} = \frac{4}{5}$$

Fig. 1

$$\frac{11}{12} - \frac{7}{12} = \frac{11-7}{12} = \frac{4}{12}$$

Fig. 2

Brüche mit **verschiedenen Nennern** kann man addieren, wenn man sie durch Erweitern zunächst auf gleiche Nenner bringt.

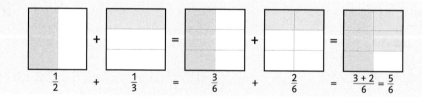

$$\frac{1}{2} + \frac{1}{3} = \frac{3}{6} + \frac{2}{6} = \frac{3+2}{6} = \frac{5}{6}$$

Fig. 3

Entsprechend geht man bei der Subtraktion vor: $\frac{5}{6} - \frac{4}{9} = \frac{15}{18} - \frac{8}{18} = \frac{15-8}{18} = \frac{7}{18}$

Ergebnis kürzen
nicht vergessen!

Addieren bzw. Subtrahieren von positiven Brüchen:
1. Bringe die Brüche auf gleiche Nenner.
2. Schreibe die Brüche auf einen gemeinsamen Bruchstrich.
3. Addiere bzw. subtrahiere die Zähler.

Beispiel 1 Gleiche Nenner
Berechne und gib das Ergebnis mit einem vollständig gekürzten Bruch an.

a) $\frac{3}{8} + \frac{1}{8}$

b) $\frac{3}{7} - \frac{1}{7}$

Lösung:

a) $\frac{3}{8} + \frac{1}{8} = \frac{3+1}{8} = \frac{4}{8} = \frac{1}{2}$

b) $\frac{3}{7} - \frac{1}{7} = \frac{3-1}{7} = \frac{2}{7}$

Beispiel 2 Verschiedene Nenner

a) $\frac{3}{4} + \frac{1}{6}$

b) $\frac{5}{6} - \frac{1}{2}$

Lösung:

a) $\frac{3}{4} + \frac{1}{6} = \frac{9}{12} + \frac{2}{12} = \frac{9+2}{12} = \frac{11}{12}$

b) $\frac{5}{6} - \frac{1}{2} = \frac{5}{6} - \frac{3}{6} = \frac{5-3}{6} = \frac{2}{6} = \frac{1}{3}$

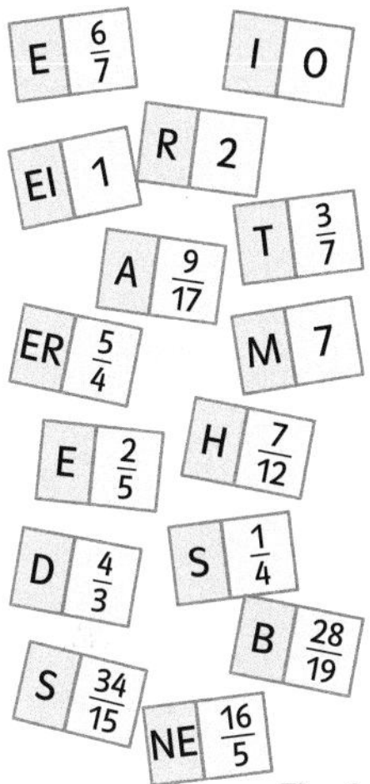

In Aufgabe 1 erfährst du, woran Uta gerade denkt. Schreibe dazu die zughörigen Buchstaben in der Reihenfolge der Aufgabenspalte auf.

Aufgaben

1 Berechne und gib das Ergebnis mit einem vollständig gekürzten Bruch an. Die Lösungen findest du auf dem Rand.

a) $\frac{3}{4} + \frac{2}{4}$ b) $\frac{1}{7} + \frac{5}{7}$ c) $\frac{5}{3} - \frac{2}{3}$ d) $\frac{11}{5} - \frac{11}{5}$ e) $\frac{2}{17} + \frac{7}{17}$

$\frac{5}{3} - \frac{1}{3}$ $\frac{7}{10} - \frac{3}{10}$ $\frac{21}{15} + \frac{13}{15}$ $\frac{5}{28} + \frac{7}{28}$ $\frac{12}{12} - \frac{5}{12}$

$\frac{9}{19} + \frac{19}{19}$ $\frac{31}{8} - \frac{15}{8}$ $\frac{13}{6} + \frac{29}{6}$ $\frac{17}{16} - \frac{13}{16}$ $\frac{0}{5} + \frac{16}{5}$

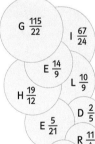

Fig. 1

2 Schreibe in dein Heft und berechne.

a) Startzahl $\frac{5}{8}$, plus $\frac{6}{8}$, minus $\frac{3}{8}$, minus 5 Achtel, plus $\frac{20}{8}$, minus dreizehn Achtel.

b) Startzahl $\frac{19}{10}$, minus $\frac{13}{10}$, plus $\frac{7}{10}$, plus $\frac{7}{10}$, plus $\frac{15}{10}$, minus 7 Zehntel, minus $\frac{3}{10}$.

3 Welche Summe ist durch die gefärbten Flächen dargestellt?
Welcher Anteil der Fläche ist ungefärbt?

a)   b)   c) 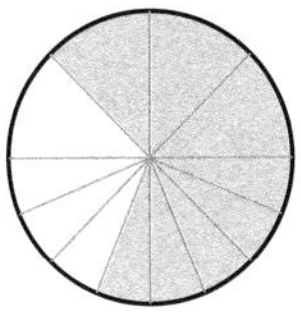   d)

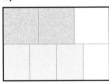 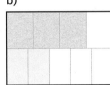

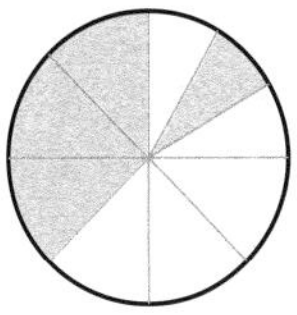

4 Schreibe in dein Heft und ergänze.

a) $\frac{\triangle}{14} + \frac{3}{14} = \frac{9}{14}$ b) $\frac{11}{6} - \frac{\triangle}{6} = \frac{5}{6}$ c) $\frac{6}{17} + \frac{5}{\triangle} = \frac{11}{17}$ d) $\frac{\triangle}{22} - \frac{5}{22} = \frac{22}{22}$

5 Wohin geht die Reise?

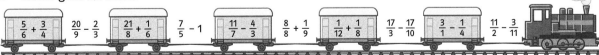

$\frac{5}{6} + \frac{3}{4}$ $\frac{20}{9} - \frac{2}{3}$ $\frac{21}{8} + \frac{1}{6}$ $\frac{7}{5} - 1$ $\frac{11}{7} - \frac{4}{3}$ $\frac{8}{8} + \frac{1}{9}$ $\frac{1}{12} + \frac{1}{8}$ $\frac{17}{3} - \frac{17}{10}$ $\frac{3}{1} - \frac{1}{4}$ $\frac{11}{2} - \frac{3}{11}$

Fig. 2

6 Von zwei Brüchen sind die Nenner bekannt. Gib mehrere gemeinsame Nenner an.

a) 4; 5   b) 4; 6   c) 4; 8   d) 15; 25   e) 12; 15

f) 8; 10   g) 8; 12   h) 7; 35   i) 6; 9   j) 6; 14

7 In einem Rechteck sollen die Anteile $\frac{1}{3}$, $\frac{1}{5}$ und $\frac{1}{15}$ in verschiedenen Farben gefärbt werden. Welche Maße für das Rechteck sind günstig? Welcher Anteil des Rechtecks bleibt ungefärbt?

8 a) Vermindere dreizehn Zehntel um zwei Drittel.
b) Wie viel fehlt von einem Fünftel bis einundzwanzig Hundertstel?
c) Wie viel muss man von zweiunddreißig abziehen, um hundert Sechstel zu erhalten?

In Aufgabe 9 erfährst du Toms Berufswunsch. Schreibe dazu die zugehörigen Buchstaben in der Reihenfolge der Aufgabenspalte auf.

9 Berechne und gib das Ergebnis als vollständig gekürzten Bruch an.

a) $\frac{1}{3} + \frac{3}{4} + \frac{3}{2}$
$\frac{6}{25} + \frac{7}{10} + \frac{4}{5}$

b) $\frac{8}{3} - \frac{1}{6} - \frac{2}{1}$
$\frac{11}{12} - \frac{2}{9} - \frac{5}{9}$

c) $\frac{30}{4} + \frac{20}{30} - \frac{10}{6}$
$\frac{1}{2} - \frac{5}{12} + \frac{8}{8}$

d) $\frac{11}{8} + \frac{11}{5} + \frac{1}{20}$
$4 - \frac{9}{7} + \frac{7}{9}$

$\boxed{\frac{5}{36}}$ LL $\boxed{\frac{87}{50}}$ SS

$\boxed{\frac{220}{63}}$ FI $\boxed{\frac{13}{12}}$ R

$\boxed{\frac{13}{2}}$ P $\boxed{\frac{31}{12}}$ FU

$\boxed{\frac{1}{2}}$ BA $\boxed{\frac{29}{8}}$ O

Fig. 1

10 Vor dem Rechnen kann Kürzen nützlich sein.

a) $\frac{45}{60} + \frac{9}{72}$

b) $\frac{30}{36} - \frac{32}{80}$

c) $\frac{105}{150} + \frac{24}{144}$

d) $\frac{190}{240} - \frac{96}{256}$

11 Gib das Ergebnis ohne Bruch an.

a) $\frac{2}{5}\,m + \frac{1}{2}\,m$

b) $\frac{3}{4}\,kg - \frac{1}{2}\,kg$

c) $\frac{5}{2}\,km - \frac{2}{5}\,km$

d) $\frac{1}{4}\,h + \frac{1}{6}\,h$

e) $\frac{1}{2}\,m^2 + \frac{1}{4}\,m^2$

f) $5\,cm - \frac{5}{2}\,cm$

g) $\frac{5}{2}\,g - \frac{5}{10}\,g$

h) $\frac{1}{10}\,m^3 + \frac{3}{5}\,m^3$

12 a) In der Pyramide (Fig. 2) steht über zwei Zahlen stets die Summe. Übertrage die Figur in dein Heft und ergänze die fehlenden Zahlen.
b) Gehe so durch das Labyrinth (Fig. 3), dass du eine möglichst große Summe erhältst.

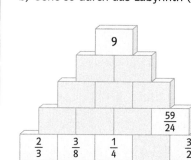

Fig. 2

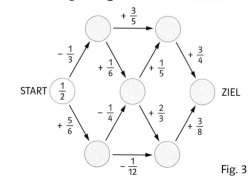

START $\frac{1}{2}$ ZIEL

Fig. 3

Bist du sicher?

1 Berechne und gib das Ergebnis mit einem vollständig gekürzten Bruch an.

a) $\frac{7}{8} + \frac{5}{12}$
$\frac{7}{8} - \frac{5}{12}$

b) $\frac{17}{5} - \frac{9}{20}$
$\frac{11}{15} + \frac{13}{20}$

c) $3 - \frac{4}{9} + \frac{7}{6}$
$\frac{7}{6} - \frac{4}{9} + 3$

d) $\frac{24}{27} - \frac{20}{24}$
$\frac{36}{36} - \frac{25}{30}$

2 a) Subtrahiere ein Achtel von einem Fünftel.
b) Wie viel fehlt von einem Hundertstel zu einem Zehntel?

13 a) Schreibe $\frac{3}{4}$ auf drei verschiedene Arten als Summe.
b) Schreibe $\frac{1}{2}$ als Summe von Brüchen, deren Nenner alle größer als 10 sind.

14 Frau Mall berichtet: „Von meinem Monatseinkommen brauche ich ein Drittel für die Miete und ein Achtel für mein Auto. Dann ist bereits mehr als die Hälfte weg." Stimmt das?

15 Peter möchte gerne ein neues Mountainbike kaufen. Die Hälfte des Kaufpreises hat er bereits gespart. Von seinen Eltern erhält er $\frac{1}{4}$ des Preises. Die Großeltern beteiligen sich mit 20%. Welchen Rabatt muss der Händler gewähren, damit Peter es sofort kaufen kann?

16 Jan mixt ein Getränk nach einem neuen Rezept (Fig. 1). Hat er den richtigen Krug gewählt?

$\frac{1}{2}$ l Mineralwasser
$\frac{3}{4}$ l Apfelsaft naturtrüb
$\frac{1}{8}$ l Orangensaft
$\frac{1}{4}$ l Ananassaft
Zutaten mischen – FERTIG!

2 l

Fig. 1

17 Der Film in Lauras Fotoapparat ist schon halb voll. Sie macht vier Aufnahmen, danach ist noch $\frac{1}{3}$ des Films leer. Wie viele Aufnahmen sind auf dem Film?

18 ᵃᵃ Ein Lastwagen kann $11\frac{1}{2}$ t laden. Er wird nacheinander mit $2\frac{1}{8}$ t, 600 kg, $1\frac{3}{4}$ t, 900 kg und $3\frac{3}{4}$ t beladen. Formuliere verschiedene Fragen und stelle sie deinem Partner.

19 Was meinst du dazu?

Ich finde den gemeinsamen Nenner ganz schnell! Ich multipliziere immer die beiden Nenner!

Ich glaube, das ist nicht immer die beste Lösung.

Ich versuch's mit verschiedenen Beispielen.

Fig. 2

20 Wahr oder falsch?
a) Die Differenz zweier verschiedener Brüche ergibt nie eine natürliche Zahl.
b) Addiert man mehrmals den gleichen positiven Bruch, so ergibt sich irgendwann eine natürliche Zahl.
c) Der Nenner einer Summe von zwei positiven Brüchen ist stets größer als die Nenner der Summanden.

21 Zum Knobeln
Ein alter Araber bestimmte vor seinem Tode, dass der erste seiner Freunde die Hälfte, der zweite den vierten und der dritte den fünften Teil seiner Kamele erben sollte. Da der Alte 19 Kamele hinterließ, konnten sich die drei Freunde nicht einigen.
Warum konnten sich die Freunde nicht einigen? Wie würdest du teilen?
Sie wandten sich an einen Derwisch, der auf einem alten Kamel dahergeritten kam, und baten ihn um Hilfe. Dieser sagte: „Ich will euch mein Kamel leihen." Nun nahm sich der Erste die Hälfte von den 20 Kamelen heraus, der Zweite $\frac{1}{4}$ und der Dritte ein Fünftel. Zum Schluss blieb das Kamel des Derwischs übrig. Der Derwisch bestieg es wieder und ritt davon. Alle waren zufrieden. Rechne nach.

2 Addieren und Subtrahieren von Brüchen

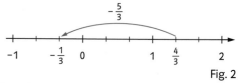 „Wetten, dass es mir gelingt, in fünf Minuten mehr Differenzen und Summen mit diesen Zahlen zu berechnen als du?"

„Das wollen wir sehen!
AUF DIE PLÄTZE – FERTIG – LOS!"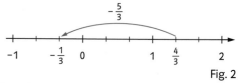

Das weißt du noch:
$-2 + 7 = 5$

Treten bei Additions- und Subtraktionsaufgaben sowohl positive als auch negative Brüche auf, so geht man vor wie beim Rechnen mit ganzen Zahlen.

Bei der Addition $-\frac{2}{3} + \frac{7}{3}$ nimmt die Startzahl $-\frac{2}{3}$ um $\frac{7}{3}$ zu.

Achtung:
So erhält man ein falsches Ergebnis:
$-\frac{2}{3} + \frac{7}{3} \neq \frac{-2 + 7}{3} = -\frac{9}{3}$

Auf der Zahlengeraden bewegt man sich von $-\frac{2}{3}$ um $\frac{7}{3}$ nach rechts.
Dabei rechnet man
$-\frac{2}{3} + \frac{7}{3} = \frac{-2}{3} + \frac{7}{3} = \frac{-2 + 7}{3} = \frac{5}{3}.$

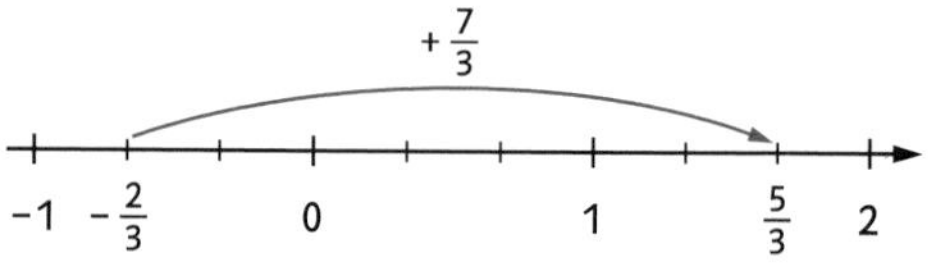

Fig. 1

Das weißt du noch:
$4 - 5 = -1$

Entsprechend geht man bei der Subtraktion auf der Zahlengeraden nach links und rechnet
$\frac{4}{3} - \frac{5}{3} = \frac{4 - 5}{3} = \frac{-1}{3} = -\frac{1}{3}.$

Fig. 2

Es geht wie bisher:
$-3 + (-5) = -3 - 5$
$-3 - (+5) = -3 - 5$
$4 - (-5) = 4 + 5$
$4 + (+5) = 4 + 5$

Wenn in einer Rechnung Plus- oder Minuszeichen direkt aufeinander folgen, so vereinfacht man zuerst die Schreibweise nach den bekannten Regeln und rechnet dann wie bisher.

$-\frac{3}{7} + \left(-\frac{5}{7}\right) = -\frac{3}{7} - \frac{5}{7} = \frac{-3 - 5}{7} = \frac{-8}{7} = -\frac{8}{7}$ $\qquad$ $\frac{4}{7} - \left(-\frac{5}{7}\right) = \frac{4}{7} + \frac{5}{7} = \frac{4 + 5}{7} = \frac{9}{7}$

Brüche mit verschiedenen Nennern bringt man zuerst auf gleiche Nenner.

Ergebnis kürzen nicht vergessen!

Addieren bzw. Subtrahieren von Brüchen

1. Vereinfache die Schreibweise.

2. Bringe die Brüche auf gleiche Nenner.

3. Schreibe die Brüche auf einen gemeinsamen Bruchstrich.

    Nimm dabei alle Plus- und Minuszeichen in den Zähler mit.

4. Berechne den Zähler.

$-\frac{5}{12} - \left(-\frac{1}{8}\right)$

$= -\frac{5}{12} + \frac{1}{8}$

$= -\frac{10}{24} + \frac{3}{24}$

$= \frac{-10 + 3}{24}$

$= -\frac{7}{24}$

Beispiel

Berechne und gib das Ergebnis als vollständig gekürzten Bruch an.

a) $-\frac{7}{9} + \frac{4}{9}$

b) $-\frac{3}{4} - \frac{1}{10}$

c) $\frac{3}{11} + \left(-\frac{9}{11}\right)$

Lösung:

a) $-\frac{7}{9} + \frac{4}{9} = \frac{-7}{9} + \frac{4}{9} = \frac{-7+4}{9} = \frac{-3}{9} = -\frac{3}{9} = -\frac{1}{3}$ *Plus- und Minuszeichen mitnehmen.*

b) $-\frac{3}{4} - \frac{1}{10} = -\frac{15}{20} - \frac{2}{20} = \frac{-15-2}{20} = -\frac{17}{20}$ *Zuerst gemeinsamen Nenner bestimmen.*

c) $\frac{3}{11} + \left(-\frac{9}{11}\right) = \frac{3}{11} - \frac{9}{11} = \frac{3-9}{11} = -\frac{6}{11}$ *Zuerst die Schreibweise vereinfachen.*

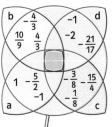

Aufgaben

1 Berechne im Kopf und gib das Ergebnis als vollständig gekürzten Bruch an.

a) $\frac{3}{4} - \frac{7}{4}$

$-\frac{3}{4} - \frac{7}{4}$

$-\frac{3}{4} + \frac{7}{4}$

b) $\frac{1}{9} + \frac{11}{9}$

$-\frac{1}{9} + \frac{11}{9}$

$-\frac{1}{9} - \frac{11}{9}$

c) $-\frac{11}{8} - \frac{19}{8}$

$-\frac{8}{8} + \frac{5}{8}$

$1\frac{1}{8} - \frac{10}{8}$

d) $\frac{4}{17} - \frac{21}{17}$

$-\frac{0}{17} - \frac{21}{17}$

$\frac{1}{17} - 2\frac{1}{17}$

2 Schreibe in dein Heft und berechne.

a) Startzahl $\frac{7}{10}$, plus $\frac{5}{10}$, minus $\frac{14}{10}$, minus achtzehn Zehntel, plus $\frac{20}{10}$.

b) Startzahl $\frac{5}{9}$, minus $\frac{15}{9}$, minus $\frac{10}{9}$, plus $\frac{8}{9}$, plus fünfzehn Neuntel.

Fig. 1

3 Berechne und gib das Ergebnis als vollständig gekürzten Bruch an.

a) $-\frac{4}{3} + \frac{5}{4}$

$-\frac{4}{3} - \frac{5}{4}$

$\frac{4}{3} - \frac{5}{4}$

b) $\frac{3}{5} - \frac{9}{7}$

$-\frac{5}{12} + \frac{1}{8}$

$\frac{2}{7} + \frac{4}{9}$

c) $1 - \frac{9}{5}$

$\frac{9}{5} - 1$

$-1 + \frac{9}{5}$

d) $\frac{1}{3} - \frac{3}{1}$

$\frac{0}{9} - \frac{1}{17}$

$-\frac{7}{2} + \frac{7}{3}$

4 Flipp, der Zahlenfloh, springt vorwärts und rückwärts. Nenne jeweils fünf Landeplätze.

a)
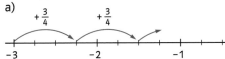

b)
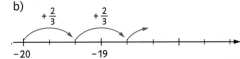

c)
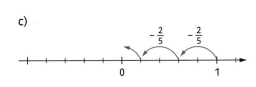

d)
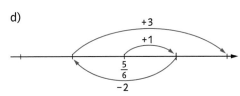

5 Vereinfache die Schreibweise und berechne.

a) $\frac{4}{45} + \left(-\frac{4}{90}\right)$

$-\frac{1}{6} - \left(-\frac{1}{9}\right)$

$-\frac{11}{18} + \left(-\frac{5}{36}\right)$

b) $-\frac{3}{4} - \left(-\frac{4}{5}\right)$

$-\frac{5}{6} + \left(-\frac{1}{2}\right)$

$-\frac{0}{7} - \left(-\frac{1}{13}\right)$

c) $\frac{3}{5} - \left(-\frac{1}{2}\right)$

$-\frac{1}{5} - \left(+\frac{1}{2}\right)$

$1 - \left(-\frac{1}{7}\right)$

d) $-\frac{1}{6} + \left(-\frac{1}{9}\right)$

$-\frac{1}{6} - \left(+\frac{1}{9}\right)$

$\frac{1}{6} - \left(+\frac{1}{9}\right)$

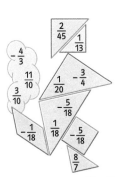

Fig. 2

In Aufgabe 7 erfährst du, wohin der Ballon fliegt.

Fig. 1

6 Subtrahiere benachbarte Zahlen.

a)

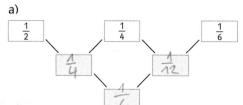

$\boxed{\frac{1}{2}}$ $\boxed{\frac{1}{4}}$ $\boxed{\frac{1}{6}}$

$\boxed{\frac{1}{4}}$ $\boxed{\frac{1}{12}}$

$\boxed{\frac{1}{6}}$

b)

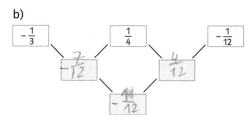

$\boxed{-\frac{1}{3}}$ $\boxed{\frac{1}{4}}$ $\boxed{-\frac{1}{12}}$

$\boxed{-\frac{7}{12}}$ $\boxed{\frac{4}{12}}$

$\boxed{-\frac{11}{12}}$

7 Ergänze die fehlenden Zahlen.

a) $-\frac{5}{12} + \frac{1}{3} = \boxed{} \ \frac{1}{12}$ b) $\frac{3}{7} - \frac{5}{21} = \boxed{} \ \frac{4}{21}$ c) $\frac{4}{3} - \boxed{} = -\frac{1}{6} \quad \frac{9}{6}$ d) $\boxed{} + \frac{17}{10} = -\frac{13}{5} \quad \frac{9}{10}$

e) $-\frac{5}{8} - \boxed{} = \frac{1}{4} \quad \frac{7}{8}$ f) $\frac{1}{9} + \boxed{} = \frac{1}{3} \quad \frac{2}{9}$ g) $\frac{1}{7} - \frac{7}{1} = \boxed{} \quad -\frac{48}{7}$ h) $\boxed{} - \frac{3}{5} = 0 \quad \frac{3}{5}$

Bist du sicher?

$-\frac{13}{24}$ $-\frac{1}{2}$ $-\frac{1}{6}$

$-\frac{11}{18}$ $\frac{31}{21}$ $\frac{31}{30}$

$-\frac{17}{21}$ $-\frac{1}{15}$

1 Berechne und kürze.

a) $\frac{7}{3} - \frac{13}{10}$ b) $\frac{5}{18} - \frac{7}{9}$ c) $-\frac{11}{12} + \frac{3}{8}$ d) $\frac{9}{14} - \left(-\frac{5}{6}\right)$

2 Ergänze die fehlenden Zahlen.

a) $\boxed{} + \frac{5}{12} = -\frac{7}{36}$ b) $-\frac{1}{6} + \boxed{} = -\frac{7}{30}$ c) $\boxed{} - \frac{3}{10} = -\frac{7}{15}$ d) $\frac{1}{7} - \boxed{} = \frac{20}{21}$

8 a) Subtrahiere $\frac{17}{13}$ von 1.   b) Wie viel fehlt von $-\frac{27}{10}$ bis $\frac{4}{15}$?

c) Ergänze $-3\frac{5}{9}$ auf $2\frac{1}{3}$.   d) Addiere $-\frac{2}{17}$ zu $\frac{2}{17}$.

e) Ist die Differenz oder die Summe der Zahlen $-\frac{4}{9}$ und $-\frac{5}{9}$ größer?

9 a) Entscheide ohne Rechnung, ob das Ergebnis positiv oder negativ ist: $\frac{2}{3} - \frac{1}{4}$; $\frac{1}{12} - \frac{1}{6}$.

b) Subtrahiere den größeren vom kleineren Bruch: $\frac{4}{5}, \frac{8}{9}$; $-\frac{4}{5}, \frac{8}{9}$; $-\frac{4}{5}, -\frac{8}{9}$; $\frac{2}{3}, \frac{7}{8}$; $\frac{5}{8}, \frac{5}{11}$.

c) Welchen Abstand haben die beiden Zahlen auf der Zahlengeraden?

$\frac{1}{6}, \frac{7}{15}$; $-\frac{1}{6}, \frac{7}{15}$; $\frac{1}{6}, -\frac{7}{15}$.

10 Wo steckt der Fehler?

a) $\frac{1}{2} + \frac{1}{3} = \frac{2}{5}$ b) $-\frac{4}{5} + \frac{2}{5} = -\frac{6}{5}$ c) $-\frac{1}{2} - \frac{1}{3} = -\frac{2}{6}$

11 👥 Experimente mit Brüchen.
Setze die Zahlenreihen fort.
Sage die Rechnung und das Ergebnis der zehnten Zeile vorher.
Erfinde eine eigene Zahlenreihe, bei der man Vorhersagen machen kann.
Stelle die Aufgabe deinem Partner

$\frac{1}{3} - \frac{1}{2}$	$\frac{3}{5} - \frac{3}{4}$
$\frac{1}{4} - \frac{1}{3}$	$\frac{3}{7} - \frac{3}{6}$
$\frac{1}{5} - \frac{1}{4}$	$\frac{3}{9} - \frac{3}{8}$
...	...

12 Bruchbuden
In den Bruchbuden ist heute was los (Fig. 2)!
Im Erdgeschoss sind die Startzahlen eingezogen.
Im 1. Stock wohnt links die Summe der Erdgeschossbewohner und rechts deren Differenz.
Im 2. Stock wohnt links die Summe der Bewohner aus dem 1. Stock und rechts deren Differenz. Baue weitere Bruchbuden. Was stellst du fest?

Fig. 2

3 Addieren und Subtrahieren von Dezimalzahlen

Läuferin	1. Durchgang	2. Durchgang
Anja Pärson	51,88 s	50,37 s
Line Viken	53,62 s	50,25 s
Marlies Schild	51,13 s	51,46 s
Martina Ertl	52,42 s	50,28 s
Monika Bergmann-Schmuderer	51,82 s	50,88 s
Kristina Koznick	53,23 s	50,65 s

▨▨▨ Beim Slalom gibt es zwei Durchgänge. Die Summe der benötigten Zeiten entscheidet über die Platzierung.

In vielen Situationen rechnen wir mit Dezimalzahlen. Die Kasse im Supermarkt addiert die Preise und berechnet häufig auch den Geldbetrag, den man zurückbekommt, wenn man nicht passend bezahlt. ▨▨▨

Zwei deutsche Dritte drängen sich aufs Podest
Überlegene Siegerin auf der türkischen Piste Radaz in den französischen Alpen war die Schwedin Anja Pärson, die mit einem fulminanten zweiten Lauf doch noch auf den 1. Platz kam ...

Slalom Damen, Megève, 5. Januar 2004

Wie man Dezimalzahlen addiert und subtrahiert, kann man sich herleiten, wenn man die Dezimalzahlen als Brüche schreibt. Es ist

$$0,14 + 0,64 = \frac{14}{100} + \frac{64}{100} = \frac{78}{100} = 0,78 \quad \text{bzw.} \quad 2,7 - 0,41 = \frac{27}{10} - \frac{41}{100} = \frac{270}{100} - \frac{41}{100} = \frac{229}{100} = 2,29.$$

Wie bei den ganzen Zahlen addiert und subtrahiert man auch Dezimalzahlen stellenweise. Dies gilt ebenso, wenn die Anzahl der Nachkommastellen unterschiedlich ist.

$$\begin{array}{r} 0,14 \\ +\ 0,64 \\ \hline 0,78 \end{array}$$

Addieren bzw. Subtrahieren von Dezimalzahlen
Addiere bzw. subtrahiere einander entsprechende Stellen der Dezimalzahlen.

$5,37 + 4,1 = 9,47$

	1	2	,	5	3	4			1	2	,	5	3	4
+		8	,	9	1	0		−		8	,	9	1	0
		1		1						1		1		
	2	1	,	4	4	4				3	,	6	2	4

Beim schriftlichen Rechnen muss **Komma unter Komma** stehen.

Fehler vermeiden, Nullen ergänzen!

Bei einer Aufgabe wie $-5,9 + 2,7$ hilft der Rechenstrich, das Vorzeichen des Ergebnisses und die zugehörige Nebenrechnung zu finden.
Das Ergebnis von $-5,9 + 2,7$ ist negativ.
Die Nebenrechnung lautet $5,9 - 2,7 = 3,2$.
Damit ist $-5,9 + 2,7 = -3,2$.
Das Ergebnis der Aufgabe $-5,9 - 2,7$ ist ebenfalls negativ.
Die Nebenrechnung lautet hier $5,9 + 2,7 = 8,6$.
Damit ist $-5,9 - 2,7 = -8,6$.

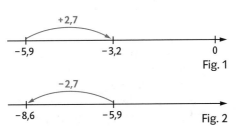

Fig. 1

Fig. 2

Beispiel 1 Kopfrechnen

Berechne im Kopf. Bestimme zunächst das Vorzeichen des Ergebnisses.

a) 5,8 – 1,9   b) –6,2 + 8,4   c) –1,05 – 7,3   d) 17,3 – (–18,5)

Lösung:

a) 5,8 – 1,9 = 3,9   *Vorzeichen positiv*

b) –6,2 + 8,4 = 2,2   *Vorzeichen positiv; Nebenrechnung: 8,4 – 6,2 = 2,2*

c) –1,05 – 7,3 = –8,35   *Vorzeichen negativ; Nebenrechnung: 1,05 + 7,3 = 8,35*

d) 17,3 – (–18,5) = 17,3 + 18,5 = 35,8

Zuerst Schreibweise vereinfachen; Vorzeichen positiv

Beispiel 2 Schriftliches Rechnen

Berechne schriftlich. Bestimme zunächst das Vorzeichen des Ergebnisses.

a) 7,89 – 5,63   b) 38,9 + 19,57   c) –13,28 + (–55,19)   d) 6,708 – 10,31

Lösung:

a)   7,89   *Komma unter Komma schreiben;*   b)   38,90   *Komma unter Komma schreiben;*
   – 5,63   *Vorzeichen positiv.*   + 19,57   *eventuell „Endnull" ergänzen;*
   ─────   ─────
     2,26   58,47   *Vorzeichen positiv.*

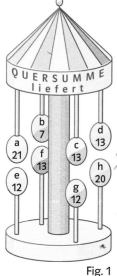

Bei der Aufgabe 2 kannst du eine Ergebniskontrolle durch die Quersummenprobe machen.

c) *Vorzeichen negativ.*
Nebenrechnung:
   13,28
 + 55,19
 ──────
   68,47

Also ist –13,28 – 55,19 = –68,47.

d) *Vorzeichen negativ.*
Nebenrechnung:
   10,310
 – 6,708
 ──────
    3,602

Also ist 6,708 – 10,31 = –3,602.

Fig. 1

Aufgaben

1 Rechne im Kopf. Bestimme zunächst das Vorzeichen des Ergebnisses.

a) 1,4 + 0,6   b) 9,8 – 7   c) 1,9 + 2,3   d) –0,5 + 1,7
   0,8 + 2,1   2 – 1,3   1,9 – 2,3   12,3 – 15
   3,7 + 1,7   –4,2 – 2,4   –1,9 – 2,3   –25 – 13,3

2 Berechne schriftlich.

a) 5,22 + 2,73   b) 2,03 + 1,28   c) 4,27 + 16,2   d) 0,021 + 5,23
e) 3,45 – 1,89   f) 0,473 – 0,289   g) 1 – 0,097   h) 3,999 – 3,7

3

a) –16,5 – 23,2   b) –16,5 + 23,2   c) 16,5 + 23,2   d) 16,5 – 23,2
e) –1,2 + 25,2   f) 12,3 – 23,9   g) –1,5 – 2,33   h) 7 – 10,6

4 a) Um wie viel sind die Zahlen größer als 1? 1,5; 1,04; 1,33; 2,22; 1,001; 10,01
b) Wie viel fehlt noch bis 1? 0,5; 0,7; 0,36; –1,5; –0,15; –10,5
c) Wie groß ist der Abstand von der 15-km-Marke? 9,7 km; 9270 m; 16,64 km; 17 866 m

5 Übertrage in dein Heft und setze im Ergebnis das Komma an die richtige Stelle.

a) 4,4 + 0,8 = 52   b) 1,04 + 0,4 = 144   c) 2,55 – 7,6 = –505   d) –3,2 – 4,1 = –73

6 Berechne jeweils die Summe und die Differenz der Zahlen.

a) 5,7; 3,6   b) –1,8; 0,9   c) 99,9; 9,99   d) –10,01; –1,1

7 Welche Zahl musst du einsetzen?
a) 7,2 + ☐ = 9,6   b) −1,6 + ☐ = 9,6
c) 5 − ☐ = −5,1   d) ☐ − 18,7 = −18,7
e) ☐ − 18,7 = 18,7   f) ☐ + 18,7 = −18,7

8 ☐☐,☐ − 0,☐ = ?
Setze die Ziffern 4; 5; 6; 7 so ein, dass das Ergebnis
a) möglichst groß wird,
b) möglichst klein wird,
c) genau 55,7 beträgt.

9 Berechne. Überlege dir zu jeder Aufgabe eine passende Sachsituation.
a) 610 m + 0,45 km − 0,05 km
b) 3,2 m³ + 255 l − 3300 dm³

Info

Welchen Wert hat eigentlich jede einzelne Stelle hinter dem Komma?

Es ist $0,73 = \frac{73}{100} = \frac{70}{100} + \frac{3}{100} = \frac{7}{10} + \frac{3}{100}$.
Bei der Dezimalschreibweise bedeutet die 1. Stelle hinter dem Komma Zehntel, die 2. Stelle Hundertstel, …
Der Wert der Ziffer hängt also von der Stelle ab, an der sie steht.

7 Zehner   5 Einer   7 Zehntel   3 Hundertstel

Bist du sicher?

1 a) Berechne im Kopf: 5,2 + 2,4   −2,7 − 3,8   1,5 − 10,2.
b) Berechne schriftlich: 6,59 + 13,8   −3,608 + 2,22   6,97 − 10,5.
c) Berechne: 15,8 kg + 6,3 kg   27,2 kg − 1100 g   47,8 m³ − 800 dm³.

2 a) Welche Zahl vermindert um 3,55 ergibt 7,99?
b) Welche Zahl muss man zu −6,57 addieren, um 17,22 zu erhalten?

10 3,5 ☐ 5,6 ☐ 2,1 ☐ 4,3
a) Setze + und − in die Kästchen. Wie viele Möglichkeiten gibt es?
b) Welcher Rechenausdruck liefert das größte Ergebnis, welcher das kleinste? Berechne.
c) Welcher Rechenausdruck liefert ein Ergebnis, das möglichst nahe bei 0 liegt?

11 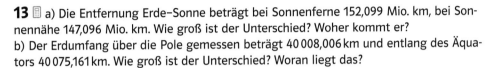 Welche Zahlen ergeben die Summe 1? Versuche es auch mit zwei, dann drei oder vier Zahlen.

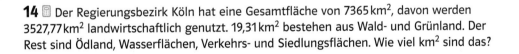

| 0,6 | 0,2 | 0,3715 | 0,0285 | 0,5 | 0,8 | 0,1715 | 0,3 | 0,6285 |

12 Tim hat am Fahrrad einen Kilometerzähler, der eine Nachkommaziffer anzeigt.
a) Was bedeutet die Nachkommaziffer?
b) Gib die Längen der gefahrenen Strecken zwischen den einzelnen Zählerständen an.
c) Wie viel km muss Tim noch fahren, bis die erste Ziffer auf 4 springt?

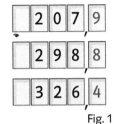

Fig. 1

13 a) Die Entfernung Erde–Sonne beträgt bei Sonnenferne 152,099 Mio. km, bei Sonnennähe 147,096 Mio. km. Wie groß ist der Unterschied? Woher kommt er?
b) Der Erdumfang über die Pole gemessen beträgt 40 008,006 km und entlang des Äquators 40 075,161 km. Wie groß ist der Unterschied? Woran liegt das?

14 Der Regierungsbezirk Köln hat eine Gesamtfläche von 7365 km², davon werden 3527,77 km² landwirtschaftlich genutzt. 19,31 km² bestehen aus Wald- und Grünland. Der Rest sind Ödland, Wasserflächen, Verkehrs- und Siedlungsflächen. Wie viel km² sind das?

4 Runden und Überschlagen bei Dezimalzahlen

Beim Bau eines Schrankes muss ein Schreiner die Einzelteile auf Millimeter genau zersägen, damit beim Zusammenbauen keine Probleme entstehen. Manchmal jedoch werden nur ungefähre Werte benötigt, um das Wichtige einer Infomation mitzuteilen.

Beim Runden von positiven und negativen Dezimalzahlen geht man wie beim Runden von natürlichen Zahlen vor.

Die Stellen nach dem Komma nennt man auch Dezimalen.

Vor dem **Runden** von Dezimalzahlen muss man festlegen, wie viele Stellen nach dem Komma die gerundete Zahl haben soll.
Ist die erste Ziffer, die man weglässt 0; 1; 2; 3 oder 4, so wird **abgerundet**.
Ist die erste Ziffer, die man weglässt 5; 6; 7; 8 oder 9, so wird **aufgerundet**.

Rundet man 1,099 auf Hundertstel, so erhält man 1,099 ≈ 1,10. Durch die Null verdeutlicht man, dass auf zwei Dezimalen gerundet wurde.

Eine wichtige Anwendung des Rundens ist der **Überschlag**. Bei umfangreichen Rechnungen kann man mit einer Überschlagsrechnung schnell einen Näherungswert finden oder kontrollieren, ob das Ergebnis der genauen Rechnung ungefähr stimmt. Dabei werden die Zahlen so gerundet, dass der Überschlag im Kopf gerechnet werden kann:

$$123,86 + 37,41 = 161,27 \qquad 1,736 - 0,497 = 1,239$$
Überschlag: $\quad 120 \; + \; 40 \; = 160 \qquad\quad 1,7 \; - \; 0,5 \; = 1,2$

Beim Umgang mit **Messwerten** sind noch weitere Aspekte zu beachten. Wird eine Schülerin auf Zentimeter genau gemessen, so bedeutet die Angabe 142 cm, dass sie in Wirklichkeit z.B. 141,5 cm oder 141,7 cm groß sein könnte. Es kommen alle Längen in Frage, die gerundet 142 cm ergeben.
Manchmal muss man **mit Messwerten rechnen**. Haben zwei Strecken die gemessene Länge 1,2 m und 0,68 m, so ist die wirkliche Gesamtlänge mindestens 1,15 m + 0,675 m = 1,825 m. Sie könnte aber auch 1,24 m + 0,684 m = 1,924 m sein. Aus diesem Grund beschränkt man sich bei der Angabe des Endergebnisses auf die Anzahl der Dezimalen des ungenauesten Messwertes, d.h. 1,2 m + 0,68 m = 1,88 m ≈ 1,9 m.

Fig. 1

Beispiel 1 Runden
a) Runde 3,029 auf Zehntel. b) Runde 3,029 m auf cm.
Lösung:
a) 3,029 ≈ 3,0   *Die Ziffer 2 an der Hundertstelstelle entscheidet für Abrunden.*
b) 3,029 m ≈ 3,03 m   *Die Ziffer 9 an der mm-Stelle entscheidet für Aufrunden.*

Beispiel 2 Überschlagen
a) Überschlage zuerst. Rechne dann genau: 47,47 + 52,52 − 19,19 − 63,63.
b) 1,03 + 10,11 + 100,01 − 0,05
Welcher Wert ist dem richtigen Ergebnis am nächsten: +90; −90; +100; −100; +110; −110?
Lösung:
a) Überschlag: 50 + 50 − 20 − 60 = 20 Genaues Ergebnis: 17,17
b) Überschlag: 10 + 100 = 110, also liegt +110 dem richtigen Wert am nächsten.

Was ist denn hier los?
1,455 ≈ 1,5 ≈ 2
aber
1,455 ≈ 1

Was sagst du dazu?
0,02549 ≈ 0

Aufgaben

1 a) Runde auf eine Dezimale: 3,24; −1,346; −30,96; 0,99; 1,001; 1,009; 1,01; 1,09
b) Runde auf zwei Dezimalen: −2,837; 0,608; −0,905; 6,998; 9,995; 9,994; 9,999; 10,004

2 a) Runde auf Tausendstel: 0,4451; 0,0516; 8,86471; −13,50069; 0,0097; −3,9999
b) Um wie viel weicht der gerundete Wert vom exakten Wert ab?

3 a) Runde auf kg: 7,52 kg; 4963 g; 0,7537 t. b) Runde auf min: 4 min 20 s; 1 min 42 s.

Vorsicht!
2 h 41 min = 3 h

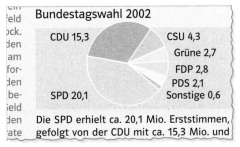

Bundestagswahl 2002
CDU 15,3
CSU 4,3
Grüne 2,7
FDP 2,8
PDS 2,1
SPD 20,1
Sonstige 0,6
Die SPD erhielt ca. 20,1 Mio. Erststimmen,
gefolgt von der CDU mit ca. 15,3 Mio. und

Fig. 2

4 Zwischen welchen Euro-Beträgen lagen die genauen Kosten für die Schule (Fig. 1)?

5 a) Wie viele Erststimmen hat jede Partei mindestens bzw. höchstens erhalten?
b) Sammle Zeitungsnotizen, in denen gerundete Zahlenangaben verwendet werden. Überprüfe, ob es sinnvoll ist, gerundete Angaben zu verwenden.

Die Kosten für das Ernst-Klett-Gymnasium betrugen 9,5 Mio. €.

Fig. 1

6 Nenne fünf Zahlen, die gerundet 5,3 ergeben. Gibt es eine größte bzw. eine kleinste?

7 Überschlage zuerst und berechne dann genau.
a) 23,91 + 136,69 b) 520,49 − 89,51 c) $10 + \frac{1}{4} - 123 + 7{,}6$ d) $-6{,}9 - 3{,}5 + 12\frac{1}{2}$

8 Es ist 2,7 + 4,2 + 6,1 + 12,0 = 25,0. Gib vier Zahlen mit je zwei Dezimalen an, die auf Zehntel gerundet jeweils gerade die Summanden 2,7; 4,2 usw. ergeben und die ungerundet eine möglichst große bzw. kleine Summe ergeben.

9 Beim letzten Sturm wurde das Dach des Hauses von Familie Kern beschädigt. Der Schaden wurde vom Dachdecker beseitigt.
Frau Kern hat 150 € Bargeld zu Hause. Überschlage, ob sie die Rechnung (Fig. 3) sofort bezahlen kann. Ermittle anschließend den exakten Rechnungsbetrag.

Dachdecker **Freiluft**
Rechnung
Familie Kern

Dachplatten	47,42
Kleinteile	9,04
Lohn (3 h)	76,95
MwSt.	21,35

Fig. 3

Bist du sicher?

1 Runde jeweils auf eine bzw. zwei Dezimalen: 1,2543; 1,5991; −0,58739; −199,0099.

2 Überschlage zuerst und rechne dann genau. a) 1122,7 + 3,9 − 0,75 b) −7,66 − 5,9 − 4,8

3 Reicht Carola ein 50-€-Schein zum Bezahlen an der Kasse des Centi-Marktes?

Centi-Markt
2,45 €
12,99 €
9,56 €
23,98 €

10 🖩 Runde mit dem Taschenrechner
a) auf eine Dezimale: 2,74; 2,75; −5,666;
b) auf m³: 19,81 m³; 22 561 dm³;
2 156 122 cm³.
c) Forschungsauftrag: Wie rundet dein Taschenrechner negative Zahlen?

Info ════════════════

Auf vielen Taschenrechnern bestimmt man mit den beiden Tasten 2nd FIX , auf wie viele Dezimalen eine Zahl angezeigt werden soll. Die Zahl wird dazu auf- oder abgerundet.

11 🖩 a) Schätze, wie schwer deine volle Schultasche ist. Wiege sie anschließend.
b) Katja hat ihre Schultasche ausgepackt und den Inhalt gewogen.

5 Hefte je 0,135 kg   0,45 kg   Bio   ATLAS   0,56 kg   English   MUSIK   0,64 kg
287 g   0,98 kg   0,78 kg

Fig. 1

Die leere Schultasche wiegt 1,13 kg. Überschlage zunächst, welches Gewicht Katjas gefüllte Schultasche besitzt, und berechne dann genau.

12 Runden oder nicht runden? Das ist hier die Frage!
Überlege, ob es sinnvoll ist, in jeder Situation zu runden. Begründe deine Entscheidung.
a) Der Rundwanderweg für den Ausflug ist 17,462 km lang.
b) Die Essensvorräte der Expedition reichen noch für 1,5 Monate.
c) Timo hat berechnet, dass das Auto im Schnitt 8,162 Liter pro 100 km verbraucht.
d) Martin hat errechnet, dass man $4\frac{1}{4}$ Rollen zum Tapezieren des Zimmers benötigt.

13 🖩 ᨕᨕᨕ Die ältesten Steinbrücken stammen aus der Steinzeit. Die Römer bauten vor 2000 Jahren die ersten großen Brückenanlagen in Europa. Die Technik des Brückenbaus wurde stets verbessert; anstelle der Baumaterialien Stein und Holz traten Eisen und Beton. Die Geschichte des Tunnelbaus ist dagegen sehr jung. Die ersten längeren Tunnel wurden erst im vorigen Jahrhundert gebaut, als es Tunnelbaumaschinen gab.

Gotthard-Tunnel, Schweiz, 16 289 m

Elb-Tunnel, Hamburg, 3342 m

Golden Gate Bridge, San Francisco 2150 m

Ärmelkanal-Tunnel, Engl.-Frankr., 50 532 m

Bosporus-Brücke, Istanbul, 1560 m

Pont du Gard, Frankreich, 273 m

Simplon-Tunnel, Schweiz-Italien, 9803 m

Europa-Brücke, Innsbruck, 785 m

Frejm-Tunnel, Italien-Schweiz, 12 832 m

Köhlbrand-Brücke, Hamburg, 3940 m

Seikan-Tunnel, Japan, 53 788 m

Rhein-Brücke, Düsseldorf, 590 m

Fig. 2

Informiert euch über die Geschichte des Brücken- und Tunnelbaus. Sammelt Bilder von bedeutenden Bauwerken. Gestaltet damit ein Wandplakat und stellt es euren Mitschülerinnen und Mitschülern vor. Überlegt euch, wie man die Längen der Brücken bzw. der Tunnel veranschaulichen könnte, und führt eure Idee durch.

Kannst du das noch? ───────────────

14 a) Benenne die Vierecke (Fig. 3) und untersuche sie auf Punkt- und Achsensymmetrie.
b) Zeichne ein Viereck, das sowohl punkt- als auch achsensymmetrisch ist.

15 Gegeben ist das Viereck ABCD mit A (0 | −3), B (1 | 0), C (0 | 1), D (−1 | 0). Ergänze es zu einer punktsymmetrischen Figur durch Spiegelung an D. Gib die Bildpunkte an.

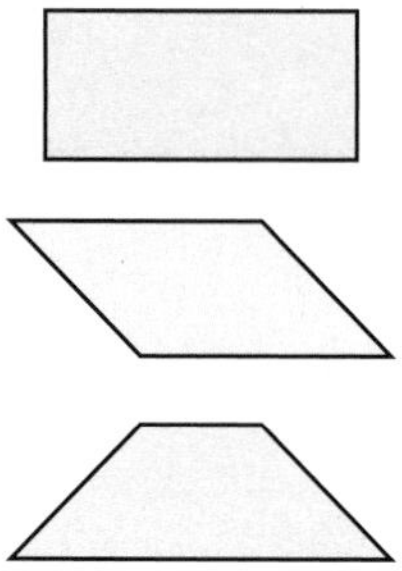

Fig. 3

5 Geschicktes Rechnen

Hans verwaltet die Klassenkasse der Klasse 6 b. Am Ende des Schuljahres muss er über die Einnahmen und Ausgaben Bilanz ziehen.

15.9.	Übertrag aus Klasse 5	+115,23 Euro
10.12.	Deko für die Party	− 43,20 Euro
20.12.	Weihnachtsbazar	+ 150,71 Euro
13.5.	Verkauf der Klassenzeitung	+ 273,10 Euro
20.6.	Bus für Ausflug	− 540,00 Euro
28.6.	Spende der Fa. Trico	+ 50,00 Euro
3.7.	Kuchenverkauf	+ 75,20 Euro

In den Taschenrechner gibt man einen Rechenausdruck von links nach rechts ein, so wie er auf dem Papier steht. Arbeitet man ohne Taschenrechner, so kann man einen Rechenausdruck oft geschickt berechnen, wenn man Rechenregeln anwendet. Bei der Berechnung eines Rechenausdrucks mit rationalen Zahlen gelten die **gleichen Rechenregeln** wie bei ganzen Zahlen:

Rechenausdruck mit Klammer: Klammern zuerst berechnen
Minus- und Pluszeichen beim Vertauschen mitnehmen
Rechenausdruck ohne Klammer:
Von links nach rechts rechnen

Zur Erinnerung

$$-7,3 - 0,8 + 7,3 - (13,7 + 1,5)$$
$$= -7,3 - 0,8 + 7,3 - \quad 15,2$$
$$= -7,3 + 7,3 - 0,8 - \quad 15,2$$
$$= \quad 0 \quad - 0,8 - \quad 15,2$$
$$= \quad -16$$

Manchmal kann man einen mehrgliedrigen Rechenausdruck geschickter berechnen, wenn man zuerst die Zahlen zusammenfasst, die subtrahiert werden sollen.

Statt von links nach rechts zu rechnen,

$$17,4 - 8,5 - 1,5$$
$$= \quad 8,9 \quad - 1,5$$
$$= \quad 7,4$$

kann man auch so vorgehen:

$$17,4 - 8,5 - 1,5$$
$$= 17,4 - (8,5 + 1,5)$$
$$= 17,4 - \quad 10$$
$$= \quad 7,4$$

Werden in einem Rechenausdruck **mehrere Zahlen subtrahiert**, so kann man diese **zusammenfassen**: $21,7 - 14,9 - 0,1 - 5 = 21,7 - (14,9 + 0,1 + 5)$.

Kombiniert man mehrere Rechenregeln, so hat man oft Rechenvorteile:

$$15,3 - 21,7 + 4,2 - 8,3$$
$$= 15,3 + 4,2 - 21,7 - 8,3$$
$$= (15,3 + 4,2) - (21,7 + 8,3)$$
$$= \quad 19,5 \quad - \quad 30$$
$$= \quad -10,5$$

Vertauschen der Reihenfolge
Zusammenfassen

Hier lohnt sich Umformen nicht:

$15,3 - 5,3 + 6 - 4,2$

Beispiel Rechenvorteile nutzen

Fasse geschickt zusammen und berechne.

a) $15,9 - 29,2 - 0,8$

b) $4,3 - 13,4 + 2,7 - 0,6$

Lösung:

a) $15,9 - 29,2 - 0,8 = 15,9 - (29,2 + 0,8)$
   $= 15,9 - 30 = -14,1$

b) $4,3 - 13,4 + 2,7 - 0,6 = (4,3 + 2,7) - (13,4 + 0,6)$
   $= 7 - 14 = -7$

Aufgaben

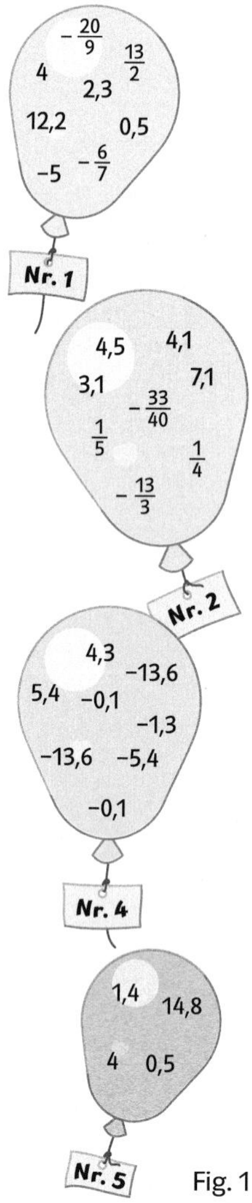

1 Fasse geschickt zusammen und rechne im Kopf.
a) $5,5 - 1,5 - 2,5 - 1$ b) $6,3 + 1,7 - 2,4 - 3,3$ c) $5,6 - 4,5 + 6,4 - 3,5$ d) $9 + 0,9 - 0,9 + 3,2$
e) $\frac{3}{4} - \frac{7}{4} - \frac{11}{4} - \frac{5}{4}$ f) $\frac{1}{7} + \frac{9}{7} - \frac{12}{7} - \frac{4}{7}$ g) $\frac{2}{9} - \frac{5}{9} + \frac{8}{9} - \frac{25}{9}$ h) $\frac{8}{3} - \frac{7}{6} + \frac{13}{3} + \frac{2}{3}$

2 Überlege, ob sich durch das Anwenden von Rechenregeln die Berechnung vereinfachen lässt. Berechne anschließend.
a) $34,5 - 23,2 - 6,8$ b) $25,9 - 35,9 + 17,1$ c) $-5,9 + 6,3 - 6,3 + 9$ d) $-5,9 + 6,3 - 6 + 9,7$
e) $\frac{12}{5} - \frac{9}{10} - \frac{11}{10} - \frac{2}{10}$ f) $\frac{7}{6} + \frac{7}{4} - \frac{11}{6} - \frac{5}{6}$ g) $\frac{7}{9} - \frac{13}{9} - \frac{11}{3}$ h) $\frac{1}{8} + \frac{3}{10} - \frac{5}{4}$

3 Von je zwei Aufgaben musst du nur eine rechnen. Welche wählst du?
a) $-3,6 + 25,8 + 3,6 - 1,2 - 25,8$ b) $\frac{1}{4} - \frac{8}{5} + \frac{17}{10} - \frac{3}{5}$ c) $-0,5 + \frac{3}{4} + 10,38 - 0,75 + \frac{1}{2}$
   $3,6 + 25,8 + 3,6 - 1,2$ $\frac{1}{4} - 0,3 + \frac{3}{10} - 0,25$ $-0,5 + 2,83 + 10,38 - 0,75 + 2,9$

4 Berechne.
a) $2,8 - (1,3 - 2,8)$ b) $-2,6 - (8,2 + 2,8)$ c) $5,3 - 2,3 - 8,4$ d) $-4,2 + (8,3 - 4,2)$
   $2,8 - 1,3 - 2,8$ $-2,6 - 8,2 - 2,8$ $-5,3 + 2,3 + 8,4$ $-4,2 + 8,3 - 4,2$

5 Welche Zahl musst du für das Kästchen einsetzen?
a) $4,25 + 3,75 + \square = 8,5$ b) $14,4 + 5,6 - \square = 5,2$ c) $2,9 + \square - 1,9 = 5$ d) $\square - \frac{1}{10} - \frac{7}{10} = \frac{3}{5}$

6 Schreibe zuerst einen entsprechenden Rechenausdruck und rechne anschließend.
a) Addiere 4,6 zu der Differenz von 17,4 und 3,9.
b) Subtrahiere von −29,8 die Summe von 9,3 und 0,35.
c) Subtrahiere die Differenz der Zahlen 19,3 und 5,1 von deren Summe.

7 Welche Zahl ist kleiner?
$\frac{7}{8}$, vermindert um die Differenz von 0,4 und $\frac{1}{4}$, oder die Summe von $\frac{7}{8}$ und 0,25, vermindert um $\frac{2}{5}$?

8 100 g Buttermilch enthalten 3,3 g Eiweiß, 4,0 g Kohlenhydrate, 0,7 g Mineralstoffe und 0,5 g Fett. Der Rest ist Wasser. Stelle einen Rechenausdruck zur Berechnung der Wassermenge auf und rechne.

Bist du sicher?

Die Summe aller Lösungen ist 24.

1 Berechne.
a) $7 - 0,7 - 1,3 - 2,9$ b) $16,9 - 0,6 - 0,3 + 0,6$ c) $-3,1 + 5,8 + 8,2 - 4,1$ d) $\frac{3}{4} - \frac{8}{3} - \frac{7}{3} + \frac{11}{4}$

9 Tricks mit Köpfchen
a) Frau Nagel kauft gerne günstig ein. Als sie die Preise addieren will, ärgert sie sich über die Rechnerei. Ihre Tochter Simone hat das genaue Ergebnis sofort. Wie rechnet sie (Fig. 2)?
b) Rolf rechnet $87,581 - 0,999$ fix im Kopf. Wie geht er vor?
c) 👥 Findet selbst entsprechende Aufgaben, die man mit kleinen Tricks schnell im Kopf rechnen kann. Erfindet dazu ein Wettspiel!

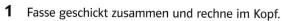

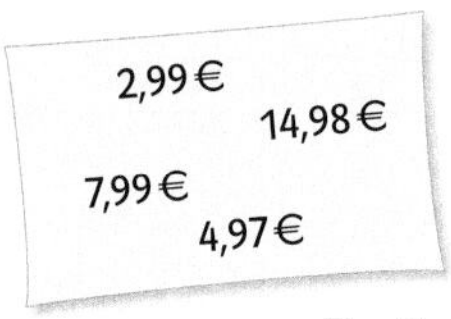

Fig. 1

Fig. 2

10 🖩 ⚇⚇⚇ **Ein Wettspiel für die ganze Klasse**

Durch Addieren und Subtrahieren der Zahlen auf den Kärtchen sollt ihr die Zahl 1 erreichen. Wer findet die meisten Möglichkeiten? AUF DIE PLÄTZE – FERTIG – LOS!

| 0,3 | 0,44 | 0,9 | −0,6 | 0,444 | $-\frac{1}{100}$ | $\frac{7}{10}$ | $\frac{2}{50}$ | 0,09 | $-\frac{1}{10}$ | 0,4 |

Fig. 1

Info

Beim Rechnen mit dem Taschenrechner ist es manchmal geschickt, Zwischenergebnisse einer langen Rechnung in einem Speicher abzulegen.

Ziele:
Eine Zahl wie 0,51 speichern.

Den Speicherwert aufrufen.
Den Speicher löschen.

Tipps:
0,51 eingeben, die Taste STO -> benutzen (eventuell den Speichernamen hinzufügen).
Die Taste RCL benutzen.
Die Taste heißt z. B. CLRVAR.

Gibt es auf deinem Taschenrechner mehrere Speicher? Wie kannst du sie aufrufen? Durch welchen Speichernamen unterscheiden sie sich?

11 🖩 Überlege, wie du die Speicher günstig einsetzen kannst, und berechne dann.

$$11,79 + (-12,3) = \square$$
$$+ \ 3,051 + 8,7 \quad = \square$$
$$+ \ (-3,2) + 128,05 = \square$$
$$\overline{\quad\square\quad + \quad\square\quad = \square}$$

$$\frac{3}{10} + \frac{5}{9} \quad = \square$$
$$+ \ \frac{5}{6} + \left(-\frac{1}{12}\right) = \square$$
$$+ \ \left(-\frac{11}{15}\right) + \frac{7}{16} = \square$$
$$\overline{\quad\square\quad + \square = \square}$$

Notizen und Kassenzettel Ende April:

12 🖩 ⚇⚇ Daniela sammelt jeden Monat alle Kassenzettel ihrer Einkäufe. Ihr monatliches Taschengeld von 25 € bessert sie durch verschiedene kleine Tätigkeiten auf. Von den Monaten März (Fig. 2) und April (Fig. 3) hat sie folgende Notizen und Kassenzettel:

| Minigolf 3,60 € | Cola −,79 € | Babysitten 6,80 € | Süßigkeiten 6,98 € | T-Shirt 23,99 € | Fahrrad putzen 5 € |

Fig. 2

Pulli 32,90 €
Kino 6,50 €
Eis 2,50 €
Babysitting 5,20 €
Süßigkeiten 2,79 €
Fenster putzen 7,60 €
Oma helfen 5 €

Fig. 3

Stelle mithilfe der Angaben aus Fig. 2 und 3 verschiedene Berechnungen an, bei denen du die Speicher geschickt nutzen kannst. Formuliere zu den Berechnungen passende Fragestellungen. Stelle sie deinem Partner.

13 🖩 Beim Unterstufenfest ist die Klasse 6 c für die Bewirtung der Gäste zuständig. Sie richtet 5 verschiedene Stände ein. Das eingenommene Bargeld wird stündlich von jedem Stand zur Hauptkasse gebracht. Der Kassierer notiert (Angaben in €):

	Pizza	Waffeln	Fleischkäse	Limo	Milchshake
18 Uhr	52,50	7,70	27,00	17,00	40,50
19 Uhr	67,50	3,50	40,50	25,00	22,50
20 Uhr	47,50	7,00	35,10	33,00	15,00
21 Uhr	25,00	14,70	8,10	45,00	13,50

a) Entnimm der Tabelle möglichst viele Informationen. Arbeite dabei mit den Speichern.
b) In der Schülerzeitung erscheint ein Artikel über das Fest. Was könnte der Berichterstatter darin über die Bewirtung berichten? Verfasse einen Abschnitt für den Artikel.

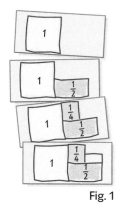

Fig. 1

Auch in der Zeitung wird die Bruchschreibweise und die Dezimalschreibweise nebeneinander verwendet.

1   Kann das sein? Auf Entdeckung mit dem Taschenrechner und einer Zeichnung

Kai bildet die Zahlenreihe $1 + \frac{1}{2}$; $1 + \frac{1}{2} + \frac{1}{4}$; $1 + \frac{1}{2} + \frac{1}{4} + \frac{1}{8}$ ... und zeichnet dazu Bilder (Fig. 1).

Erkennst du den Zusammenhang zwischen den Bildern und der Zahlenreihe? Kai sagt: „Ich glaube, dass mir das Zeichenblatt nicht ausgeht, auch wenn es 30 Summanden sind."

2   Bruch oder dezimal?

In den folgenden Rechenausdrücken kommen sowohl Brüche als auch Dezimalzahlen vor. Bei welchem Rechenausdruck würdest du mit Brüchen rechnen, bei welchem mit Dezimalzahlen? Kann man jeden Rechenausdruck auf beide Weisen berechnen?

(1) $1{,}7 + \frac{7}{10} - 2{,}5$ (2) $\frac{7}{9} - 0{,}3 - \frac{5}{6}$ (3) $2{,}25 + \frac{3}{20} - \frac{7}{5}$ (4) $1{,}5 + 2{,}2 - 0{,}4 - \frac{1}{6}$

**3   **Beim alpinen Weltcup-Slalom in Flachau am 4.1.04 siegte der Finne Kale Palander in 1:42,24 Minuten mit einem Vorsprung von 0,54 s vor dem Österreicher Manfred Pranger. Dieser verwies Giogio Rocca aus Italien mit nur 2 Hundertstel Sekunden Vorsprung auf Rang 3.

Gib die Zeiten von Manfred Pranger und Giorgio Rocca an.

4 ⚲⚲⚲ Mathematische Fachsprache in der Umgangssprache

Spanien im Plus
Spanien hat 2003 einen Haushaltsüberschuss von …

Smart erreicht erst 2006 die Gewinnzone
Der Kleinwagenhersteller Smart schreibt offenbar länger rote Zahlen als geplant …

Plötzliches Aus fürs Kinderturnen
„Völlig überraschend musste ich die Arbeit beim Turnverein aufgeben", teilte Frau Maier mit. Für den hohen Zeitaufwand wollte sie besser bezahlt werden. „Wir sind aber auf keinen gemeinsamen Nenner gekommen", sagt sie. Die Sportlehrerin ist enttäuscht, dass sich der Verein nicht weiter um eine Lösung bemüht hat…

Lego entlässt seinen Chef
Die Konkurrenz von Computerspielen hat dem dänischen Spielwarenkonzern Lego einen Verlust von 1,4 Milliarden Kronen beschert. Auch das schwache Weihnachtsgeschäft hat sich negativ ausgewirkt.

Viel versprochen, wenig gehalten
Das gemeinsame Steuerkonzept von CDU und CSU ist ein Kompromiss auf kleinstem gemeinsamem Nenner. Anstatt aus zwei Reformentwürfen ein Konzept aus einem Guss zu machen, drücken sich die Schwesterparteien vor den eigentlichen Hausaufgaben…

Vorzeichen haben sich geändert
Die Nachricht, dass Pausa stillgelegt werden soll, hat jetzt auch das Landesdenkmalamt auf den Plan gerufen. Gestern hat der Konservator ein Schreiben an die Stadt abgeschickt, in der er sie auffordert, die Fabrikgebäude zu erhalten. Mit seinem Schreiben revidiert er eine Stellungnahme vom vergangenen Jahr, in der er eine Abbruchgenehmigung in Aussicht gestellt hatte…

Sucht selbst entsprechende Artikel. Gibt es mathematische Begriffe, die sehr häufig verwendet werden?

In jedem dieser Zeitungsartikel wird die mathematische Fachsprache dazu verwendet, um einen nicht-mathematischen Sachverhalt zu beschreiben.

Bildet mehrere Gruppen. Jede Gruppe wählt einen Artikel aus.

Erklärt, worum es in diesem Artikel geht. Beschreibt, wie man den Begriff in der Mathematik verwendet. Erläutert, warum man ihn in diesem Zusammenhang in der Umgangssprache verwenden kann. Stellt eure Ergebnisse der Klasse vor.

5 Gemischte Zahlen

Mirko mischt $1\frac{1}{2}$ l Zitronenlimo mit $1\frac{3}{4}$ l Mineralwasser und $2\frac{1}{4}$ l Orangensaft.

a) Wie viel l Mixgetränk erhält er?

b) Gib verschiedene Möglichkeiten an, die Aufgabe $2\frac{1}{8} + 5\frac{3}{4}$ zu lösen.

c) Wie kann man bei der Subtraktion $8\frac{5}{6} - 4\frac{1}{12}$ vorgehen?

Überprüfe, ob man bei deinem Taschenrechner gemischte Zahlen eingeben kann.

6 Schlangenrekord

Im indonesischen Dorf Curugsewu auf der Insel Java ist seit kurzem eine Rekordschlange zu bestaunen. Der Python misst nach Behördenangaben 14,85 Meter und wiegt 447 Kilogramm. Damit ist das Tier die größte jemals gefangene Schlange, denn der Guinness-rekord liegt bei 9,75 Metern. Sie frisst einer Zeitung zufolge drei bis vier Hunde pro Monat. Stelle Informationen über andere Schlangen zusammen und vergleiche mit den Angaben aus dem Artikel.

7 Musik und Brüche

In der Musik wird durch die Noten neben der Tonhöhe auch die Dauer eines Tones angegeben (Notenwert).

Addiert man die Notenwerte eines Taktes, so erhält man die Taktart eines Musik-stücks. Er wird zu Beginn der 1. Notenzeile angegeben.

$\frac{3}{4}$-Takt:

$$\frac{3}{4} = \frac{1}{4} + \frac{1}{4} + \frac{1}{8} + \frac{1}{8}$$

Fig. 1

Ganze Noten

Halbe Noten

Viertelnoten

Achtelnoten

Sechzehntelnoten

Fig. 2

a) Ein Punkt hinter einer Note verlängert den Notenwert um seine Hälfte (Punktierung). Gib die Notenwerte an und berechne den Takt.

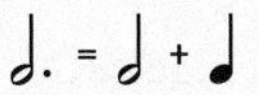

$$\frac{3}{4} = \frac{1}{2} + \frac{1}{4}$$

Fig. 3   Fig. 4    Fig. 5

b) Drei passen zusammen (Fig. 6): Titel, Noten und Notenwerte eines Takts. Findest du sie? Gib zu jedem Lied den Takt an.

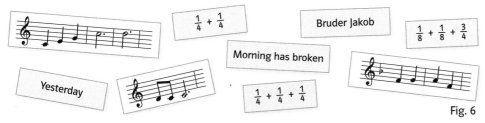

$\frac{1}{4} + \frac{1}{4}$

Bruder Jakob

$\frac{1}{8} + \frac{1}{8} + \frac{3}{4}$

Morning has broken

Yesterday

$\frac{1}{4} + \frac{1}{4} + \frac{1}{4}$

Fig. 6

c) Hier siehst du ein berühmtes Werk von W. A. Mozart. Versuche es auf einem Instrument zu spielen. Erkennst du es?

3. Satz: Menuetto. Allegretto

Fig. 7

Gib die Notenwerte verschiedener Takte an. Das Zeichen ≹ steht für $\frac{1}{4}$-Pause. In welchem Takt steht dieser Satz?

Bruchrechnung ägyptisch

Die Ägypter hatten vor 4000 Jahren Zeichen für die Zahlen 1, 10, 100, … bis 1 000 000, die sie einfach nebeneinander setzten:

$$123 = ℮ \cap \cap | \, | \, |$$

Ein Bericht von einer Schlacht in Ägypten um 2900 v. Chr. enthält Angaben über die erbeuteten Rinder, Ziegen und Gefangenen. Es handelte sich um 400 000 Rinder, 1 422 000 Ziegen und 120 000 Gefangene. An welcher Stelle hat der Berichterstatter dies vermerkt?

In Hieroglyphen-schrift auf Ägyptisch

| = 1

∩ = 10

℮ = 100

⚱ = 1000

⌓ = 10 000

🦅 = 100 000

𓁨 = 1 000 000

Neben den natürlichen Zahlen haben die Ägypter auch Brüche verwendet, allerdings nur solche mit dem Zähler 1, also $\frac{1}{2}, \frac{1}{3}, \frac{1}{4}$, … Diese Brüche nennt man Stammbrüche. Durch die Hieroglyphe ◇ signalisierten sie, dass ein Stammbruch zu bilden ist. Eine Zahl, die darunter geschrieben ist, gibt dann den Nenner des Stammbruchs an:

$$\text{⌓} = \frac{1}{3} \qquad \text{⌓} = \frac{1}{10} \qquad \text{⌓} = \frac{1}{100}$$

Nur für besonders häufig verwendete Brüche gab es ein eigenes Zeichen, z. B.

$$\supset = \frac{1}{2}$$

Da die Ägypter nicht für jeden Bruch ein eigenes Zeichen einführen konnten, stellten sie alle Brüche als Summe von Stammbrüchen dar. Dabei durfte kein Stammbruch doppelt vorkommen.

$$\frac{2}{19} = \frac{1}{12} + \frac{1}{76} + \frac{1}{114} \qquad\qquad \frac{4}{15} = \frac{1}{5} + \frac{1}{15}$$

> 🪶 Wie kommt man nun auf die „ägyptische Schreibweise" eines Bruchs?
> Experimentiere zunächst mit deinem Taschenrechner und suche eine „ägyptische Schreibweise" für $\frac{3}{11}$. Beachte dabei, dass $\frac{3}{11} = \frac{1}{11} + \frac{1}{11} + \frac{1}{11}$ bei den alten Ägyptern nicht erlaubt war.
> Welche Entdeckungen kannst du dabei machen?
> Findest du verschiedene Möglichkeiten, den Bruch als Summe darzustellen?
>
> 🪶 Ist es einfacher eine Darstellung zu finden, wenn ein Stammbruch mehrmals vorkommen darf?
>
> 🪶 Wäre es für dich geschickter, wenn man auch subtrahieren könnte?

Exkursion

Wenn man nicht lange forschen will, kann man auch mit einem systematischen Vorgehen zum Ziel kommen.

Gesucht ist die ägyptische Schreibweise für $\frac{5}{9}$.

1. Schritt: Suche den größten Stammbruch, der in $\frac{5}{9}$ enthalten ist: $\frac{5}{9} = \frac{1}{2} + \dots$

2. Schritt: Berechne die Differenz der beiden Brüche:
$\frac{5}{9} - \frac{1}{2} = \frac{10}{18} - \frac{9}{18} = \frac{1}{18}$.

Somit ist also $\frac{5}{9} = \frac{1}{2} + \frac{1}{18}$ oder wie die Ägypter schreiben würden: ⌒ ∩||||||||

Liefert der 2. Schritt keinen Stammbruch, so musst du für die Differenz die beiden Schritte wiederholen.

🐦 Findest du für $\frac{5}{9}$ auch noch eine andere Darstellung? Nimm ruhig den Taschenrechner zur Hand.

Suchst du bei diesem Vorgehen nicht gleich den größten Stammbruch im 1. Schritt, so siehst du, dass man für eine Zahl verschiedene Darstellungen erhalten kann.

So ist z. B. $\frac{5}{7} = \frac{1}{2} + \frac{1}{5} + \frac{1}{70}$ und $\frac{5}{7} = \frac{1}{4} + \frac{1}{5} + \frac{1}{7} + \frac{1}{10} + \frac{1}{70} + \frac{1}{140}$.
Du kannst das mit deinem Taschenrechner schnell überprüfen.

Du hast nun gesehen, dass es sehr aufwändig sein kann, einen Bruch auf „ägyptisch" darzustellen. Daher kann man gut verstehen, dass ein normaler ägyptischer Schreiber manchmal Probleme hatte, diese Summanden zu finden. Er benutzte daher eine Tabelle, in der die Quotienten $2 : 5$; $2 : 7$ usw. schon ausgerechnet waren.

$$2 : 3 = \frac{1}{2} + \frac{1}{6}$$
$$2 : 5 = \frac{1}{3} + \frac{1}{15} \qquad 2 : 7 = \frac{1}{4} + \frac{1}{28}$$
$$2 : 9 = \frac{1}{6} + \frac{1}{18} \qquad 2 : 11 = \frac{1}{6} + \frac{1}{66}$$
$$2 : 13 = \frac{1}{8} + \frac{1}{52} + \frac{1}{104} \qquad 2 : 15 = \frac{1}{10} + \frac{1}{30}$$
$$\text{usw. bis } 2 : 101 = \frac{1}{101} + \frac{1}{202} + \frac{1}{303} + \frac{1}{606}$$

Lege jetzt deinen Taschenrechner beiseite und versetze dich in die Lage eines ägyptischen Schreibers.

🐦 Die Tabelle ist nicht vollständig. Notiere die fehlenden „Zweierquotienten" wie $2 : 6$ usw. Wie gehst du vor, wenn du sie „ägyptisch" darstellen sollst?

🐦 Nun erhältst du als Schreiber den Auftrag, auch „Dreierquotienten" zu schreiben. Was tust du?

🐦 Damit du bei einem weiteren Auftrag keine Überraschungen erlebst, hast du beschlossen, vorsorglich zu überlegen, wie du Brüche mit dem Zähler 4 oder 5 schreiben könntest. Welche Idee ist dir dabei gekommen?

🐦 Kann man eigentlich jeden Bruch zwischen 0 und 1 als Summe von Stammbrüchen darstellen?

🐦 Kann man jeden Stammbruch selbst wieder als Summe von Stammbrüchen schreiben?

Zum Abschluss noch ein paar Fragen, die sich die Schreiber vielleicht auch schon gestellt haben.

Zu welchem Ergebnis sind sie wohl gekommen?
Experimentiere dazu ruhig mit deinem Taschenrechner – auch wenn die Schreiber vor 4000 Jahren ihn nicht zur Verfügung hatten!

Rückblick

Addieren und Subtrahieren von rationalen Zahlen

Sollen rationale Zahlen addiert bzw. subtrahiert werden, so unterscheidet man, ob sie in Bruchdarstellung oder in Dezimaldarstellung vorliegen.

1. Addieren und Subtrahieren von rationalen Zahlen in **Bruchdarstellung**
   - Vereinfachen der Schreibweise.

   - Auf gleichen Nenner bringen.

   - Auf einen gemeinsamen Bruchstrich schreiben. Dazu alle Plus- und Minuszeichen in den Zähler mitnehmen.

   - Den Zähler berechnen.

   - Falls möglich kürzen.

$$-\frac{3}{8} + \left(-\frac{5}{6}\right) + \frac{1}{3}$$

$$= -\frac{3}{8} - \frac{5}{6} + \frac{1}{3}$$

$$= -\frac{9}{24} - \frac{20}{24} + \frac{8}{24}$$

$$= \frac{-9 - 20 + 8}{24}$$

$$= -\frac{21}{24}$$

$$= -\frac{7}{8}$$

2. Addieren und Subtrahieren von rationalen Zahlen in **Dezimaldarstellung**
   - Über das Vorzeichen des Ergebnisses und die zugehörige Nebenrechnung entscheiden.
   - Entsprechende Stellen der Dezimalzahlen addieren bzw. subtrahieren.
   - Beim schriftlichen Rechnen Komma unter Komma schreiben.

$25{,}366 - 136{,}5$
Vorzeichen negativ
Nebenrechnung:

$136{,}500$
$\underline{-\ 25{,}366}$
11
$111{,}134$

Also ist $25{,}366 - 136{,}5 = -111{,}134$.

Berechnen eines Rechenausdrucks

1. Was in der Klammer steht, muss zuerst berechnet werden.
2. Minus- und Pluszeichen beim Vertauschen mitnehmen.
3. Wenn mehrere Zahlen subtrahiert werden, kann man diese zusammenfassen.
4. Wenn keine Klammer vorkommt, von links nach rechts rechnen.

$-0{,}5 + 10{,}7 - (8{,}5 - 7{,}2)$
$= -0{,}5 + 10{,}7 - 1{,}3$
$= 10{,}7 - 0{,}5 - 1{,}3$
$= 10{,}7 - (0{,}5 + 1{,}3)$
$= 10{,}7 - 1{,}8$
$= 8{,}9$

Beim Einsatz des Taschenrechners kann die Verwendung der Speicher sinnvoll sein.

Runden und Überschlagen bei Dezimalzahlen

Steht rechts von der Rundungsstelle eine 5, 6, 7, 8 oder 9, so wird aufgerundet.

$5{,}79 \approx 5{,}8$

Steht rechts von der Rundungsstelle eine 0, 1, 2, 3 oder 4, so wird abgerundet.

$5{,}74 \approx 5{,}7$

Bei umfangreichen Rechnungen kann man mit einer Überschlagsrechnung schnell einen Näherungswert finden oder kontrollieren, ob das Ergebnis einer genauen schriftlichen Rechnung oder einer Taschenrechnerrechnung ungefähr stimmt.
Die Überschlagsrechnung wird im Kopf gerechnet.

$-10{,}75 + 8{,}69 - 22{,}8 + 0{,}1$
$\approx -11 + 9 - 23 + 0$
$= -25$

Training

Runde **1**

1 Berechne.

a) $\frac{3}{5} + \frac{7}{3}$ b) $\frac{3}{10} - \frac{5}{2}$ c) $\frac{3}{10} + \left(-\frac{2}{15}\right)$ d) $-\frac{5}{8} - \frac{7}{12}$

e) $2 - 0{,}7$ f) $-5{,}1 - 2{,}6$ g) $8{,}6 - 10{,}5$ h) $2{,}5 - 10{,}9$

2 Welche Zahl musst du einsetzen?

a) $\square + \frac{4}{9} = \frac{16}{15}$ b) $\frac{2}{15} - \square = \frac{1}{25}$ c) $\square + 2{,}8 = -14{,}7$ d) $\square - 0{,}6 = 4{,}9$

3 Der Läufer Filmon Ghirmai erzielte beim Hindernislauf im Jahr 2003 mit 8:20,50 Minuten seine Bestzeit. Obwohl er bester Deutscher über diese Strecke ist, muss er die Hoffnung auf eine Olympiateilnahme in Athen 2004 begraben, da er in Braunschweig mit 8:38,91 Minuten deutlich über der Olympianorm (8:21,00 Minuten) geblieben ist.
a) Um wie viel müsste er für eine Olympia-Qualifikation seine Zeit steigern?
b) Wie groß ist der Unterschied zwischen seinen Läufen von 2003 und 2004?

4 Tanja notiert auf ihrer Radtour bei der Ankunft an jedem Abend den Kilometerstand des Fahrradtachos. Leider sind ihr die Zettel durcheinander geraten.

2715,7	2869,0	2795,2	2688,4	2909,3

a) Wie weit ist sie an den einzelnen Tagen gefahren, wie weit bisher insgesamt?
b) Insgesamt möchte sie ca. 400 km zurücklegen. Wie viele Kilometer muss sie noch fahren? Was zeigt der Tacho dann an? Schätze, wie viele Tage sie noch unterwegs ist.

5 Berechne geschickt.

a) $23{,}9 + 7{,}1 - 6 - 23{,}9$ b) $5{,}3 - 0{,}8 + 3{,}2 + 1{,}5 - 12{,}2$ c) $-0{,}75 + 0{,}3 - 12{,}5 + \frac{3}{4} + \frac{7}{10}$

Runde **2**

1 Berechne.

a) $\frac{3}{4} - \frac{7}{6}$ b) $-\frac{5}{6} + \frac{3}{8}$ c) $\frac{17}{10} - \frac{8}{15} - \frac{3}{5}$ d) $-5{,}9 - 10{,}1$

e) $-5{,}9 + 10{,}1$ f) $8 - (5{,}2 + 3{,}9)$ g) $(5{,}7 - 8{,}9) - (3{,}2 - 4)$ h) $13{,}9 - (-12{,}6 + 2{,}9)$

2 Wie wachsen die Unterschiede? Setze die Zahlenreihe fort.

a) 1,1; 2,2; 3,4; 4,7; 6,1 ...   b) 0,01; 0,02; 0,12; 1,12; 11,12 ...   c) 0,1; 1,11; 3,13; 6,16; 10,20 ...

3 Runde. a) auf m: 31,57 m; 125,6 dm; 0,511 m   b) auf l: 26,81 l; 15,46 dm³; 0,8432 m³

4 Führe zuerst eine Überschlagsrechnung durch und berechne anschließend genau.
a) $(100{,}75 - 15{,}9) - (-13{,}83 + 5{,}2)$ b) $200{,}9 - 63{,}5 - 123{,}6$ c) $(-13{,}5 - 3{,}9) - (18{,}9 + (-13{,}2))$

5 Stelle einen Rechenausdruck auf und berechne.
a) Addiere die Differenz der Zahlen −5,5 und 13,2 zur Summe aus −6,2 und 13,2.
b) Subtrahiere die Summe der Zahlen 15,9 und 6,8 von der Differenz der beiden Zahlen.
c) Welche Zahl muss man zur Differenz von −13,4 und 8,5 addieren, um 10 zu erhalten?

6 Familie Flüssig hatte im vergangenen Jahr folgenden Wasserverbrauch (vgl. Fig. 2).
a) Berechne den Jahresverbrauch.
b) Wie groß ist der Unterschied zwischen dem geringsten und dem höchsten Verbrauch?
c) Nenne Gründe, warum der Wasserverbrauch der Familie im Sommer stark schwankte.

104. nationale Titel-kämpfe in Braunschweig 10./11.7. 2004

3000-m-Hindernisläufer Filmon Ghirmai holte sich den Titel bei den deutschen Meisterschaften.

Fig. 1

Januar	15,8 m³
Februar	16,2 m³
März	15,9 m³
April	16,5 m³
Mai	16,7 m³
Juni	24,6 m³
Juli	26,5 m³
August	1,6 m³
September	16,8 m³
Oktober	16,5 m³
November	15,9 m³
Dezember	16,0 m³

Fig. 2

Das kannst du schon

- Längen, Gewichte, Flächen, Volumen, Zeitspannen schätzen und messen
- Mit Größen rechnen
- Anteile bestimmen

Zahl und Maß

Daten und Zufall

Beziehung und Änderung

Modell und Simulation

Muster und Struktur

Form und Raum

Rechnen bei 10°

Etwa 150 v. Chr. gingen die Astronomen davon aus, dass die Erde ruht und die Sterne und der Mond sich auf Kreisbahnen um die Erde bewegen. In der Vorstellung bestand die Kreisbahn aus 12 Teilen von 30 Tagen Länge, etwa der Dauer eines Mondzyklus.

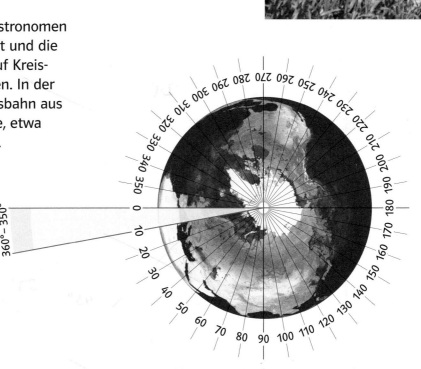

Deutschland 10° ö. L.   Indien 80° ö. L.   Mexiko 100° w. L.

Das kannst du bald

- Die Größe von Winkeln schätzen und messen
- Winkel nach Vorgabe zeichnen
- Anteile in Kreisdiagrammen darstellen

1 Winkel

Mit Winkeln hast du schon zu tun gehabt.
Aus der Geometrie ist der rechte Winkel vom Quadrat und vom Rechteck bekannt. Du kennst aber auch andere Winkel.

Der Begriff Winkel wird in vielen Situationen gebraucht.

Ein Flugzeug erreicht seine Flughöhe durch das Starten mit einem **Steigungswinkel**.

Fig. 1

Zwei Straßen kreuzen sich mit einem **Kreuzungswinkel**.

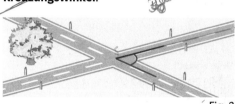

Fig. 2

Deiche an der Meeresküste baut man mit einem bestimmten **Böschungswinkel**.

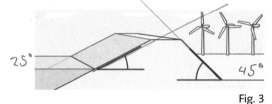

Fig. 3

Ein Dach besitzt einen **Neigungswinkel**.

Fig. 4

Beim Fußball erfolgt der Torschuss innerhalb eines **Torwinkels**.

Fig. 5

Wechselnde Windrichtung zeigt der **Drehwinkel** der Wetterfahne an.

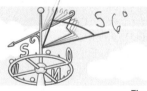

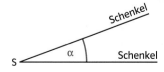

Fig. 6

Dies sind die ersten Buchstaben des griechischen Alphabets.

α
Alpha

β
Beta

γ
Gamma

δ
Delta

Ein **Winkel** wird von zwei Schenkeln mit gemeinsamem Anfangspunkt eingeschlossen. Der gemeinsame Punkt heißt Scheitelpunkt S.

Winkel bezeichnet man mit griechischen Buchstaben
α – Alpha; β – Beta; γ – Gamma; δ – Delta.

Beispiel Winkel erkennen und zeichnen
Bei der Briefwaage zeigt ein Winkel das Gewicht des daran hängenden Briefes an.
a) Skizziere die Briefwaage und zeichne den Messwinkel ein.
b) Welche Bedeutung hat ein größerer oder kleinerer Messwinkel?
Lösung:
a) Siehe Fig. 1.
b) Wird der Messwinkel größer, so hängt ein größeres Gewicht an der Waage, wird der Winkel kleiner, so ist auch das Gewicht an der Waage kleiner (s. Fig. 1).

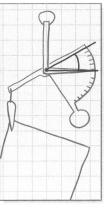

Fig. 1

Aufgaben

1 Im Auto werden wichtige Informationen an den Fahrer durch Drehwinkel angezeigt.
a) Welche Bedeutung haben die angezeigten Winkel?
b) Wie verändert sich der Winkel, wenn man mit dem Auto fährt?

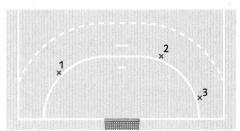

Fig. 2

2 Beim Handball grenzt die Torraumlinie den Bereich ab, der von den Feldspielern nicht betreten werden darf.
Entscheide, welche Wurfposition am günstigsten ist.
Begründe die Entscheidung mit dem Torwinkel. Stelle den Sachverhalt in einer Skizze dar.

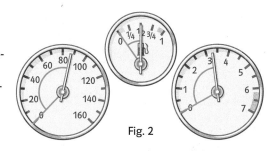

Fig. 3

3 Laura sieht die Höhe eines Turmes unter einem bestimmten Blickwinkel.
Wie ändert sich dieser Blickwinkel, wenn Laura auf den Turm zugeht bzw. sich vom Turm entfernt?

Fig. 4

4 Bei der Stoppuhr in Fig. 6 überstreicht der Zeiger in einer bestimmten Zeit einen Winkel.
a) Welche Zeiten gehören zu den dargestellten Winkeln in Fig. 5?
b) Zeichne die Stoppuhr mit einer Zeigerstellung für 20 Sekunden bzw. für 15 Sekunden. Markiere jeweils den eingeschlossenen Winkel.

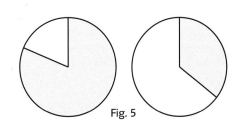

Fig. 5

Fig. 6

Fig. 1

5 Das Messgerät in Fig. 1 gibt das Fassungsvermögen eines Öltanks in Liter an. Der schwarze Zeiger zeigt den Füllstand bei der letzten Wartung des Tanks. Der rote Zeiger zeigt den aktuellen Inhalt an.
a) Wie viel Liter Öl wurden seit der letzten Wartung verbraucht?
b) Welcher Winkel veranschaulicht den Verbrauch, welcher den Füllstand?

6 Der große Zeiger der Uhr in Fig. 2 überstreicht in 20 Minuten den gefärbten Winkel.
a) Zeichne mehrere Uhr-Ziffernblätter in dein Heft und markiere den Winkel, den der große Zeiger in 10 Minuten, 25 Minuten und 40 Minuten überstreicht.
b) Welche Zeitspanne vergeht, wenn der große Zeiger die folgenden Winkel überstreicht?

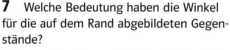

1)   2)   3)   4)

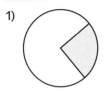

Fig. 2

7 Welche Bedeutung haben die Winkel für die auf dem Rand abgebildeten Gegenstände?
Suche nach weiteren Winkeln, die im Alltag eine Funktion erfüllen.

8 Ein Kugelstoßer braucht Kraft und muss die Technik des Stoßens beherrschen. Dabei achtet er besonders auf den Abstoßwinkel. Welchen Einfluss hat der Abstoßwinkel beim Kugelstoßen?

Fig. 3

9 Schatzsuche
Gehe von der alten Eiche aus 200 Meter in Richtung Norden. Ändere dann die Richtung nach Nord-Ost. Über die kleine Brücke am Fluss führt dich dein Weg gerade bis zum Waldrand. Im Westen sieht man die Wolfsschlucht liegen. Auf halbem Weg bis dorthin ist der Schatz vergraben.
a) Zeichne die Schatzkarte und veranschauliche den Weg. Wo ist der Schatz vergraben?
b) Beim Laufen muss man mehrmals die Richtung ändern. Zeichne die Winkel in deine Schatzkarte ein, durch die die Richtungsänderungen beschrieben werden.
Wie werden die Winkel im Text zur Schatzkarte beschrieben?

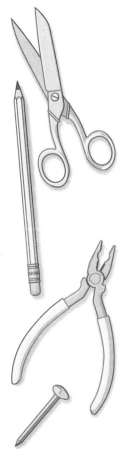

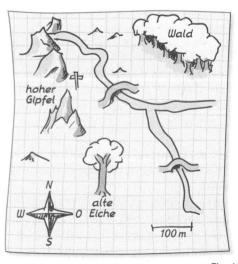

Fig. 4

2 Winkelweiten

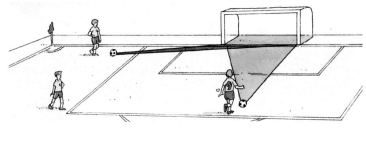

━━━ **Tor!!!**

Das Tor zu treffen kann einfacher, schwierig oder fast unmöglich sein. ▭▭

Zwei auf Papier gezeichnete **Winkel** kann man miteinander **vergleichen**, indem man sie übereinander legt. Beim größeren Winkel sind die beiden Schenkel weiter auseinander gedreht als beim kleineren Winkel. Die Länge der Schenkel hat keinen Einfluss auf die Größe des Winkels.
Um Winkel zu vergleichen, die nicht übereinander gelegt werden können, misst man deren **Weite**. Dazu wird ein Kreis vom Mittelpunkt aus in 360 gleiche Winkel geteilt. Die Weite eines solchen Winkels wird mit **1 Grad** (kurz: **1°**) bezeichnet.

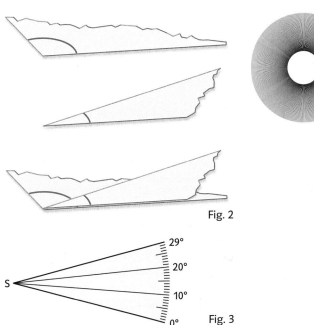

Fig. 1

Fig. 2

Um die Weite eines beliebigen Winkels anzugeben, bestimmt man die Anzahl der kleinen 1°-Winkel die man in den Winkel einzeichnen könnte.

S

29°

20°

10°

0°   Fig. 3

Die Weite von Winkeln wird in Grad angegeben.
Ein Winkel von 1 Grad (kurz: 1°) entsteht, wenn ein Kreis in 360 gleiche Kreisausschnitte geteilt wird.

Oft spricht man auch von der Größe eines Winkels.

Beispiel 1 Winkel von Kreisausschnitten bestimmen
Welche Weite hat ein Winkel, der einen achtel Kreis, einen drei viertel Kreis überdeckt?
Lösung:
Der Winkel in Fig. 4 überdeckt einen achtel Kreis. Der gesamte Kreis hat 360°.
$\frac{1}{8}$ von 360° sind 45°.
Der Winkel in Fig. 5 überdeckt drei Viertel des Kreises. Der gesamte Kreis hat 360°.
$\frac{3}{4}$ von 360° sind 270°.

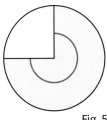

Fig. 4   Fig. 5

Beispiel 2   Zeitspannen als Winkel

Die Uhr in Fig. 1 zeigt die Zeit 4 Uhr an.

a) Es vergeht eine Zeit von 5 Minuten. Welchen Winkel hat der große Zeiger überstrichen?

b) Wie groß ist der Winkel des gefärbten Bereiches zwischen kleinem und großem Zeiger?

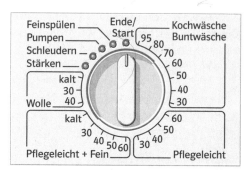
Fig. 1

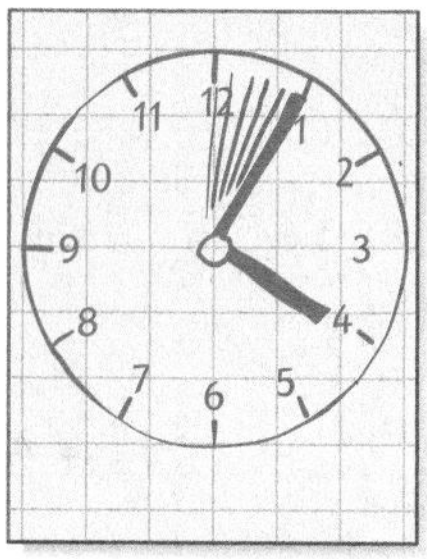

Lösung:

a) 5 Minuten entsprechen $\frac{5}{60} = \frac{1}{12}$ des Kreises.

$\frac{1}{12}$ von 360° sind 30°. Der Zeiger hat einen Winkel von 30° überstrichen (Fig. 2).

b) Der gefärbte Bereich des Kreises entspricht 4 Stunden.

Man erhält $\frac{4}{12} = \frac{1}{3}$ des Kreises. $\frac{1}{3}$ von 360° sind 120°. Der Winkel ist 120° weit.

Fig. 2

Aufgaben

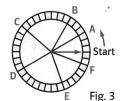

Fig. 3

1   Der abgebildete Kreis in Fig. 3 ist in gleich große Teile unterteilt.

a) Um wie viel Grad dreht sich der Zeiger, wenn er um ein Feld weiterrückt?

b) Der Zeiger soll jeweils von „Start" aus nach A, B … F gedreht werden. Welchen Winkel überstreicht der Zeiger dabei?

2   Der Programmwahlknopf einer Waschmaschine (Fig. 4) wird geschaltet.

a) Um welchen Winkel dreht sich der Schalter, wenn man ihn um eine Schalterstellung dreht?

b) Der Schalter wird von Start aus in Uhrzeigerrichtung auf die Position „Buntwäsche 30" gedreht. Um wie viel Grad wird er gedreht?

c) Um wie viel Grad muss man den Schalter drehen, wenn die Maschine von „Wolle 40" auf „Pflegeleicht 60" geschaltet wird?

d) Der Schalter steht auf „Wolle kalt" und wird um 60° in Uhrzeigerrichtung gedreht. Welches Waschprogramm läuft?

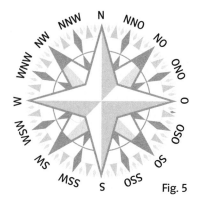
Fig. 4

3   a) Der Wind kommt von Westen (W). Die Windrichtung dreht über Nord-West (NW) nach Norden (N). Um wie viel Grad hat sich der Wind gedreht?

b) Der Wind dreht sich von Süd (S) über Ost (O) nach Nord-Ost (NO). Um wie viel Grad hat sich der Wind gedreht?

c) Um wie viel Grad dreht der Wind, wenn er von Süd-Ost (SO) über Süd (S) nach West-Süd-West (WSW) dreht.

d) Der Wind kam aus Süd-Süd-West und hat sich um 135° Richtung Westen gedreht. Aus welcher Windrichtung bläst er jetzt?

Fig. 5

4 Die Torte ist in gleiche Teile zerschnitten. Welche Weite hat der Winkel?

a)

b)

c)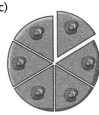

Bist du sicher?

1 Auf dem Bild sieht man den Schalter einer Mikrowelle.
a) Der Schalter soll um 45° nach links gedreht werden. Welche Einstellung der Mikrowelle wird dabei erreicht?
b) Der Schalter wird von der Auftaustellung auf 800 W geschaltet. Um welchen Winkel muss man ihn drehen?

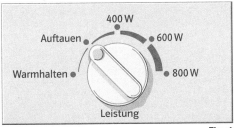

Fig. 1

2 Zeichne eine Uhr mit der Zeit 9.30 Uhr ins Heft.
a) Welchen Winkel bilden Stunden- und Minutenzeiger?
b) Es vergeht die Zeit von 4 Stunden und 30 Minuten. Um welchen Winkel hat sich der kleine Zeiger der Uhr gedreht?

5 Viele Gegenstände müssen sich aufgrund ihrer Funktion drehen. Dabei ergibt sich nach einer kurzen Drehung das Ausgangsbild wieder. Wie groß ist der Winkel, um den der Gegenstand gedreht wird, damit das Ausgangsbild entsteht?

a)

b)

c)

6 Auf einer Wendeltreppe hat man nach 20 Stufen eine Umdrehung gemacht. Um wie viel Grad dreht man sich
a) bei einem Schritt auf die nächste Stufe, b) wenn man fünf Stufen hochsteigt?

7 Die dargestellte Skala (Fig. 2) soll so angepasst werden, dass sie als Anzeige eines Messgerätes dient
a) für einen Wasserbehälter von 40 Liter,
b) für eine Briefwaage bis 200 g.
Zeichne die Skala in dein Heft. Welche Bedeutung hat ein überstrichener Winkel von 135°?

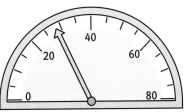

Fig. 2

3 Messen und Zeichnen von Winkeln zwischen 0° und 180°

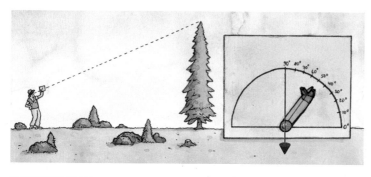

Die Winkelpeilscheibe

Baue eine Scheibe mit Halbkreis, Zeiger und Lot. Über die Heftklammer und die Spitze wird ein Baum angepeilt.
Dabei muss das Lot über der Heftklammer hängen, damit die Scheibe gerade gehalten wird. Der Peilwinkel wird markiert.
Bei einer Entfernung von 10 m zum Baum kann mit der Tabelle die Baumhöhe bestimmt werden.

Winkel	10°	15°	20°	25°	30°	35°	40°	45°	50°	55°	60°	65°	70°
Höhe in m	1,8	2,7	3,6	4,7	5,8	7,0	8,4	10	12	14,3	17,3	21,4	27,5

Die Tabelle gilt für 10 m Entfernung vom Objekt.

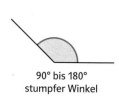

0° bis 90°
spitzer Winkel

Auf dem Geodreieck ist ein Halbkreis, der in 180 gleiche Teile unterteilt ist, aufgetragen. Deshalb kann man mit dem Geodreieck Winkelweiten messen.

Zum Messen der Winkelweiten wird die Grundseite des Geodreiecks an einen Schenkel des Winkels angelegt, sodass die Nullmarke im Scheitelpunkt liegt. Am zweiten Schenkel wird auf der Skala die Winkelweite abgelesen. Man benutzt die Skala, bei der vom ersten zum zweiten Schenkel die Werte immer größer werden.

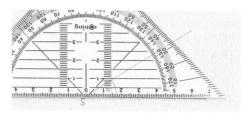

90°
rechter Winkel

Zum Zeichnen eines Winkels mit vorgegebener Weite (30°) wird zuerst ein Schenkel und der Scheitelpunkt des Winkels gezeichnet. Für das Zeichnen des zweiten Schenkels gibt es zwei Möglichkeiten:

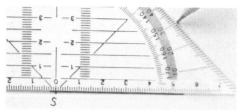

90° bis 180°
stumpfer Winkel

1. Drehen des Geodreiecks, dabei liegt die 30°-Markierung auf dem ersten Schenkel.

2. Markieren der Weite, dabei liegt die Grundseite auf dem Schenkel.

Messen und Zeichnen mit dem Geodreieck
1. Das Dreieck liegt mit der Grundseite auf einem Schenkel des Winkels.
2. Nullmarke liegt auf dem Scheitelpunkt.
3. Der andere Schenkel verläuft durch den Punkt auf der Skala, der die Winkelweite angibt.

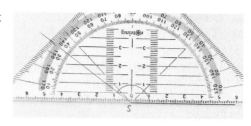

Beispiel 1 Winkel messen

Miss die Weite des Winkels α in Fig. 1.

Lösung:

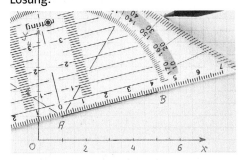

α = 145°

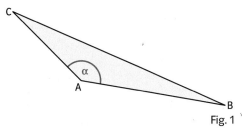

Fig. 1

Zum Messen ist der Schenkel des Winkels zu kurz, deshalb wird er mit dem Lineal verlängert.

Beispiel 2 Winkel zeichnen

Zeichne einen Winkel von 30° mit $\overline{AB}$ als Schenkel und A als Scheitelpunkt: A(1|1), B(5|2).

Lösung:

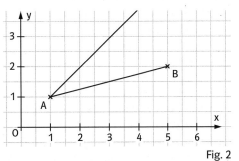

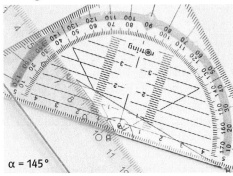

Fig. 2

Aufgaben

1 Miss die Winkel α, β, γ und δ der Fig. 3.

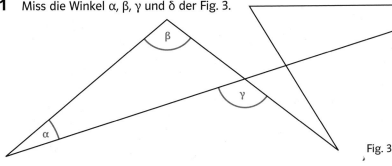

Fig. 3

2 Zeichne Winkel mit den Weiten 15°; 30°; 55°; 76°; 110°; 142° und 178°.

3 Übertrage das Dreieck aus Fig. 4 in dein Heft.

a) Bezeichne die Winkel mit griechischen Buchstaben.

b) Miss die Weite der Winkel.

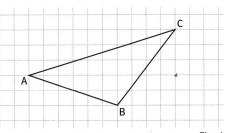

Fig. 4

4 a) Entscheide nur durch Schätzen, welche der angegebenen Gradzahlen auf die Winkel in Fig. 1 zutreffen.
16°; 51°; 90°; 42°; 112°; 5°; 27°; 77°; 110°
b) Miss die Weite der Winkel. Vergleiche mit den Schätzungen.

5 👥 Zeichne ohne zu messen nur durch Abschätzen einen Winkel, der ungefähr die angegebene Weite hat. Dein Partner misst die wirkliche Weite des Winkels und berechnet die Abweichung.

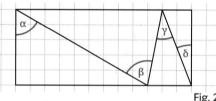
Fig. 1

a)

verlangte Weite	45°	30°	135°	10°	90°
gezeichnete Weite					
Abweichung					

b)

verlangte Weite	56°	120°	7°	153°	98°
gezeichnete Weite					
Abweichung					

6 Trage in ein Koordinatensystem die Punkte S und A ein. Zeichne einen Winkel mit dem Scheitel S und der Weite α, bei dem ein Schenkel durch den Punkt A geht.
a) $S(3|1)$; $A(7|3)$; $\alpha = 50°$
b) $S(6|7)$; $A(1|2)$; $\alpha = 175°$
c) $S(5|5)$; $A(10|1)$; $\alpha = 5°$
d) $S(5|5)$; $A(0|1)$; $\alpha = 102°$

Bist du sicher?

1 Übernimm die Zeichnung aus Fig. 2 ins Heft. Bestimme die Weite der Winkel.

2 Zeichne Winkel der Weite 12°; 33°; 127°; 8° mit gemeinsamem Scheitel aneinander. Welcher Gesamtwinkel entsteht?

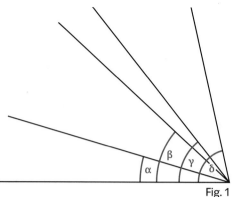
Fig. 2

7 In der angefangenen Figur sind zwei gleiche Winkel vorgegeben. Vervollständige die Figur, sodass neun solcher Winkel aneinander gereiht sind. Miss den Gesamtwinkel.

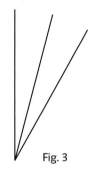
Fig. 3

8 Zeichne die Strecke $\overline{AB}$. Trage im Punkt A den Winkel α und im Punkt B den Winkel β so an, dass ein Dreieck entsteht. Miss den dritten Winkel γ des Dreiecks.
a) $\overline{AB} = 6\,cm$; $\alpha = 30°$; $\beta = 70°$
 $\overline{AB} = 6\,cm$; $\alpha = 20°$; $\beta = 50°$
b) $\overline{AB} = 4\,cm$; $\alpha = 25°$; $\beta = 125°$
 $\overline{AB} = 9\,cm$; $\alpha = 12°$; $\beta = 62°$

9 Übertrage den Winkel ins Heft. Bestimme die Weite des Winkels. Zeichne eine Gerade in den Winkel ein, sodass der Winkel halbiert wird.

a) b) c)
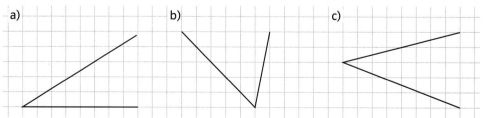

10 Bestimme die Weite der einzelnen Winkel in Fig. 1. Jeweils benachbarte Winkel können auch zu einem Winkel zusammengefasst werden. Welche Winkel gibt es und welche Weite haben diese Winkel?

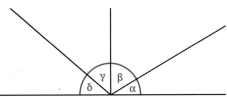

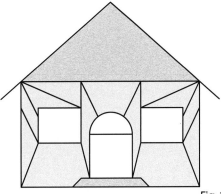

Fig. 1

Fig. 2

11 Suche nach Winkeln mit der Weite 26° in dem gezeichneten Fachwerkhaus in Fig. 2. Wie viele Winkel findet man? Wo sind sie alle versteckt?

12 Verkehrsschilder geben die Steigung oder das Gefälle einer Straße an. 10% bedeutet, dass die Straße auf 100 m einen Höhenunterschied von 10 m hat.

a) Der Steigungswinkel von 10% soll durch Zeichnen und Messen bestimmt werden. Zeichne dazu ein Dreieck, bei dem 1 cm auf dem Blatt 10 m entsprechen.

b) Steile Straßen im Gebirge haben eine Steigung von 16%. Bestimme den Steigungswinkel.

c) Der Skihang hat ein Gefälle von 40%. Bestimme den Abfahrtswinkel für die Skifahrer.

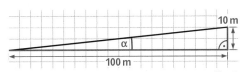

Fig. 3

Steigung

6%

Gefälle

Fig. 4

Kannst du das noch?

13 Gib die gefärbten Anteile der Figur als Bruch und in Prozentschreibweise an.

  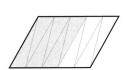

Fig. 5

14 Sara kauft sich einen Hund, der 120 € kosten soll. Ein Viertel des benötigten Geldes gibt ihre Oma. 50% des Preises zahlen die Eltern. Beim Händler bekommt sie noch einen Rabatt, sodass sie nur 24 € von ihrem ersparten Taschengeld dazulegen muss.
a) Wie viel Geld erhält Sara von der Oma und von den Eltern?
b) Wie viel Prozent Rabatt hat Sara vom Händler beim Kauf des Hundes erhalten?

15 Berechne und gib das Ergebnis in vollständig gekürzten Brüchen an.

a) $\frac{7}{5} + \frac{3}{5}$ b) $\frac{24}{7} - \frac{10}{7}$ c) $\frac{4}{8} + \frac{5}{12}$ d) $\frac{7}{3} - \frac{2}{9}$ e) $\frac{9}{20} - \frac{3}{8}$

4 Zeichnen und Messen von beliebigen Winkeln

Der Lichtkegel eines Leuchtturms überstreicht den Bereich der Küste. An der Länge von Hell- und Dunkelzeiten kann der Seefahrer erkennen, um welchen Leuchtturm es sich handelt, und seine Position auf See bestimmen.

An Häuserecken, Treppenstufen, aber auch an anderen Gegenständen sieht man häufig Winkel, die größer als die bis jetzt gemessenen oder gezeichneten Winkel sind.
Auch Winkel größer als 180° können mit dem Geodreieck gemessen und gezeichnet werden. Um einen Winkel mit der Weite 210° zu zeichnen, gibt es zwei Möglichkeiten:

1. Man zeichnet zu einem 180°-Winkel noch einen 30°-Winkel dazu.
180° + 30° = 210°

2. Man zeichnet den Winkel, der den 210°-Winkel zum 360°-Winkel ergänzt.
360° − 210° = 150°

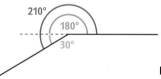

Fig. 1

Fig. 2

Durch drei Punkte A, B, C sind zwei Winkel festgelegt. Um anzugeben, welcher der Winkel gemeint ist, benutzt man die Reihenfolge der Punkte bei der Bezeichnung (∢ ABC oder ∢ CBA). Der mittlere Punkt B ist der Scheitelpunkt des Winkels. Dreht man den Schenkel, auf dem der erste Punkt liegt, entgegen der Uhrzeigerdrehrichtung auf den anderen Schenkel, so wird der bezeichnete Winkel überstrichen. Der rote Winkel wird mit ∢ ABC und der blaue mit ∢ CBA bezeichnet.

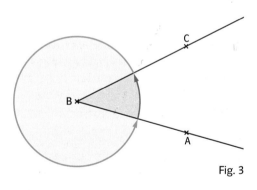

Fig. 3

Entgegengesetzt zur Uhrzeigerdrehrichtung ist die mathematisch positive Drehrichtung.

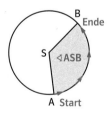

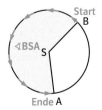

Durch einen Scheitelpunkt und zwei Schenkel sind zwei Winkel festgelegt. Einer von beiden ist nicht größer als 180°. Dieser lässt sich mit dem Geodreieck zeichnen.
Durch die Reihenfolge der Punkte bei der Bezeichnung kann man die Winkel unterscheiden.
rot   ∢ ABC = 53°
blau   ∢ CBA = 360° − 53° = 307°

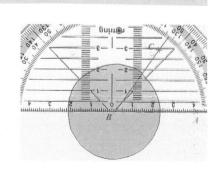

Um die Zusammensetzung einer Klasse aus Jungen und Mädchen zu veranschaulichen, können so genannte **Kreisdiagramme** verwendet werden. Dabei wird der Winkel von 360° je nach Anteil der Mädchen und Jungen an der Klassenstärke aufgeteilt. Die entstehenden Kreisausschnitte veranschaulichen die Zusammensetzung der Klasse.

Eine Klasse aus 18 Mädchen und 12 Jungen besteht aus folgenden Anteilen:

$\frac{18}{30} = \frac{3}{5}$: $\frac{3}{5}$ der Schüler sind Mädchen,

$\frac{12}{30} = \frac{2}{5}$: $\frac{2}{5}$ der Schüler sind Jungen.

Für das Kreisdiagramm werden die 360° aufgeteilt:

Mädchen: $\frac{3}{5}$ von 360° sind 216°.

Jungen: $\frac{2}{5}$ von 360° sind 144°.

Das Kreisdiagramm in Fig. 1 veranschaulicht die Zusammensetzung dieser Klasse.

Fig. 1

Beispiel 1   Winkel größer als 180°

Zeichne den Winkel ∢ ABC mit den Punkten A(1|6); B(8|2) und C(6|6) in ein Koordinatensystem. Bestimme die Weite des Winkels.

Lösung:

Der Scheitelpunkt ist B. Die Schenkel des Winkels werden jeweils durch A und C gezeichnet. Den richtigen Winkel markieren.

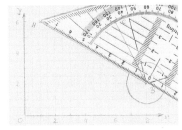

1. Variante	2. Variante
Ablesewert: 147°	Ablesewert: 33°
∢ ABC = 180° + 147°	∢ ABC = 360° − 33°
= 327°	= 327°

Beispiel 2   Kreisdiagramm

An einem Tag wurden die Schülerinnen und Schüler der Klasse 6a befragt, mit welchem Verkehrsmittel sie zur Schule gekommen sind. Die Tabelle zeigt das Umfrageergebnis. Zeichne ein Kreisdiagramm.

Lösung:

Gesamtschülerzahl: 30

Winkel pro Schüler: 360° : 30 = 12°

Winkel für das Kreisdiagramm siehe Fig. 2.

Verkehrsmittel	Personenzahl
Bahn	3
Bus	11
Fahrrad	10
Zu Fuß	6

Verkehrsmittel	Winkel
Bahn	3 · 12° = 36°
Bus	11 · 12° = 132°
Fahrrad	10 · 12° = 120°
Zu Fuß	6 · 12° = 72°

Fig. 2

Aufgaben

1   Schätze zuerst und miss dann die Winkel mit dem Geodreieck.

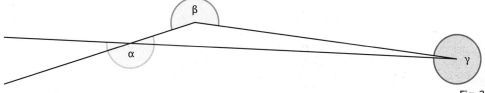

Fig. 3

2 Übertrage die Figur 1 in dein Heft.
a) Trage mit farbigen Kreisbögen die Winkel ein und miss deren Weite.
∢ ABC; ∢ CDA; ∢ ACD; ∢ CAD; ∢ DAC
b) Gib α und β mithilfe von Punkten an. Bestimme die Weite der Winkel.

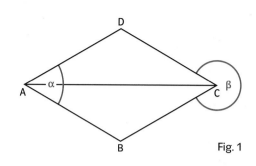

Fig. 1

3 Zeichne den Winkel
a) α = 156°,   b) α = 235°,
c) α = 324°,   d) α = 194°.

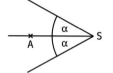

4 Zeichne in ein Koordinatensystem die Punkte S und A. Verbinde die Punkte miteinander und verlängere die Strecke über den Punkt A hinaus. Zeichne in S beginnend einen zweiten Schenkel, sodass der Winkel α entsteht.
a) S(3|1); A(7|3); α = 157°   b) S(7|4); A(1|9); α = 280°
c) S(5|5); A(10|1); α = 265°   d) S(5|5); A(0|1); α = 310°

Hier gibt es immer zwei Möglichkeiten, eine genügt.

5 Übertrage die Figur in dein Heft. Miss die markierten Winkel.

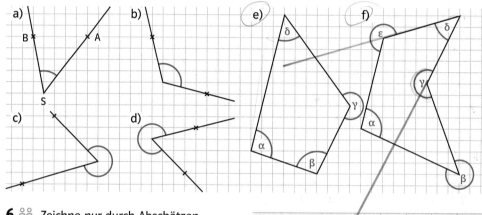

6 👥 Zeichne nur durch Abschätzen ohne Verwendung eines Winkelmessers einen Winkel, der ungefähr die angegebene Weite hat. Dein Partner misst die wirkliche Weite des Winkels und berechnet die Abweichung.

verlangte Weite	75°	95°	30°	260°	350°
gezeichnete Weite					
Abweichung					

7 Zeichne jeweils ein Kreisdiagramm mit folgenden Winkeln.
a) 9°; 140°; 145°; 66°   b) 4°; 45°; 105°; 206°
c) 👥 Lass deinen Partner ein Kreisdiagramm zeichnen. Gib ihm dazu vier Winkel vor. Was musst du beachten?

8 Miss die Winkel im Kreisdiagramm (Fig. 2).
a) Welche Anteile werden durch die einzelnen Kreisausschnitte dargestellt?
b) Erfinde eine Situation, die zu dem Kreisdiagramm passt.

Fig. 2

9 Auf einem Reiterhof sind 30 Pferde untergestellt. Davon sind 6 Rappen, 2 Schimmel, 18 Braune und 4 Füchse.
Zeichne ein Kreisdiagramm mit dem Radius 4 cm.

1 Gib die gekennzeichneten Winkel mithilfe der Eckpunkte an. Miss die Weite der Winkel.

2 In der Klasse 6b sind 30 Schülerinnen und Schüler. In dieser Woche haben 15 Schokomilch und 10 Vanillemilch für die Frühstückspause bestellt.

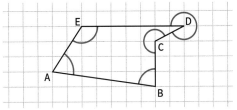

Fig. 1

a) Fertige für diese Woche eine Tabelle an. Wie viele Kinder trinken keine Milch?
b) Veranschauliche den Sachverhalt in einem Kreisdiagramm.

10 Stelle die angegebenen Anteile in einem Kreisdiagramm mit dem Radius 5 cm dar.

a) $\frac{2}{5}$; $\frac{1}{3}$; $\frac{4}{15}$

b) $\frac{1}{3}$; $\frac{7}{15}$, ☐. Bestimme den fehlenden Anteil selbst.

11 Im Deckel eines Camembert-Käses befand sich der Hinweis auf die Geschmacksentfaltung des Käses.
a) Welcher Fehler wurde beim Darstellen in der gewählten Diagrammform gemacht?
b) Zeichne ein Diagramm, welches den zeitlichen Verlauf der Käsereifung besser darstellt.
c) Welche Gründe könnten zur Darstellung des zeitlichen Verlaufs der Käsereifung in der abgebildeten Form geführt haben?

Fig. 2

12 Zum Basteln
a) Baue aus zwei Kreisen mit 5 cm Radius eine Winkelscheibe (s. Fig. 3).
Hinweis: Wenn du auf der Rückseite der gelben Scheibe eine Winkelskala in 10°-Schritten abträgst, dann kann man die Weite eines eingestellten blauen Winkels schnell ablesen.
b) Stelle unterschiedlich große Winkel ein. Lass deinen Partner bei zehn Winkeln nacheinander die Winkelweite schätzen. Dann tauscht ihr die Rollen. Ein Schätzwert kann als richtig gelten, wenn er auf 10° genau angegeben wurde.

Kannst du das noch?

13 Berechne im Kopf.
a) $7 \cdot (-3)$ b) $-120 : 10$ c) $6 \cdot (-4)$ d) $135 : (-9)$ e) $20 \cdot (-12)$

14 a) ☐ $\cdot (-4) = 32$ b) $12 + ☐ = -84$ c) $-54 : ☐ = 9$ d) ☐ $- 13 = -5$

15 Beachte die Reihenfolge beim Rechnen.
a) $12 + 3 \cdot (-7)$ b) $-42 : 6 - 13$ c) $12 \cdot (-3) : (-53 + 49)$ d) $7 - 10 \cdot (4 + (-3))$

16 Schreibe eine Rechenaufgabe auf, bei der acht Zahlen zu multiplizieren sind und ein negatives Ergebnis heraus kommt.

Fig. 3

5 Entdeckungen mit Winkeln

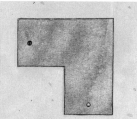

Um zu gewinnen, möchte Max die Kugel mit einem Schlag einlochen.

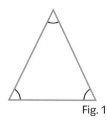

Fig. 1

*Ein Dreieck mit zwei gleich langen Seiten nennt man ein **gleichschenkliges Dreieck**.*

Betrachtet man eine ausgewählte Figur, so gewinnt man häufig **Vermutungen** über die Winkel in der Figur. Bei Dreiecken mit zwei gleich langen Seiten wie in Fig. 1 vermutet man, dass alle drei Winkel gleich groß sind. Ob dies für alle solche Dreiecke gilt, muss untersucht werden.

Die **typischen Eigenschaften** der zu untersuchenden Figuren dürfen dabei nicht verändert werden. Hier sind die zwei gleich langen Seiten die typische Eigenschaft. Um das Verhalten der Winkel zu erkunden, werden nacheinander alle möglichen **Veränderungen** betrachtet. Achtung, die typischen Eigenschaften dürfen aber nicht verändert werden! In Dreiecken mit zwei gleich langen Seiten kann die dritte Seite, die Grundseite, verlängert oder verkürzt werden …

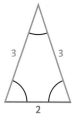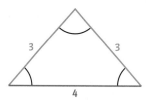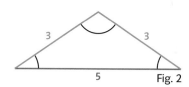

Fig. 2

… oder die beiden gleich langen Seiten gleichzeitig vergrößert oder verkürzt werden.

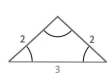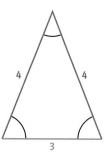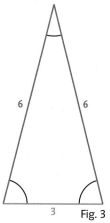

Fig. 3

Auf den Bildern sieht man, dass die beiden Winkel an der Grundseite gleich groß sind. Der Winkel, welcher nicht der Grundseite gegenüberliegt, hat nicht in allen Fällen dieselbe Weite wie die beiden anderen Winkel.

Als **Erkenntnis** lässt sich festhalten: Bei einem Dreieck mit zwei gleich langen Seiten sind nur die Winkel an der dritten, verschieden langen Seite, immer gleich groß.

Beim Entdecken von Eigenschaften für Winkel geht kann man wie folgt vor:
1. Betrachte eine besondere Figur und stelle eine Vermutung über die Winkel auf.
2. Formuliere die typischen Eigenschaften der Figur, die nicht verändert werden dürfen.
3. Verändere mehrfach die Figur. Behalte die typischen Eigenschaften bei.
4. Kontrolliere, ob die Vermutung bei allen Figuren zutrifft.
5. Formuliere die Erkenntnis mit Worten.

Beispiel Entdeckungen an der Raute
Untersuche die Winkel in einer Raute.
Lösung:
Vermutung:
Die gegenüberliegenden Winkel in der Raute sind gleich groß.
Typische Eigenschaften:
Alle Seiten der Figur sind gleich lang und gegenüberliegende Seiten sind parallel.
Veränderung der Figur:
Die vier Seitenlängen der Raute werden gleichmäßig vergrößert (Fig. 2).
Die jeweils gegenüberliegenden Winkel ändern sich in der gleichen Weise.
Erkenntnis: In einer Raute sind die gegenüberliegenden Winkel gleich groß.

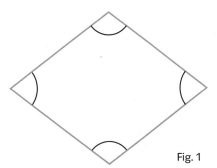

Fig. 1

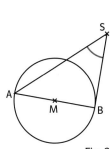

Fig. 2

Aufgaben

1 Überprüfe die Vermutung: Bei Rechtecken halbieren die Diagonalen die Eckwinkel.

2 Zeichne in ein Rechteck die Diagonalen ein. Untersuche die Schnittwinkel der Diagonalen.

3 In einem Kreis sind die Punkte A und B die Endpunkte eines Durchmessers. Ein Punkt S, der nicht auf dem Durchmesser liegt, wird mit A und B verbunden, sodass ein Winkel ⊲ ASB entsteht (Fig. 3). Der Punkt S kann innerhalb des Kreises, auf dem Kreis oder außerhalb des Kreises liegen. Es entstehen unterschiedlich große Winkel. Untersuche die Winkel für unterschiedliche Positionen des Punktes S.

Fig. 3

4 Petra behauptet: Ich kann Winkel, ohne den Winkelmesser zu benutzen, halbieren. Dazu zeichne ich eine Verbindungslinie zwischen den beiden Schenkeln und halbiere diese. Verbindet man den Scheitelpunkt S mit dem Mittelpunkt M dieser Strecke, so halbiere ich den Winkel.
a) Schau dir die Skizze in Fig. 4 an. Prüfe die Behauptung von Petra.
b) Wie muss man die Punkte auf dem Schenkel wählen, damit die Behauptung von Petra stimmt?
c) Maria denkt: Man kann den Winkel vielleicht auch durch eine Dreiteilung der Strecke $\overline{AB}$ in drei gleiche Winkel teilen. Überprüfe die Überlegung von Maria.

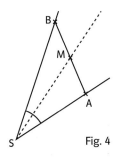

Fig. 4

6 Kreisfiguren

*Nordrose
der Kathedrale
Notre-Dame in Paris*

Der Kreis als regelmäßige Figur ohne Ecken und Kanten bewegt seit vielen tausend Jahren die Aufmerksamkeit von Betrachtern. Als Mandala, als Kirchenfenster und als Verzierung an Schmuckstücken findet man ihn häufig. Er bildet auch die Grundlage für viele regelmäßige Figuren.

Beim Zeichnen von regelmäßigen Kreisfiguren werden 360° gleichmäßig aufgeteilt. Es entstehen gleich große **Kreisausschnitte** als Grundlage der Kreisfigur.
In Fig. 1 ist der Kreis in sechs gleiche Teile zerlegt. Es entsteht ein **Mittelpunktswinkel** von 360° : 6 = 60° mit dem Mittelpunkt als Scheitelpunkt. Durch das Verbinden der Eckpunkte entsteht das Sechseck in Fig. 2.

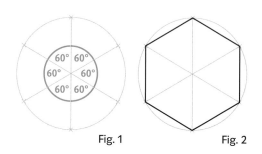

Fig. 1   Fig. 2

Eckenzahl	Winkel
3	120°
4	90°
5	72°
6	60°
8	45°
9	40°
10	36°

Durch die gleichmäßige Aufteilung des 360°-Winkels im Kreismittelpunkt wird der Kreis in gleich große Ausschnitte geteilt.

Beim regelmäßigen 10-Eck beträgt der Mittelpunktswinkel 360° : 10 = 36°.

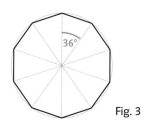

Fig. 3

Beispiel Mittelpunktswinkel und Grundstruktur einer Kreisfigur
a) Wie ist das Kirchenfenster aufgeteilt? Wie groß ist der Mittelpunktswinkel?
b) Zeichne die Grundstruktur des Fensters.
Lösung:
a) Das Fenster besteht aus fünf gleichen Teilen.
Mittelpunktswinkel: 360° : 5 = 72°
b)

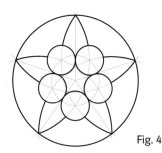

Fig. 4

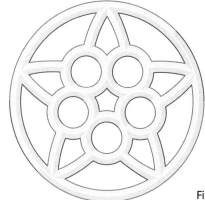

Fig. 5

Aufgaben

1 Zeichne die Sterne in dein Heft.

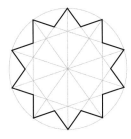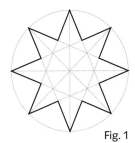

Fig. 1

2 Die Figur besteht aus 150°-Winkeln und 3 cm langen Strecken. Übernimm die Figur ins Heft und zeichne sie weiter. Wenn man genau zeichnet, so schließt sich der Bogen zu einer Kreisfigur.
a) Schätze die Anzahl der Ecken der vollständigen Kreisfigur.
b) Welcher Mittelpunktswinkel der Kreisfigur entsteht?
c) Zeichne auch Figuren für Winkel von 140°; 108° und 135°.

Fig. 2

3 In Kirchen und alten Klöstern findet man besonders gestaltete Fenster, in denen Kreise und Kreisfiguren zu finden sind. Nach der Anzahl der inneren Kreise nennt man diese Formen Dreipass, Vierpass und Sechspass.
a) Zeichne die Grundfiguren ins Heft.
b) Entwirf mit den Grundfiguren ein eigenes Kirchenfenster.

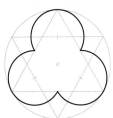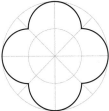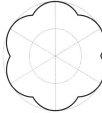

Dreipass   Vierpass   Sechspass

Fig. 3

4 Mandalas zeichnen und ausmalen, ist eine alte indische Form sich zu konzentrieren und Ruhe zu finden. Dabei steht der Kreis durch seine Form ohne Anfang und Ende für das Symbol der Mitte.
a) Zeichne die Form des Mandalas auf ein großes Blatt ab und male es bunt aus.
b) Entwirf eigene Mandalas.

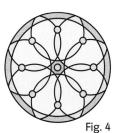

Fig. 4

1 In der Klasse 6b wurde eine Umfrage durchgeführt. Jeder sollte angeben, für welches Unterrichtsfach er zu Hause die meiste Zeit aufwenden muss. Das Diagramm in Fig. 1 zeigt die Ergebnisse der Umfrage.

a) Stelle die Ergebnisse in Form einer Tabelle dar.

b) Wie viele Schüler sind in der Klasse?

c) Fertige zur Darstellung der Ergebnisse ein Kreisdiagramm an.

Sind Hausaufgaben wichtig?

d) Führe eine entsprechende Umfrage in deiner Klasse durch. Stelle die Ergebnisse übersichtlich dar. Schreibe dazu einen Artikel für die Schülerzeitung.

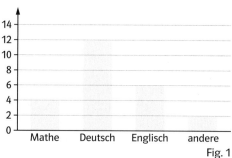

Fig. 1

2 Wenn man ohne den Kopf zu drehen geradeaus schaut, so überblickt man vor sich einen bestimmten Bereich.
Die Größe dieses Sehfeldes wird durch den Sehwinkel beschrieben. Unterschiedliche Lebewesen haben unterschiedlich große Sehwinkel.

Mensch 190° Hund 250°

Falke 300° Eule 160°

Krokodil 295°

Fig. 2

a) Fertige eine Zeichnung an, in der die Sehwinkel miteinander verglichen werden.

b) 🙎🙎 Bestimme deinen eigenen Sehwinkel. Stelle dich dazu auf einen Punkt und fixiere mit den Augen einen Gegenstand. Bitte eine Mitschülerin oder einen Mitschüler, erst von links und dann von rechts einen Gegenstand in deinen Sehbereich hinein zu bewegen. Markiere jeweils mit einem Punkt die Stelle, an der du den Gegenstand zum ersten Mal erkennen kannst. Miss den Sehwinkel, der durch die Punkte bestimmt wird. Benutze dazu das große Geodreieck von deinem Lehrer.

3 Um Windenergie nutzbar zu machen wird die „geradlinige" Bewegung der Luft in eine Drehbewegung umgewandelt. Dazu nutzt man das Prinzip einer Windmühle, welches bereits im Altertum bei den Römern bekannt war. Durch die regelmäßige kreisförmige Anordnung der Windmühlenflügel wird bei Wind eine gleichmäßige Kreisbewegung erzeugt.

a) In welchem Winkel zueinander stehen jeweils zwei benachbarte Windmühlenflügel bei den abgebildeten Windmühlen?

b) Entwürfe zu möglichen Windmühlenrotoren (Fig. 3) entstehen als Kreisbilder. Zeichne die Windmühlenrotoren in dein Heft.

Entwirf selbst einen möglichen Windmühlenrotor.

Fig. 3

4 Um den Steigungswinkel α eines Weges oder einer Straße zu bestimmen, kann man sich ein einfaches Messgerät selbst bauen.

Zeichne auf ein Rechteck aus Pappe einen Halbkreis und trage die Skala wie im Bild dargestellt auf. Bringe einen Faden und eine Nadel als Zeiger im Mittelpunkt des Halbkreises an. Der Faden wird auf der Rückseite der Scheibe mit einem Klebestreifen befestigt.

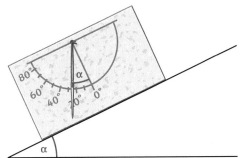

Fig. 1

Stellt man das Gerät auf eine geneigte Ebene, so zeigt α den Steigungswinkel an.

a) Baue dir ein solches Messgerät.

b) Welchen Anstieg hat die Treppe in deiner Schule?

c) Miss auf einem Weg, der einen Höhenunterschied überwindet, den Steigungswinkel an verschiedenen Stellen.

d) Miss weitere Winkel in deiner Umgebung und gib Beispiele für Steigungen an.

5 Zu jedem Punkt A kann man einen Punkt B durch Vertauschen der Koordinaten bilden. Zu dem Punkt A(7|3) gehört der Punkt B(3|7). Zeichne die Punkte A, B und O(0|0) in ein Koordinatensystem. Durch das Verbinden von A mit O und von B mit O erhält man den Winkel ⊰ AOB.

a) Zeichne die in der Tabelle vorgegebenen Winkel in ein Koordinatensystem und miss deren Weite. Übernimm die Tabelle in dein Heft und ergänze die fehlenden Angaben.

A	(3|7)	(4|-2)	(-5|3)		
B	(7|3)			(-1|-4)	(3|8)
⊰ AOB					

b) Welche besondere Lage im Koordinatensystem haben die Winkel?

c) Wann entstehen rechte Winkel bzw. gestreckte Winkel? Gib Beispiele dafür an.

d) Welche Koordinaten muss der Punkt A haben, damit besonders kleine bzw. besonders große Winkel entstehen?

6 In Stuttgart ist ein Rettungshubschrauber stationiert, der im Umkreis von 60 km alle Notfälle anfliegen kann.

a) Welche größeren Orte liegen im Einsatzgebiet des Helikopters?

b) Der Hubschrauber fliegt von Stuttgart nach Kirchheim und dann weiter nach Tübingen. Um welchen Winkel muss der Hubschrauber über Kirchheim drehen?

c) In welche Himmelsrichtung muss der Hubschrauber starten, wenn sein Einsatzgebiet in Reutlingen, Göppingen bzw. Ludwigsburg liegt?

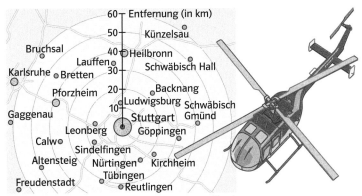

Fig. 2

d) Der Helikopter startet in Stuttgart und fliegt 50 km Richtung Norden. Nach einer Drehung um 60° Richtung Osten werden 18 Flug-km absolviert. Dann wird um 50° in gleicher Richtung gedreht und ungefähr 20 km geflogen. Wo befindet sich der Hubschrauber?

e) 🙎🙎 Gib eine eigene Flugroute an, die dein Partner auf der Karte verfolgen kann.

Geometrie mit dem Computer

Exkursion

Winkel und Figuren mit Winkeln kann man auch am Computer zeichnen. Dazu benötigt man ein Geometrieprogramm. Im Unterschied zu einer Zeichnung auf Papier kann bei einer Konstruktion mit einem Geometrieprogramm die Lage von Punkten jederzeit geändert werden. Die Programme werden Dynamische Geometrie Systeme (DGS) genannt.

Bei einem Dynamischen Geometrie System sind neben der Arbeitsfläche Icons (kleine Bildchen) angebracht, die zum Ausführen von Arbeitsschritten dienen. Diese Schaltflächen werden erklärt, sobald man den Mauszeiger über das entsprechende Icon zieht. Die wichtigsten Schaltflächen sind am Rand zusammengestellt. Durch doppeltes Anklicken eines Icons werden alle Icons angezeigt, die zu einer Gruppe zusammengefasst sind. In Fig. 2 sieht man zum Beispiel die Gruppe der Linien.

Nach dem Erzeugen einer Zeichenfläche kann man mit wenigen Schritten eine kleine Zeichnung erstellen. Durch das Anklicken eines Icons wählt man die gewünschte Zeichenfunktion aus. Die blau gekennzeichneten Elemente sind auf der Zeichenfläche mit dem Mauszeiger festzulegen. Die rot gekennzeichneten Elemente werden durch den Computer erzeugt. Ist ein Punkt nicht wie gewünscht auf dem Zeichenfeld positioniert, so kann er jederzeit an eine andere Stelle verschoben werden. Hierzu ist das Icon „Bewegen" zu aktivieren. Durch Festhalten mit der linken Maustaste kann dann ein Punkt bewegt werden.

Eine neue Zeichenfläche erzeugen.

Einen Punkt zeichnen.

Eine Gerade durch zwei Punkte zeichnen.

Zwei Punkte durch eine Strecke verbinden.

Ein Vieleck zeichnen.

Einen Kreis zeichnen.

Den Abstand zwischen zwei Punkten messen.

Die Zeichnung speichern.

Eine gespeicherte Zeichnung aktivieren.

Fig. 1

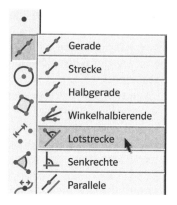

Fig. 2

Fig. 3

Zeichne eine Figur (Person, Auto, Haus, Baum ...) nach deiner Wahl. Probiere dabei die verschiedenen Funktionen eines Dynamischen Geometrie Systems aus

Geometrie mit dem Computer

Falsch gezeichnete geometrische Objekte können nach dem Aktivieren der Lösch-funktion durch Anklicken von der Zeichen-fläche entfernt werden.

Nach der Beendigung einer Konstruktion können Teile einer Zeichnung als Hilfslinien gekennzeichnet werden. Die Übersichtlich-keit der Zeichnung wird dadurch erhöht.

Messen und Beobachten eines Winkels

Um einen Winkel zu messen, werden nach dem Aktivieren der entsprechenden Schaltflä-che drei Punkte angegeben, die den zu messenden Winkel bestimmen. Dabei ist auf die Reihenfolge der Punkte zu achten.

Einen Winkel messen.

Das Bild in Fig. 1 zeigt ein Dreieck, in welchem der Winkel ⊰ ACB gekennzeich-net und gemessen ist. Bewegt man den Punkt C, so können die Winkelweiten in Abhängigkeit von der Lage des Punktes C beobachtet werden.

a) Zeichne ein Dreieck wie in Fig. 1 mit ei-nem Dynamischen Geometrie System.

b) Bestimme für verschiedene Lagen von C den Winkel ⊰ ACB.

c) Wo liegt der Punkt C, wenn der beobach-tete Winkel eine Weite von 180° hat?

d) Wo muss der Punkt C liegen, damit der Winkel besonders klein wird?

e) Gibt es Positionen von C, bei denen ⊰ ACB = 90° ist?

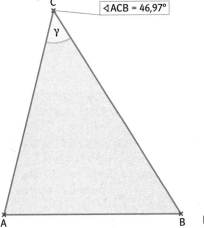

⊰ACB = 46,97°

Den Winkel markieren.

Fig. 1

Zu der Strecke AB verläuft die Gerade g parallel. Auf der Geraden liegt ein Punkt D (Gleiter auf der Geraden; Fig. 2). Untersuche den Winkel ⊰ ADB.

a) Wie ändert sich der Winkel in Abhängigkeit von der Lage des Punktes C auf der Gera-den?

b) Wo muss sich D befinden, damit der Winkel ⊰ ADB am größten ist?

c) Wie ändert sich der Winkel, wenn der Abstand zwischen Strecke und Parallele verän-dert wird?

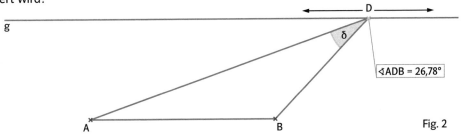

⊰ADB = 26,78°

Fig. 2

*(Gleiter)
Einen verschiebbaren
Punkt auf einer Linie
festlegen.*

Geometrie mit dem Computer

↗ Auf einem Kreis werden zwei Punkte E und F festgelegt. Der Punkt D kann beliebig eingezeichnet werden (Fig. 1). Welche Aussage kann man über den Winkel ∢ EDF treffen? Nutze zur Beschreibung Fallunterscheidungen. Zum Beispiel:

– Der Punkt D liegt außerhalb des Kreises, innerhalb des Kreises oder auf dem Kreis.
– Der Punkt D liegt oberhalb der Geraden durch E und F, unterhalb der Geraden durch E und F oder auf der Geraden durch E und F.

Hinweis: Um die Winkel zu untersuchen, wenn der Punkt D auf dem Kreis liegt, kann man den Punkt als Gleiter auf dem Kreis festlegen.

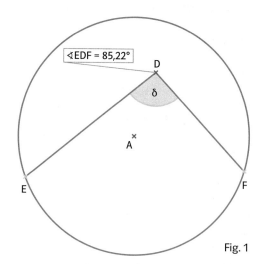

Fig. 1

Untersuchung von Winkeln in Figuren

Bei Figuren und Körpern gibt es meist mehrere Winkel, die oft in einem Zusammenhang zueinander stehen. Solche Zusammenhänge zwischen Winkeln kann man bei der Arbeit mit einem DGS entdecken.

↗ Zeichne in ein Viereck ABCD die beiden Diagonalen ein. Liegen die Diagonalen im Inneren des Vierecks, so schneiden sie sich. Der Schnittpunkt der Diagonalen wird mit E bezeichnet. Untersuche die Winkel, die im Schnittpunkt E entstehen.

Zu drei Punkten einen Parallelogrammpunkt zeichnen.

↗ In ein Parallelogramm wird eine Diagonale eingezeichnet (Fig. 2). Untersuche die Winkel in der Figur und versuche Zusammenhänge zwischen den Winkeln herzustellen.

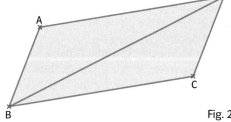

Fig. 2

Den Mittelpunkt einer Strecke festlegen.

↗ Zeichne ein beliebiges Viereck ABCD. Halbiere die Viereckseiten (Fig. 3) und verbinde sie zu einem neuen Viereck EFGH.
a) Welches besondere Viereck entsteht?
b) Zeige durch das Messen von Winkeln und das Verändern der Ausgangsfigur, dass es sich tatsächlich um ein besonderes Viereck handelt.

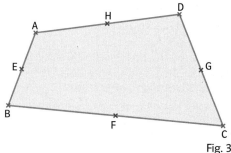

Fig. 3

Geometrie mit dem Computer

Zeichnen mit vorgegebenen Längen und Winkelweiten

Längen werden mit einem Dynamischen Geometrie System meistens über den Radius eines Kreises eingegeben. Für eine Strecke der Länge 4 cm wird zuerst ein Kreis mit dem Radius 4 cm gezeichnet. Durch das Verbinden des Kreismittelpunktes mit einem Punkt auf dem Kreis erhält man die Strecke der Länge 4 cm.

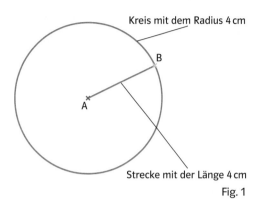

Kreis mit dem Radius 4 cm

Strecke mit der Länge 4 cm

Fig. 1

Zeichnen eines Kreises mit vorgegebenem Radius.

Winkel vorgegebener Weite können direkt erzeugt werden. Durch die Vorgabe des Scheitelpunktes, eines Punktes auf dem ersten Schenkel und der Winkelweite zeichnet ein Dynamisches Geometrie System einen Punkt, der auf dem zweiten Schenkel des Winkels liegt. Dabei ist der Winkel entgegen der Uhrzeigerrichtung gedreht. Der Winkel kann auch in Uhrzeigerrichtung gedreht werden, dazu ist die Winkelweite mit einem negativen Vorzeichen zu versehen.

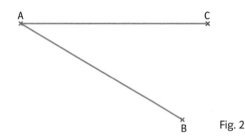

Fig. 2

Zeichnen eines Winkels mit vorgegebener Weite.

Ein Winkel von 30° wurde erzeugt durch die Vorgabe der Punkte A und B und der Weite 30°. Den Punkt C hat der Computer festgelegt.

✎ Konstruiere mit einem Dynamischen Geometrie System ein Dreieck mit $\overline{AB}$ = 5 cm und den Winkeln ∢ BAC = 35° und ∢ CBA = 56°. Orientiere dich an der Zeichnung in Fig. 3. Bei einer richtigen Konstruktion kannst du $\overline{AC}$ ≈ 4,15 cm und $\overline{BC}$ ≈ 2,87 cm messen.

✎ Konstruiere ein Dreieck mit $\overline{AB}$ = 4,5 cm, $\overline{AC}$ = 2 cm und ∢ CBA = 40°. Wie viele Dreiecke gibt es?

✎ Konstruiere das Dreieck ABC mit den Seiten a = 3 cm, b = 4 cm und c = 5 cm.
a) Miss die Winkel des Dreiecks.
b) Versuche andere rechtwinklige Dreiecke zu konstruieren. Gib die Seitenlängen der Dreiecke an.

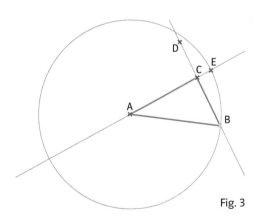

Fig. 3

Winkel

Durch zwei Schenkel mit gemeinsamem Scheitelpunkt werden zwei Winkel α und β festgelegt. Die beiden Winkelweiten ergeben zusammen 360°. $\alpha + \beta = 360°$
Man unterscheidet die beiden Winkel durch die Bezeichnung.

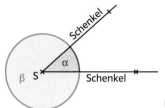

Fig. 1

Bezeichnung von Winkeln

Winkel können mit griechischen Buchstaben bezeichnet werden: α, β, γ, δ.
Winkel können mit drei Punkten bezeichnet werden: $\sphericalangle$ ASB.
Der mittlere Punkt S ist der Scheitelpunkt. Man dreht den Schenkel, auf dem der erste Punkt A liegt, gegen die Uhrzeigerdrehrichtung zum Schenkel, auf dem der Punkt B liegt. Dabei wird der bezeichnete Winkel überstrichen.

$$\alpha = \sphericalangle \text{ASB}$$
$$\beta = \sphericalangle \text{BSA}$$

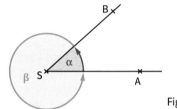

Fig. 2

Winkelweite

Die Weite eines Winkel wird in Grad (kurz 1°) angegeben. Ein Winkel von 1° entsteht durch die Teilung des Kreises in 360 gleiche Kreisausschnitte.

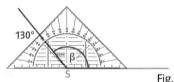

Fig. 3

Winkel messen und zeichnen

Winkel mit Weiten zwischen 0° und 180° werden mit dem Geodreieck gezeichnet und gemessen.

Winkel mit Weiten zwischen 180° und 360°, z. B. 250°, werden gezeichnet, indem man entweder 180° + 70° = 250° oder 360° − 110° = 250° zeichnet.

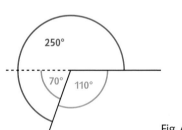

Fig. 4

Kreisdiagramme

Kreisdiagramme veranschaulichen Anteile eines Ganzen. Die Größe eines Kreisausschnittes wird durch den Mittelpunktswinkel bestimmt.

Darstellung von $\frac{1}{10}$, $\frac{1}{5}$ und $\frac{7}{10}$ eines Ganzen:

$\frac{1}{10}$ von 360° sind 36°.

$\frac{1}{5}$ von 360° sind 72°.

$\frac{7}{10}$ von 360° sind 252°.

Fig. 5

Training

1 Die Uhr in Fig. 1 zeigt die Zeit 6:15 Uhr.
a) Es vergehen 17 min. Gib die Weite des Winkels an, den der große Zeiger überstreicht.
b) Der Minutenzeiger der Uhr bewegt sich um einen Winkel von 240° weiter. Welche Uhrzeit zeigt die Uhr jetzt an? Wie viel Zeit ist vergangen?

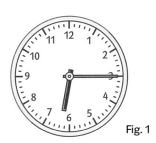

Fig. 1

2 Zeichne das Bild aus Fig. 2 in dein Heft.
a) Gib die eingezeichneten Winkel mithilfe der Punkte A, B, C, D, E und F an.
b) Miss die Weite der Winkel.

3 In einem Koordinatensystem liegen die Punkte A(3|7); B(12|6); C(7|4) und D(6|1). Bestimme die Weiten der Winkel $\sphericalangle$ ABC, $\sphericalangle$ DAB, $\sphericalangle$ BDC und $\sphericalangle$ DCA.

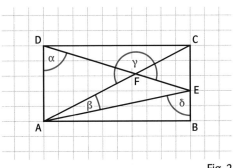

Fig. 2

4 Auf einem Bauernhof leben ein Hund, fünf Katzen, zehn Pferde und acht Kühe. Veranschauliche die Anzahl der Tiere für diesen Bauernhof in einem Kreisdiagramm.

5 Zeichne zwei parallele Geraden g und h. Lege auf der Geraden g zwei Punkte A und B fest, die eine Entfernung von 6 cm haben. Zeichne auf der Geraden h einen Punkt C ein. Bestimme die Weite des Winkels $\sphericalangle$ ACB. Gibt es eine Stelle für C auf der Geraden h, bei der der Winkel $\sphericalangle$ ACB am größten ist?

1 Zeichne die vier Winkel α, β, γ und δ:
α = 37°; β = 135°; γ = 215°; δ = 321°.

2 Bei einer Befragung wurden 1200 Personen nach der Anzahl der Autos im Haushalt befragt. Die Auswertung ist im Kreisdiagramm in Fig. 3 dargestellt. In wie viel befragten Haushalten gibt es kein, ein oder mehrere Autos?

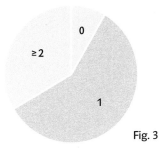

Fig. 3

3 Zeichne eine Strecke $\overline{AB}$ mit 4 cm. Trage im Punkt B den Winkel β = 110° und im Punkt A den Winkel α = 50° so an, dass ein Dreieck entsteht. Miss den Winkel γ bei C.

4 Zeichne das Dreieck ABC mit A(1|5), B(5|1) und C(7|3) ins Heft. Miss an jeder Dreiecksecke die großen, außerhalb des Dreiecks liegenden Winkel. Wie groß ist die Summe dieser drei Winkel?

5 Überprüfe, ob folgende Vermutung zutrifft: Verbindet man in einem gleichschenkligen Dreieck die Spitze mit dem Mittelpunkt der Grundseite, so halbiert die Strecke den Winkel an der Spitze.

- Rationale Zahlen in Bruch- und Dezimaldarstellung addieren und subtrahieren
- Ganze Zahlen multiplizieren und dividieren

Verbrauchszeitraum vom 06.01.2004 bis 01.02.2004						
Identifikations-nummer	Zählerstand alt	Zählerstand neu	Differenz	Multi-plikator	Verbrauch	Tage
4.534.232.31	81.645.000	82.112.000	467.000	1	467 kWh	26

Arbeitspreisberechnung	11.210 ct/kWh	x	467.00 kWh	52.35 EUR
Grundpreisberechnung	93.100 EUR/jährlich		für 26 Tage	6.63 EUR
			Nettobetrag	58.98 EUR
			MWSt. 16 %	9.44 EUR
			Bruttobetrag	68.42 EUR

Stromsteuer: 2.050 ct/kWh im Arbeitspreis auf 467.000 kWh = 9.57 EUR

Aus einem Bauantrag

Grundstücksfläche
ca. $0,5 \cdot (12,5 + 3,0) \cdot 30,5 = 236,38$

GRZ $\dfrac{82,37}{236,38} = 0,35$

GFZ $\dfrac{159,02}{236,38} = 0,67$

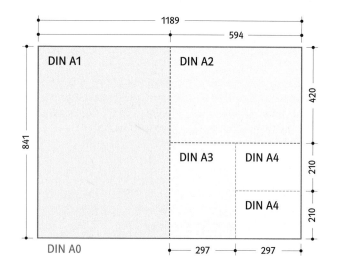

DIN A1 DIN A2 DIN A3 DIN A4 DIN A4 DIN A0

1189 · 594 · 841 · 420 · 210 · 210 · 297 · 297

Zahl und Maß · Daten und Zufall · Beziehung und Änderung · Modell und Simulation · **Muster und Struktur** · Form und Raum

Jetzt musst du
mit allem rechnen!

Nach einer Verkehrskontrolle in
Stuttgart gab die Polizei bekannt:
Ein Drittel aller Autofahrer fuhren
mit defektem Licht. Die Hälfte
davon wusste es nicht. Im Mittel
ist also bei 16 von 100 Autos die
Beleuchtung defekt.

Das kannst du bald

- Brüche und Dezimalzahlen multiplizieren und dividieren
- Brüche in Dezimalzahlen umwandeln
- Mittelwerte bestimmen

1 Vervielfachen und Teilen von Brüchen

Bei einem Zeitfahren beteiligen sich 61 Radfahrer. Die Teilnehmer starten um 10 Uhr im Abstand von $2\frac{1}{4}$ Minuten. Der langsamste Fahrer benötigt für die Rennstrecke ca. eine $\frac{3}{4}$ Stunde.
Der Fernsehredaktion Sport wurden $2\frac{1}{2}$ Stunden für die Übertragung des Rennens genehmigt.

Achtung:
Beachte den Unterschied von $3\frac{1}{2}$ und $3 \cdot \frac{1}{2}$!

Für Vorzeichen bei Brüchen gilt:
$\frac{-3}{5} = \frac{3}{-5} = -\frac{3}{5}$.

Das Produkt aus einer natürlichen Zahl und einem Bruch bedeutet, den Bruch mehrfach zu addieren.

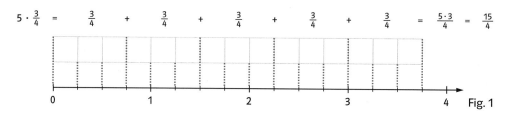

$$5 \cdot \frac{3}{4} = \frac{3}{4} + \frac{3}{4} + \frac{3}{4} + \frac{3}{4} + \frac{3}{4} = \frac{5 \cdot 3}{4} = \frac{15}{4}$$

Fig. 1

Multiplizieren von Brüchen mit einer ganzen Zahl
1. Multipliziert man einen positiven Bruch mit einer positiven ganzen Zahl, so wird der Zähler mit der Zahl multipliziert und der Nenner beibehalten.
2. Treten bei den Faktoren negative Vorzeichen auf, so bestimmt man zuerst das Vorzeichen des Ergebnisses und rechnet dann wie mit positiven Zahlen.

Ein positiver Bruch kann durch jede positive ganze Zahl geteilt werden.
Das Kreisbild zeigt, wie ein Bruch durch eine Zahl geteilt wird, die ein Teiler des Zählers ist.

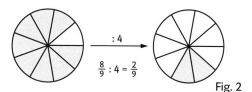

$\frac{8}{9} : 4 = \frac{2}{9}$

Fig. 2

Bei der Division $\frac{3}{5}$ geteilt durch 2 ist die Zahl 2 kein Teiler des Zählers. Hier kommt man durch eine zusätzliche Unterteilung zum Ziel.

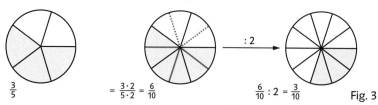

$\frac{3}{5}$

$= \frac{3 \cdot 2}{5 \cdot 2} = \frac{6}{10}$

$\frac{6}{10} : 2 = \frac{3}{10}$

Fig. 3

Man erkennt also, dass man statt den Zähler durch 2 zu dividieren den Nenner des Bruches mit 2 multiplizieren kann.

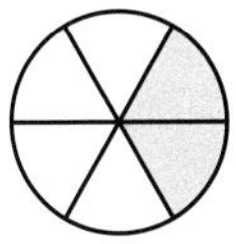

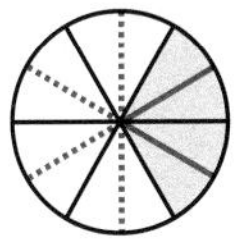

Dividieren von Brüchen durch eine ganze Zahl
1. Dividiert man einen positiven Bruch durch eine positive ganze Zahl, so wird der Nenner mit der Zahl multipliziert und der Zähler beibehalten.
2. Treten bei dem Quotienten negative Vorzeichen auf, so bestimmt man zuerst das Vorzeichen des Ergebnisses und rechnet dann wie mit positiven Zahlen.

Erweitern ist nicht Multiplizieren!

Erweitern:

$\frac{2}{6}$

$=$

$\frac{4}{12}$

Multiplizieren:

$\frac{2}{6}$

$\cdot 2 =$

$\frac{4}{6}$

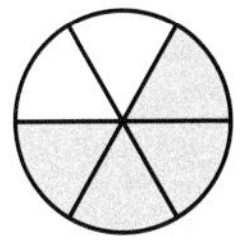

Bevor man im Zähler oder Nenner des Bruches multipliziert, ist es sinnvoll zu überprüfen, ob man kürzen kann.
$3 \cdot \frac{4}{9} = \frac{3 \cdot 4}{9} = \frac{3 \cdot 4}{3 \cdot 3} = \frac{4}{3}$

Beispiel 1 Multiplikation und Division von positiven Zahlen
Berechne a) $\frac{8}{27} \cdot 18$, b) $\frac{3}{7} : 5$ c) $\frac{8}{11} : 4$.
Lösung:
a) $\frac{8}{27} \cdot 18 = \frac{8 \cdot 18}{27} = \frac{8 \cdot 2}{3} = \frac{16}{3}$ *Es wurde mit 9 gekürzt.*
b) $\frac{3}{7} : 5 = \frac{3}{7 \cdot 5} = \frac{3}{35}$ c) $\frac{8}{11} : 4 = \frac{8}{11 \cdot 4} = \frac{2 \cdot 4}{11 \cdot 4} = \frac{2}{11}$

Beispiel 2 Multiplikation und Division mit negativen Vorzeichen
Berechne a) $-4 \cdot \frac{3}{8}$, b) $\frac{-5}{8} \cdot (-12)$, c) $\frac{35}{36} : (-5)$.
Lösung:
a) $-4 \cdot \frac{3}{8} = -\frac{4 \cdot 3}{8} = -\frac{3}{2}$ b) $\frac{-5}{8} \cdot (-12) = \frac{5}{8} \cdot 12 = \frac{5 \cdot 12}{8} = \frac{15}{2}$ c) $\frac{35}{36} : (-5) = -\frac{35}{36} : 5 = \frac{35}{36 \cdot 5} = -\frac{7}{36}$

Aufgaben

1 Rechne im Kopf. Die Ergebnisse findest du auf dem Rand.
a) $4 \cdot \frac{1}{9}$ b) $7 \cdot \frac{1}{-12}$ c) $\frac{2}{11} \cdot 5$ d) $32 \cdot \left(-\frac{1}{8}\right)$ e) $28 \cdot \frac{2}{7}$
$\frac{1}{5} : 2$ $\frac{-1}{2} : 3$ $\frac{9}{5} : 3$ $\frac{6}{11} : (-2)$ $\frac{15}{7} : 5$

$\frac{10}{11}$ 8 $\frac{4}{9}$ $-\frac{3}{11}$ $-\frac{7}{12}$ $\frac{3}{7}$ $\frac{1}{10}$ $-\frac{1}{6}$ $\frac{3}{5}$ -4

2 Achte auf das Kürzen. Die Ergebnisse ergeben ein Lösungswort.
a) $4 \cdot \frac{1}{2}$ b) $15 \cdot \frac{1}{-30}$ c) $-64 \cdot \frac{3}{4}$ d) $320 \cdot \frac{1}{660}$ e) $108 \cdot \frac{7}{48}$
$\frac{4}{31} : 4$ $\frac{-25}{27} : 5$ $\frac{56}{59} : 7$ $-\frac{68}{11} : 102$ $\frac{23}{24} : 92$

Zu Aufgabe 2:

$\frac{16}{33}$ L | $\frac{63}{4}$ O | 2 L | $\frac{8}{59}$ A | $-\frac{5}{27}$ T | $\frac{1}{96}$ N | $-\frac{2}{33}$ L | $\frac{1}{31}$ U | $-\frac{1}{2}$ F | -48 B

3 Setze die Zahlen 2; 5 und 12 in die Kästchen so ein, dass
a) eine ganze Zahl,
b) eine Zahl kleiner als 1,
c) eine Zahl größer als 1 entsteht.

$\square \cdot \frac{\square}{\square} =$

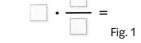

Fig. 1

4 Setze die richtigen Zahlen ein.
a) $5 \cdot \frac{\square}{7} = \frac{10}{7}$ b) $\frac{\square}{20} \cdot 7 = \frac{49}{20}$ c) $\frac{2}{3} : \square = \frac{2}{9}$ d) $\square : 9 = \frac{2}{117}$ e) $16 \cdot \frac{\square}{35} = 1\frac{13}{35}$

5 Ergänze. Es gibt mehrere Möglichkeiten.
a) $7 \cdot \frac{\square}{\square} = \frac{56}{11}$ b) $11 \cdot \frac{\square}{12} = \frac{77}{\square}$ c) $\frac{6}{\square} \cdot 8 = \frac{\square}{7}$ d) $\square \cdot \frac{13}{15} = \frac{78}{\square}$ e) $\frac{\square}{14} \cdot 20 = \frac{90}{\square}$

6 Karin trainiert in der Woche dreimal eineinhalb Stunden Tennis, Dennis fünfmal eine Dreiviertelstunde Tischtennis und Susanne viermal eineinviertel Stunden Badminton.

7 Petra betrachtet winzige Pflanzenzellen nacheinander unter einem Mikroskop mit 20facher, 25facher und 75facher Vergrößerung.
Wie groß sehen die Zellen unter dem Mikroskop jeweils aus, wenn sie $\frac{1}{5}$ mm, $\frac{1}{10}$ mm und $\frac{1}{15}$ mm groß sind?

8 In der Metzgerei werden aus $1\frac{3}{4}$ kg Schweinefleisch 14 etwa gleich große Schnitzel geschnitten.
a) Wie viel wiegt ein Schnitzel im Durchschnitt?
b) Peters Vater kauft sechs dieser Schnitzel. Wie viel wiegen sie zusammen?
c) 1 kg Schnitzelfleisch kostet 10,80 €. Wie viel hat Peters Vater ungefähr zu zahlen?

9 Sebastian und Thomas vergleichen ihre Laufleistungen.
Sebastian läuft $3\frac{1}{2}$ km in 15 Minuten, Thomas $5\frac{1}{4}$ km in 21 Minuten. Wer läuft schneller?

Bist du sicher?

1 Berechne.
a) $4 \cdot \frac{2}{11}$ b) $\frac{5}{46} \cdot 23$ c) $\frac{15}{23} : (-5)$ d) $\frac{3}{4} : 51$ e) $\frac{-2}{21} \cdot 7$

2 In einem Kasten sind 6 Flaschen mit Apfelsaft. Jede Flasche enthält $\frac{3}{4}$ l Saft. Wie viel Liter Apfelsaft sind dies insgesamt?

3 Anika möchte das Kaffee-Eis mit ihrer Freundin Janine ausprobieren. Welche Menge benötigt sie, wenn das Rezept für vier Personen ist?

Kaffee-Eis	
35 g Pulverkaffee	$2\frac{1}{3}$ Esslöffel Zucker
$\frac{1}{5}$ l süße Sahne	$\frac{1}{4}$ Stange Vanille
$\frac{3}{8}$ l Milch (3 Tassen)	2 Eigelb

Fig. 1

10 Setze die Zahlen 3; 5 und 15 in die Kästchen so ein, dass
a) das größtmögliche Ergebnis entsteht.
b) das kleinstmögliche Ergebnis entsteht.

$$\square : \frac{\square}{\square} = $$

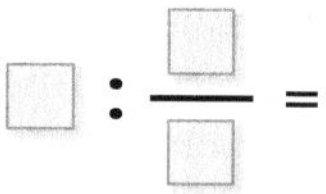

Fig. 2

11 a) Teile durch 5 und kürze mit 5. Vergleiche.
$\frac{5}{45}$; $\frac{25}{90}$; $\frac{100}{135}$; $\frac{185}{10}$
b) Erläutere den Unterschied zwischen Kürzen mit 4 und Dividieren mit 4.

12 Finde drei verschiedene mögliche Rechnungen.
a) $\frac{\square}{\square} \cdot \square = \frac{2}{5}$ b) $\square \cdot \frac{\square}{\square} = -\frac{7}{9}$ c) $\frac{\square}{\square} : \square = 4$ d) $\frac{\square}{\square} : \square = -\frac{1}{12}$

13 Rechne mit Größen. Gib das Ergebnis in der nächstkleineren Einheit an.
a) Wie viel ist die Hälfte von $\frac{3}{4}$ kg?
b) Wie viel ist ein Viertel von einer halben Stunde?
c) Wie viel ist ein Zehntel von einem halben Kilometer?
d) Wie viel ist der achte Teil von $\frac{1}{5}$ Liter?

Fig. 3

2 Multiplizieren von Brüchen

Der Schulgarten wird neu angelegt. Von der Gesamtfläche soll $\frac{3}{4}$ bepflanzt werden. Die Klasse 6a soll $\frac{2}{3}$ der Beete pflegen, der andere Teil wird von der Klasse 6b versorgt. Die Klasse 6a möchte auf der Hälfte ihrer Fläche Radieschen und Bohnen und auf der restlichen Fläche Erdbeeren pflanzen. Die Klasse 6b plant, auf $\frac{3}{4}$ ihrer Beete Erdbeeren und auf dem Rest Zucchini anzupflanzen.

Um den Anteil $\frac{2}{3}$ von $\frac{4}{5}$ zu bestimmen, kann man folgendermaßen vorgehen:

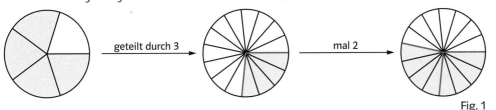

geteilt durch 3   mal 2

Zur Erinnerung:
$\frac{2}{3}$ *von 4 ist* $\frac{2}{3} \cdot 4 = \frac{2 \cdot 4}{3}$*.*

Fig. 1

$\frac{1}{3}$ von $\frac{4}{5}$ ist $\frac{4}{5} : 3$, also $\frac{4}{5 \cdot 3}$. $\frac{2}{3}$ von $\frac{4}{5}$ ist $\left(\frac{4}{5 \cdot 3}\right) \cdot 2$, also $\frac{4 \cdot 2}{5 \cdot 3}$.

Berechnet man Anteile von Anteilen, so wird Zähler mit Zähler und Nenner mit Nenner multipliziert. Man sagt, die beiden Brüche werden multipliziert und schreibt
$\frac{2}{3} \cdot \frac{4}{5} = \frac{2 \cdot 4}{3 \cdot 5} = \frac{8}{15}$.

Multiplizieren von Brüchen
1. Multipliziert man zwei positive Brüche, so multipliziert man jeweils die Zähler und Nenner miteinander.
2. Treten bei den Faktoren negative Vorzeichen auf, so bestimmt man zuerst das Vorzeichen des Ergebnisses und rechnet dann wie mit positiven Zahlen.

Bei vielen Rechnungen lässt sich der Rechenaufwand verringern, indem man so früh wie möglich kürzt. Um $\frac{2}{5}$ von $\frac{15}{16}$ zu berechnen, ergibt sich: $\frac{2}{5} \cdot \frac{15}{16} = \frac{2 \cdot 15}{5 \cdot 16} = \frac{2 \cdot 3 \cdot 5}{5 \cdot 2 \cdot 8} = \frac{3}{8}$.
Tritt bei einem Produkt mehrfach derselbe Faktor auf, so lässt sich dies kürzer schreiben: $\frac{3}{4} \cdot \frac{3}{4} \cdot \frac{3}{4} = \left(\frac{3}{4}\right)^3$.

$\left(\frac{1}{2}\right)^2 = \frac{1}{2} \cdot \frac{1}{2}$
$\left(\frac{1}{2}\right)^3 = \frac{1}{2} \cdot \frac{1}{2} \cdot \frac{1}{2}$
$\left(\frac{1}{2}\right)^4 = \frac{1}{2} \cdot \frac{1}{2} \cdot \frac{1}{2} \cdot \frac{1}{2}$

Beispiel 1 Multiplikation von Brüchen
Berechne:
a) $\frac{2}{3} \cdot \frac{5}{7}$ b) $\frac{5}{12} \cdot \frac{-8}{25}$ c) $-2\frac{3}{4} \cdot \frac{2}{3}$ d) $\left(\frac{2}{5}\right)^2$
Lösung:
a) $\frac{2}{3} \cdot \frac{5}{7} = \frac{2 \cdot 5}{3 \cdot 7} = \frac{10}{21}$ b) $\frac{5}{12} \cdot \frac{-8}{25} = -\frac{5 \cdot 8}{12 \cdot 25} = -\frac{1 \cdot 2}{3 \cdot 5} = -\frac{2}{15}$
c) $-2\frac{3}{4} \cdot \frac{2}{3} = -\frac{11}{4} \cdot \frac{2}{3} = -\frac{11}{6}$ d) $\left(\frac{2}{5}\right)^2 = \frac{2}{5} \cdot \frac{2}{5} = \frac{4}{25}$

Ist ein Faktor eine natürliche Zahl, so kann man auch diese als Bruch schreiben und dann multiplizieren:
$\frac{3}{8} \cdot 4 = \frac{3}{8} \cdot \frac{4}{1} = \frac{3 \cdot 1}{2 \cdot 1} = \frac{3}{2}$*.*

Beispiel 2 Anteile von Größen

Berechne $\frac{2}{5}$ von $\frac{3}{4}$ kg.

Lösung:

$\frac{2}{5}$ von $\frac{3}{4}$ kg: $\left(\frac{2}{5} \cdot \frac{3}{4}\right)$ kg $= \frac{2 \cdot 3}{5 \cdot 4}$ kg $= \frac{3}{10}$ kg.

Aufgaben

In welcher Stadt liegt diese Brücke?

Ordne dazu die Ergebnisse von Aufgabe 5.

Die Lösungsstadt von Aufgabe 5 liegt im Lösungsland von Aufgabe 4.

1 Welche Multiplikation ist dargestellt?

a)   b)

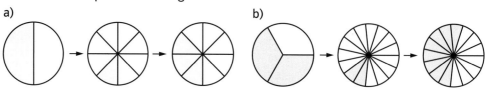

2 Veranschauliche mit einem Kreisbild wie in Aufgabe 1.

a) $\frac{3}{4}$ von $\frac{4}{9}$ b) $\frac{1}{6}$ von $\frac{2}{3}$ c) $\frac{5}{4}$ von $\frac{2}{5}$

3 Berechne.

a) $\frac{2}{5}$ von $\frac{5}{3}$ kg   b) $\frac{1}{4}$ von $\frac{2}{3}$ km   c) $\frac{1}{2}$ von $\frac{1}{4}$ h   d) $\frac{3}{4}$ von $2\frac{1}{2}$ l

4 Rechne im Kopf.

a) $\frac{1}{3} \cdot \frac{1}{2}$ b) $-\frac{4}{5} \cdot \frac{3}{7}$ c) $\frac{5}{8} \cdot \frac{1}{6}$ d) $-\frac{3}{7} \cdot \frac{2}{5}$ e) $\frac{3}{4} \cdot \frac{8}{9}$

$\frac{2}{5} \cdot \frac{3}{7}$ $\frac{1}{2} \cdot \left(-\frac{5}{6}\right)$ $\frac{3}{7} \cdot \frac{9}{8}$ $\frac{4}{7} \cdot \frac{5}{9}$ $-\frac{4}{5} \cdot \frac{-1}{3}$

5 Berechne. Kürze, wenn möglich.

a) $\frac{5}{8} \cdot \frac{44}{25}$ b) $\frac{-3}{8} \cdot \frac{48}{51}$ c) $\frac{13}{14} \cdot \frac{56}{65}$ d) $\frac{48}{51} \cdot \left(-\frac{45}{64}\right)$

$3\frac{1}{3} \cdot \frac{7}{10}$ $5 \cdot \frac{8}{15}$ $2\frac{1}{2} \cdot \frac{-1}{3}$ $-4\frac{1}{6} \cdot \frac{2}{5}$

6 a) Wie viel sind zwei Drittel von einem halben Liter?

b) Wie viel sind drei Viertel von einem halben Liter?

c) Wie viel sind vier Fünftel von drei viertel Kilometer?

d) Wie viel sind zwei Drittel von einer Dreiviertelstunde?

7 Ergänze die Rechenpyramiden. Über zwei Zahlen steht immer deren Produkt.

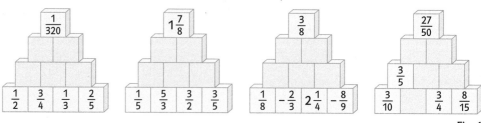

Fig. 1

8 a) In einer Klasse ist ein Drittel der Schülerinnen und Schüler erkrankt, die Hälfte davon an einer Grippe. Wie hoch ist der Anteil der an Grippe Erkrankten in der Klasse?

b) Wie viele Kinder sind der Anteil aus a), wenn in der Klasse 30 Kinder sind?

9 In Michaels Heft steht:
Zeige durch eine Überschlagsrechnung, dass er nicht richtig gerechnet hat. Beschreibe, welchen Fehler er gemacht hat und bestimme das richtige Ergebnis.

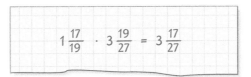

$$1\frac{17}{19} \cdot 3\frac{19}{27} = 3\frac{17}{27}$$

Fig. 1

Bist du sicher?

1 Berechne die Anteile.

a) $\frac{2}{3}$ von $\frac{1}{2}$ kg
b) $\frac{2}{5}$ von $\frac{7}{8}$ t
c) $\frac{3}{2}$ von $\frac{3}{4}$ km
d) $\frac{5}{6}$ von $9\,m^3$

2 Berechne.

a) $\frac{4}{3} \cdot \frac{2}{3}$
b) $\frac{-6}{3} \cdot \frac{10}{3}$
c) $\frac{98}{68} \cdot \frac{51}{21}$
d) $\frac{15}{2} \cdot \frac{-2}{5}$
e) $\frac{7}{9} \cdot 2\frac{7}{8}$

3 Die Ernte eines Bauernhofes besteht zu drei Fünfteln aus Getreide, davon sind zwei Drittel Weizen. Welchen Anteil macht der Weizen an der gesamten Ernte aus?

10 Den Goldanteil von Schmuck und Besteck erkennt man an einer eingestempelten Zahl. Ist der Stempeldruck z.B. 585, so besteht der Gegenstand zu $\frac{585}{1000}$ aus reinem Gold. Wie viel Gold enthält

a) ein Ring: $2\frac{1}{4}$ g; Stempel 750.
b) eine Kette: $28\frac{1}{5}$ g; Stempel 585?

11 👥 **Rechenspiel mit vier Würfeln**
Würfle und bilde aus den vier Augenzahlen zwei Brüche und multipliziere sie.
a) Wer hat ein Ergebnis, das am nächsten an der Zahl 1 liegt?
b) Wer hat das größte, wer das kleinste Ergebnis?

12 a) Die Erdoberfläche ist zu etwa $\frac{7}{10}$ mit Meeren bedeckt. $\frac{3}{10}$ der Meeresflächen entfallen auf den Atlantischen Ozean, $\frac{1}{5}$ auf den Indischen Ozean und der Rest auf den Pazifischen Ozean. Welchen Anteil der Erdoberfläche nehmen die drei Meere jeweils ein?

Beispiel: Fig. 2
$\frac{5}{2} \cdot \frac{4}{6} = \frac{20}{12}$

b) Der Rest der Erdoberfläche ist Festland, das sich wie folgt auf die Kontinente verteilt: $\frac{1}{5}$ Afrika, $\frac{4}{25}$ Nord-, $\frac{3}{25}$ Südamerika, $\frac{7}{75}$ Antarktis, $\frac{3}{10}$ Asien, $\frac{3}{50}$ Ozeanien und $\frac{1}{15}$ Europa. Welchen Anteil der Erdoberfläche nehmen die Kontinente jeweils ein?

c) Der afrikanische Kontinent ist zu $\frac{3}{5}$ mit Wüsten oder Halbwüsten bedeckt. Die Wüste Sahara nimmt $\frac{5}{12}$ davon ein. Welcher Teil des Kontinents entfällt auf die Sahara?

Fig. 3

Die beiden Gläser sind je zu $\frac{2}{3}$ gefüllt. Man gießt aus dem linken die Hälfte in das rechte Glas, dann die Hälfte aus dem rechten in das linke Glas, nun wieder die Hälfte aus dem linken ins rechte Glas usw. Wann läuft welches Glas beim Umfüllen über?

13 Max, Bettina und Kim teilen sich eine Schale Erdbeeren so, dass jeder gleich viel erhält. Als Bernd hinzukommt, geben ihm Max und Bettina jeweils ein Drittel ab. Kim gibt ihm von ihren Erdbeeren ein Viertel. Welchen Anteil aller Erdbeeren hat jetzt jedes der Kinder? Wer hat die größte, wer hat die kleinste Portion?

14 Zum Knobeln
Zwei Kerzen sind verschieden lang und dick. Die kürzere Kerze ist nach zwölf Stunden heruntergebrannt, die andere schon nach sechs Stunden. Nach drei Stunden sind beide gleich lang. Wie viel kürzer war die eine Kerze zu Beginn?

3 Dividieren von Brüchen

Nach den Ferien unterhalten sich die Schülerinnen und Schüler über die Autofahrt zum Urlaubsort und wer schneller gefahren ist.

„Mein Vater hat für die Strecke von 400 km $3\frac{1}{2}$ Stunden benötigt", sagt Peter. „Meine Mutter ist in $4\frac{1}{4}$ Stunden die Strecke von 550 km gefahren", erwidert Petra.

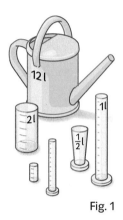

Fig. 1

Wenn man den Inhalt eines 12-l-Gefäßes gleichmäßig auf mehrere Gefäße mit demselben Fassungsvermögen verteilt, kann man nach mehreren Versuchen zur folgenden Tabelle kommen:

Inhalt des Gefäßes in l	2	1	$\frac{1}{2}$	$\frac{1}{4}$	$\frac{3}{4}$
Anzahl der Gefäße	6	12	24	48	?

Rechnerisch erhält man die Anzahl der Gefäße, indem man 12 durch das Fassungsvermögen eines Glases teilt. Also $12 : 2 = 6$, $12 : 1 = 12$, $12 : \frac{1}{2} = 24$ und $12 : \frac{1}{4} = 48$. Man erkennt, dass die Division durch $\frac{1}{2}$ also gleichbedeutend mit der Multiplikation von 2 ist.

Vertauscht man bei einem Bruch Zähler und Nenner, so erhält man den **Kehrbruch**, d.h., bei der Division wird mit dem Kehrbruch multipliziert.

Beim Verteilen von 12 l auf Becher mit $\frac{3}{4}$ l kann man somit $12 : \frac{3}{4} = 12 \cdot \frac{4}{3} = 16$ Gefäße füllen.

Fig. 2

$\frac{2}{3} \xrightarrow{:\frac{5}{4}} \frac{8}{15}$

$: \frac{5}{4}$ und $\cdot \frac{4}{5}$ liefern dasselbe Ergebnis.

Bruch	Kehrbruch
$\frac{4}{3}$	$\frac{3}{4}$
$-\frac{2}{3}$	$-\frac{3}{2}$

Dividieren durch einen Bruch

Man dividiert durch einen Bruch, indem man mit dem **Kehrbruch** des Bruches **multipliziert**.

Beispiel

Berechne:

a) $\frac{3}{5} : \frac{7}{8}$
b) $-\frac{6}{5} : \frac{9}{20}$
c) $2 : \left(-\frac{3}{8}\right)$

Lösung:

a) $\frac{3}{5} : \frac{7}{8} = \frac{3}{5} \cdot \frac{8}{7} = \frac{3 \cdot 8}{5 \cdot 7} = \frac{24}{35}$
b) $-\frac{6}{5} : \frac{9}{20} = -\frac{6}{5} \cdot \frac{20}{9} = -\frac{6 \cdot 20}{5 \cdot 9} = -\frac{2 \cdot 4}{1 \cdot 3} = -\frac{8}{3}$

c) $2 : \left(-\frac{3}{8}\right) = 2 \cdot \left(-\frac{8}{3}\right) = -\frac{2 \cdot 8}{3} = -\frac{16}{3}$

Achte auf die Reihenfolge!

Als Produkt schreiben
↓
Kürzen
↓
Multiplizieren

Aufgaben

1 Rechne im Kopf.

a) $\frac{1}{2} : \frac{1}{8}$
$\frac{2}{3} : \frac{1}{4}$

b) $-\frac{1}{2} : \frac{1}{3}$
$\frac{3}{5} : \frac{6}{10}$

c) $\frac{1}{5} : \frac{1}{2}$
$\frac{5}{7} : \left(-\frac{7}{15}\right)$

d) $-\frac{4}{5} : \left(-\frac{1}{10}\right)$
$\frac{15}{21} : \frac{5}{7}$

e) $\frac{4}{9} : \frac{1}{6}$
$-\frac{14}{25} : \frac{7}{5}$

2 Berechne und kürze, wenn möglich vor dem Multiplizieren.

a) $\frac{5}{12} : \frac{15}{8}$ b) $\frac{10}{21} : \frac{15}{14}$ c) $\frac{22}{21} : \left(-\frac{11}{28}\right)$ d) $\frac{21}{12} : \frac{49}{16}$ e) $\frac{24}{49} : \frac{36}{56}$

$\frac{95}{24} : \frac{25}{36}$ $-\frac{36}{45} : \frac{24}{27}$ $\frac{33}{84} : \frac{11}{48}$ $-\frac{25}{49} : \left(-\frac{81}{35}\right)$ $\frac{18}{17} : \frac{90}{34}$

3 a) $2\frac{2}{5} : \frac{2}{5}$ b) $-10 : \frac{4}{5}$ c) $4 : \frac{3}{8}$ d) $\frac{3}{4} : \left(-1\frac{2}{3}\right)$ e) $-\frac{1}{5} : \frac{1}{3}$

$-\frac{3}{4} : \frac{6}{15}$ $\frac{2}{3} : \frac{4}{9}$ $-\frac{1}{3} : \frac{1}{6}$ $\frac{3}{5} : 5$ $5 : -\frac{7}{15}$

4 Welcher Bruch steht für ☐?

a) $\frac{7}{5} : \square = \frac{14}{25}$ b) $-\frac{8}{9} : \square = \frac{4}{9}$ c) $\square : \frac{1}{4} = \frac{1}{2}$ d) $\square : \frac{7}{2} = -\frac{2}{21}$ e) $\square : \left(-2\frac{7}{8}\right) = -\frac{8}{23}$

5 Übertrage ins Heft und fülle aus.

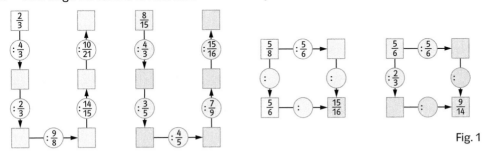

Fig. 1

Bist du sicher?

1 Berechne.

a) $\frac{3}{4} : \frac{6}{5}$ b) $\frac{21}{16} : \frac{7}{24}$ c) $-\frac{35}{36} : \frac{25}{54}$ d) $\frac{64}{75} : \frac{32}{95}$

2 Berechne.

a) $\frac{5}{7} : 2\frac{2}{5}$ b) $4 : \left(-\frac{1}{2}\right)$ c) $-\frac{4}{9} : \left(-\frac{3}{4}\right)$ d) $9\frac{1}{2} : 2\frac{1}{9}$

3 Ein Imker füllt seine Ernte von $77\frac{1}{2}$ kg Honig in Dosen zu $2\frac{1}{2}$ kg ab.
Wie viele Dosen Honig erhält er?

6 Ein rechteckiges Grundstück hat den Flächeninhalt 730 m² und eine Seite mit der
Länge $18\frac{1}{4}$ m. Berechne die Länge der anderen Seite.

7 Die Kästchen sollen in die Felder eingefügt werden. Gibt es mehrere Möglichkeiten?

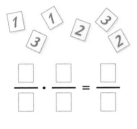  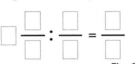

Fig. 2

8 Die rechteckige Bodenfläche eines Schwimmbeckens von 800 m² soll mit quadratischen Fliesen der Seitenlänge $\frac{1}{4}$ m ausgelegt werden. Berechne die Materialkosten,
wenn eine Fliese 12,50 € kostet.

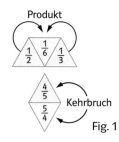

Produkt

Fig. 1

Kehrbruch

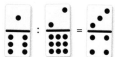

Fig. 3

Fig. 4

Beispiel:
$\frac{2}{6} : \frac{3}{5} = \frac{5}{9}$

Fig. 5

9 In jedem gelben Dreieck steht das Produkt der Zahlen in den danebenstehenden grünen Dreiecken. In übereinander liegenden grünen und gelben Dreiecken stehen die Kehrbrüche. Übertrage die Dreiecke in dein Heft und ergänze sie.

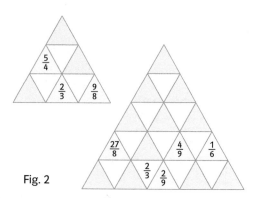

Fig. 2

10 Anika erhält $2\frac{1}{4}$-mal soviel Taschengeld wie ihr jüngerer Bruder Sebastian. Anika bekommt monatlich 9 Euro. Wie viel Taschengeld erhält Sebastian?

11 👥 Ein Dominospiel besteht aus verschiedenen Steinen, auf denen je zwei Zahlen zwischen 0 und 9 dargestellt sind. Entfernt alle Steine, welche die Zahl 0 oder zweimal die gleiche Zahl zeigen. Dreht dann alle verbleibenden Steine so, dass oben die kleinere Zahl steht. Gebt alle Divisionsaufgaben an, die ihr mit den verbleibenden Steinen legen könnt.

12 👥 **Rechenspiel mit vier Würfeln**
Würfle und bilde aus den vier Augenzahlen zwei Brüche und dividiere sie.
a) Wer hat ein Ergebnis, das am nächsten an der Zahl 1 liegt?
b) Wer hat das größte, wer das kleinste Ergebnis?

13 🖩 Nach Auskunft eines Autohändlers verliert ein fabrikneues Auto im ersten Jahr $\frac{1}{4}$, im zweiten Jahr $\frac{1}{6}$ und im dritten Jahr $\frac{1}{8}$ seines Neupreises an Wert.
a) Welchen Wert hat ein Auto nach drei Jahren, wenn der Neupreis 14 400 Euro beträgt?
b) Welcher Anteil vom Neupreis ist der Wert nach drei Jahren?
c) Was kostet ein Auto fabrikneu, das drei Jahre alt ist und noch 8800 Euro wert ist?
d) Welchen Bruchteil seines Wertes zu Beginn des zweiten Jahres verliert das Auto im zweiten Jahr?

14 Ein Trainer lobt seine Mannschaft: „Heute seid ihr in Top-Form. Ihr habt drei Fünftel der Laufstrecke in nur fünf Sechstel der Zeit zurückgelegt, die ihr sonst für die ganze Strecke braucht." Was sagst du zu diesem Lob?

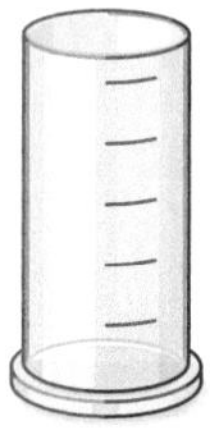

15 An einem Becherglas sind fünf Markierungen in gleichen Abständen angebracht. Gießt man $\frac{3}{5}$ l Wasser in das Glas, so ist es genau bis zum zweiten Strich gefüllt. Mit welcher Zahl muss der oberste Strich beschriftet werden?

16 Zum Knobeln
Kann man mit zwei Gefäßen, die $\frac{3}{4}$ Liter und $\frac{2}{3}$ Liter fassen, eine Flüssigkeitsmenge von fünf Litern abmessen?

Kannst du das noch?

17 Multipliziere und schreibe in der größeren Einheit.
a) 10 cm · 1000   b) 25 g · 10 000   c) 25 mm · 1 000 000   d) 12 kg · 1000

18 Schreibe in der kleineren Einheit und dividiere dann.
a) 20 km : 1000   b) 12 t : 100   c) 2 m : 1000   d) 5 km : 10 000

4 Multiplizieren und Dividieren mit Zehnerpotenzen

Die Schüler der Klasse 6 b in Schwäbisch Gmünd planen einen Tagesausflug mit Inlinern. Zur Planung benutzen sie die abgebildete Fahrradwanderkarte. Da nicht alle geübte Inline-Fahrer sind, soll jede der vier Etappen nicht länger als 5 km werden.

Die Zahlen 10; 100; 1000 heißen Zehnerpotenzen, weil
$10 = 10^1$
$100 = 10 \cdot 10 = 10^2$
$1000 = 10 \cdot 10 \cdot 10 = 10^3$
usw.

Für die Dezimalzahl 0,32 können wir auch $\frac{32}{100}$ schreiben. Multipliziert man diese Zahl mit 10, so erhält man: $\frac{32}{100} \cdot 10 = \frac{32}{10} = 3{,}2$.

Das Multiplizieren einer Dezimalzahl mit 10 entspricht also einer Verschiebung des Kommas um eine Stelle nach rechts.

Bei der Division durch 100 wird das Komma um zwei Stellen nach links verschoben, denn es gilt: $792{,}4 : 100 = \frac{7924}{10} : \frac{100}{1} = \frac{7924}{10} \cdot \frac{1}{100} = \frac{7924}{1000} = 7{,}924$.

> Beim **Multiplizieren** einer Dezimalzahl mit 10; 100; 1000 … verschiebt sich das Komma der Dezimalzahl um 1; 2; 3 … Stellen **nach rechts**.
>
> Beim **Dividieren** einer Dezimalzahl mit 10; 100; 1000 … verschiebt sich das Komma der Dezimalzahl um 1; 2; 3 … Stellen **nach links**.
>
> Die Zahlen 10; 100; 1000 … heißen **Zehnerpotenzen**.

Bei der Division einer ganzen Zahl durch 100 muss die Zahl zuerst mit Komma geschrieben werden: $23 : 100 = 23{,}0 : 100 = 0{,}23$.

Wenn die Anzahl der Ziffern zum Verschieben des Kommas nicht reichen, werden Nullen vorangesetzt oder angehängt.

Beispiel 1   Rechnen mit Kommaverschiebung
Berechne: a) $5{,}23 \cdot 10^3$ b) $834 : 1000$ c) $2{,}74 : 10^4$
Lösung:

a) $5{,}23 \cdot 10^3 = 5{,}23 \cdot 1000 = 5230$ *Um das Komma um 3 Stellen nach rechts verschieben zu können, muss eine zusätzliche Null angehängt werden.*

b) $834 : 1000 = 834{,}0 : 1000 = 0{,}8345$ *Zuerst wird die Zahl mit Komma geschrieben.*
c) $2{,}74 : 10^4 = 2{,}74 : 10\,000 = 0{,}000\,274$ *Um das Komma 4 Stellen nach links verschieben zu können, müssen drei zusätzliche Nullen vorangesetzt werden.*

Beispiel 2   Bedeutung der Kommaverschiebung
Welche Rechnung wurde durchgeführt?
a) $0{,}0247 \;\underline{}\!\!\blacktriangleright\; 24{,}7$ b) $25{,}26 \;\underline{}\!\!\blacktriangleright\; 0{,}002\,526$
Lösung:
a) Kommaverschiebung um 3 Stellen nach rechts; es wird mit $10^3 = 1000$ multipliziert.
b) Kommaverschiebung um 4 Stellen nach links; es wird durch $10^4 = 10\,000$ dividiert.

Aufgaben

1 Berechne im Kopf.

a) $65{,}42 \cdot 100$
  $272{,}6 : 10$
  $0{,}0047 : 10$

b) $0{,}245 \cdot 10^2$
  $0{,}6 : 100$
  $10^5 \cdot 0{,}0034$

c) $100 \cdot 15$
  $21 : 10^3$
  $30{,}03 : 10$

d) $0{,}0004 \cdot 10^3$
  $4{,}321 : 100$
  $10^2 \cdot 21$

e) $10000 \cdot 0{,}0041$
  $3{,}07 : 10^3$
  $700 : 10^4$

2 Welche Rechnung wurde durchgeführt?

a) $0{,}2 \xrightarrow{\;\square\;} 20$
  $1{,}3 \xrightarrow{\;\square\;} 0{,}13$

b) $3{,}6 \xrightarrow{\;\square\;} 360$
  $75{,}2 \xrightarrow{\;\square\;} 0{,}752$

c) $0{,}0001 \xrightarrow{\;\square\;} 1$
  $1 \xrightarrow{\;\square\;} 0{,}00001$

d) $0{,}0026 \xrightarrow{\;\square\;} 2600$
  $0{,}05 \xrightarrow{\;\square\;} 0{,}0005$

3 Gib die kleinste Zehnerpotenz an, mit der man multiplizieren muss, damit man eine natürliche Zahl erhält.

a) $0{,}04$
  $2{,}102$

b) $1{,}007$
  $310{,}310$

c) $0{,}0251$
  $3{,}1413$

d) $1{,}414123$
  $0{,}600$

4 Welche Angabe macht der Drehzahlmesser im nebenstehenden Foto?

5 Das Mikroskop vergrößert auf das Tausendfache.

a) Ein Faden von einem Spinnennetz erscheint unter dem Mikroskop 5 mm dick. Wie groß ist er in Wirklichkeit?

b) Ein Bazillus ist 0,004 mm lang. Wie lang erscheint er unter dem Mikroskop?

6 a) Ein Kilogramm Schinken kostet 18,50 €. Wie viel kosten 100 g?

b) 10 g eines Gewürzes kosten 0,45 €. Wie viel kostet ein Kilogramm?

c) 0,1 l Parfüm kostet 74,75 €. Was würde ein Liter kosten?

Bist du sicher?

1 Berechne.

a) $0{,}045 \cdot 100$

b) $10^5 \cdot 0{,}00031$

c) $0{,}07 : 10^2$

d) $5{,}07 : 10^3$

e) $230 : 10000$

2 Welche Rechnung wurde durchgeführt?

a) $1{,}441 \xrightarrow{\;\square\;} 1441$

b) $0{,}387 \xrightarrow{\;\square\;} 0{,}00387$

c) $0{,}07 \xrightarrow{\;\square\;} 7$

d) $111{,}1 \xrightarrow{\;\square\;} 0{,}1111$

3 Eine 1-Euro-Münze ist 2,125 mm dick und 7,5 g schwer. Wie hoch und wie schwer ist ein Stapel aus 10; 100; 1000 Münzen?

7 Findest du die Ergebnisse der Rechnungen ohne die Zwischenergebnisse aufzuschreiben?

a) $(53{,}2 \cdot 100) : 10$
  $0{,}31 \cdot 100 \cdot 10 \cdot 10$

b) $(0{,}08 \cdot 1000) : 100$
  $((1736{,}2 : 10) : 100) : 100$

c) $1000 \cdot (4 : 100)$
  $((22{,}83 : 100) \cdot 1000) : 10$

8 Lege 100 Blätter Zeitungspapier übereinander und bestimme die Höhe und das Gewicht des Stapels.

a) Wie dick ist ein einzelnes Blatt? Gib die Dicke in cm und in mm an.

b) Wie schwer ist ein einzelnes Blatt? Gib das Gewicht in kg und g an.

5 Multiplizieren von Dezimalzahlen

▬▬ Rebecca, Max und Bettina schauen sich die nebenstehende Aufstellung an. Plötzlich fängt Rebecca an zu lachen. Als die anderen verwundert schauen, sagt sie: „Ich stelle mir gerade vor, aus wie vielen Flaschen Wasser, Eiern und Paketen Butter ich bestehe." ▬▬

Aus der Medizin
„1 kg Mensch" besteht aus ca.
0,65 kg Wasser
0,1 kg Fett
0,15 kg Eiweiß
0,05 kg Mineralien
0,05 kg Kohlenhydrate

Um die Dezimalzahlen 2,3 und 1,34 miteinander zu multiplizieren, kann man sie als Bruch schreiben: $2{,}3 \cdot 1{,}34 = \frac{23}{10} \cdot \frac{134}{100} = \frac{23 \cdot 134}{10 \cdot 100} = \frac{3082}{1000} = 3{,}082$.

Der Zähler 3082 des Bruches $\frac{3082}{1000}$ ist das Produkt der Dezimalzahlen, wenn man das Komma nicht berücksichtigt.
Der Nenner 1000 zeigt an, dass das Ergebnis drei Stellen nach dem Komma haben muss.
Das Ergebnis hat also so viele Nachkommastellen wie die beiden Faktoren zusammen.
Ist einer der beiden Faktoren oder sind beide Faktoren negativ, so bestimmt man zuerst das Vorzeichen des Ergebnisses.

Multiplizieren von Dezimalzahlen
1. Bestimme das Vorzeichen.
2. Multipliziere zuerst ohne auf das Komma zu achten.
3. Setze das Komma dann so, dass das Ergebnis genau so viele Stellen nach dem Komma hat wie beide Faktoren zusammen.

Die Multiplikationen von $0{,}15 \cdot 13{,}2$ und $1{,}5 \cdot 1{,}32$ haben das gleiche Ergebnis, da die Ziffernfolge gleich und die Summe der Nachkommastellen gleich sind.
Verschiebt man also das Komma bei beiden Zahlen um gleich viele Stellen in entgegengesetzte Richtungen, so ändert sich das Ergebnis nicht.

Komma um eine Stelle nach links – mal 10

Komma um eine Stelle nach rechts – durch 10

$0{,}008 \cdot 11\,000$
$= 0{,}008 \cdot 11\,000{,}0$
$= \quad 8 \cdot 11 = 88$

Beispiel 1 Multiplizieren mit unterschiedlichen Vorzeichen
Multipliziere.
a) $0{,}436 \cdot 0{,}35$ b) $-0{,}436 \cdot 0{,}35$ c) $-0{,}436 \cdot (-0{,}35)$
Lösung:
a) Das Ergebnis ist positiv, da die Vorzeichen gleich sind.
3 Dezimalen 2 Dezimalen

    $0{,}436 \cdot 0{,}35$
       $\overline{\quad 1308 \quad}$
         2180 *Hier muss im Ergebnis die vordere Null ergänzt werden.*
     $\overline{0{,}15260}$ *Die hintere Null kann man nach dem Setzen des Kommas weglassen.*
  5 Dezimalen $0{,}436 \cdot 0{,}35 = 0{,}1526$
b) *Das Ergebnis ist negativ, da die Vorzeichen verschieden sind.*
  $-0{,}436 \cdot 0{,}35 = -0{,}1526$
c) *Das Ergebnis ist positiv, da die Vorzeichen gleich sind.*
  $-0{,}436 \cdot (-0{,}35) = 0{,}1526$

Beispiel 2   Kommaverschiebung bei beiden Faktoren

a) Berechne.   b) Überschlage.

   $0,02 \cdot 800$ $-135,5 \cdot 0,0046$

Lösung:

a) $0,02 \cdot 800$ b) $-135,5 \cdot 0,0046$

   $= 2 \cdot 8 = 16$ $= -1,35 \cdot 0,463 \approx -1 \cdot 0,5 = -0,5$

Aufgaben

1   Ordne die Karten einander zu, die dasselbe Ergebnis haben. Wie heißt das Lösungswort?

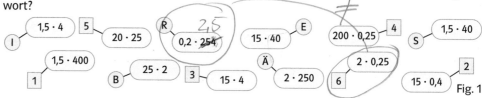

Fig. 1

2   Wo musst du beim zweiten Faktor das Komma setzen, damit das Ergebnis stimmt?

	1. Faktor		2. Faktor	Ergebnis
a)	8,3	·	25	20,75
b)	70,4	·	56	39,424
c)	0,23	·	79	0,01817
d)	0,076	·	48	0,3648
e)	120,3	·	62	7,4586
f)	12,25	·	35	4,2875

3   Multipliziere im Kopf.

a) $0,2 \cdot 4$ b) $0,3 \cdot 6$ c) $1,2 \cdot 3$ d) $7 \cdot 1,3$ e) $2,1 \cdot 8$

  $0,02 \cdot 4$ $0,03 \cdot 6$ $3 \cdot 0,12$ $0,13 \cdot 7$ $8 \cdot 0,21$

  $0,002 \cdot 4$ $6 \cdot 0,003$ $0,012 \cdot 3$ $7 \cdot 0,013$ $0,021 \cdot 8$

4   a) $0,01 \cdot (-7)$ b) $0,03 \cdot 5$ c) $8 \cdot (-0,04)$ d) $0,2 \cdot 0,3$ e) $0,12 \cdot 0,4$

      $(-7) \cdot (-0,01)$ $3 \cdot 0,05$ $0,08 \cdot (-4)$ $(-0,02) \cdot (-3)$ $0,04 \cdot 1,2$

      $0,7 \cdot 0,1$ $-0,3 \cdot 0,5$ $-0,8 \cdot (-0,4)$ $0,03 \cdot 0,2$ $0,012 \cdot 0,04$

5   Berechne schriftlich.

a) $10,8 \cdot 4,5$ b) $-3,25 \cdot 4,2$ c) $0,75 \cdot 12,5$ d) $-5,6 \cdot (-2,25)$

  $1,32 \cdot 0,25$ $-1,52 \cdot 0,48$ $0,02 \cdot (-0,06)$ $25,2 \cdot 4,25$

Die Lösung von Aufgabe 5 liegt im Mittelmeer.

−13,65 Z	*0,33 I*
9,375 L	*48,6 S*
−0,7296 I	*107,1 N*
12,6 E	*−0,0012 I*

6   Führe zunächst eine Überschlagsrechnung durch und überprüfe dann mit dem Taschenrechner.

a) $27,86 \cdot 7$ b) $-7,843 \cdot 192$ c) $-71,48 \cdot (-0,942)$ d) $64,3 \cdot 0,06$ e) $-0,063 \cdot 0,085$

7   Hier wurde einige Male falsch gerechnet. Suche die Fehler und schreibe die Rechnung richtig in dein Heft.

$80 \cdot 0,3 = 2,4$	$0,7 \cdot 0,05 = 0,0063$
$12 \cdot 0,4 = 10,8$	$0,05 \cdot 1,11 = 5,555$
$4 \cdot 0,06 = 4,06$	$0,33 \cdot 0,33 = 0,1089$

Fig. 2

8   Gib drei Aufgaben an, die das Ergebnis
a) $32,6$,   b) $96,4$,   c) $-16,4$ haben.

9 Berechne den Flächeninhalt und den Umfang des Rechtecks.

	a)	b)	c)	d)
Länge	3,2 m	4,6 dm	17,9 cm	1,1 m
Breite	0,5 m	4,2 dm	17,9 cm	7,2 dm

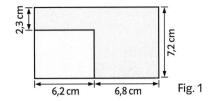

Fig. 1

10 Berechne den Flächeninhalt und den Umfang der grün gefärbten Figur.

11 Ⓘ Ein Liter Luft wiegt 1,29 g. Wie viel wiegt die Luft in einem Zimmer, das 8,75 m lang, 6,84 m breit und 2,5 m hoch ist?

12 Zwei Dezimalzahlen werden multipliziert. Wie ändert sich das Ergebnis, wenn man
a) bei einer Dezimalzahl das Komma um eine Stelle nach links verschiebt,
b) bei beiden Dezimalzahlen das Komma um eine Stelle nach rechts verschiebt?

Bist du sicher?

1 Berechne.
a) 0,03 · 5   b) 0,12 · (−4)   c) −0,02 · 0,06   d) 0,8 · 0,8   e) −1,2 · (−0,005)

2 Führe zuerst eine Überschlagsrechnung durch und vergleiche mit dem genauen Ergebnis.
a) 82,5 · 0,29   b) 832 · 3,03   c) 0,045 · 485   d) 0,049 · 65,4   e) 14,8 · 19,3

3 Ⓘ Ein rechteckiges Grundstück ist 15,5 m lang und 9,80 m breit. Die Erschließungskosten für einen Quadratmeter betragen 49,20 €. Wie viel Euro muss der Besitzer bezahlen?

13 Manchmal begegnet man dem Längenmaß Zoll, das mit ″ abgekürzt wird.
Es ist 1″ = 2,54 cm.
a) Welche Länge hat die Diagonale des Monitors (der Durchmesser der Diskette) in cm?
b) Suche weitere Gegenstände, bei denen Abmessungen in Zoll angegeben werden. Schreibe sie auf und rechne jeweils um.

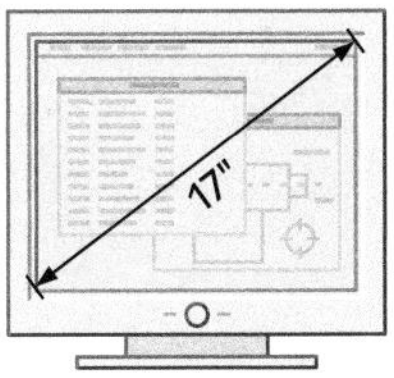

Fig. 2

14 Der Aufzug in einem Hochhaus steigt 2,6 m in einer Sekunde.
a) Wie viel m steigt er in einer Minute?
b) Wie lange dauert die Fahrt von der 12. in die 25. Etage, wenn die Stockwerkshöhe 4,2 m beträgt?

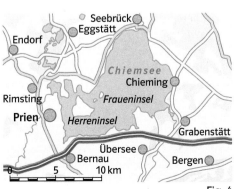

Fig. 3

15 Klaus hat ausgerechnet, dass alle Einwohner Deutschlands auf dem Chiemsee platz hätten, wenn eine Person 0,2 m² Standfläche benötigt.
a) Schätze ab, ob er Recht haben könnte. Bestimme dazu anhand der Karte einen ungefähren Wert für die Fläche des Chiemsees.
b) Überprüfe die Behauptung, indem du einen genaueren Wert für die Fläche ermittelst und damit rechnest.

Fig. 4

6 Dividieren einer Dezimalzahl durch eine ganze Zahl

Die Klasse 6c plant für das nächste Schulfest einen Saftstand und Petra und Felix sollen dafür die Preisschilder malen. Die Klasse hat sich darauf verständigt, dass pro 0,1-l-Glas ein Gewinn von 50 Cent für die Klassenkasse erzielt werden soll.

Will man 15,76 durch −4 dividieren, so kann man zuerst das Vorzeichen bestimmen und dann die Division 15,76 : 4 schriftlich durchführen. Beim Übergang von den Einern zu den Zehnteln muss im Ergebnis das Komma gesetzt werden.

Z: Zehner
H: Hunderter
z: Zehntel
h: Hundertstel

```
Z E , z h      E , z h
1 5 , 7 6 : 4 = 3 , 9 4
- 1 2                    ↑
    3   7  ──→  Jetzt das Komma setzen.
  - 3   6
        1 6
      - 1 6
            0
```

Das Ergebnis ist also −3,94.

Mit diesem Verfahren lassen sich auch Divisionen ganzer Zahlen wie 15 : 4 ohne Rest ausführen. Dazu wird 15 als Dezimalzahl 15,0 geschrieben.

```
Z E , z h      E , z h
1 5 , 0    : 4 = 3 , 7 5
- 1 2
    3   0  ◄── Das Anhängen der Null an den Rest 3 bedeutet, die Um-
  - 2   8        wandlung von 3 Einern in 30 Zehntel. Beim Umwandeln
        2 0      des Einerrestes in Zehntel entstehen im Ergebnis ebenfalls
      - 2 0      Zehntel. Im Ergebnis ist ein Komma zu setzen.
            0
```

Dividieren einer Dezimalzahl durch eine ganze Zahl
1. Bestimme das Vorzeichen des Ergebnisses.
2. Führe die Division wie bei natürlichen Zahlen durch.
Beim Überschreiten des Kommas wird im Ergebnis ein Komma gesetzt.

Achtung:
$0,\overline{3} = \frac{1}{3}$
$0,3 = \frac{3}{10}$

Bisher musste man einen Bruch auf Zehntel, Hundertstel, Tausendstel erweitern, damit man ihn als Dezimalzahl schreiben konnte. Jetzt kann man auch Brüche wie $\frac{2}{3}$ als Dezimalzahl angeben. Dividiert man 2 durch 3, so erhält man: $\frac{2}{3} = 2 : 3 = 0,66666\ldots$
Die Ziffer hinter dem Komma wiederholt sich endlos. Hierfür schreibt man auch kurz:
$2 : 3 = 0,\overline{6}$. Man nennt $0,\overline{6}$ (gelesen: Null Komma Periode 6) eine **periodische Dezimalzahl**.

Beispiel Schriftliches Dividieren mit Komma
Berechne.   a) $3 : 4$ b) $9,2 : 48$ c) $0,24 : (-6)$
Lösung:

a) $3 : 4 = 0,75$
   $\underline{-\ 0}$ $\uparrow$
    30 → *Komma*
  $\underline{-\ 28}$ *setzen*
    20
  $\underline{-\ 20}$
     0

b) $9,2 : 8 = 1,15$
   $\underline{-\ 8}$ $\uparrow$
    12 → *Komma*
   $\underline{-\ 8}$ *setzen*
    40
  $\underline{-\ 40}$
     0

c) $0,24 : (-6) = -0,04$ *Ergebnis*
   $\underline{-\ 0}$ $\uparrow$ *ist negativ.*
    02 → *Komma*
   $\underline{-\ 0}$ *setzen*
    24
  $\underline{-\ 24}$
     0

Aufgaben

1 Das Ergebnis von $245 : 7$ ist 35. Damit kannst du die folgenden Divisionen leicht berechnen.
a) $24,5 : 7$; $2,45 : 7$; $0,245 : 7$; $0,0245 : 7$
b) $245 : 70$; $24,5 : 70$; $2,45 : 70$; $0,245 : 70$

2 Hier wurde einige Male falsch gerechnet. Suche und verbessere die Fehler.

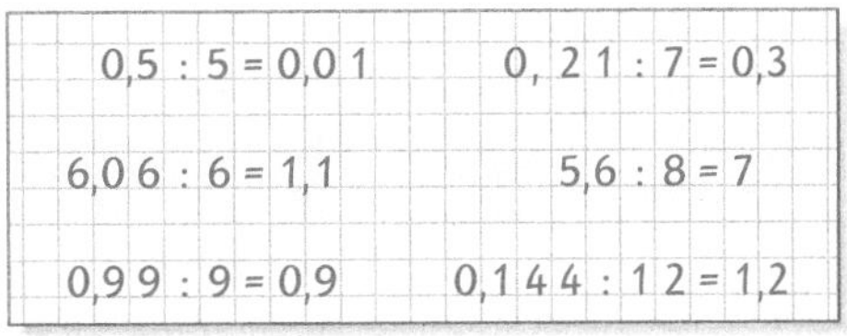

$0,5 : 5 = 0,01$	$0,21 : 7 = 0,3$
$6,06 : 6 = 1,1$	$5,6 : 8 = 7$
$0,99 : 9 = 0,9$	$0,144 : 12 = 1,2$

Fig. 1

3 Berechne im Kopf
a) $0,9 : 3$ b) $0,08 : (-4)$ c) $9,0 : 3$ d) $(-12,6) : 6$ e) $3,6 : 9$
    $0,12 : (-6)$ $0,025 : 5$ $0,77 : 7$ $25,5 : 5$ $-0,36 : 9$
    $8,24 : 4$ $6,18 : (-3)$ $18,27 : 9$ $0,039 : 13$ $0,084 : 12$

4 Berechne schriftlich.
a) $40,3 : 8$ b) $127,5 : 4$ c) $4,32 : (-16)$ d) $1016,6 : 13$ e) $40,5 : 110$
    $6,05 : (-5)$ $322,8 : 5$ $54,3 : 12$ $-623,9 : 17$ $325,6 : 120$
    $34,2 : 9$ $-337,8 : 6$ $100,5 : 15$ $1698,6 : 19$ $11,04 : 90$

5 Die Bismarck-Schule bekommt für die Ausstattung der neuen Sporthalle die nebenstehende Lieferung von Bällen. Wie viel wiegen die einzelnen Bälle? Gibt es Ballsorten, die gleich schwer sind?

Ballsorte	Menge	Gesamtgewicht
Fußball	25	10,500 kg
Handball	12	4,200 kg
Volleyball	15	4,050 kg
Basketball	16	9,792 kg
Gymnastikball	30	5,400 kg
Tischtennisball	144	0,144 kg
Badminton	72	0,252 kg
American Football	4	1,680 kg

6 Schreibe mit Komma.
a) $\frac{1}{5}$ b) $\frac{3}{8}$ c) $-\frac{7}{40}$ d) $\frac{51}{12}$

7 a) $\frac{2}{3}$ b) $-\frac{1}{6}$ c) $\frac{1}{9}$ d) $\frac{4}{9}$

Bist du sicher?

1 Berechne
a) $0,25 : 5$ b) $9,6 : (-12)$ c) $0,301 : 7$ d) $-19 : 5$ e) $-0,55 : (-4)$

2 Schreibe mit Komma.
a) $\frac{1}{8}$ b) $-\frac{9}{20}$ c) $\frac{7}{16}$ d) $\frac{4}{3}$ e) $-\frac{5}{6}$

7 Dividieren von Dezimalzahlen

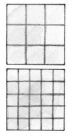

Familie Drechsler möchte ihre recht-eckige Terrasse mit Steinplatten auslegen. Herr Drechsler möchte diese Arbeit selbst ausführen und da er weiß, dass beim Schneiden oft eine Platte zerbricht, möchte er möglichst wenig schneiden.
Zwei Sorten von quadratischen Platten gefallen der Familie. Die Kantenlängen be-tragen 0,28 cm bzw. 0,48 cm.

Es ist $1600 : 4000 = 0,4$; $160 : 400 = 0,4$; $16 : 40 = 0,4$; $1,6 : 4 = 0,4$.
Der Quotient zweier Zahlen ändert sich nicht, wenn man beide Zahlen mit 10; 100; 1000 ... multipliziert oder beide Zahlen durch 10; 100; 1000 ... dividiert.
Der Quotient zweier Zahlen ändert sich daher auch nicht, wenn man bei beiden Zahlen das Komma um die gleiche Stellenzahl in die gleiche Richtung verschiebt.

$$0,384 : 0,76 = 3,84 : 7,6 = 38,4 : 76,0$$

Durch gleichsinnige Kommaverschiebung erreicht man immer, dass die Zahl, durch die geteilt wird, kein Komma mehr enthält. Danach bestimmt man den Quotienten wie bisher.

Auch mithilfe der Bruchrechnung erhält man die Regel:

$$0,384 : 0,76 = \frac{384}{1000} : \frac{76}{100}$$
$$= \frac{384}{1000} \cdot \frac{100}{76} = \frac{384}{10} \cdot \frac{1}{76}$$
$$= \frac{384}{10} : \frac{76}{1} = 38,4 : 76.$$

Dividieren von Dezimalzahlen
Verschiebe das Komma der beiden Zahlen so weit nach rechts, bis die Zahl, durch die geteilt wird, eine ganze Zahl ist.
Berechne dann diesen Quotienten.

Hat die Zahl, durch die geteilt wird, mehr Nachkommastellen als die zu teilende Zahl, so muss man Nullen anhängen: $4,62 : 0,028 = 4620 : 28$.
Bei der Division von Dezimalzahlen kann eine Überschlagsrechnung nützlich sein. Dabei bieten sich die folgenden zwei Schritte an:
1. Verschiebe das Komma so, dass die Zahl, durch die geteilt wird, nur eine Stelle vor dem Komma hat.
2. Runde die Zahl, durch die geteilt wird, auf die Einerstelle. Runde nun die zu teilende Zahl so, dass du die Division im Kopf ausführen kannst.

Beispiel 1 Gleichsinnige Kommaverschiebung vor der Division
Berechne: a) $5,865 : (-1,7)$ b) $15 : 1,25$
Lösung:

a) $5,865 : (-1,7) = 58,65 : (-17) = -3,45$
$$\begin{array}{r} -51 \\ \hline 76 \\ -68 \\ \hline 85 \\ -85 \\ \hline 0 \end{array}$$

b) $15 : 1,25 = 1500 : 125 = 12$
$$\begin{array}{r} -125 \\ \hline 250 \\ -250 \\ \hline 0 \end{array}$$

Bei der Kommaverschiebung um zwei Stellen muss man zwei Nullen anhängen.

Beispiel 2 Überschlag durch Kommaverschiebung und Runden
Überschlage zuerst und überprüfe dann mit dem Taschenrechner: 1,9404 : 0,462.
Lösung:
Überschlag: Rechnung:
1,9404 : 0,462 = 19,404 : 4,62 ≈ 20 : 5 = 4   1,9404 : 0,462 = 4,2

*Auf eine Stelle vor
dem Komma gerundet: 5.*
Die nächste durch 5 teilbare Zahl: 20.

Diese Brücke verbindet die Insel aus Aufgabe 1 mit dem Land aus Aufgabe 2.

Aufgaben

1 Berechne im Kopf.
a) 10 : 0,2   b) 20 : 0,1   c) 36 : 0,6   d) 0,8 : 0,2   e) 0,75 : 0,05
   15 : (−0,3)   −40 : 0,2   −0,9 : 0,3   1,6 : (−0,04)   −35 : (−0,01)

zu Aufgabe 1

−3 | O | 200 | L
15 | E | 4 | N
50 | P | −200 | O
3500 | S | −40 | N
60 | P | −50 | E

2 Berechne schriftlich.
a) 3,24 : 1,2   b) −13,84 : 0,4   c) 9,216 : 3,6   d) 1,695 : 0,03
   3,08 : 1,1   25,89 : (−0,3)   29,148 : 8,4   13,6956 : 0,303
   6,89 : 1,3   −31,71 : (−0,7)   −19,012 : (−9,7)   −16,968 : (−30,3)

3 ▦ Überschlage zuerst und überprüfe dann mit dem Taschenrechner.
a) 0,054 : 0,45   b) 71,574 : 1,58   c) 13,224 : 23,2   d) 1816,56 : 84,1   e) 27,318 : 0,087

zu Aufgabe 2

−86,3 | C | 1,96 | L
56,5 | A | 5,3 | I
2,56 | E | 45,3 | H
2,7 | G | 3,47 | N
45,2 | N | 2,8 | R
0,56 | D | −34,6 | E

4 Rechne geschickt, indem du nur eine Rechnung schriftlich durchführst.
a) 1,792 : 0,7   b) 15,12 : 3,6   c) 30,858 : 111   d) 540,1 : 49,1
   1,792 : 0,07   151,2 : 36   30,858 : 11,1   54,01 : 49,1
   179,2 : 0,7   1,512 : 3,6   308,58 : 0,111   5,401 : 0,491
   17,92 : 0,07   1,512 : 0,36   3,0858 : 0,0111   0,5401 : 4,91

5 Klaus hat einige Male falsch gerechnet. Suche und verbessere die Fehler.

0,48 : 0,06 = 0,8	1,44 : 1,2 = 1,2
3 : 0,6 = 0,2	12,4 : 0,02 = 620

Fig. 1

6 Ein Tunnel von 1,159 km Länge soll alle 30,5 m eine Lampe erhalten. Wie viele Lampen werden benötigt, wenn zusätzlich an den Einfahrten Lampen angebracht werden?

7 Ein Obstbauer hat 100 Liter Apfelsaft gepresst und will ihn in 0,7-Liter-Flaschen abfüllen. Wie viele Flaschen kann er damit abfüllen? Wie viele Liter Apfelsaft bleiben übrig?

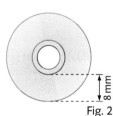

8 Kunststofffolien für die Küche sind etwa 0,05 mm dick. Bestimme die Anzahl der Lagen auf einer Rolle, die 8 mm dick gewickelt ist.

Fig. 2

9 Frau Cremer fährt mit einer Tankfüllung von 40 Litern einmal 700 km, das andere Mal 650 km. Vergleiche mit den Angaben im Prospekt.

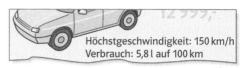

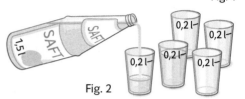

Höchstgeschwindigkeit: 150 km/h
Verbrauch: 5,8 l auf 100 km
Fig. 1

10 Wie viele Gläser zu 0,2 l können mit dem Inhalt der Flasche gefüllt werden?

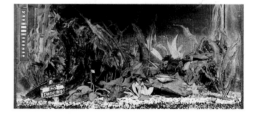

1,5 l
SAFT
SAFT
0,2 l
0,2 l
0,2 l
0,2 l
0,2 l
Fig. 2

11 Zwei Dezimalzahlen werden dividiert. Wie ändert sich das Ergebnis, wenn man
a) bei einer Dezimalzahl das Komma um eine Stelle nach rechts verschiebt,
b) bei der zu teilenden Dezimalzahl das Komma um eine Stelle nach rechts verschiebt und bei der anderen um eine Stelle nach links,
c) bei beiden Dezimalzahlen das Komma um eine Stelle nach links verschiebt?

Bist du sicher?

1 Berechne im Kopf.
a) 5 : 0,2 b) −4.5 : 0,5 c) 9,9 : 3,3 d) −0,14 : (−0,07) e) 9 : 0,003

2 Überschlage zuerst und berechne dann schriftlich.
a) 156,96 : 0,24 b) −27,318 : 0,087 c) 0,714 : (−0,7) d) 3,95 : 0,32

3 An einer Baustelle werden 15,5 m^3 Kies benötigt. Wie oft muss ein LKW, der 2,1 m^3 Kies laden kann, fahren?

12 Marens Aquarium ist 1,8 m lang und 0,7 m breit. Wie hoch steht das Wasser im Aquarium, wenn 900 Liter eingefüllt sind? Berechne die Höhe in Meter auf eine Nachkommastelle genau.

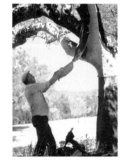

13 Ein 4,5 cm langer 3,4 cm breiter und 2,8 cm hoher Goldbarren wird zu einer rechteckigen Folie ausgewalzt. Die Folie ist 1,2 m lang und 75 cm breit. Wie dick ist die Folie?

14 Ein Zimmer von 3,2 m Breite und 6,3 m Länge wird mit 0,5 cm dicken Korkplatten ausgelegt. Die Rechnung lautet: 20,16 kg Kork für Fußboden: 573,50 €.
a) Wie viel kostet 1 m^2 des Bodenbelages?
b) Wie viel wiegt 1 m^2 des Bodenbelages?

200 g
Reis
Pasta
500 g
Fig. 3

15 Zum Forschen
a) Bestimme das Gewicht einer Spaghettinudel. Wie viele Nudeln sind ungefähr in dem Nudelpaket?
b) Bestimme mit einem geeigneten Verfahren näherungsweise das Gewicht eines Reiskorns. Wie viele Körner sind etwa in der Packung Reis?
c) Wie viele Reiskörner wiegen etwa genauso viel wie 300 Spaghettinudeln?

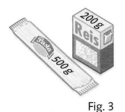

8 Mittelwerte

Am Einstein-Gymnasium wurden bei den Bundesjugendspielen die nebenstehenden Ergebnisse erzielt.
Die Schülervertretung soll für den letzten Schultag vor den Ferien die Reihenfolge der Ehrung festlegen.

Klasse	Anzahl der Schüler	Punkte
5	28	46 200
6	26	44 330
7	25	42 600
8	29	48 865
9	24	40 176
10	18	29 952

Sarah und Paulina vergleichen das Gewicht von Brötchen der Bäckereien Holz und Stein.
Sie kaufen an mehreren Tagen Brötchen und notieren deren Gewicht.

Für Brötchen gibt es keine gesetzlich vorgeschriebenen Gewichtsgrenzen.

Holz	50,15 g	53,22 g	50,57 g	49,54 g	47,61 g
Stein	51,04 g	50,18 g	49,13 g	49,20 g	52,31 g

Der Tabelle entnimmt man, dass es bei der Bäckerei Holz das schwerste und das leichteste Brötchen gab. Will man aber das Gewicht aller Brötchen berücksichtigen, so kann man ein „Durchschnittsgewicht" oder „mittleres Gewicht" der Brötchen dadurch bestimmen, dass man alle einzelnen Gewichte addiert und durch die Anzahl der Brötchen dividiert.

Bäckerei Holz: $\quad$ 50,15 g + 53,22 g + 50,57 g + 49,54 g + 47,61 g = 251,09 g
$\quad\quad\quad\quad\quad$ 251,09 g : 5 = 50,218 g ≈ 50,22 g
Bäckerei Stein: $\quad$ 51,04 g + 50,18 g + 49,13 g + 49,20 g + 52,31 g = 251,86 g
$\quad\quad\quad\quad\quad$ 251,86 g : 5 = 50,372 g ≈ 50,37 g

Man sagt, man berechnet den **Mittelwert** oder den Durchschnitt der Größe.
Den Mittelwert von Größen gibt man nicht genauer an als die addierten Größen.

Statt Mittelwert sagt man auch Durchschnittswert oder arithmetisches Mittel.

Bestimmen eines Mittelwertes
1. Alle Zahlen bzw. Größen werden addiert.
2. Ihre Summe wird durch die Anzahl der Zahlen bzw. Größen dividiert.

Für den Durchschnitt wird oft das Zeichen ⌀ verwendet.

Bestimmt man den Mittelwert von Größen, so müssen alle Größen in dieselbe Maßeinheit umgewandelt werden. Der Mittelwert braucht nicht unter den einzelnen Werten vorkommen.

Beispiel 1 (Mittelwert von Größen)
Peter notiert eine Woche lang, wie viel Zeit er für den Schulweg braucht. Berechne den Durchschnitt und runde auf Minuten.
Lösung:
13 + 11 + 15 + 12 + 13 = 64; $\quad$ 64 : 5 = 12,8 $\quad$ Er benötigt durchschnittlich 13 Minuten.

Tag	Zeit in min
Mo	13
Di	11
Mi	15
Do	12
Fr	13

Beispiel 2 (Mittelwert von Zahlen mit Taschenrechner)
Bei einem Geschicklichkeitsrennen werden Punkte vergeben: 27; 28; 24; 33; 29; 27; 30; 28; 20; 17; 19; 23; 16. Berechne den Durchschnitt.
Lösung:
27 + 28 + 24 + 33 + 29 + 27 + 30 + 28 + 20 + 17 + 19 + 23 + 16 = 321; $\quad$ 321 : 13 = 24,69230769
Gerundet: 25

Aufgaben

1 Berechne den Mittelwert. Runde sinnvoll.
a) 2,50 m; 2,10 m; 1,80 m
b) 1,90 m; 75 cm; 2,10 m
c) 12,4 kg; 750 g; 14,4 kg

2 ▦ Das Gewicht eines Briefes wurde wiederholt auf einer elektronischen Waage in Gramm bestimmt. Bestimme den Mittelwert.
22,94; 22,90; 22,92; 22,76; 22,80; 22,85; 22,84; 22,86; 22,83; 22,87; 22,88; 22,86; 22,93

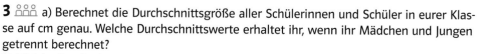

3 ⚇⚇ a) Berechnet die Durchschnittsgröße aller Schülerinnen und Schüler in eurer Klasse auf cm genau. Welche Durchschnittswerte erhaltet ihr, wenn ihr Mädchen und Jungen getrennt berechnet?
b) Welche Durchschnittslänge hat euer Schulweg?
c) Welchen Durchschnitt haben eure Hausnummern?
d) Findet weitere Beispiele, bei denen der Durchschnitt sinnvoll bzw. nicht sinnvoll ist.

Obwohl der Teich im Durchschnitt nur 0,5 m tief ist, ertrank die Kuh!

4 Bettina hat eine Woche lang die Mittagstemperaturen in ein Diagramm eingetragen.
a) Lies die Werte aus dem Diagramm ab.
b) Berechne den Mittelwert.
c) An wie vielen Tagen liegt die Temperatur über, an wie vielen unter dem Mittelwert?

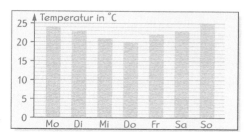

Fig. 1

5 In Cherrapunji (Vorderindien) betrug die durchschnittliche Niederschlagsmenge im Monat Dezember 13 mm, im Juni waren es 2695 mm. Warum ist der Durchschnittswert von beiden Monaten zusammen für diese Region nicht aussagekräftig?

6 ⚇⚇ Würfelt mit zwei Würfeln gleichzeitig und notiert die Augenzahl. Bestimmt den Mittelwert der Augensumme für   a) 10 Würfe,   b) 20 Würfe,   c) 100 Würfe.

7 ⚇⚇ Die Durchschnittstemperatur der letzten drei Tage beträgt 17 °C. Welchen Wert könnte die Temperatur an den drei Tagen gehabt haben? Vergleiche mit deinem Nachbarn.

Bist du sicher?

1 Berechne den Mittelwert der Größen.   a) 156 m; 248 m; 304 m; 317 m
b) 29,42 €; 35,68 €; 27 €; 19,06 €; 13,84 €   c) 12,3 km; 580 m; 5,85 km; 10,04 km

Im Mittel hat man an den Füßen eine angenehme Temperatur, wenn man einen Fuß in den Tiefkühlschrank und den anderen in kochendes Wasser hält.

8 Was bedeuten folgende Angaben?
a) Durchschnittlich kamen 26 000 Zuschauer zu den Heimspielen.
b) Eine deutsche Durchschnittsfamilie hat 1,7 Kinder.
c) Durchschnittlich wurden im Diktat 6 Fehler gemacht.
d) Der Notendurchschnitt lag bei 3,1.

9 Mittelwert bei Brüchen
Peter sagt: Der Mittelwert von 5 und 9 ist 7, also ist der Mittelwert von $\frac{1}{5}$ und $\frac{1}{9}$ gleich $\frac{1}{7}$.
Überprüfe diese Aussage und berechne die Mittelwerte von
a) $\frac{1}{10}$ und $\frac{5}{10}$,   b) $\frac{3}{8}$ und $\frac{5}{6}$,   c) $\frac{1}{11}$ und $\frac{6}{11}$,   d) $\frac{2}{5}$ und $\frac{3}{5}$,   e) $\frac{1}{9}$ und $\frac{1}{10}$.

9 Zahlenbereiche

Bis zur Klasse 5 wurde nur mit den natürlichen Zahlen 0; 1; 2; 3 ... gerechnet. Dabei zeigt sich, dass jede Addition und jede Multiplikation zweier natürlicher Zahlen wieder eine natürliche Zahl ergibt. Beim Subtrahieren und Dividieren erhält man dagegen nicht immer eine natürliche Zahl, wie man an den Beispielen 4 – 7 bzw. 3 : 4 erkennt.

Nimmt man zu dem Zahlenbereich der natürlichen Zahlen die Zahlen –1; –2; –3 ... hinzu, so erhält man die ganzen Zahlen. In diesem neuen Zahlenbereich erhält man auch bei jeder Subtraktion wieder eine ganze Zahl, hingegen lassen sich auch in diesem Bereich nicht alle Divisionen bestimmen, wie z.B. 3 : 4.

In dem Zahlenbereich der rationalen Zahlen (geschrieben als Bruch oder Dezimalzahl) lassen sich alle Divisionsaufgaben lösen, mit Ausnahme der Division durch die Zahl 0.
Die Division 3 : 4 ergibt $\frac{3}{4}$ oder 0,75.
In dem Rechenbereich der rationalen Zahlen sind also alle vier Grundrechenarten unbeschränkt ausführbar.

$\mathbb{N}$

$\mathbb{Z}$

$\mathbb{Q}$

	Zahlenbereich	Immer ausführbar	Nicht immer ausführbar
$\mathbb{N}$	**Natürliche Zahlen** z.B. 0; 7; 120	Addition, Multiplikation	Subtraktion (z.B. 4 – 7) Division (z.B. 3 : 4)
$\mathbb{Z}$	**Ganze Zahlen** z.B. –15; 7; 0	Addition, Subtraktion, Multiplikation	Division (z.B. 3 : 4)
$\mathbb{Q}$	**Rationale Zahlen** z.B. –2; 7; –0,25; $\frac{2}{7}$	Addition, Subtraktion, Multiplikation, Division (außer durch 0)	

Den Zusammenhang zwischen den Zahlenbereichen kann man wie in Fig. 1 darstellen. Man erkennt, dass die Zahl –5 zu den ganzen Zahlen und zu den rationalen Zahlen gehört, aber nicht zu den natürlichen Zahlen. Dafür schreibt man kurz: $-5 \in \mathbb{Z}$; $-5 \in \mathbb{Q}$: $-5 \notin \mathbb{N}$.
Jede natürliche Zahl ist also auch eine ganze Zahl und auch eine rationale Zahl, aber nicht jede rationale Zahl ist eine ganze Zahl oder eine natürliche Zahl.

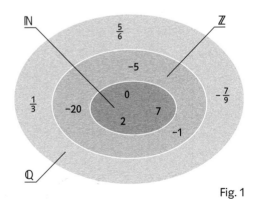

Fig. 1

Auch Zahlen können sich verkleiden.

$2,00 \in$

$-\frac{6}{2} \in$

Beispiel 1 Zahlenbereiche
Zu welcher Zahlenmenge gehören die folgenden Zahlen: -2; $\frac{1}{5}$; 25%; $\frac{4}{2}$; $-3,2$; $-\frac{8}{4}$?
Lösung:

	-2	$\frac{1}{5}$	25%	$\frac{4}{2}$	$-3,2$	$-\frac{8}{4}$
$\mathbb{N}$	Nein	Nein	Nein	Ja	Nein	Nein
$\mathbb{Z}$	Ja	Nein	Nein	Ja	Nein	Ja
$\mathbb{Q}$	Ja	Ja	Ja	Ja	Ja	Ja

Aufgaben

1 Fertige für die Zahlen eine Tabelle wie in Beispiel 1 (S. 115) an und trage dort ein, ob die Zahlen in dem Rechenbereich $\mathbb{N}$, $\mathbb{Z}$ oder $\mathbb{Q}$ liegen.

-12, $0{,}3$, $\frac{15}{5}$, $10\,\%$, $-\frac{12}{6}$, 25, $-5{,}9$, $2\frac{1}{5}$, $0{,}3$

2 Prüfe, ob das Ergebnis in $\mathbb{N}$, $\mathbb{Z}$ oder $\mathbb{Q}$ liegt.

a) $517 : 34$ b) $2223 : 39$ c) $47 \cdot 32 - 42 \cdot 38$ d) $3075 - 205 \cdot 15$ e) $24 \cdot 15 - (27 : 8)$

3 a) Finde die Zahlen, die in der Zeichnung falsch eingezeichnet sind. Übertrage dann die richtige Zeichnung in dein Heft.
b) Trage die folgenden Zahlen richtig ein:
6; $-2{,}5$; $\frac{13}{5}$; $0{,}001$; $2\frac{14}{7}$; 1024; $-\frac{3}{5}$; $12{,}25$; $-0{,}75$.

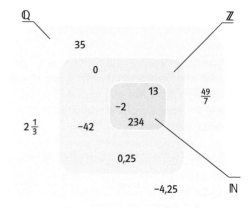

Fig. 1

4 Zu welchem Zahlenbereich gehört die Zahl, die genau in der Mitte der angegebenen Zahlen liegt?

a) 4 und 10 b) -2 und 4
c) $\frac{1}{2}$ und 1 d) $\frac{1}{6}$ und $\frac{1}{7}$

5 In welchem der Zahlenbereiche $\mathbb{N}$, $\mathbb{Z}$ oder $\mathbb{Q}$ gibt es
a) zu jeder Zahl den Nachfolger (Vorgänger),
b) eine größte (kleinste) Zahl,
c) zu je zwei Zahlen die genau in der Mitte zwischen ihnen liegende Zahl?

6 Wahr oder falsch?
a) Subtrahiert man zwei ganze Zahlen, so erhält man immer eine natürliche Zahl.
b) Subtrahiert man zwei ganze Zahlen, so erhält man nie eine natürliche Zahl.
c) Addiert man zwei rationale Zahlen, die keine natürlichen Zahlen sind, so erhält man nie eine natürliche Zahl.
d) Dividiert man zwei rationale Zahlen, die keine natürlichen Zahlen sind, so kann man dabei eine natürliche Zahl erhalten.

7 a) Gib eine rationale Zahl an, die größer als 0, aber kleiner als 0,1 (0,01; 0,001) ist.
b) Gibt es unter den positiven rationalen Zahlen eine kleinste Zahl?
Gibt es unter den positiven ganzen Zahlen eine kleinste Zahl?
c) Gibt es unter den rationalen Zahlen, die kleiner als 1 sind, eine größte?
Gibt es unter den ganzen Zahlen, die kleiner als 1 sind, eine größte?

Kannst du das noch?

8 Schreibe in der Einheit, die in Klammern steht.
a) $5\,\text{cm}$ (dm) b) $5{,}3\,\text{kg}$ (g) c) $22{,}3\,€$ (ct) d) $72{,}3\,\text{kg}$ (t)

9 Schreibe mit Komma.
a) $5\,\text{m}\ 15\,\text{cm}$ b) $600\,\text{kg}\ 50\,\text{g}$ c) $130\,\text{m}^2\ 10\,\text{dm}^2$ d) $20\,\text{l}\ 35\,\text{cm}^3$

1 Berechne.

a) $\left(3\frac{1}{2} \cdot 0,7 + 4,2 \cdot \frac{3}{4}\right) : 1,61$

b) $4,5 : 0,03 - 4,5 : 0,9 - 1,5 \cdot 0,003$

c) $\left(2\frac{1}{2} - 1\frac{1}{3} \cdot 0,4\right) : \left(3\frac{1}{2} \cdot 0,6 + 0,5 \cdot \frac{1}{5} - 1,6\right)$

d) $\left[(0,04 \cdot 10^2) : \frac{1}{5} - \frac{3}{25} \cdot 0,5\right] : 0,6$

2 Tierolympiade

Nach Protesten einiger Teilnehmer beim Weitsprungwettbewerb wurde eine neue Bewertungsmethode beschlossen. Für jeden Teilnehmer wird die Sprungweite durch die Körperlänge dividiert. Aus dem Ergebnis ergibt sich die neue Reihenfolge.

Alte Wertung: Körperlänge

1. Harald Hirsch   11,03 m   2,45 m
2. Klara Känguru   8,98 m   1,32 m
3. Leo Löwe   4,98 m   1,92 m
4. Helga Heuschrecke   1,95 m   0,06 m
5. Willi Waldmaus   0,76 m   0,09 m
6. Fritz Floh   0,58 m   0,003 m

3 Die Gesamtzahl aller Menschen auf der Erde wird auf ungefähr 6,5 Milliarden geschätzt. Die Oberfläche der Erde beträgt rund 510 Millionen Quadratkilometer, davon sind $\frac{3}{10}$ Land. $\frac{2}{10}$ der Landfläche ist unbewohnbar.
Wie viel m² Nutzfläche stehen für jeden Menschen durchschnittlich zur Verfügung?

Fig. 1

4 Bei einer Tieroperation richtet sich die Menge des Narkosemittels nach dem Körpergewicht des Tieres. Bei einer einstündigen Operation rechnet man für 1 kg Körpergewicht 0,045 g Narkosemittel.

a) Wie viel g benötigt man für eine einstündige Operation eines 74,5 kg schweren Orang-Utans und eines 2,975 t schweren Flusspferdes?

b) Wie viel g benötigt man für dein Lieblingstier?

5 Eine Betonmischung B 25 enthält $\frac{1}{5}$ Zement, $\frac{2}{5}$ Sand, $\frac{2}{7}$ Kies, der Rest ist Wasser.

a) Wie viel kg Zement, Sand und Kies benötigt man für $3\frac{1}{2}$ t Beton?

b) Wie viel l Wasser gehören in die Mischung? (1 l Wasser wiegt ungefähr 1 kg.)

5 h Fernsehen
0,41 kWh

6 Die Ergebnisse der Wahl zum Klassensprecher sind in dem Kreisdiagramm dargestellt.

a) Wie groß sind die Winkel der zugehörigen Kreisausschnitte?

b) Welche Winkel ergeben sich bei einer Klasse mit 30 Schülerinnen und Schülern, wenn die restlichen 6 Stimmen gleichmäßig auf die Kandidaten aufgeteilt werden?

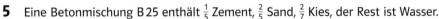
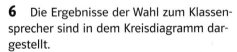

12 Stimmen

Alina

Insa

Boris

8 Stimmen

4 Stimmen

Fig. 2

5 kg Kochwäsche
1,95 kWh

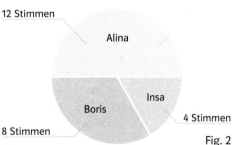

7 Der „Energieverbrauch" eines Elektrogerätes wird in Kilowattstunden (kWh) gemessen. 2004 kostete 1 kWh etwa 10,28 Cent.

a) Berechne die Stromkosten.

b) Manche elektrischen Geräte können beim Ausschalten in einen Bereitschaftsbetrieb (Stand-by) geschaltet werden. Welche Geräte sind das bei dir zu Hause? Ermittle für sie den ungefähren Verbrauch im Stand-by-Betrieb.

1mal Spülen
1,8 kWh

Fig. 3

8 Alle Nährstoffe liefern dem Körper Energie. Der Energiegehalt von Nahrungsmitteln wird in Kilojoule (kJ) gemessen. Welche Energienmengen eine Person braucht, ist abhängig von Alter, Geschlecht, Körpergewicht und ausgeübter Tätigkeit.
Der Energiebedarf von 13- bis 15-Jährigen beträgt etwa 10 000 kJ pro Tag.
a) Wie viel g der einzelnen Nährstoffe decken ungefähr den Tagesbedarf?
b) Die Mahlzeiten sollten sich so verteilen, dass jeweils $\frac{1}{4}$ der Nahrung auf das Frühstück und das Abendessen, je $\frac{1}{10}$ auf zwei Zwischenmahlzeiten und $\frac{3}{10}$ auf das Mittagessen entfallen. Wie viele kJ sollen auf die einzelnen Mahlzeiten eines Jugendlichen entfallen?

1g Eiweiß	16,7 kJ
1g Kohlen-hydrate	16,7 kJ
1g Fett	37,8 kJ

9 Die drei Panzerknacker haben Onkel Dagoberts Tresor aufgebrochen und 1250 Goldbarren gefunden. Schnell beginnen sie ihre Beute in die Koffer zu packen.
a) Wie viele Goldbarren passen in einen Koffer?
b) Können sie ihre voll gefüllten Koffer schleppen, wenn jeder maximal 50 kg tragen kann? 1 cm³ Gold wiegt 19,3 g und jeder leere Koffer 750 g.
c) Wie viele Goldbarren kann jeder in einem Koffer transportieren?

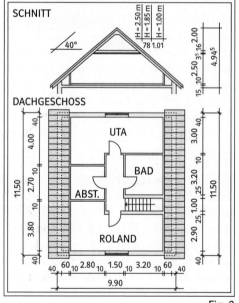

Fig. 1

10 👥 Familie Posselt plant, den Dachboden ihres Hauses zur Wohnung auszubauen. In Gruppenarbeit könnt ihr helfen, die notwendigen Rechnungen auszuführen.
Gruppe 1 Im Grundriss fehlen die Raumgrößen.
Übertragt den Plan im Maßstab 1:100 in euer Heft. Berechnet die Größen der Flächen. Bestimmt die Gesamtfläche der Dachgeschosswohnung. Beachtet, dass Flächen unter Dachschrägen nur mit 50 % auf die Wohnfläche angerechnet werden.
Gruppe 2 Im Schnittbild kann man die Raumhöhen ablesen. Kniestöcke bis 100 cm sind nicht bewohnbar. Wie viel Dachbodenfläche geht durch den Kniestock verloren? Roland Posselt ist 15 Jahre alt, aber schon 185 cm groß. Er möchte wissen, auf welchem Bruchteil der Fläche seines Zimmers er aufrecht stehen kann.

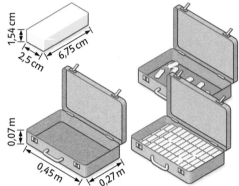

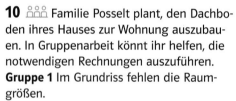

Fig. 2

Gruppe 3 Die Wände der Kinderzimmer sollen tapeziert werden. Dazu genügt eine überschlägige Berechnung der Flächen: Wände mit schräg laufender Oberkante werden mit einer mittleren Höhe von 170 cm gerechnet und die Flächen für Fenster und Türen werden nicht abgezogen.
Gruppe 4
Die Wände und der Fußboden im Badezimmer werden gefliest. Wie viel Quadratmeter Fliesen werden benötigt?

Periodische Dezimalzahlen

Nach der Mathematikstunde spielen Petra und Malte mit ihren Taschenrechnern. Sie stellen sich gegenseitig Divisionsaufgaben. Zum Beispiel 2 : 5; 1 : 96 und 2 : 3. Jürgen sagt: „Das Ergebnis von 2 : 3 ist 0,666 666 666 7." Petra antwortet: „Das kann doch gar nicht sein, du weißt doch, wenn du 2 durch 3 teilst, kommen nach dem Komma lauter Sechsen, außerdem geht die Division nicht auf. Bei solchen Aufgaben kannst du also deinen Taschenrechner vergessen."

Jetzt untersuchen sie die Division genauer.

Sie wissen, dass man jeden Bruch in eine Dezimalzahl umwandeln kann, indem man den Zähler durch den Nenner dividiert. Durch Probieren erkennen sie, dass hierbei zwei Fälle auftreten können:

1. Die Division des Zählers durch den Nenner endet nach einer bestimmten Anzahl von Schritten.

$\frac{5}{8} = 5 : 8 = 0{,}625$

$\frac{13}{80} = 13 : 80 = 0{,}1625$

Diese Zahlen nennt man eine **abbrechende Dezimalzahl**.

2. Die Division bricht nicht ab.

$\frac{2}{3} = \quad 2 : 6 = 0{,}666 \ldots$

$\begin{array}{r} -\ 0 \\ \hline 20 \\ -\ 18 \\ \hline 20 \\ -\ 18 \\ \hline 20 \end{array}$

Der Rest 2 wiederholt sich, deshalb wiederholt sich die 6.

$\frac{3}{11} = \quad 3 : 11 = 0{,}272727 \ldots$

$\begin{array}{r} -\ 0 \\ \hline 30 \\ -\ 22 \\ \hline 80 \\ -\ 77 \\ \hline 30 \end{array}$

Die Reste 3 und 8 wiederholen sich, deshalb wiederholen sich im Ergebnis auch die Zahlen 2 und 7.

Diese Zahlen nennt man eine **periodische Dezimalzahl**. Die sich wiederholende Ziffer oder Zifferngruppe nennt man Periode und man kennzeichnet sie mit einem Strich.

Man schreibt: $\frac{2}{3} = 0{,}\overline{6}$ und $\frac{3}{11} = 0{,}\overline{27}$ (gelesen: null Komma Periode zwei sieben).

Tritt die Periode nicht sofort auf wie bei $\frac{1}{6} = 0{,}1\overline{6}$, so nennt man dies **gemischt periodisch**.

Überprüfe durch schriftliches Dividieren, ob es sich um eine abbrechende oder periodische Dezimalzahl handelt.

$\frac{3}{8}; \ \frac{12}{15}; \ \frac{5}{14}; \ \frac{23}{25}; \ 3\frac{8}{11}$

„Aber der Taschenrechner zeigt mir für 2 : 3 das Ergebnis 0,666 666 666 7 und für 1 : 6 das Ergebnis 0,166 666 666 7 an. Kann der nicht richtig rechnen?", fragt Malte. Dann erinnern sich Malte und Petra, dass es schon einmal Probleme mit dem Taschenrechner gab. Zum Beispiel bei der Addition von 999 999 999 + 10 oder der Multiplikation von 3 040 506 · 20 109. Dies lag daran, dass der Taschenrechner nur eine bestimmte Anzahl von Ziffern zur Darstellung hat.

Deshalb gilt generell: Vorsicht beim Überprüfen mit dem Taschenrechner.

In der Anzeige ist die letzte Stelle oft gerundet.

Anschließend überlegen beide, ob man es einem Bruch „ansehen" kann, dass er eine abbrechende Dezimalzahl ist. Sie wandeln dazu die folgenden Brüche in Dezimalzahlen um.

$\frac{17}{40}; \ \frac{5}{10}; \ \frac{7}{8}; \ \frac{9}{125}; \ \frac{24}{50}; \ \frac{1}{15}; \ \frac{1}{12}$

Malte sagt: „Ich glaube, ich habe etwas gefunden. Zerlege doch einmal den Nenner des Bruches in Faktoren. Vielleicht fällt dir dabei etwas auf."

Durch Probieren erkennen sie folgende Regel: Kommen im Nenner nur die Faktoren 2 und 5 vor, dann ist der Bruch eine abbrechende Dezimalzahl.

Entdeckungen

Exkursion

Periodische Dezimalzahlen

Also sind $\frac{1}{7}$ und $\frac{4}{7}$ keine abbrechenden Dezimalzahlen. Nachdem jeder eine Division durchgeführt hat, legen sie ihre Rechnungen nebeneinander.

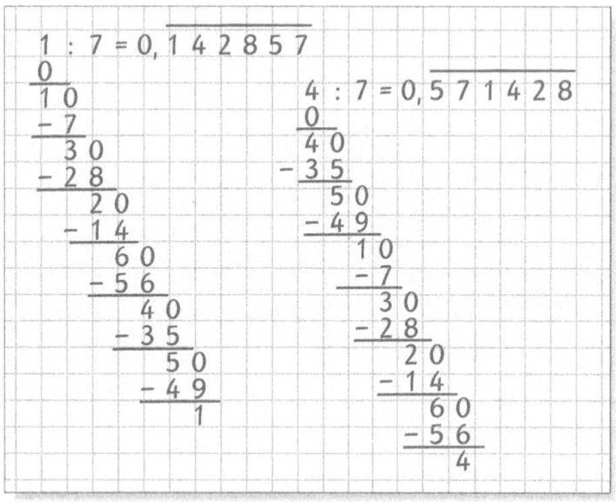

Fig. 1

Beim Vergleichen stellen sie fest, dass in beiden Divisionen dieselben Rechenschritte durchgeführt wurden. Dies können sie ausnutzen, um $\frac{3}{7}$ umzuwandeln.

$3 : 7 = 0{,}4\ldots$ Dann ist $\frac{3}{7} = 0{,}\overline{428571}$.

-0

30

-28

…

> Bestimme die Dezimalzahl von $\frac{5}{7}$, $\frac{2}{7}$ und $\frac{6}{7}$.
> Schreibe $\frac{1}{17}$ als Dezimalzahl.
> Ermittle hiermit die Dezimalzahlen von $\frac{3}{17}$, $\frac{4}{17}$, $\frac{11}{17}$ und $\frac{16}{17}$ ohne weitere Rechnungen. Warum klappt dieses Verfahren nicht, um $\frac{8}{13}$ zu bestimmen?

In verschiedenen Mathebüchern finden sie weitere interessante Dinge über periodische Dezimalzahlen:

Besondere Perioden

$\frac{1}{81} = 0{,}\overline{012345679}$

$\frac{1}{891} = 0{,}\overline{001122334455667789}$

$\frac{1}{8991} = 0{,}\overline{000111222333444555666777889}$

$\frac{1}{89\,991} = ?$

> Wie sehen die Perioden jeweils aus?
> a) $\frac{1}{9}, \frac{1}{99}, \frac{1}{999}, \ldots$ b) $\frac{1}{9}, \frac{1}{90}, \frac{1}{900}, \ldots$
> c) $\frac{1}{9}, \frac{1}{90}, \frac{1}{990}, \ldots$ d) $\frac{11}{90}, \frac{101}{900}, \frac{1001}{9000}, \ldots$
> Finde selbst weitere Reihen.

Besonders lange Perioden

$\frac{1}{61} = 0{,}\overline{0163934426229508196721311475409836065573770491803278688524\,59}$

> Welcher Bruch hat die längste Periode als Dezimalzahl?
> $\frac{1}{13}, \frac{1}{17}, \frac{1}{19}, \frac{1}{23}$
>
> Warum kann die Länge der Periode von $\frac{3}{23}$ als Dezimalzahl höchstens 22 sein?

„Dann ist also jede nicht abbrechende Dezimalzahl periodisch?", fragt Malte. „Nein", sagt Petra. Sie schreibt die folgende Zahlenreihe auf.

0,1 → 0,10 → 0,10100 → 0,101001000 → 0,10100100010000

„Ich glaube, ich weiß, wie die nächsten Ziffern deiner Zahl lauten." „Du hast Recht, diese Zahl ist nicht periodisch und kann immer weiter fortgesetzt werden."

„Da fällt mir auch eine ein", sagt Malte.

0,1 → 0,12 → 0,123 → … → 0,123456789 → 0,12345678910 → 0,1234567891011

Gib die nächsten Ziffern der Zahl an.

Finde selbst weitere Beispiele und frage deinen Nachbarn, wie die nächsten Ziffern deiner Zahl lauten.

Umwandlung von periodischen Dezimalzahlen in Brüche

Dazu finden die beiden in einem Mathematikbuch folgende Beispiele:

$0{,}\overline{14}$

$100 \cdot 0{,}\overline{14} = 14{,}141414\ldots$

$1 \cdot 0{,}\overline{14} = 0{,}141414\ldots$

$(100 - 1) \cdot 0{,}\overline{14} = 14$

$99 \cdot 0{,}\overline{14} = 14$

$0{,}\overline{14} = \frac{14}{99}$

$3{,}3\overline{56}$

$1000 \cdot 3{,}3\overline{56} = 3356{,}5656\ldots$

$10 \cdot 3{,}3\overline{56} = 33{,}5656\ldots$

$(1000 - 10) \cdot 3{,}3\overline{56} = 3323$

$990 \cdot 3{,}3\overline{56} = 3323$

$3{,}3\overline{56} = \frac{3323}{990}$

Ausgerutscht

Felicitas Hoppe

Wir sind eine ganz normale Familie. Eine Durchschnittsfamilie, wie man so sagt. Vater, Mutter, zwei Kinder, ein Hund. Am Stadtrand ein Reihenhaus und ein Auto, das immer noch nicht abbezahlt ist. Abends sitzt mein Vater über Rechnungen und verdreht die Augen, weil das Geld wieder nicht für den Urlaub reicht. Mein Vater findet, wir essen zu viel, wir trinken zu viel, wir wachsen zu schnell. Wir wechseln zu oft unsere Kleider und Schuhe. Und wir wollen zu viel. Meine Mutter will Urlaub, mein Bruder ein Fahrrad mit dreißig Gängen und ich ein eigenes Boot.

„Schluss mit den Wünschen! Extremwerte sind von jetzt an gestrichen, das macht der Haushalt nicht länger mit!", ruft mein Vater entschieden. Dann steht er vom Tisch auf und hält warnend ein Stück Papier in die Höhe, auf dem endlose Reihen von Zahlen stehen. Für jeden von uns eine eigene Reihe, eine für mich, eine für meinen Bruder, eine andere Reihe für meine Mutter, eine Reihe für unseren Hund und sein Futter und am Schluss eine Reihe für unseren Vater. Dann werden alle fünf Reihen addiert, danach das Ganze durch fünf geteilt, sodass sich der Durchschnittswert ergibt für das, was wir pro Person verbrauchen. Jeden Monat dasselbe Spiel und jeden Monat dasselbe Ergebnis. Der Durchschnittswert pro Person liegt zu hoch, das heißt, wir können den Urlaub vergessen und müssen wieder zuhause bleiben.

Denn unser Vater weiß genau, wie man rechnet, über alles führt er ordentlich Buch. Über Pizza und Eis, über Kino und Fußball, über Schulbücher, Trinkgelder und Busfahrkarten. Und über die Kleider unserer Mutter. Er träumt vom goldenen Mittelwert, dass am Ende unterm Strich alles stimmt und dass vielleicht etwas übrig bleibt. Dabei weiß sogar unser Hund, dass jeden Tag alles teurer wird und dass dieser Schnitt nicht zu halten ist. Auch unser Vater weiß das genau, aber immer noch glaubt er, wir könnten sparen. Alles wird gegeneinander verrechnet: das Eis gegen das Kino, die Kleider gegen die Schuhe, das Hundefutter gegen die Fahrräder. Und Zensuren gegen das Taschengeld.

Denn in der Schule lässt unser Vater den Durchschnittswert nicht gelten. Ausrutscher sind nicht erlaubt. Jede Fünf in Mathematik wird vom Taschengeld abgezogen und lässt sich nicht ausgleichen durch eine Eins in Musik oder Religion. Aber geht diese Rechnung wirklich auf? Warum lässt sich Musik nicht mit Mathe verrechnen und warum Religion nicht mit Deutsch? Und warum fehlt auf der Liste unseres Vaters die Kamera, die er sich selbst geschenkt hat?

Also Schluss mit der ganzen Rechnerei! Es gibt gar keine Gerechtigkeit. Mein Bruder und ich, wir haben uns längst für den Zufall entschieden. Wir würfeln die Zukunft ganz einfach aus: Für die Eins ein Fahrrad mit dreißig Gängen, für die Zwei ein Boot. Und meine Mutter würfelt entschlossen die Fünf, damit wir vier und auch unser Hund endlich zusammen in Urlaub fahren. „Ausrutscher!", ruft unser Vater empört, aber dann lacht er und fängt an, die Koffer zu packen.

Rückblick

Rechnen mit Brüchen

Multiplizieren von Brüchen

Zwei Bruchzahlen werden multipliziert, indem man Zähler mit Zähler und Nenner mit Nenner multipliziert.
Das Vorzeichen des Ergebnisses wird bestimmt.
Rechtzeitiges Kürzen vereinfacht oft die Rechnung.

$$\frac{-5}{24} \cdot \frac{16}{17} = -\frac{5}{24} \cdot \frac{16}{17} = -\frac{5 \cdot 16}{24 \cdot 17} = -\frac{5 \cdot 2}{3 \cdot 17} = -\frac{10}{51}$$

$$\frac{2}{3} \cdot 5 = \frac{2}{3} \cdot \frac{5}{1} = \frac{2 \cdot 5}{3} = \frac{10}{3}$$

$$-4 \cdot \frac{3}{7} = -\frac{4}{1} \cdot \frac{3}{7} = -\frac{4 \cdot 3}{7} = -\frac{12}{7}$$

Dividieren durch einen Bruch

Man dividiert durch einen Bruch, indem man mit dem Kehrbruch des Bruches multipliziert.

$$\frac{7}{9} : \frac{5}{18} = \frac{7}{9} \cdot \frac{18}{5} = \frac{7 \cdot 18}{9 \cdot 5} = \frac{7 \cdot 2}{1 \cdot 5} = \frac{14}{5}$$

$$\frac{5}{3} : (-7) = \frac{5}{3} : \left(-\frac{7}{1}\right) = \frac{5}{3} \cdot \left(-\frac{1}{7}\right) = -\frac{5 \cdot 1}{3 \cdot 7} = -\frac{5}{21}$$

$$\frac{3}{4} : (-5) = \frac{3}{4} : \left(-\frac{5}{1}\right) = \frac{3}{4} \cdot \left(-\frac{1}{5}\right) = -\frac{3}{4 \cdot 5} = -\frac{3}{20}$$

Rechnen mit Dezimalzahlen

Multiplizieren (Dividieren) mit Zehnerpotenzen

Multiplizieren mit 10; 100; 1000 ... bedeutet eine Kommaverschiebung um 1; 2; 3 ... Stellen nach rechts.

$$3{,}2145 \cdot 10^3 = 3{,}2145 \cdot 1000 = 3214{,}5$$

Dividieren durch 10; 100; 1000 ... bedeutet eine Kommaverschiebung um 1; 2; 3 ... Stellen nach links.

$$-25 : 10^4 = -25{,}0 : 10\,000 = -0{,}0025$$

Multiplizieren von Dezimalzahlen

Man multipliziert ohne die Kommas zu beachten.
Dann setzt man das Komma so, dass das Ergebnis genau so viele Stellen nach dem Komma hat wie beide Faktoren zusammen.

```
2,1 · 6,34
   126
    63
    84
13,314
```

```
0,23 · 0,4
      92
   0,092
```

Dividieren von Dezimalzahlen

Man verschiebt das Komma der beiden Zahlen so weit nach rechts, bis die Zahl, durch die geteilt wird, eine ganze Zahl ist.
Dann dividiert man und setzt beim Überschreiten des Kommas auch im Ergebnis ein Komma.

```
3,78 : 1,4 =   37,8 : 14 = 2,7
             – 28
               98
             – 98
                0
```

Mittelwert

Den Mittelwert von Größen bzw. Zahlen berechnet man, indem man alle Größen bzw. Zahlen addiert und dann die Summe durch die Anzahl der Größen bzw. Zahlen dividiert.

Der Mittelwert der Zahlen 12; 17; 9; 84; 23 ist: $\frac{12 + 17 + 9 + 84 + 23}{5} = \frac{145}{5} = 29$

Zahlenbereiche

Natürliche Zahlen $\mathbb{N}$ (z. B. 2; 45; 1024)
Ganze Zahlen $\mathbb{Z}$ (z. B. –12; –5; 0; 2)
Rationale Zahlen $\mathbb{Q}$ z. B. –5; –3,41; 2; $\frac{11}{13}$)

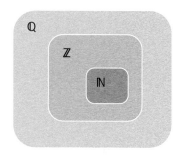

Fig. 1

Training

1 Berechne.

a) $3 \cdot \frac{5}{7}$

b) $-\frac{5}{9} \cdot \frac{18}{25}$

c) $2\frac{1}{3} \cdot 3$

d) $\frac{69}{60} \cdot \left(-\frac{48}{23}\right)$

2 Berechne.

a) $\frac{4}{5} : \frac{2}{3}$

b) $-\frac{35}{26} : \left(-\frac{25}{39}\right)$

c) $\frac{2}{3} : \left(-\frac{4}{9}\right)$

d) $6 : \left(-\frac{3}{10}\right)$

3 Berechne ohne TR.

a) $0{,}45 \cdot 0{,}002$ b) $-2{,}9 \cdot (-2{,}1)$ c) $27{,}86 \cdot 7$ d) $-0{,}5 \cdot 0{,}12$ e) $-15{,}6 : 6$ f) $10 : 0{,}2$

4 Eine Tischtennisplatte ist 2,74 m lang und 1,53 m breit, ein Billardtisch ist 2,84 m lang und 1,42 m breit. Welcher Flächeninhalt ist größer? Runde die Ergebnisse auf Hundertstel.

5 Zwei Dezimalzahlen werden multipliziert. Wie ändert sich das Ergebnis, wenn man
a) bei einer Dezimalzahl das Komma um eine Stelle nach rechts verschiebt,
b) bei einer Dezimalzahl das Komma um eine Stelle nach rechts verschiebt und bei der anderen um eine Stelle nach links?

6 ▦ Die Leistung bei Autos wurde früher in PS (Pferdestärken) angegeben. Heute verwendet man die Maßeinheit kW (Kilowatt).
1 kW = 1,36 PS   1 PS = 0,736 kW
Wie viel PS entsprechen 70 kW und wie viel kW entsprechen 75 PS?

7 a) Wie teuer ist eine Einzelfahrt bei einer Mehrfachfahrkarte?
b) Claudia ist mit ihrer Wochenkarte in der letzten Woche 11-mal gefahren. Wie teuer war für sie eine einzelne Fahrt?
c) Ab wie vielen Fahrten lohnt sich eine Wochenkarte oder Monatskarte?

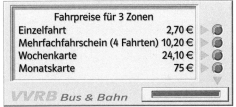

Fahrpreise für 3 Zonen	
Einzelfahrt	2,70 €
Mehrfachfahrschein (4 Fahrten)	10,20 €
Wochenkarte	24,10 €
Monatskarte	75 €

VVRB Bus & Bahn

Fig. 1

1 Berechne.

a) $-5 \cdot \frac{3}{4}$

b) $-\frac{4}{7} \cdot \frac{35}{12}$

c) $-\frac{36}{25} : \frac{9}{24}$

d) $-3\frac{1}{2} \cdot 5\frac{2}{7}$

e) $-\frac{36}{75} \cdot \left(-\frac{45}{24}\right)$

f) $\frac{3}{5} : \left(-\frac{4}{7}\right)$

2 Berechne.

a) $0{,}032 \cdot 10^3$

b) $-15{,}23 : 10^2$

c) $125 : 10\,000$

d) $1000 \cdot (5 : 100)$

3 Berechne schriftlich.

a) $30{,}54 \cdot (-5)$ b) $-3{,}5 \cdot (-4{,}2)$ c) $0{,}03 \cdot 0{,}25$ d) $0{,}05 \cdot 0{,}18$ e) $25{,}6 : (-8)$ f) $25{,}5 : 0{,}5$

4 ▦ Eine Einheit beim Telefonieren kostet bei einem bestimmten Anbieter zurzeit 4,5 Cent. Wie viel Einheiten kann man für 5,04 €, 9,18 € und 44,91 € telefonieren?

5 Klaus zählt die Streichhölzer von 7 Schachteln und erhält 39, 37, 38, 40, 42, 35 und 41.
a) Bestimme die durchschnittliche Anzahl von Hölzern pro Schachtel.
b) Wie ändert sich der Mittelwert, wenn in jeder Schachtel ein Holz mehr (weniger) ist?

6 Eine Ölmühle liefert 18 900 kg Öl.
Wie viele Fässer kann man damit füllen, wenn jedes Fass 175 l fasst? (1 l Öl wiegt 0,9 kg.)

7 Welches Angebot (Fig. 2) ist günstiger? Begründe deine Antwort.

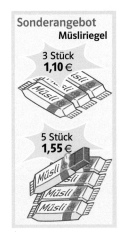

Sonderangebot
Müsliriegel

3 Stück
1,10 €

5 Stück
1,55 €

Fig. 2

Das kannst du schon

- Rationale Zahlen addieren, subtrahieren, multiplizieren, dividieren
- Rechenausdrücke mit ganzen Zahlen berechnen
- Bei einer Sachaufgabe den passenden Rechenausdruck aufstellen und berechnen

Zahl und Maß

Daten und Zufall

Beziehung und Änderung

Modell und Simulation

Muster und Struktur

Form und Raum

V Terme und Gleichungen

Terme – immer cool bleiben!

Herr X betrat am Tag X x-beinig eine x-beliebige Praxis. Er trug zum x-ten Mal einen seiner x XXL-Pullover. Er sah seine geliebte Unbekannte, die ihn x-fach ausgetrickst hatte.

Aber diese verflixte Hexe machte nicht viele Faxen. Sie x-te Herrn X mit ihren X-Strahlen einfach aus … übrig blieb garnix.

Das kannst du bald

- Rechenausdrücke mit rationalen Zahlen möglichst geschickt berechnen
- Mit einer Variablen x umgehen
- Einen Term mit einer Variablen aufstellen
- Einfache Gleichungen lösen

1 Grundregeln für Rechenausdrücke

Für Rechenausdrücke mit natürlichen oder ganzen Zahlen gibt es Regeln für die Reihenfolge, in der man die Rechnungen durchführen muss.

Wenn man das Ergebnis eines Rechenausdrucks bestimmt, so ist die Reihenfolge der Rechenschritte wichtig. Den Rechenausdruck $\frac{3}{4} + \frac{1}{4} \cdot 5$ könnte man auf zwei Arten berechnen:

Falsch: $\frac{4}{4} \cdot 5 = 1 \cdot 5 = 5$.   Richtig: $\frac{3}{4} + \frac{5}{4} = \frac{8}{4} = 2$.

Für das Ergebnis ist also die Reihenfolge wichtig. Für einen Rechenausdruck ohne Klammern gilt die Regel „Punkt vor Strich"; man muss erst multiplizieren und dann addieren.

Durch Klammern kann man die Reihenfolge der Berechnung ändern, denn Klammern müssen zuerst berechnet werden. Daher ist für den Rechenausdruck $\left(\frac{3}{4} + \frac{1}{4}\right) \cdot 5$ die linke Rechnung richtig. Das Ergebnis ist in diesem Fall 5.

Grundregeln für die Reihenfolge beim Berechnen von Rechenausdrücken

1. Klammern werden zuerst berechnet.

   Die innere Klammer wird zuerst berechnet.

   $\left(\frac{9}{7} - \frac{4}{7}\right) \cdot \frac{7}{10} = \frac{5}{7} \cdot \frac{7}{10} = \frac{1}{2}$

   $[(2,8 - 1,3):0,6] \cdot (-6) = [1,5:0,6] \cdot (-6) = 2,5 \cdot (-6) = -15$

Strichrechnungen
Addieren +
Subtrahieren −

2. Punktrechnungen werden vor Strichrechnungen ausgeführt.

   $\frac{7}{3} - \frac{4}{3} \cdot 2 = \frac{7}{3} - \frac{8}{3} = -\frac{1}{3}$

Punktrechnungen
Multiplizieren ·
Dividieren :

3. Falls nur Punkt- oder nur Strichrechnungen und keine Klammern vorkommen, so wird von links nach rechts gerechnet.

   $\frac{3}{2} - \frac{5}{2} - 2,5 = -1 - 2,5 = -3,5$

Beispiel 1 Rechenausdruck

Berechne den Rechenausdruck $\frac{1}{7} \cdot \left(\frac{13}{9} - \frac{2}{3}\right) + \frac{17}{9}$.

Lösung: *Ein Rechenbaum hilft für die Übersicht:*

$\frac{1}{7} \cdot \left(\frac{13}{9} - \frac{2}{3}\right) + \frac{17}{9}$

$= \frac{1}{7} \cdot \left(\frac{13}{9} - \frac{6}{9}\right) + \frac{17}{9}$

$= \frac{1}{7} \cdot \frac{7}{9} + \frac{17}{9}$

$= \frac{1}{9} + \frac{17}{9}$

$= \frac{18}{9}$

$= 2$

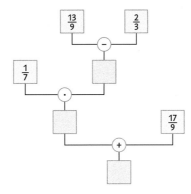

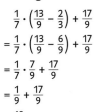
- *Umformungen untereinander schreiben*
- *neue Zeile mit „=" beginnen*
- *nicht veränderte Ausdrücke abschreiben*

Beispiel 2 Eingaben in den Taschenrechner

Berechne mit dem Taschenrechner $\frac{78 \cdot 59}{49 \cdot 56}$.

Lösung:

$\frac{78 \cdot 59}{49 \cdot 56} = (78 \cdot 59) : (49 \cdot 56) = 1{,}677\ldots$

Ein Rechenausdruck mit einem Bruchstrich enthält versteckt zwei Paare von Klammern: eins für den Zähler und eins für den Nenner.

Taschenrechnerbildschirm:

Erste Zeile: falsche Eingabe, falsches Ergebnis. Probiere es aus!

Beispiel 3 Aufstellen eines Rechenausdrucks

Subtrahiere das Produkt aus 4,5 und −0,2 vom Produkt aus 5,5 und 0,6.

Lösung:

$5{,}5 \cdot 0{,}6 - 4{,}5 \cdot (-0{,}2) = 3{,}3 + 4{,}5 \cdot 0{,}2 = 3{,}3 + 0{,}9 = 4{,}2.$

Aufgaben

1 Berechne die Rechenausdrücke.

a) $\frac{7}{6} + \frac{5}{3} \cdot \frac{1}{2}$ b) $\frac{6}{7} : 2 + \frac{11}{7}$ c) $\left(\frac{5}{3} - \frac{1}{2} - 1\right) \cdot 3{,}6$

   $1{,}25 + 0{,}75 \cdot 5$ $(0{,}25 - 0{,}75) \cdot \left(-\frac{13}{4}\right) + \frac{3}{8}$ $[(5{,}3 - 2{,}1) \cdot (-2)] : 8 - 8{,}2$

2 Stelle zu dem Rechenbaum einen Rechenausdruck auf und berechne.

a)   b)

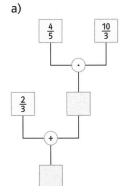 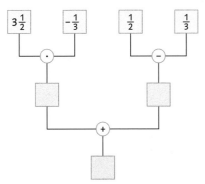 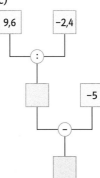

Bevor dir schwindlig wird: Hier sind die Lösungen zu Aufgabe 1:

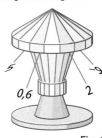

Fig. 1

Fig. 1

Die Lösungen zu Aufgabe 3 stehen in den Wolken.

3 Berechne die Rechenausdrücke. Ein Rechenbaum kann helfen.

a) $\frac{4}{3} + \frac{5}{6} \cdot \frac{2}{5}$

$3,4 : [0,5 - 3 \cdot (-0,4)]$

$\frac{25}{8} : \frac{5}{2} - 2 + \frac{5}{4}$

b) $\frac{9}{4} : \left(\frac{5}{7} + \frac{4}{7}\right)$

$0,25 \cdot 6 + 4 \cdot 1,125$

$\frac{3}{5} - \frac{1}{5} \cdot \frac{1}{4} + \frac{3}{4}$

c) $4 \cdot \left(\frac{4}{3} + \frac{3}{4} - \frac{7}{9}\right)$

$-4 : (1 - 0,75 : 3)$

$\left(\frac{3}{4} - 1,25\right) \cdot \left(\frac{3}{5} - 2,2\right)$

4 Schreibe einen Rechenausdruck auf und berechne ihn.

a) Multipliziere die Summe aus $\frac{4}{5}$ und $-\frac{13}{5}$ mit $\frac{25}{3}$.

b) Addiere 4,3 zum Produkt aus 8 und −3,25.

c) Subtrahiere den Quotienten aus $-\frac{3}{4}$ und $\frac{7}{4}$ von $\frac{5}{14}$.

d) Multipliziere −38 mit −0,5 und subtrahiere davon das Produkt aus −2,25 und 8.

Bist du sicher?

1 Berechne die Rechenausdrücke ohne Taschenrechner.

a) $2,3 - 3,2 \cdot 2 - 4,5$

b) $\left(\frac{2}{5} + \frac{8}{15}\right) \cdot \left(-\frac{1}{2} + \frac{1}{7}\right)$

c) $0,75 - \frac{3}{4} \cdot \left(\frac{5}{6} - \frac{1}{3} : \frac{1}{2} + \frac{1}{2}\right)$

2 Stelle einen Rechenausdruck auf und berechne ihn.
Subtrahiere das Produkt aus $\frac{3}{14}$ und $-\frac{7}{5}$ vom Produkt aus 0,2 und 3,5.

Jede Lösungszahl entspricht einem der 26 Buchstaben im Alphabet ($1 \rightarrow$ A, $2 \rightarrow$ B usw.) Setze die Buchstaben zusammen!

5 Berechne die Rechenausdrücke ohne Taschenrechner.

a) $\frac{7}{4} + \frac{15}{4} \cdot \frac{17}{3}$

b) $-2,1 \cdot (-5) - 0,5 \cdot 11$

c) $\left(\frac{1}{4} + 5 - \frac{3}{2}\right) \cdot \frac{12}{5}$

d) $\left(\frac{15}{8} \cdot 2 + \frac{5}{4}\right) \cdot 4$

e) $-\frac{5}{7} \cdot \left(\frac{31}{6} - 3 \cdot \frac{73}{18}\right)$

f) $(2,7 + 4,1 \cdot 3) : \frac{5}{6}$

g) $\left(2,25 + \frac{22}{5}\right) \cdot 6 - 1,9 \cdot 11$

h) $-\frac{20}{9} : \left(-\frac{5}{18}\right) + 7$

6 🖩 Berechne mit dem Taschenrechner.

a) $\frac{-213 + 729}{96}$

b) $\frac{2261 \cdot (-3487)}{(5634 - 5311) \cdot 4}$

c) $\left(15\frac{1}{6} - 13 \cdot 4\frac{1}{18}\right) \cdot \left(-\frac{657}{169}\right)$

d) $-14,11 : (-1,7) - \left(-3,73 + 3\frac{4}{25}\right) \cdot 310$

7 a) Die grünen Fliesen sind 14,4 cm lang und 9,6 cm breit. Stelle einen Rechenausdruck für die Länge und Breite der roten Fliesen auf und berechne sie.
b) Zeichne mit Plättchen der Länge 2,8 cm und der Breite 1,6 cm ein Muster für den Rechenausdruck $(5 \cdot 2,8 - 3 \cdot 1,6) : 4$.

Fig. 2

8 Finde für jede der Zahlen 3; 4; (−2); $\frac{3}{5}$ einen Rechenausdruck, der mindestens drei verschiedene Rechenzeichen enthält, zum Beispiel: $3 = (6 + 9) : (7 - 2)$.

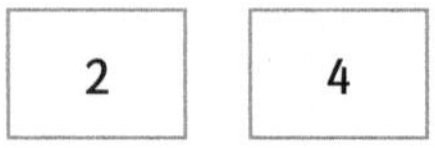

9 Schreibe den Rechenausdruck ab und füge so Klammern ein, dass er ein Ergebnis hat, das auf einer der Tafeln von Fig. 3 steht.

a) $\frac{4}{7} : 2 - \frac{12}{7}$

b) $\frac{7}{3} - \frac{2}{3} : \frac{1}{3} - 1$

c) $\frac{8}{3} - \frac{4}{3} : -\frac{2}{3} + 1$

d) $0,5 \cdot 7 + 5 \cdot 0,5 : 0,5 + 1,5 - 1$

Fig. 3

10 Welcher der Rechenausdrücke 1) bis 7) gehört zu welcher der Geschichten A) bis G)?

Rechenausdrücke erzählen Geschichten!

1)
$4,2 : 7 + 1,4 - 0,7$

2)
$(5 \cdot 4,2 + 3 \cdot 1,4) : 7$

3)
$7 \cdot (4,2 + 1,4) + 0,7$

7)
$(4,2 + 1,4) : 7 - 0,7$

4)
$(4,2 \cdot 1,4 - 0,7) : 7$

5)
$(4,2 - 0,7) : 7 + 1,4 : 7$

6)
$(4,2 + 1,4 - 0,7) : 7$

A) Jonathan erhält jede Woche 4,20 € Taschengeld von seinen Eltern und 1,40 € von seiner Oma. 70 ct davon spart er, vom Rest gibt er täglich gleich viel aus. Wie viel gibt er jeden Tag aus?

B) Annika hat 4,2 kg, Carla 1,4 kg Erdbeeren gepflückt. Annika isst 700 g selbst auf und verteilt den Rest an ihre 7 Freunde, Carla verteilt alles an die gleichen 7 Freunde. Wie viel kg Erdbeeren kriegt jeder Freund?

C) Andi bekommt jede Woche 4,20 € Taschengeld von seinen Eltern, 1,40 € von seiner Tante. Er gibt jeden Tag gleich viel aus, spart aber täglich 70 ct. Wie viel gibt Andi täglich aus?

D) Mayra radelt an jedem Wochentag 4,2 km zur Schule, dreimal in der Woche fährt sie zusätzlich noch 1,4 km zum Training. Wie viele km fährt Mayra täglich im Durchschnitt?

E) Ein 4,2 km langes und 1,4 km breites rechteckiges Waldstück enthält 70 ha Wege und Gebäude, den Rest haben sich 7 Wölfe gleichmäßig als Revier aufgeteilt. Wie viel km² Revier hat jeder Wolf?

F) Paula gibt jeden Tag 4,20 € für Essen, 1,40 € für Trinken aus. Außerdem braucht sie noch 70 ct für ihre Sonntagszeitung. Wie viel gibt Paula jede Woche aus?

G) Theodor bekommt jede Woche 4,20 € Taschengeld. Er gibt davon jeden Tag gleich viel aus. Außerdem bekommt er noch jeden Tag 1,40 € von seinem Opa und spart davon 70 ct. Wie viel gibt er täglich aus?

11 Erfinde zu dem Rechenausdruck eine kleine Geschichte und zeige sie deinem Nachbarn. Lass deinen Nachbarn den Rechenausdruck, der in deiner Geschichte beschrieben ist, herausfinden und berechnen.

a) $(4 + 1,6) : 7$ b) $(43,8 + 33,7) : 31$ c) $12 \cdot 15 + 4 \cdot 7,5$ d) $(7 \cdot 2,4 + 6 \cdot 2,4) : 4$

12 Würfle eine Startzahl, multipliziere sie mit $-\frac{3}{7}$, addiere zum Ergebnis $\frac{5}{7}$ und dividiere schließlich durch $\frac{1}{7}$. Bei welcher gewürfelten Zahl erhältst du die größte Zahl, wenn du so vorgehst?

13 Familie Schreiner kauft einen Fernseher für 597,60 €. Ein Drittel bekommt sie erlassen, da der Bildschirm einen Kratzer hat. Vom Rest zahlt sie 30 % als Anzahlung, das Übrige in 16 gleichen Monatsraten. Wie hoch sind die Monatsraten?

Clara
$42 - (6·13 + 7·6)$
$= 42 - (78 + 42)$
$= 42 - 120$
$= -78$

Luisa
$42 - (6·13 + 7·6)$
$= 42 - 6·20·6$
$= 36·120$
$= 4320$

Andrea
$42 - (6·13 + 7·6)$
$= 42 - 6·(13 + 7)$
$= 42 - 6·20$
$= 42 - 120$
$= -78$

Johannes
$42 - (6·13 + 7·6)$
$= 42 - (78 + 42)$
$= 42 - 78 - 42$
$= -36 - 42$
$= -78$

Stefan
$42 - (6·13 + 7·6)$
$= 42 - (78 + 42)$
$= 42 - 78 - 42$
$= 42 - 42 - 78$
$= -78$

Josua
$42 - (6·13 + 7·6)$
$= 42 - (78 + 42)$
$= 42 - 78 + 42$
$= 42 + 42 - 78$
$= 6$

▬▬▬ Andrea, Clara, Johannes, Josua, Luisa und Stefan vergleichen ihre Hausaufgaben.
▬▬

$- (7,9 + 2,1)$

Minusklammer

Beim Rechenausdruck $18,4 - 7,9 - 2,1$ kann man, statt von links nach rechts zu rechnen, zunächst **zusammenfassen**:

$18,4 - 7,9 - 2,1 = 18,4 - (7,9 + 2,1) = 18,4 - 10 = 8,4$.

Dies ist geschickter, da die rote Klammer genau 10 ergibt. Vor der Klammer steht ein Minuszeichen, man nennt eine solche Klammer eine **Minusklammer**.

$+ (7,9 + 2,1)$

Plusklammer

Wenn in einem Rechenausdruck eine Minusklammer vorkommt, so kann es in manchen Fällen geschickter sein, erst die Minusklammer aufzulösen:

$169 - (69 + 73) = 169 - 69 - 73 = 100 - 73 = 27$.

Minusklammer auflösen:

$- (\quad)$
$3 - (-5 + 7)$
$3 + 5 - 7$

Wie man eine Minusklammer auflöst, wenn innerhalb der Klammer Minuszeichen vorkommen, zeigt die folgende Situation.

Matthias war frech und bekommt von seinen 23 € Taschengeld 13 € abgezogen. Weil er aber seiner Oma geholfen hat, beschließen seine Eltern, ihm nicht die ganzen 13 € abzuziehen, sondern 7 € weniger. Statt $23 - 13$ muss er also $23 - (13 - 7)$ rechnen. Will man in diesem Rechenausdruck die Minusklammer auflösen, so muss man $23 - 13 + 7$ rechnen, denn Matthias hat 7 € mehr, als wenn ihm die ganzen 13 € abgezogen würden.

Plusklammer auflösen:

$+ (\quad)$
$3 + (-5 + 7)$
$3 - 5 + 7$

Minusklammerregel:
Eine Minusklammer löst man auf, indem man bei den Zahlen in der Klammer die Pluszeichen zu Minuszeichen und die Minuszeichen zu Pluszeichen ändert und das Minuszeichen vor der Klammer sowie die Klammer weglässt.

$23 - (13 - 7)$
$= 23 - (+13 - 7)$
$= 23 - 13 + 7$

Plusklammerregel:
Eine Plusklammer löst man auf, indem man das Pluszeichen vor der Klammer und die Klammer weglässt.

$23 + (13 - 7)$
$= 23 + (+13 - 7)$
$= 23 + 13 - 7$

Den Flächeninhalt des nebenstehenden Rechtecks kann man auf zwei Arten bestimmen. Ein passender Rechenausdruck ist $2,5 \cdot (4 + 10)$, wenn man sofort den Inhalt der gesamten Fläche berechnet. Oder man rechnet $2,5 \cdot 4 + 2,5 \cdot 10$, wenn man den Flächeninhalt der kleinen Rechtecke addiert. Es ist also $2,5 \cdot (4 + 10) = 2,5 \cdot 4 + 2,5 \cdot 10$.

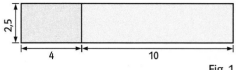

Fig. 1

Bei einem Rechenausdruck wie $5 \cdot (20 + 8)$ kann man auch $5 \cdot 20 + 5 \cdot 8$ schreiben.
Diese Regel nennt man **Ausmultiplizieren**: $\quad 5 \cdot (20 + 8) = 5 \cdot 20 + 5 \cdot 8$.
Bei einem Rechenausdruck wie $7 \cdot 12 + 7 \cdot 8$ kann man auch $7 \cdot (12 + 8)$ schreiben.
Diese Regel nennt man **Ausklammern**: $\quad 7 \cdot 12 + 7 \cdot 8 = 7 \cdot (12 + 8)$.

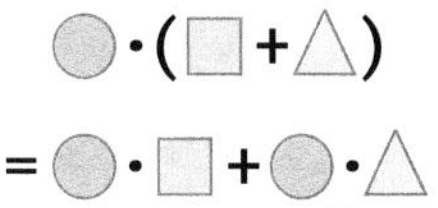

$$\bigcirc \cdot (\square + \triangle)$$
$$= \bigcirc \cdot \square + \bigcirc \cdot \triangle$$

Fig. 2

Diese Regeln kann man auch bei Differenzen verwenden: Es ist $7 \cdot (8 - 3) = 7 \cdot 8 - 7 \cdot 3$.

Beispiel 1 Rechenwege vergleichen
Berechne, indem du zuerst die Klammer berechnest (Klammerregel) und durch Ausmultiplizieren und vergleiche:
a) $13 \cdot (14,3 - 4,3)$ b) $\left(\frac{4}{5} + 3\right) \cdot 5$
Lösung:

Klammerregel	Ausmultiplizieren	Vergleich
a) $13 \cdot (14,3 - 4,3)$ $= 13 \cdot 10$ $= 130$	$13 \cdot (14,3 - 4,3)$ $= 13 \cdot 14,3 - 13 \cdot 4,3$ $= 185,9 - 55,9 = 130$	Klammerregel einfacher
b) $\left(\frac{4}{5} + 3\right) \cdot 5$ $= \left(\frac{4}{5} + \frac{15}{5}\right) \cdot 5$ $= \frac{19}{5} \cdot 5$ $= 19$	$\left(\frac{4}{5} + 3\right) \cdot 5$ $= \frac{4}{5} \cdot 5 + 3 \cdot 5$ $= 4 + 15$ $= 19$	Ausmultiplizieren einfacher

„Ich mach's mir bequem ..."

Beispiel 2 Rechenvorteile nutzen
Berechne möglichst geschickt.
a) $-(1,8 - 5,3) + 1,8$ b) $1,2 \cdot 106 - 6 \cdot 1,2$
Lösung:

a) $-(1,8 - 5,3) + 1,8$ *Hier ist die Minus-*
$= -1,8 + 5,3 + 1,8$ *klammerregel ge-*
$= -1,8 + 1,8 + 5,3$ *schickt, da*
$= 5,3$ *$-1,8 + 1,8 = 0$.*

b) $1,2 \cdot 106 - 6 \cdot 1,2$ *Hier ist Ausklam-*
$= 1,2 \cdot (106 - 6)$ *mern geschickt, da*
$= 1,2 \cdot 100$ *sich in der Klammer*
$= 120$ *genau 100 ergibt.*

Aufgaben

1 Welche Zahl muss man für $\square$ jeweils einsetzen?
a) $7 \cdot (14 + 9) = \square \cdot 14 + \square \cdot 9$
b) $14 \cdot 6 + 14 \cdot 8 = \square \cdot (6 + 8)$
c) $\square \cdot (-3 + 12) = \square \cdot (-3) + 5 \cdot 12$
d) $3,4 \cdot (\square - 4,3) = 3,4 \cdot 9,1 - 3,4 \cdot 4,3$
e) $13 \cdot 3,5 + 8,5 \cdot 13 = 13 \cdot (\square + 8,5)$
f) $\square \cdot (-4,5 + 3,9) = (-4,5) \cdot 8 + \square \cdot 3,9$

Lösung	Buchstabe
224	V
420	L
−6	E
2	R
42	C

In den Aufgaben 2, 3 und 4 kannst du die Lösungen mit der Tabelle durch Buchstaben ersetzen und erhältst jeweils ein Lösungswort.

2 Berechne mit der Minusklammerregel bzw. mit der Plusklammerregel.

a) $38 - (38 - 42)$ b) $-(356 - 420) + 356$ c) $-\frac{4}{5} - \left(\frac{1}{5} + 5\right)$

d) $-(-89 - 124) + 11$ e) $-(-4,6 + 6) - 4,6$ f) $-0,9 - \left(-3,7 + \frac{4}{5}\right)$

3 Berechne mit der Klammerregel und durch Ausmultiplizieren und vergleiche.

a) $4,2 \cdot (7 + 3)$ b) $12 \cdot (30 + 5)$ c) $12 \cdot \left(\frac{7}{2} - 4\right)$ d) $(60 - 4) \cdot 4$

e) $-0,4 \cdot (20 - 5)$ f) $\left(\frac{2}{3} - \frac{1}{6}\right) \cdot 4$ g) $1,2 \cdot (-1,4 - 3,6)$ h) $\left(0,005 - \frac{3}{200}\right) \cdot (-200)$

4 Berechne durch Ausklammern und mit der Punkt-vor-Strich-Regel und vergleiche.

a) $4,2 \cdot 6 + 4,2 \cdot 4$ b) $15 \cdot 20 + 8 \cdot 15$ c) $3 \cdot (-1,2) + (-1,2) \cdot 2$ d) $56 \cdot 8 - 4 \cdot 56$

e) $\frac{2}{3} \cdot (-6) - 3 \cdot \frac{2}{3}$ f) $(-7) \cdot 0,5 - 0,5 \cdot (-11)$ g) $1200 \cdot 0,3 + 1200 \cdot 0,05$ h) $1,2 \cdot 1,4 - 1,2 \cdot 6,4$

5 Berechne möglichst geschickt. Schreibe jeweils dazu, welche Regel du benutzt hast.

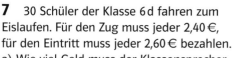

a) $4,7 - (1,7 + 4,7)$ b) $15 \cdot 100 - 15 \cdot 4$ c) $\frac{3}{4} \cdot \left(\frac{5}{7} + \frac{9}{7}\right)$ d) $\frac{15}{14} \cdot \left(\frac{7}{10} - \frac{14}{15}\right)$

$4,7 - (1,7 - 4,7)$ $15 \cdot 104 - 15 \cdot 4$ $\frac{6}{5} \cdot \left(\frac{5}{3} + \frac{5}{2}\right)$ $\frac{15}{14} \cdot \left(\frac{4}{11} - \frac{8}{22}\right)$

$4,7 - (-1,7 + 4,7)$ $15 \cdot (-100) - 15 \cdot 4$

$4,7 + (-1,7 - 4,7)$ $15 \cdot (-96) + 15 \cdot (-4)$

6 Aenne hat zwei DVDs für vier Tage ausgeliehen. Die eine DVD kostet täglich 1,40 € Leihgebühr, die andere 2,60 €. Wie viel muss Aenne am Ende bezahlen?

7 30 Schüler der Klasse 6d fahren zum Eislaufen. Für den Zug muss jeder 2,40 €, für den Eintritt muss jeder 2,60 € bezahlen.
a) Wie viel Geld muss der Klassensprecher einsammeln?
b) Fünf Schüler wollen direkt zur Eishalle kommen, drei können gar nicht mit. Wie viel Geld muss jetzt eingesammelt werden?

Bist du sicher?

1 Berechne möglichst geschickt.

a) $-9,2 - (8,1 - 9,2)$ b) $\frac{5}{6} \cdot \frac{7}{8} - \frac{5}{6} \cdot \frac{1}{8}$ c) $(-5) \cdot (400 - 20)$

2 Finde die Fehler und rechne richtig.

a)
$27 - (-13 + 14)$
$= 27 - 13 - 14$
$= 0$

b)
$(-5) \cdot \left(2 - \frac{1}{5}\right)$
$= -5 \cdot 2 - 5 \cdot \frac{1}{5}$
$= -11$

c)
$(-0,5) \cdot 18 - (-0,5) \cdot 2$
$= (-0,5) \cdot (18 + 2)$
$= (-0,5) \cdot 20$
$= -10$

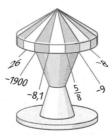

Fig. 1

8 Berechne möglichst geschickt.

a) $15 \cdot (200 + 30 + 4)$ b) $(8,2 - 5,6) - (-5,6 - 8,2)$ c) $0,8 \cdot 2,5 - 0,8 \cdot 3,4 + 0,8 \cdot 1,9$

d) $\frac{4}{3} \cdot 2 - \frac{4}{3} \cdot 5 + 3 \cdot \frac{4}{3}$ e) $-\left(2,3 - 1\frac{2}{5}\right) - \left(-3,7 + \frac{4}{5}\right)$ f) $12 \cdot \left(\frac{3}{4} - \frac{2}{3} - \frac{7}{12}\right)$

9 Stelle einen Rechenausdruck auf und berechne möglichst geschickt.
a) Subtrahiere das Produkt von 12 und 14 vom Produkt aus 24 und 12.
b) Multipliziere 1,4 mit der Differenz aus 20 und 5.
c) Subtrahiere die Differenz aus 3,4 und 8,9 von der Differenz aus 6,6 und 8,9.
d) Multipliziere die Differenz aus −12,4 und 7,8 mit −6 und addiere zum Ergebnis die Summe aus −12 und −3,8.

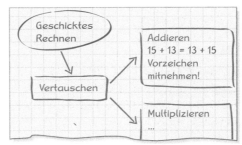

Fig. 1

10 Wie groß ist der Gesamtflächeninhalt der beiden Rechtecke von Fig. 1?

11 🖳 Pia kann beim Kauf ihres neuen Computers zwischen zwei Angeboten wählen: Entweder sie bezahlt den Gesamtpreis von 998 € in bar oder sie zahlt erst eine Anzahlung von 198 € und dann im ersten Jahr 27,20 € monatlich, im zweiten Jahr 24,90 € monatlich, im dritten Jahr 17,90 € monatlich. Wie viel spart Pia bei der Barzahlung?

12 Erstelle ein Mind-Map zu den Regeln fürs geschickte Rechnen. Darin sollten auf jeden Fall die Regeln zum Vertauschen, zum Klammern-Umsetzen, zum Zusammenfassen (siehe S. 55 und S. 130) zum Ausklammern und Ausmultiplizieren, sowie die Minus- und Plusklammerregel enthalten sein. Schreibe auch dazu, was jeweils zu beachten ist, und notiere Beispiele.

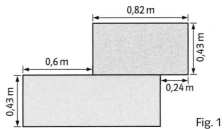

Fig. 2

Zum Forschen

13 🖳 Albrecht berechnet der Reihe nach die folgenden Zahlen: $1 - (1 - 2)$; $1 - (1 - 2) - (2 - 4)$; $1 - (1 - 2) - (2 - 4) - (4 - 8)$; $1 - (1 - 2) - (2 - 4) - (4 - 8) - (8 - 16) \dots$ Schreibe die Rechenausdrücke für die nächsten fünf Zahlen auf und lege eine Tabelle an, in der du Albrechts Zahlen berechnest. Was fällt dir auf? Begründe deine Beobachtung.

Ausdruck	Ergebnis
$1 - (1 - 2)$	2
$1 - (1 - 2)$ $- (2 - 4)$	4
...	

14 🖳 Rike berechnet der Reihe nach die Rechenausdrücke $\frac{3}{4} - \frac{1}{2}$; $\frac{3}{4} \cdot \frac{8}{9} - \frac{1}{2}$; $\frac{3}{4} \cdot \frac{8}{9} \cdot \frac{15}{16} - \frac{1}{2}$; $\frac{3}{4} \cdot \frac{8}{9} \cdot \frac{15}{16} \cdot \frac{24}{25} - \frac{1}{2}$; ... Berechne Rikes Zahlen in einer Tabelle wie bei Aufgabe 13. Was fällt dir an Rikes Zahlen auf?

15 a) Harry hat die Aufgabe $(27 + 18) : 3$ so gelöst: $(27 + 18) : 3 = 27 : 3 + 18 : 3 = 9 + 6 = 15$. Hat Harry richtig gerechnet? Gibt es eine allgemeine Rechenregel für $(27 + 18) : 3 = 27 : 3 + 18 : 3$? Begründe deine Antwort durch weitere Zahlenbeispiele.
b) Ron verwendet bei seinen Rechnungen die Regel $a : (b + c) = a : b + a : c$. Gibt es so eine Rechenregel? Begründe deine Antwort.
c) Hermine findet die Minusklammerregel ganz einfach: „Das ist doch nur ein Spezialfall vom Ausmultiplizieren!" Sie ersetzt $13 - (9 - 12)$ durch $13 + (-1) \cdot (9 - 12)$. Führt die Minusklammerregel und Ausmultiplizieren mit −1 tatsächlich zum gleichen Ergebnis? Untersuche auch noch andere Beispiele zu Hermines Behauptung.

3 Terme mit einer Variablen

Handyrechnung Constantin Knabbe 2004:			Bei Mobilfon supergünstig: Grundgebühr 9,95 €, pro Minute 14 Ct
Monat	**Minuten**	**Betrag**	$0,14 \cdot 17 + 9,95 = \dots$
Jan	17	12,50	$0,14 \cdot 24 + 9,95 = \dots$
Feb	24	13,55	$\dots$
März	53	17,90	$\dots$
Apr	46	16,85	$\dots$
Mai	93	23,90	$\dots$
...	...	...	$\dots$
x-beliebig	x	garni x?	$\dots$

Constantin hat das ungute Gefühl, dass mit seiner Handyrechnung für 2004 etwas nicht stimmt.
Tim erklärt ihm, was er zum Nachrechnen in seinen Taschenrechner eintippen muss. Das ist gar nicht so einfach zu beschreiben, denn in jedem Monat sind die Minutenzahlen anders. „Schreib erst mal für jeden Monat den Rechenausdruck, den du eintippen musst, auf."
Eine halbe Stunde später jubelt Constantin: „Ich glaub' ich weiß, was die falsch gemacht haben!"

Tabea bastelt Schlangen aus Perlen mit einem Schwanz aus 3 Perlen und einem Kopf mit Zunge aus 20 Perlen. Für den Körper dazwischen benutzt Tabea unterschiedlich viele Perlenreihen. Die Tabelle zeigt, wie viele Perlen Tabea je nach Körperlänge benötigt.

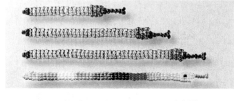

Körperlänge in Perlenreihen	Perlenzahl	Bild
4	$3 + 3 \cdot 4 + 20$	
8	$3 + 3 \cdot 8 + 20$	
13	$3 + 3 \cdot 13 + 20$	

Schwanz   Körper   Kopf und Zunge
Fig. 1

Tabea muss für die Perlenzahl immer fast denselben Rechenausdruck berechnen: Die Perlenzahl ist $3 + 3 \cdot$ Körperlänge $+ 20$. Veränderlich oder „variabel" bei ihren Schlangen ist nur die Körperlänge. Deshalb lässt sich Tabeas Rechenvorschrift noch knapper aufschreiben, wenn man für die Körperlänge eine **Variable x** verwendet. Für die Perlenzahl kann man jetzt den Rechenausdruck $\mathbf{3 + 3 \cdot x + 20}$ aufschreiben. Man nennt diesen Rechenausdruck einen **Term mit der Variablen x**. Wenn Tabea wissen will, wie viele Perlen sie für eine Schlange mit 21 Perlenreihen braucht, so muss sie für x die Zahl 21 einsetzen und erhält den Wert $3 + 3 \cdot 21 + 20 = 86$. Sie braucht dann also 86 Perlen.

Variable: x
Term: $5 \cdot x - 12$
Zahl: 9
Wert: $5 \cdot 9 - 12 = 33$

Rechenausdrücke wie $2 \cdot x$; $3 \cdot x + 5$ oder $2 \cdot x + 4 \cdot x - 2$ heißen Terme mit einer Variablen x. Wenn man für die Variable eine Zahl einsetzt, so entsteht ein Rechenausdruck, dessen Wert man berechnen kann.
Setzt man in den Term $3 \cdot x + 5$ für x die Zahl 7 ein, so entsteht der Rechenausdruck $3 \cdot 7 + 5$ mit dem Wert 26.

Steht zwischen einer Zahl und einer Variablen ein Multiplikationszeichen, so lässt man dieses meist weg. Man schreibt also statt $3 \cdot x + 5$ einfach $3x + 5$. Wenn man in diesem Term für x die Zahl 7 einsetzt, so ergibt sich $3 \cdot 7 + 5$ und nicht $37 + 5$.

Beispiel 1   Zahlen in Terme einsetzen

Setze in dem Term für die Variable x nacheinander die Zahlen 5; –3; 0,7 und $-\frac{1}{2}$ ein.
Lege eine Tabelle an und berechne die entstehenden Rechenausdrücke.

a) $6x - 4$ b) $3x + 7x$

Lösung:

Term	5	–3	0,7	$-\frac{1}{2}$
a) $6x - 4$	$6 \cdot 5 - 4 = 26$	$6 \cdot (-3) - 4 = -22$	$6 \cdot 0,7 - 4 = 0,2$	$6 \cdot \left(-\frac{1}{2}\right) - 4 = -7$
b) $3x + 7x$	$3 \cdot 5 + 7 \cdot 5 = 50$	$3 \cdot (-3) + 7 \cdot (-3) = -30$	$3 \cdot 0,7 + 7 \cdot 0,7 = 7$	$3 \cdot \left(-\frac{1}{2}\right) + 7 \cdot \left(-\frac{1}{2}\right) = -5$

• *Wenn du eine negative Zahl für x einsetzt, so setze Klammern um sie.*
• *Bei jedem Vorkommen von x dieselbe Zahl einsetzen.*

Beispiel 2   Terme, Muster und Tabellen

Jana legt mit Streichhölzern Muster unterschiedlicher Länge aus Quadraten (s. Fig. 1).
Sie berechnet die Anzahl der Streichhölzer bei x Quadraten mit dem Term $4 + 3(x - 1)$.
a) Lege eine Tabelle an, in der du für verschiedene Längen das Muster zeichnest, die
Anzahl der Streichhölzer nachzählst und mit Janas Term berechnest. Vergleiche.
b) Wie ist Jana wohl beim Aufstellen ihres Terms vorgegangen?
c) Begründe, dass Jana mit dem Term $5 + 2x$ die Streichholzzahl nicht berechnen kann.

Lösung: a)

x Quadrate

Fig. 1

Muster	x	gezählte Streichhölzer	$4 + 3(x - 1)$
	1	4	$4 + 3 \cdot (1 - 1) = 4$
	2	7	$4 + 3 \cdot (2 - 1) = 7$
	3	10	$4 + 3 \cdot (3 - 1) = 10$

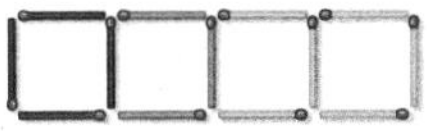

Fig. 2

b) Für das erste Quadrat braucht man vier Streichhölzer, für jedes weitere Quadrat (außer
dem ersten) kommen drei Streichhölzer dazu (s. Fig. 2). Daher $4 + 3 \cdot (x - 1)$.
c) Der Term $5 + 2x$ passt nicht, da sich für $x = 2$ $5 + 2 \cdot 2 = 9$ ergibt und nicht 10.

Wenn ein Term passt, so muss man das allgemein begründen. Wenn er nicht passt, so reicht ein Gegenbeispiel.

Aufgaben

1 Katharina zeichnet senkrechte Perlenreihen in ihr Heft. Die erste Reihe hat sechs Perlen, alle weiteren Reihen enthalten vier Perlen. Katharina berechnet die Anzahl der Perlen
bei x Reihen mit dem Term $4x + 2$.
a) Lege eine Tabelle an, in der du für 1, 2, 3, 4, 5, 6 Perlenreihen jeweils die Muster zeichnest, die Anzahl der Perlen zählst und mit Katharinas Term berechnest.
b) Wie hat Katharina wohl ihren Term gefunden?
c) Kann man die Perlenzahl auch mit dem Term $3x + 3$ berechnen?

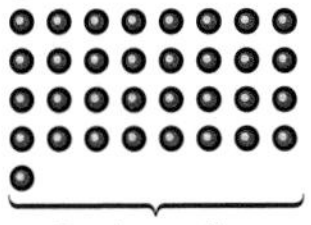

x Perlenreihen

Fig. 3

2 Übernimm die folgende Tabelle in dein Heft und fülle sie aus.

Term	6	4	–3	$\frac{4}{5}$
$3x - 5$	$3 \cdot 6 - 5 = 13$			
$4 + 5x$				
$(-0,5)x + 3$				

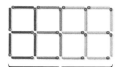

Länge des Musters:
x Streichhölzer

Fig. 1

3 Theo legt mit Streichhölzern Muster aus zwei Reihen von Quadraten (s. Fig. 1). Theo berechnet die Anzahl der Streichhölzer mit dem Term $7 + 5(x - 1)$.
a) Lege eine Tabelle an, in der du für mindestens vier verschiedene Längen x das Muster zeichnest, die Anzahl der Streichhölzer zählst und mit Theos Term vergleichst.
b) Wie hat Theo wohl seinen Term gefunden?
c) Welche der folgenden Terme beschreiben die Anzahl der Streichhölzer im Muster auch richtig: $2 + 5x$; $4 + 3x$; $3x + 2(x + 1)$? Begründe und überlege, wie die passenden Terme gefunden wurden.

4 Setze in dem Term für die Variable x nacheinander die Zahlen 3; 12; −7 und 0,8 ein. Lege eine Tabelle an und berechne die entstehenden Rechenausdrücke.
a) $3x - 7$
b) $4(x - 3) + 5$
c) $(-2)x + 3x$
d) $4x - 5(x + 1)$

Bist du sicher?

Die Summe aller Ergebnisse ist 22,2.

1 Setze in dem Term für die Variable x nacheinander die Zahlen 3; −2 und 1,8 ein. Lege eine Tabelle an und berechne die entstehenden Rechenausdrücke.
a) $3 + 5x$
b) $-4 - 2x$
c) $x + 2$
d) $2(x - 1) + 3x$

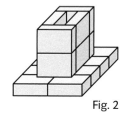

Fig. 2

5 Fabian baut Türme aus Klötzen (s. Fig. 2). Wenn x für die Anzahl der Stockwerke seines Turms steht, so berechnet Fabian die Anzahl der Klötze mit dem Term $4x + 8$.
a) Wie viele Klötze braucht Fabian für 3; 5; 7; 16 Stockwerke? Lege eine Tabelle an.
b) Wie hat Fabian wohl seinen Term $4x + 8$ aufgestellt?

6 Ordne den Beschreibungen den richtigen Term zu.
1. Wie groß ist der Umfang des Rechtecks (Fig. 3)?
2. Multipliziere eine Zahl mit 3 und addiere zum Ergebnis 4.
3. Florian hat 3 kg Kirschen gepflückt. Jede Stunde pflückt er zusätzlich 4 kg.
4. Wie viele Perlen hat die Rakete (Fig. 4)?
5. Wie groß ist der Flächeninhalt des Rechtecks (Fig. 5)?

$3x + 12$ $3 + 4x$
$2x + 10$
$x \cdot 3 + 4$ $2x$

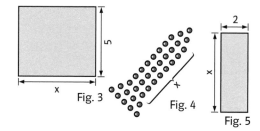

Fig. 3   Fig. 4   Fig. 5

Kannst du das noch?

7 Benenne die in Fig. 6 dargestellten Körper.

8 Eine Pyramide hat eine quadratische Grundfläche mit der Seitenlänge 4 cm. Die vier Seitenflächen der Pyramide sind vier gleiche Dreiecke mit den Seitenlängen 4 cm; 5 cm und 5 cm.
a) Zeichne ein Netz dieser Pyramide.
b) Miss alle Winkel, die in diesem Netz vorkommen.
c) Berechne den Oberflächeninhalt der Pyramide. Entnimm der Zeichnung die benötigten Längen.

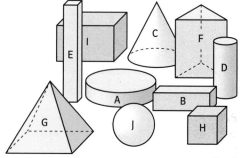

Fig. 6

4 Terme aufstellen

Dario, Matthias, Steven und Elena zeichnen Perlenmuster mit unterschiedlichen Längen auf Karopapier. Sie wollen untersuchen, wie viele Perlen man braucht.

Oft muss man zu einem Muster oder einer Situation den passenden Term erst aufstellen.

Vorgehen beim Aufstellen eines Terms

Situation

Lena spart im ersten Monat 100 €, danach spart sie jeden Monat 6 €. Finde einen passenden Term.

1. Überlege, für welche Größe ein Term aufgestellt werden soll.

Es soll ein Term für den gesparten Betrag aufgestellt werden.

2. Überlege, wovon die gesuchte Größe abhängt.

Der gesparte Betrag hängt von der Anzahl der Monate ab.

3. Untersuche das Problem für einfache, kleine Zahlen. Es ist vorteilhaft eine Tabelle anzulegen. Für kleine Zahlen kann man auch Skizzen machen und Muster zeichnen.

Anzahl Monate	Rechenausdruck	Gesparter Betrag (in €)
1		100
2	100 + 6	106
3	100 + 2 · 6	112

4. Beschreibe in Worten, wie man die gesuchte Größe berechnet.

Der gesparte Betrag ist (in €): 100 + (Anzahl der Monate − 1) · 6.

5. Führe eine Variable ein und beschreibe, wofür die Variable steht.

x steht für die Anzahl der Monate.

6. Schreibe den Term mithilfe der Variablen auf.

Der gesparte Betrag nach x Monaten ist (in €): 100 + (x − 1) · 6.

Beispiel 1

Denke dir eine Zahl, multipliziere sie mit 4 und addiere dazu 17. Schreibe die Rechenvorschrift als Term.
Lösung:
Gedachte Zahl: x
Term: x · 4 + 17

Gedachte Zahl	Rechenausdruck
3	3 · 4 + 17
7	7 · 4 + 17

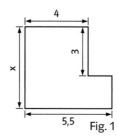

Fig. 1

Beispiel 2

Wie groß ist der Umfang der Figur in Fig. 1, wenn alle Maßzahlen in cm gegeben sind?

Lösung:

Für $x = 5$ ergibt sich:

$5 + 4 + 3 + 1{,}5 + (5 - 3) + 5{,}5 =$

$5 + (5 - 3) + 14$.

Ein Term für den Umfang in cm ist also

$x + (x - 3) + 14$.

Man kann die Figur z. B. für x = 5 zeichnen (Fig. 2).

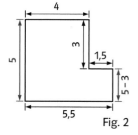

Fig. 2

Aufgaben

1 Schreibe zu der Rechenvorschrift Beispiele auf und schreibe sie dann als Term.

a) Multipliziere 7 mit einer gedachten Zahl und addiere zum Ergebnis 12.

b) Multipliziere eine gedachte Zahl mit 3,5 und subtrahiere vom Ergebnis 9,25.

c) Dividiere eine gedachte Zahl durch 10 und addiere zum Ergebnis das Doppelte der Zahl.

2 Schreibe zu der dargestellten Situation erst Beispiele auf und finde dann einen passenden Term.

a) Ein neugeborenes Eisbärbaby wiegt 500 g, es nimmt in den ersten Wochen täglich um 70 g zu.

b) Familie Güler zahlt für ihren Gasanschluss eine Grundgebühr von 12,35 €, dazu kommen 1,35 € für jeden m³ Gas.

c) Die ungefähre Entfernung eines Gewitters (in km) erhält man, wenn man die Zeit zwischen Blitz und Donner (in s) durch 3 teilt.

3 Stelle zu den Tabellen einen passenden Term auf und beschreibe eine Situation, die zu den Tabellen passt.

a)

Monat	Einheiten	Rechnung
Jan.	12	$0{,}21 \cdot 12 + 9{,}95$
Feb.	27	$0{,}21 \cdot 27 + 9{,}95$
März	18	$0{,}21 \cdot 18 + 9{,}95$

b)

Länge	Umfang
7	$2 \cdot 7 + 8$
12	$2 \cdot 12 + 8$
4,3	$2 \cdot 4{,}3 + 8$

c)

Gedachte Zahl	Gesuchte Zahl
7	$9 + 2 \cdot 7$
12	$9 + 2 \cdot 12$
15	$9 + 2 \cdot 15$

4 Finde zu der Zeichnung einen passenden Term.

a) Wie groß ist der Umfang des Dreiecks (Fig. 3), wenn die Maßzahlen in cm gegeben sind?

b) Wie groß sind der Umfang und der Flächeninhalt der Fig. 4, wenn die Maßzahlen in cm gegeben sind?

c) Wie viele Perlen braucht man für das Muster (Fig. 5)? Abgebildet ist es für die Länge 6 Karokästchen.

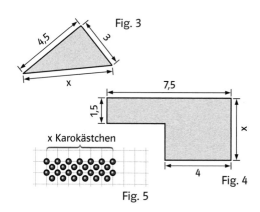

Fig. 3

7,5

Fig. 4

x Karokästchen

Fig. 5

5 Finde zu der Tabelle einen passenden Term, der für jedes x den vorgegebenen Wert annimmt. und ergänze die fehlenden Werte.

a)

x	1	2	3	4	12
Wert	3	5	7	9	

b)

x	1	2	3	4	20
Wert	2	5	8	11	

c)

x	1	2	3	4	100
Wert	−3	−5	−7	−9	

Bist du sicher?

1 Finde jeweils einen passenden Term.
a) Emira hat 30 € gespart. Jede weitere Woche spart sie 3,50 €.
b) Wie groß ist der Flächeninhalt und der Umfang des Rechtecks von Fig. 1?
c)

x	1	2	3	4
Wert	4	7	10	13

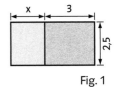

Fig. 1

6  Finde zu der Beschreibung einen passenden Term.
a) Auf einer Antarktisinsel leben 2000 Kaiserpinguine. Jedes Jahr werden ca. 150 Pinguine geboren und ca. 170 sterben.
b) Eva hat 50 € gespart. Jede Woche bekommt sie 4,50 € Taschengeld, jeden Tag gibt sie 1,20 € für Süßigkeiten und für ein Getränk aus.
c) Erfinde ähnliche Aufgaben und lasse deinen Nachbarn den Term herausfinden.

7 Quadratschuppenfische gibt es in verschiedenen Formen.
a) Bestimme für die Quadratschuppenfische in Fig. 2 und Fig. 3 einen Term für die Anzahl der Schuppen. Quadratschuppenfische haben auf beiden Körperseiten Schuppen.
b) Zeichne auf Karopapier eigene Quadratschuppenfische von unterschiedlicher Länge und Breite und lasse deine Mitschüler passende Terme finden.

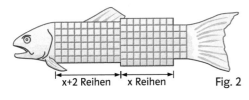

x+2 Reihen   x Reihen   Fig. 2

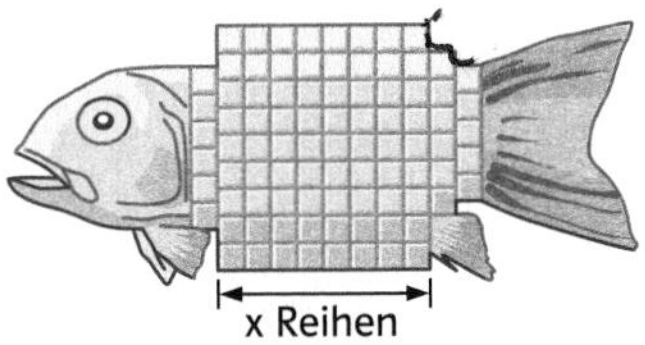

x Reihen   Fig. 3

8 Wie groß ist der Rauminhalt des Körpers in Fig. 4, wenn alle Maßzahlen in cm gegeben sind?

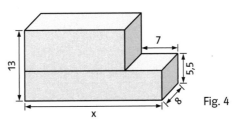

Fig. 4

9 a) Finde einen Term für die Anzahl der Perlen in dem Perlenmuster, das in Fig. 5 auf Karopapier gezeichnet wurde.
b) Welche der folgenden Terme passen zu dieser Anzahl der Perlen im Muster? Begründe deine Antwort. Wenn der Term passt, so beschreibe, wie der Term gefunden wurde.
A) 3x + 2(x + 1)   B) 5 + 2x   C) 7 + 5(x − 1)
D) 2 + 2x + 3x   E) 2 + 5x
c) Zeichne eigene Muster aus Punkten auf Karopapier und lasse deine Mitschülerinnen und Mitschüler die Terme bestimmen.

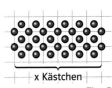

x Kästchen

Fig. 5

5 Gleichungen

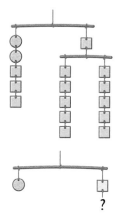

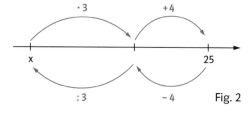 Lisa und Ria dürfen aufs Sommerfest. Sie haben zusammen 30 € zur Verfügung. Das ganze Geld geben sie aus, indem sie möglichst oft mit der spektakulären Achterbahn fahren, bei der jede Fahrt 2 € kostet. Leider wird es Ria schlecht, sodass Lisa die letzten drei Fahrten alleine durchstehen muss.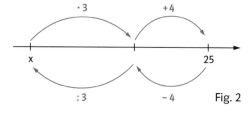

André hat für seine Eisenbahn 25 gleiche gerade Schienen. Vier braucht er für sein Abstellgleis. Er überlegt, wie lang er das Oval (Fig. 1) machen kann.

Dazu kann man zunächst einen Term aufstellen. Die Variable x steht für die Anzahl der geraden Schienen für eine Länge des Ovals. Dann ist $4 + 3x$ ein Term für die Anzahl aller geraden Schienen, die André verwendet.

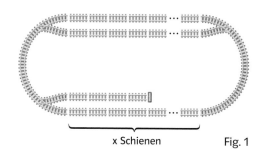

x Schienen   Fig. 1

Für welchen Wert von x nimmt der Term $4 + 3x$ den Wert 25 an? Dieses Problem schreibt man kurz als **Gleichung** $4 + 3x = 25$.

Eine **Lösung der Gleichung** ist ein Wert von x, für den der Term $4 + 3x$ den Wert 25 annimmt. Es gibt verschiedene Wege, eine Gleichung zu lösen:

x	$4 + 3x$
3	13
4	16
10	34
8	28
7	25

1. Geschicktes Probieren. Man setzt verschiedene Werte für x in den Term ein und versucht dem gewünschten Wert nahe zu kommen. Eine Tabelle kann hier hilfreich sein. Man erkennt, dass 7 eine Lösung der Gleichung $4 + 3x = 25$ ist.

2. Rückwärts rechnen. Mithilfe des Rechenstrichs erkennt man, wie man vorwärts rechnet (Fig. 2, obere Hälfte). Rückwärts muss man vom Ergebnis 25 ausgehen und zuerst 4 subtrahieren, das sind die vier Schienen fürs Abstellgleis. Es bleiben 21 Schienen für die drei Längsseiten des Ovals. Somit ergibt sich die Lösung der Gleichung aus der Rechnung $21 : 3 = 7$ (Fig. 2).

```
      ·3          +4
  x          25
      :3          −4      Fig. 2
```

Soll ein Term einen bestimmten Wert annehmen, so schreibt man dies kurz als **Gleichung**.
Eine Zahl x, für die der Term den vorgegebenen Wert annimmt, heißt **Lösung** der Gleichung.
Eine Lösung kann man durch **geschicktes Probieren** oder durch **Rückwärtsrechnen** finden.

Term: 4 + 3x
Wert: 25
Gleichung: 4 + 3x = 25
Lösung: 7
Probe: 4 + 3 · 7 = 25

Beispiel 1 Probe
Hat die Gleichung die Zahl 5 als Lösung?
a) $4x - 3 = 17$
b) $4,7 - 2(x + 1) = 7,3$
Lösung:
a) $4 · 5 - 3 = 17$; 5 ist eine Lösung.
b) $4,7 - 2 · (5 + 1) = -7,3$; 5 ist keine Lösung.

Beispiel 2 Gleichungen lösen
a) Für welche Zahl x nimmt der Term $3x - 17$ den Wert -8 an?
b) Löse die Gleichung $\frac{3}{2}x - 1 = 5$.
c) 🖩 Fabio hat schon 17,80 € gespart. Jede Woche legt er 2,80 € von seinem Taschengeld zurück. Wie viele Wochen muss er für einen Gameboy, der 138,90 € kostet, sparen? Löse die Aufgabe durch Probieren und durch Rückwärtsrechnen.
Lösung:
a) Gleichung: $3x - 17 = -8$
$-8 + 17 = 9$
$9 : 3 = 3$
Lösung: 3

b) $5 + 1 = 6$
$6 : \frac{3}{2} = 6 · \frac{2}{3} = 4$
Lösung: 4

Rückwärts rechnen:
aus +1 wird −1
aus · 3 wird : 3

c) x steht für die Anzahl der Wochen. $17,8 + 2,8 · x$ ist ein Term für den Geldbestand (in €) von Fabio nach x Wochen. Zu dem Problem gehört die Gleichung $17,8 + 2,8 · x = 138,90$.

Lösung durch Rückwärtsrechnen:

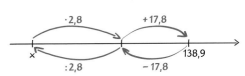

$138,90 - 17,80 = 121,1$
$121,1 : 2,8 = 43,25.$

Er muss 44 Wochen sparen; nach 43 Wochen hat er noch zu wenig.

Lösung durch Probieren:

x	17,8 + 2,8 · x
30	101,80
40	129,80
45	143,80
43	138,20
44	141,00

Nach 43 Wochen fehlen noch 70 ct. Nach 44 Wochen hat er 2,10 € übrig.

Aufgaben

1 Welche der folgenden Gleichungen hat die Zahl 8 als Lösung?

| $4x - 12 = 20$ | $8x + 5 = 59$ | $\frac{3}{4}x - 17 = -11$ | $9 - 3 · x = 15$ | $3 · (x + 2) - 6 = 36$ |

9   7   8   11

2 Löse die Gleichung durch Rückwärtsrechnen.
a) $x · 2 + 6 = 22$ b) $4x - 7 = 29$ c) $3x + 7 = 28$ d) $x · 4 - 12 = 32$ e) $2x - 12 = 7$
f) $12x + 5 = 101$ g) $3x - 23 = -8$ h) $7x - 234 = -143$ i) $-14 + 3x = 7$ j) $-43 + x · 5 = -8$

5   8   9,5
7   13   7

3 Löse die Gleichung durch Probieren und durch Rückwärtsrechnen.

a) $17x = 136$
b) $1{,}5x + 7 = 13$
c) $4{,}5x = 18$
d) $1{,}6x - 3{,}2 = 8$

e) $\frac{5}{2}x = 10$
f) $\frac{7}{4}x - 3 = 11$
g) $-3{,}4 + 4{,}2x = 21{,}8$
h) $2 \cdot (x + 1) = 10$

4 📖 Für welches x nimmt der Term den Wert 12 an? Schreibe erst eine Gleichung auf.

a) $1{,}5x - 33$
b) $2{,}35x - 33{,}59$
c) $x \cdot 5{,}4 - 8{,}52$
d) $-55{,}2 + 140x$
e) $7{,}716 + 126 \cdot x$

5 👥 a) Rike und Jakob spielen Zahlenraten. Rike muss sich eine Zahl ausdenken, die gedachte Zahl mit zwei multiplizieren und schließlich fünf addieren. Als Ergebnis ihrer Rechnung nennt Rike 43. Welche Zahl hat sie sich gedacht? Wie kann Jakob das herausfinden?
b) Spiele „Zahlenraten" mit ähnlichen Aufgaben auch mit deinem Nachbarn.

6 Stelle erst eine Gleichung auf und suche dann eine Lösung.
a) Addiere zum Dreifachen einer Zahl 8. Du erhältst 26.
b) Subtrahiere vom Achtfachen einer Zahl 17. Du erhältst 79.
c) Addiere zum Sechsfachen einer Zahl 23. Du erhältst 11.

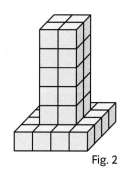

7 Das Elefantenbaby Chandra ist mit 116 kg Gewicht auf die Welt gekommen. In den ersten Wochen nimmt es wöchentlich um 7 kg zu. Wann wird es 200 kg schwer sein?

Bist du sicher?

1 Welche Gleichung hat −3 als Lösung?

a) $4x + 5 = 7$
b) $x \cdot (-5) - 17 = -3$
c) $0{,}7 \cdot x + 2{,}1 = 0$

Die Summe der Lösungen von Aufgabe 2 und 3 ist 44.

2 Löse die Gleichung.

a) $3x + 7 = 31$
b) $x \cdot 6 - 12 = 24$
c) $1{,}5x - 11 = -6{,}5$
d) $-124 + 25x = 151$

3 📖 Ferry hat 12,55 € gespart. Jede Woche spart er zusätzlich 2,90 €. Wie lange muss er sparen, bis er sich einen Walkman für 58,95 € kaufen kann?

Fig. 2

8 Wie hoch kann man den Würfelturm in Fig. 2 bauen, wenn man 140 Würfel hat?

9 Wie viele Perlenreihen kann der Körper der Perlenschlange in Fig. 1 (außer Schwanz und Kopf) haben, wenn man 200 Perlen hat?

Fig. 1

10 Übernimm die Tabelle ins Heft und ergänze die fehlenden Zahlen.

a)

x	1	2	3	4		10			7,4	
Wert	5	7	9		15		71	−9		−3,8

b)

x	1	2	3	4	5	12				−11,65
Wert	−2	1	4		10		82	2,8	−26	

Fig. 3

11 👥 a) Wie lange kann man das Streichholzmuster in Fig. 3 fortsetzen, wenn man 86 Streichhölzer zur Verfügung hat?
b) Zeichne oder lege eigene Streichholzmuster und stelle deinen Mitschülerinnen und Mitschülern Aufgaben dazu.

12  Der Mount Everest, der höchste Berg der Erde, ist zurzeit exakt 8850 m hoch. Forschungen haben ergeben, dass er sich jährlich um 4 mm anhebt. Wann wird er 8851 m hoch sein, wann 8900 m oder 10 000 m?

13 Berechne die Länge des Rechtecks und zeichne es.
a) Die Breite ist 7 cm, der Umfang 38 cm.
b) Die Breite ist 6,5 cm, der Umfang 32 cm.

14 Die Erdbevölkerung beträgt zurzeit (1.6.2004) ungefähr 6,45 Milliarden Menschen. Jede Minute kommen im Durchschnitt 170 Menschen dazu. Wann wird es, wenn dieses Wachstum sich so fortsetzt, 7 Milliarden Menschen geben, wann 10 Milliarden?

15 Die weltweiten Erdölreserven werden auf ungefähr 143,5 Milliarden Tonnen Erdöl geschätzt. Zurzeit werden davon jedes Jahr ungefähr 3,5 Milliarden Tonnen verbraucht. Wie lange reichen bei gleichbleibendem Verbrauch die Erdölvorräte noch?

16 Sandra möchte mit 96 cm Draht das Kantenmodell eines Quaders basteln, der 9 cm lang und 7 cm breit werden soll. Wie hoch kann der Quader höchstens werden?

17 Familie Klötzkes Wohnzimmer hat den Flächeninhalt 24 m² und die Form wie in Fig. 1. Wie lang sind die Wände? Alle Maßangaben sind in m angegeben. Zeichne das Zimmer im Maßstab 1:100.

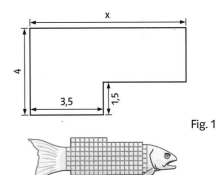

Fig. 1

18 Wie viele Schuppenreihen hat der Quadratschuppenfisch (Fig. 2) auf jeder Seite, wenn er auf jeder Seite 491 Schuppen hat?

Fig. 2

Zum Knobeln und aus alten Rechenbüchern

19 Wie alt sind jeweils die genannten Personen?
a) Carla und Annika sind zusammen 25. Carla ist drei Jahre älter als Annika.
b) Daniel und Philipp sind zusammen 60. Daniel ist viermal so alt wie Philipp.
c) Ron und Fred sind zusammen 31. Fred ist fünf Jahre jünger als das Doppelte von Ron.

20 Eine Zahl hab ich gewählt, / 107 dazugezählt, / dann durch 100 dividiert / und mit 4 multipliziert, / und zuletzt ist mir geblieben / als Resultat die Primzahl 7.

21 Ein Vater hinterlässt seinen Söhnen ein Vermögen von 1600 Talern. Nach seinem Testament soll der älteste Sohn 200 Taler mehr haben als der zweite, der zweite 100 Taler mehr als der jüngste. Wie viel bekommt jeder?

Kannst du das noch?

22 An einem Abend sahen 25 % der Fernsehzuschauer das Fußballspiel, 20 % eine Übertragung der Formel 1, je 15 % sahen den Krimi und die Quizsendung, 5 % die Volksmusiksendung. Der Rest verteilte sich auf die übrigen Programme. Zeichne ein Kreisdiagramm.

6 Formeln

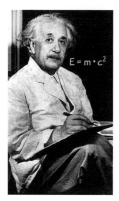

Auch wenn Formeln manchmal geheimnisvoll wirken, so sind sie doch überall auf der Welt verständlich.

Fig. 1

Sind Länge und Breite eines Rechtecks gegeben, so kann man den **Umfang des Rechtecks** berechnen: Der Umfang ist die Summe aus der doppelten Länge und der doppelten Breite. Mit einer Formel kann man den Zusammenhang zwischen dem Umfang und der Länge und Breite kurz aufschreiben:

Statt $U = 2 \cdot a + 2 \cdot b$ kann man auch kürzer $U = 2a + 2b$ schreiben.

Rechteck	Länge a = 6 cm; Breite b = 5 cm	Allgemein: Länge a, Breite b
Summe der rechten und linken Seite	$2 \cdot 5$ cm	$2 \cdot b$
Summe der oberen und unteren Seite	$2 \cdot 6$ cm	$2 \cdot a$
Umfang	$U = 2 \cdot 6$ cm $+ 2 \cdot 5$ cm	$U = 2 \cdot a + 2 \cdot b$

Die allgemeine Rechnung rechts hat den Vorteil, dass man für andere Werte von a und b nicht mehr neu überlegen, sondern nur noch in die Formel einsetzen muss.
Es gibt andere Möglichkeiten für Formeln für den Umfang des Rechtecks, z.B.
$U = a + b + a + b$ oder $U = 2 \cdot (a + b)$, je nachdem, wie man die Seitenlängen für den Umfang zusammenfasst.

> Einen Zusammenhang zwischen verschiedenen Größen, die mithilfe von Variablen ausgedrückt sind, nennt man eine **Formel**.

Eine Formel für den Rauminhalt eines Quaders ist $V = a \cdot b \cdot c$. Es gibt auch kompliziertere Formeln, wie z.B. für den Rauminhalt einer Pyramide. Solche Formeln kann man in einer Formelsammlung nachschlagen.

Beispiel   Formel anwenden
Eine Pyramide mit einer quadratischen Grundfläche der Seitenlänge a und der Höhe h hat den Rauminhalt $V = \frac{1}{3} \cdot a \cdot a \cdot h$. Berechne den Rauminhalt der Pyramide.
a) a = 5 cm; h = 9 cm   b) a = 200 m; h = 81 m
Lösung:
a) $V = \frac{1}{3} \cdot 5 \cdot 5 \cdot 9$ cm³ = 75 cm³   b) $V = \frac{1}{3} \cdot 200 \cdot 200 \cdot 81$ m³ = 1 080 000 m³

Fig. 2

Aufgaben

1 Eine Formel für die Gesamtkantenlänge eines Quaders mit Länge a, Breite b und Höhe c ist $K = 4 \cdot a + 4 \cdot b + 4 \cdot c$, eine Formel für den Oberflächeninhalt ist $O = 2 \cdot (a \cdot b + a \cdot c + b \cdot c)$. Bestimme die Kantenlänge und den Oberflächeninhalt.
a) a = 4 cm; b = 3 cm; c = 7 cm   b) Länge 3,2 m; Breite 2,3 m; Höhe 1,9 m   c) s. Fig. 1

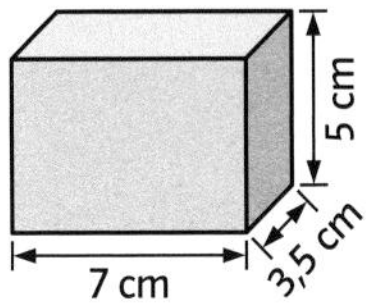

Fig. 1

2 Stelle eine Formel für den Umfang U und den Flächeninhalt F des gefärbten Rechtecks auf.

a)   b)   c)   d)

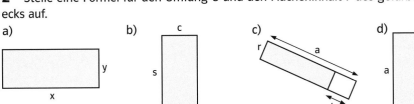

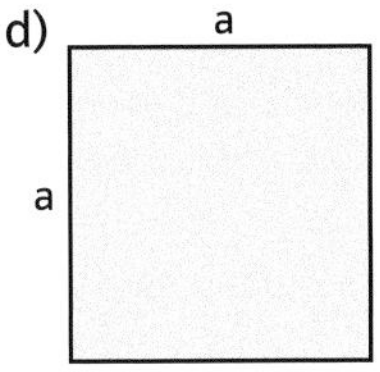

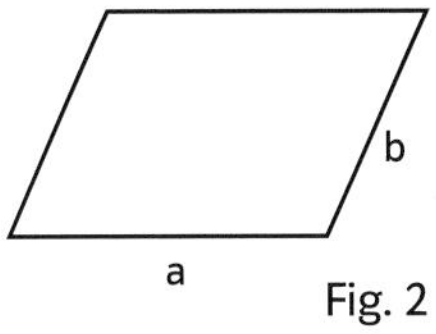

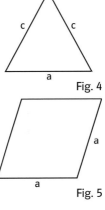

Fig. 2

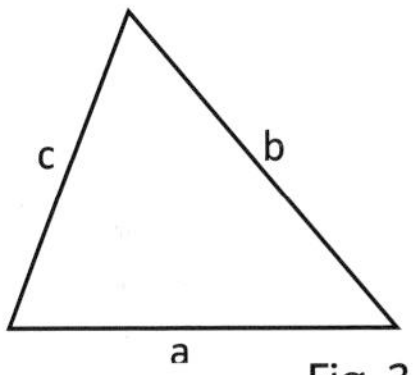

3 Finde eine Formel für den Umfang U der Figuren 2 bis 5.

Fig. 3

Info

Auch Rechenregeln kann man mit Formeln elegant aufschreiben. So ist $3 \cdot (20 + 4) = 3 \cdot 20 + 3 \cdot 4$ ein Beispiel für das Ausmultiplizieren. Will man das Ausmultiplizieren allgemein formulieren, so muss man Variable a, b und c für die drei beteiligten Zahlen verwenden. Dann beschreibt die Gleichung $a \cdot (b + c) = a \cdot b + a \cdot c$ das Ausmultiplizieren.

Rechenregeln zum geschickten Rechnen:

Vertauschen:
Beim Multiplizieren: $7 \cdot 5 = 5 \cdot 7$
Beim Addieren: $7 + 5 = 5 + 7$
Klammern umsetzen:
Beim Multiplizieren: $7 \cdot (5 \cdot 9) = (7 \cdot 5) \cdot 9$
Beim Addieren: $7 + (5 + 9) = (7 + 5) + 9$

Zusammenfassen: $12 - 7 - 8 = 12 - (7 + 8)$
Minusklammerregel:
$13 - (4 - 7) = 13 - 4 + 7$
Ausmultiplizieren:
$12 \cdot (8 - 9) = 12 \cdot 8 - 12 \cdot 9$
Ausklammern: $17 \cdot 5 + 17 \cdot 3 = 17 \cdot (5 + 3)$

Fig. 4

4 Drücke die Rechenregeln zum geschickten Rechnen durch Formeln aus.

Fig. 5

5 Für diese Aufgabe braucht ihr ein Lineal und einige gleiche Münzen. Legt das Lineal so auf einen Bleistift, dass es im Gleichgewicht ist.
a) Legt eine Münze im Abstand von 12 cm vom Bleistift auf das Lineal. Untersucht, in welchem Abstand vom Bleistift man einen Münzstapel von zwei, drei oder vier Münzen auf die andere Seite legen muss, damit das Lineal im Gleichgewicht ist.
b) Zur genaueren Untersuchung müsst ihr eine Tabelle anlegen. Füllt sie für verschiedene Münzstapel und Abstände aus.
c) Man hat herausgefunden, dass für das Gleichgewicht die Formel $m \cdot a = n \cdot b$ gilt. Überprüft, ob diese Formel bei eurer Tabelle stimmt.

Fig. 6

m	a	n	b
1	12	2	6

d) Berechnet mit der Formel noch weitere Abstände für Münzstapel, die ihr in der Tabelle noch nicht ausprobiert habt. Zum Beispiel, in welchem Abstand b muss man einen Münzstapel mit vier Münzen rechts hinstellen, wenn links drei Münzen bei a = 10 cm stehen? Erweitert die Tabelle von Aufgabe b) und probiert es aus.

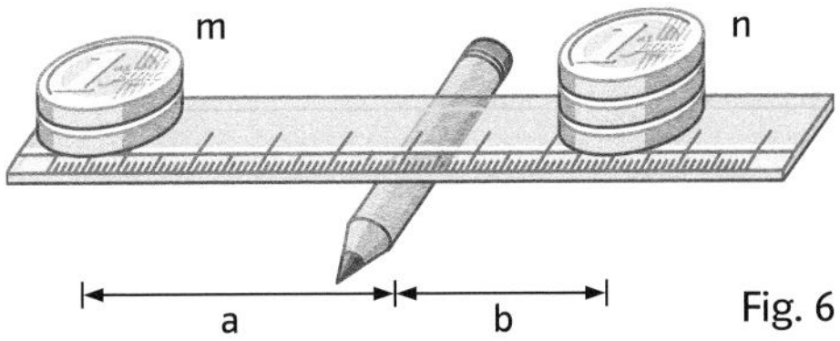

1 In Wannweil soll ein Freibadbecken für Schwimmer und Nichtschwimmer gebaut werden (siehe Fig. 1).

a) Wie viele Kubikmeter Wasser passen in das Becken, wenn das Schwimmerbecken 3,2 m tief gebaut wird?

b) Stelle einen Term mit der Variablen x für den Rauminhalt des Beckens auf.

c) In das Becken sollen 2 Millionen Liter Wasser passen. Wie tief müssen die Wannweiler das Schwimmerbecken machen?

d) Finde einen Term mit der Variablen x für den Inhalt der Fläche, die man mit blauer Farbe streichen muss.

e) Die Gemeinde Wannweil stellt für den Anstrich des Schwimmbeckens 1000 € zur Verfügung. Wie tief darf das Schwimmbecken werden, wenn 1 Liter Farbe für 10 m² reicht und 6,25 € kostet?

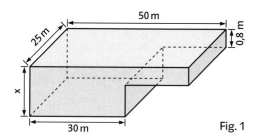
Fig. 1

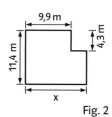
Fig. 2

2 Verschiedene Grundstücke haben die Maße von Fig. 2. Nur die Länge x dieser Grundstücke ist unterschiedlich.

a) Zeichne das Grundstück, bei dem x die Länge 13,3 m hat, im Maßstab 1 : 100.

b) Bestimme den Umfang für dieses Grundstück.

c) Stelle einen Term mit der Variablen x für den Umfang der Grundstücke auf.

d) Bestimme x für ein Grundstück mit Umfang 52 m.

e) Bestimme den Flächeninhalt für das Grundstück, für das x 13,3 m ist.

f) Stelle einen Term mit der Variablen x für den Flächeninhalt auf.

g) Judith, Pia, Katharina und Lukas haben unterschiedliche Terme für die Grundstücksfläche in m² gefunden. Jeder hat zu seinem Term eine Zeichnung angefertigt. Welche Zeichnung gehört zu welchem Term? Beschreibe, wie die Terme aufgestellt wurden.

Judith: $11,4 \cdot x - 4,3 \cdot (x - 9,9)$ Pia: $9,9 \cdot 4,3 + 9,9 \cdot 7,1 + 7,1 \cdot (x - 9,9)$

Katharina: $9,9 \cdot 11,4 + (x - 9,9) \cdot 7,1$ Lukas: $9,9 \cdot 4,3 + x \cdot 7,1$

A)
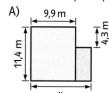

B)
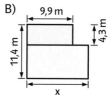

C)
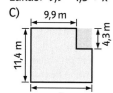

D)
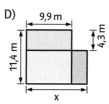

h) Bestimme x für ein Grundstück mit dem Flächeninhalt 1,725 a.

3 Bei der Schulsprecherwahl erhielt Johannes doppelt so viele Stimmen wie Sina, Jelena erhielt dreimal so viele Stimmen wie Sina und Ida erhielt sogar viermal so viele Stimmen wie Sina. Zeichne ein Kreisdiagramm zu diesem Wahlergebnis.

4 Finde eine Formel für den Flächeninhalt der Figur.

a)

b)
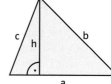

c)
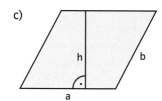

5 Für eine Taxifahrt in Stuttgart muss man eine Grundgebühr von 2,50 € bezahlen.

a) Frau B. glaubt, dass jeder gefahrene Kilometer 1,50 €. kostet. Stelle einen Term auf, mit dem du in diesem Fall den Fahrpreis berechnen kannst. Berechne mit diesem Term den Fahrpreis für 3 km; 4 km; 5 km; 6 km; 7 km und 10 km.

b) In Wirklichkeit ist der Fahrpreis gestaffelt. Ab dem fünften gefahrenen Kilometer kostet jeder km nur 1,40 €. Stelle einen Term auf, mit dem du den Fahrpreis für Strecken, die mindestens 5 km lang sind, berechnen kannst. Berechne mit diesem Term den Fahrpreis für 5 km; 6 km; 7 km und 10 km.

c) Welche Strecke kann man für 5,50 € fahren? Welche für 29,50 € bzw. 40 €?

6 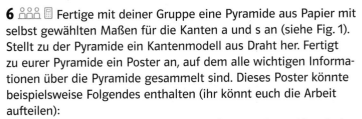 Fertige mit deiner Gruppe eine Pyramide aus Papier mit selbst gewählten Maßen für die Kanten a und s an (siehe Fig. 1). Stellt zu der Pyramide ein Kantenmodell aus Draht her. Fertigt zu eurer Pyramide ein Poster an, auf dem alle wichtigen Informationen über die Pyramide gesammelt sind. Dieses Poster könnte beispielsweise Folgendes enthalten (ihr könnt euch die Arbeit aufteilen):

– Eine Berechnung der Drahtlänge, die für eure Pyramide mindestens benötigt wird.
– Ein Schrägbild der Pyramide.
– Eine Zeichnung vom Netz der Pyramide.
– Eine Formel für die Gesamtkantenlänge einer Pyramide.
– Eine Formel für den Oberflächeninhalt einer Pyramide und eine Berechnung des Oberflächeninhalts eurer Pyramide.
– Eine Zeichnung des Querschnitts der Pyramide, wenn diese entlang der roten Linien aufgeschnitten wird, und die Angabe der Winkelweiten von α, β und γ.
– Eine Berechnung des Rauminhalts der Pyramide, wobei $V = (a^2 \cdot h) : 3$ eine Formel zur Berechnung des Rauminhalts ist.

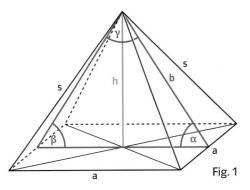

Fig. 1

7 In einem Molkereiladen kann man sich Joghurt in einen Becher abfüllen lassen. Die Verkäuferin wiegt den gefüllten Becher und zieht das Gewicht des leeren Bechers ab, da er nicht mitbezahlt werden muss. Dieser wiegt 15 g. 100 g Joghurt kosten 0,20 €.

a) Ida kauft 320 g Joghurt. Wie viel muss sie bezahlen?

b) Bei Joscha zeigt die Waage das Gesamtgewicht 265 g an. Wie viel muss er bezahlen?

c) Stelle einen Term auf, mit dem man aus dem von der Waage gemessenen Gesamtgewicht den Kaufpreis berechnen kann.

d) Lilo hat 2,70 € im Geldbeutel. Welches Gesamtgewicht darf die Waage bei ihr höchstens anzeigen?

8 In Rechteckland sind alle Grundstücke rechteckig und halb so breit wie lang.

a) Stelle einen Term für den Umfang und den Flächeninhalt der Grundstücke auf.

b) Wie lang ist ein Grundstück in Rechteckland, wenn es den Umfang 48 m hat?

c) Die Gebäude, die in Rechteckland gebaut werden, sind alle quaderförmig und halb so breit wie lang und dreimal so hoch wie breit. Stelle einen Term für den Oberflächeninhalt und den Rauminhalt der Gebäude in Rechteckland auf.

Türme und Terme

Sicher hast du schon einmal in einem Gasthof gesessen, musstest lange auf dein Essen warten und hast aus den herumliegenden Bierdeckeln Bauwerke gebaut. Ein besonders schöner und beliebter Bierdeckelturm ist der **Dreieckssturm**, der im Foto abgebildet ist – Profis können ihn mit Geschick viele Stockwerke hoch bauen. Vielleicht reicht dir die Zeit beim nächsten Restaurantbesuch, um mit so einem Dreieckssturm viele Entdeckungen mit Termen zu machen.

Als Erstes fertigst du auch so eine Tabelle, wie sie hier aufgezeichnet ist, an – hoffentlich hast du Papier und Bleistift mit dabei. Im Notfall kann dir der Kellner helfen. Natürlich kannst du die Tabelle um weitere Anzahlen, die dich interessieren, erweitern.

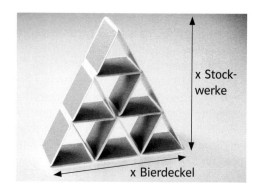

x Stockwerke

x Bierdeckel

Dreieckstürme x		1	2	3	4	5
Skizze		△	△△			
Anzahl Dreiecke unterste Reihe		1	3			
Anzahl aller Dreiecke		1	4			
Anzahl Bierdeckel		3	9			
Anzahl Dreiecke mit Spitze nach oben		1	3			

Fig. 1

> Finde einen Term für die Anzahl der Dreiecke in der untersten Reihe.
>
> Finde einen Term für die Anzahl aller Dreiecke.

Vielleicht hast du herausgefunden, dass man mit dem Term $x \cdot x = x^2$ die Anzahl aller Dreiecke berechnen kann. Die Anzahl der Dreiecke ist also immer eine Quadratzahl. Es ist merkwürdig, dass in Dreieckstürmen Quadratzahlen vorkommen.
Wenn du Glück hast und dein Essen immer noch nicht gekommen ist, so kannst du jetzt herausfinden, warum hier Quadratzahlen vorkommen.
In den Stockwerken der Dreieckstürme gibt es (von oben nach unten) 1; 3; 5; 7 ... Dreiecke. Also immer eine ungerade Zahl. Aus den Dreieckstürmen kannst du also wie in der Tabelle Zahlentürme machen.
Du siehst: Wenn man die ersten ungeraden Zahlen zusammenzählt, so ergibt sich immer eine Quadratzahl.
$1 + 3 + 5 + 7 + 9 + \ldots =$ Quadratzahl.

Zahlentürme zu den Dreiecken x	1	2	3	4
1. Reihe	1	1	1	1
2. Reihe		3	3	3
3. Reihe			5	5
4. Reihe				7
Summe	$1 = 1^2$	$4 = 2^2$	$9 = 3^2$	$16 = 4^2$

Fig. 2

Aber warum ist das so? Jetzt lohnt es sich, das Essen, falls es inzwischen da ist, sogar kalt werden zu lassen. Bitte alle Mitesser um ihre gesamten mitgebrachten Münzen. Wenn du für jedes Dreieck eine Münze legst, so erhältst du einen Dreieckssturm aus Münzen. Den Dreieckssturm aus Münzen kannst du leicht zu einem Quadrat umlegen – probiere es aus! Du erkennst, wie Dreieckstürme, Summen von ungeraden Zahlen und Quadrate zusammenhängen.

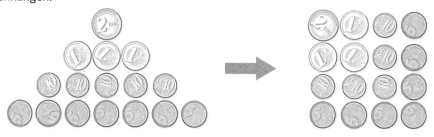

Fig. 3

Türme und Terme

> Begründe durch eine Zeichnung der Münzmuster, dass $1 + 3 + 5 + 7 + 9 = 25$ ist.
>
> Begründe: $1 + 3 + 5 + 7 + 9 + 11 = 36$ und $1 + 3 + 5 + 7 + 9 + 11 + 13 = 49$.
>
> Berechne $1 + 3 + 5 + 7 + 9 + 11 + 13 + 15 + 17 + 19 + 21 + 23$ möglichst rasch.
>
> Berechne die Summe der ersten 100 ungeraden Zahlen.

Jetzt ist es aber wirklich empfehlenswert, erst mal zu essen – für die nächsten Entdeckungen musst du frisch gestärkt sein. Und wenn du dann auf den wohlverdienten Nachtisch wartest, kannst du untersuchen, wie viele Bierdeckel man für so einen Dreiecksturm braucht. Vielleicht hast du schon bemerkt, dass diese Anzahl mit der Anzahl der Dreiecke, deren Spitze oben ist, zusammenhängt. Ihre Anzahl ist $1 + 2 + 3 + \ldots$ Auch dazu gibt es also wieder Zahlentürme (siehe Tabelle rechts). Man nennt die entstehenden Summen 1; 3; 6; 10; 15 … **Dreieckszahlen**.

Zahlentürme zu den roten Dreiecken				
x	1	2	3	4
1. Reihe	1	1	1	1
2. Reihe		2	2	2
3. Reihe			3	3
4. Reihe				4
Summe	1	3	6	10

Fig. 1

Für ein großes x, z. B. $x = 100$, ist es aber sehr mühsam, die Dreieckszahl $1 + 2 + 3 + \ldots + 99 + 100$ auszurechnen. Gibt es hier auch eine Abkürzung – so wie für die Summe der ersten ungeraden Zahlen? Wieder helfen Münzmuster weiter. Wenn du im Dreiecksturm für jedes Dreieck mit Spitze nach oben eine Münze legst, erhältst du einen Dreiecksturm aus Münzen. Diesen Turm musst du umgedreht noch mal legen und mit dem ursprünglichen Turm zusammenschieben:

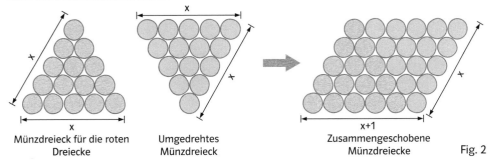

Münzdreieck für die roten Dreiecke   Umgedrehtes Münzdreieck   Zusammengeschobene Münzdreiecke   Fig. 2

Es ergibt sich ein Parallelogramm aus x Reihen. Jede Reihe hat $x + 1$ Münzen. Insgesamt sind es $x \cdot (x + 1)$ Münzen. Das ursprüngliche (rote) Münzdreieck hat also $x \cdot (x + 1) : 2$ Münzen. Wir haben die Formel $1 + 2 + 3 + \ldots + x = \frac{1}{2} \cdot x \cdot (x + 1)$ begründet. Diese Formel nennt man die **Gauß'sche Summenformel**. Es gibt $\frac{1}{2} \cdot x \cdot (x + 1)$ rote Dreiecke und $3 \cdot \frac{1}{2} \cdot x \cdot (x + 1)$ Bierdeckel im Dreiecksturm. Zur Verdauung noch ein paar Aufgaben.

> Berechne $1 + 2 + 3 + \ldots + 200$.
>
> Zeige $1 + 2 + 3 + \ldots + 6 + 5 + \ldots + 2 + 1 = 6^2$ und begründe mit Münzmustern dazu eine allgemeine Formel.

Nach einer Anekdote hat der neunjährige C. F. Gauß (1777–1855) in der Schule die Summe $1 + 2 + 3 + \ldots + 99 + 100$ so berechnet:

$$
\begin{array}{rrrrrr}
1 + & 2 + & 3 + & \ldots + & 99 + & 100 \\
+ 100 + & 99 + & 98 + & \ldots + & 2 + & 1 \\
\hline
= 101 + & 101 + & 101 + & \ldots + & 101 + & 101
\end{array}
$$

$= 100 \cdot 101$

Also $1 + 2 + \ldots + 100 = \frac{1}{2} \cdot 100 \cdot 101$.
Gauß war ein berühmter Mathematiker.

Rückblick

Grundregeln für Rechenausdrücke
Klammerregel
Klammern werden zuerst berechnet.

$7{,}3 - 3 \cdot (5{,}4 - 4{,}8) - 10{,}5$

$= 7{,}3 - 3 \cdot 0{,}6 - 10{,}5$

Punkt-vor-Strich-Regel
Wenn keine Klammern vorhanden sind, so werden Punktrechnungen vor Strichrechnungen ausgeführt.

$= 7{,}3 - 1{,}8 - 10{,}5$

Von-links-nach-rechts-Regel
Wenn nur Punkt- oder Strichrechnungen und keine Klammern vorkommen, so wird von links nach rechts gerechnet.

$= 5{,}5 - 10{,}5$
$= -5$

Regeln zum geschickten Rechnen
Vertauschen bei der Addition oder Subtraktion
Beim Vertauschen die Plus- und Minuszeichen mitnehmen.

$6{,}3 + 4{,}5 - 6{,}3 = 6{,}3 - 6{,}3 + 4{,}5 = 4{,}5$

Vertauschen bei der Multiplikation
Beim Vertauschen die Plus- und Minuszeichen mitnehmen.

$2 \cdot (-3) \cdot 5 = 2 \cdot 5 \cdot (-3) = 10 \cdot (-3) = -30$

Klammern umsetzen bei der Addition oder Multiplikation
Nur bei der Addition oder Multiplikation darf man Klammern umsetzen, nicht bei Subtraktion oder Division.

$1{,}6 + (8{,}4 + 9) = (1{,}6 + 8{,}4) + 9 = 19$
$2 \cdot (5 \cdot 15) = (2 \cdot 5) \cdot 15 = 10 \cdot 15 = 150$

Zusammenfassen
Mehrere Zahlen, die subtrahiert werden, kann man zusammenfassen.

$17 - 4{,}3 - 5{,}7 = 17 - (4{,}3 + 5{,}7) = 17 - 10 = 7$

Minusklammerregel
Beim Auflösen einer Minusklammer muss man bei den Zahlen in der Klammer die Pluszeichen zu Minuszeichen und die Minuszeichen zu Pluszeichen ändern.

$\frac{4}{3} - \left(-\frac{5}{3} + 2\right) = \frac{4}{3} + \frac{5}{3} - 2 = 3 - 2 = 1$

Ausmultiplizieren
Jede Zahl in der Klammer muss mit der Zahl, die außerhalb der Klammer steht, multipliziert werden.

$0{,}2 \cdot (15 - 35) = 0{,}2 \cdot 15 - 0{,}2 \cdot 35 = 3 - 7 = -4$

Ausklammern
Gemeinsame Faktoren kann man ausklammern.

$1{,}3 \cdot 4{,}5 - 5{,}5 \cdot 1{,}3 = 1{,}3 \cdot (4{,}5 - 5{,}5)$
$= 1{,}3 \cdot (-1) = -1{,}3$

Terme und Gleichungen mit einer Variablen
In einen **Term mit einer Variablen** kann man für die Variable eine rationale Zahl einsetzen.
Es ergibt sich ein Rechenausdruck, dessen **Wert** man berechnen kann.
Soll der Term einen bestimmten Wert annehmen, so schreibt man dies als **Gleichung**.

$3 \cdot x - 8$

x	2	5	-4
$3x - 8$	$3 \cdot 2 - 8 = -2$	$3 \cdot 5 - 8 = 7$	$3 \cdot (-4) - 8$ $= -20$

Vorgegebener Wert: -2
Gleichung: $3x - 8 = -2$

Eine Zahl heißt Lösung der Gleichung, wenn beim Einsetzen der Zahl der Term den vorgegebenen Wert annimmt.

Lösung: 2
Geschicktes Probieren:

x	1	3	2
$3x - 8$	-5	1	-2

Eine Lösung findet man durch geschicktes Probieren oder durch Rückwärtsrechnen.

Vorwärts:

Rückwärts:

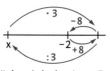

Ein Zusammenhang zwischen verschiedenen Größen, für die Variablen geschrieben werden, heißt **Formel**.

Formel für den Flächeninhalt eines Dreiecks: $A = (a \cdot h) : 2$

Training

1 Berechne die Rechenausdrücke möglichst geschickt.

a) $\frac{1}{2} \cdot \frac{1}{3} + \frac{5}{6}$　　b) $7,4 + 2,6 \cdot 2$　　c) $\left(\frac{3}{7} - \frac{1}{2}\right) \cdot 14$　　d) $4,5 \cdot 14 - 4,5 \cdot 4$

e) $12,4 - 6,9 - 3,1$　　f) $\frac{7}{2} \cdot \left(\frac{3}{4} - \frac{4}{5}\right)$　　g) $(5,8 + 8,7) : 2,9$　　h) $1,4 \cdot (5 - 200)$

2 Übernimm die Tabelle ins Heft und ergänze die fehlenden Zahlen.

x	1	2	8		−4	0,8		$\frac{1}{4}$		$-\frac{2}{3}$	
2x − 7			5				−6		3,2		−9

3 a) Welchen Umfang und welchen Flächeninhalt hat die Fig. 1, wenn x die Länge 5 cm hat?
b) Stelle einen Term mit der Variablen x für den Umfang und für den Flächeninhalt der Figur auf.
c) Für welches x ist der Umfang 64 cm?
d) Für welches x ist der Flächeninhalt 42 cm²?

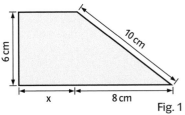

Fig. 1

4 Den Betrag B einer monatlichen Handyrechnung kann man mit der Formel
B = a · x + b berechnen. Hierbei steht x für die Anzahl der Gesprächsminuten im Monat,
a steht für die Gebühr pro Gesprächsminute und b für die Grundgebühr.
a) Kathrin hat einen Vertrag mit 9,95 € Grundgebühr und 0,35 € Gebühr pro Gesprächsminute. Berechne in einer Tabelle, wie hoch Kathrins Handyrechnung für 0; 1; 2; 10; 50; 100 Gesprächsminuten im Monat ist.
b) Johannes hat einen Vertrag mit a = 0,15 € und b = 19,95 €. Wie viel bezahlt Johannes für 10 bzw. 100 Gesprächsminuten? Wie lange kann Johannes für 27,45 € telefonieren?
c) Ida telefoniert monatlich ca. 70 Minuten. Welchen der beiden Verträge soll sie wählen?

x	0	1	2
B	9,95		

1 Berechne die Rechenausdrücke.

a) $\frac{1}{2} \cdot \left(\frac{2}{3} + \frac{4}{7}\right)$　　b) $7,4 \cdot 4,2 + 4,2 \cdot 2,6$　　c) $\left(2,8 + \frac{4}{5}\right) \cdot 5$　　d) $\frac{8}{7} \cdot \frac{2}{3} - \frac{11}{6} \cdot \frac{8}{7}$

2 Setze in dem Term für die Variable x nacheinander die Zahlen 4; −6 und 1,4 ein. Lege eine Tabelle an und berechne die entstehenden Rechenausdrücke.

a) $2x + 4$　　b) $3x - 8$　　c) $-0,5x - 5$

3 Löse die folgenden Gleichungen.

a) $3x = -12$　　b) $4x - 3 = 17$　　c) $6x - 9,1 = -4,3$　　d) $-0,5x + 3 = 7$

4 Eine Mietwagenfirma bietet ein Cabrio als Mietwagen für die Grundgebühr 45 € und die Gebühr von 25 ct pro gefahrenen Kilometer an.
a) Wie viel muss man bei einer Strecke von 80 km insgesamt bezahlen?
b) Stelle einen Term auf, mit dem man die Gesamtgebühr berechnen kann.
c) Berechne mithilfe des Terms, wie viel man für 120 km bzw. für 250 km bezahlen muss.
d) Wie weit kann man fahren, wenn man 100 € zur Verfügung hat?

■ Mit rationalen Zahlen rechnen
■ Abhängigkeiten durch Terme beschreiben

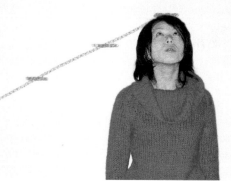

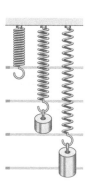

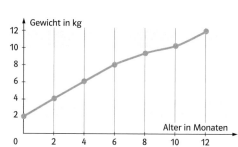

Gewichtszunahme eines Gorillababys

Zahl und
Maß

Daten und
Zufall

**Beziehung und
Änderung**

Modell und
Simulation

**Muster und
Struktur**

Form und
Raum

Manchmal darf man auch abhängen

Ein Bild sagt mehr als tausend Worte.

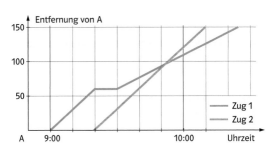

Bildplan für Züge

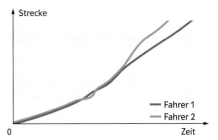

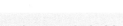

Das kannst du bald

- Diagramme lesen
- Aus gegebenen Größenangaben weitere Größenangaben berechnen
- Beim Kreis die Abhängigkeit des Umfangs und des Flächeninhalts vom Radius nutzen
- Maßstäbliche Darstellungen verwenden

1 Diagramme lesen

Schule mit Schulweg	Hausaufgaben	Freizeit	Essen, Schlafen...
7 h	1 h 30 min	6 h	9 h 30 min

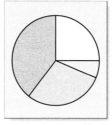

Fig. 1   Fig. 2

In Zeitungen findet man häufig Diagramme. Sie dienen meistens zur Veranschaulichung von Größenangaben oder von Anteilen.

Die Schülerzeitung „Spickzettel" führte an der Schule eine Umfrage durch. Alle Schülerinnen und Schüler der Klassen 5 und 6 sollten angeben, wie viel Zeit sie an einem Schultag mit welcher Tätigkeit verbringen. Die Durchschnittswerte der Umfrage zeigt die nebenstehende Tabelle.

Für den Bericht im „Spickzettel" werden zwei verschiedene Diagramme vorgeschlagen (Fig. 1 und Fig. 2).

Bei der Mitgliederversammlung des VfB Stuttgart sollen die Zuschauerzahlen der vergangenen 6 Jahre vorgestellt werden. Dafür ist die Form des **Säulendiagramms** gut geeignet.

Fig. 3

Fig. 4

In Fig. 3 entspricht die Höhe der Säulen den Zuschauerzahlen, während in Fig. 4 die Skala erst bei 20 000 Zuschauern beginnt. Dadurch werden Veränderungen deutlicher sichtbar. Allerdings kann man hier sehr leicht falsche Schlüsse ziehen. So könnte man irrtümlicherweise meinen, dass in der Saison 02/03 fast dreimal so viele Zuschauer zu einem Spiel gekommen seien wie in der Saison 00/01.

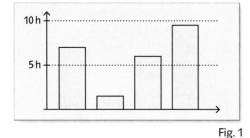

Fig. 5

Fig. 6

Ein kleiner Sportverein hat drei Abteilungen: Fußball, Tennis und Handball. In einem **Kreisdiagramm** (Fig. 5) sind die Anteile der jeweiligen Abteilungen übersichtlich dargestellt. Man kann zum Beispiel sofort sehen, dass die Handballabteilung am kleinsten ist und dass mehr als die Hälfte aller Mitglieder zur Fußballabteilung gehören.

Möchte man die Anteile genau kennen, so muss man die Winkel der Kreisausschnitte messen. Zur Handballabteilung gehört die Winkelweite 50°, also der Anteil $\frac{50}{360}$. Diesen Anteil kann man auch in Prozent angeben: $\frac{50}{360} = 50 : 360 \approx 0,14 = \frac{14}{100} = 14\%$.

Wenn man weiß, dass der ganze Verein 124 Mitglieder hat, so kann man daraus die Mitgliederzahl der Handballabteilung berechnen: $\frac{50}{360}$ von 124 sind $\frac{50}{360} \cdot 124 \approx 17$.

Die gleichen Informationen kann man auch aus einem **Streifendiagramm** (Fig. 6) erhalten.

Aus Säulen-, Balken- oder Bilddiagrammen können Zahlen- oder Größenangaben abgelesen werden. Dabei ist besonders auf die Einheiten und den Beginn der Skala zu achten.

Säulendiagramm
oder
Balkendiagramm?

Alles nur eine Frage der
Blickrichtung!

| Säulendiagramm | Balkendiagramm | Bilddiagramm | Fig. 1 |

Aus Kreis- oder Streifendiagrammen können Anteile abgelesen werden.

| Kreisdiagramm | Streifendiagramme | Fig. 2 |

Beispiel

Bei einer Schülersprecherwahl wurde das Ergebnis in einem Kreisdiagramm (Fig. 3) dargestellt.

a) Bestimme Toms Anteil in Prozent.

b) Wie viele von den 108 abgegebenen Stimmen erhielt Seda?

c) Stelle das Ergebnis der Wahl in einem Streifendiagramm dar.

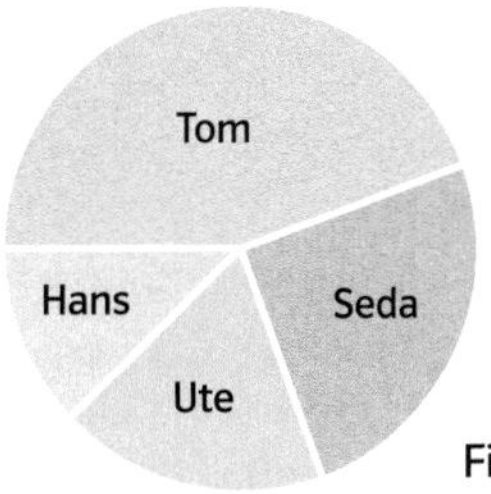

Fig. 3

Lösung:

a) Winkelweite für Toms Anteil: 160°; Toms Anteil: $\frac{160}{360} \approx 0,44 = 44\%$.

b) Sedas Stimmenanteil: $\frac{90}{360} = \frac{1}{4} = 25\%$; Stimmenzahl: $\frac{1}{4}$ von 108 ist $\frac{1}{4} \cdot 108 = 27$.

c) Gesamte Streifenlänge: 10 cm. Länge des Streifens für Tom: 44% von 10 cm = 4,4 cm.

| Tom | Seda | Ute | Hans |

Fig. 4

Aufgaben

1 Lebensmittel enthalten Kohlenhydrate, Eiweiß, Fett, Wasser und Spurenelemente. Die Zusammensetzung von Cashewnüssen zeigt das Kreisdiagramm in Fig. 5.

a) Überprüfe die Behauptung, dass Fett einen größeren Anteil an den Nüssen hat als Kohlenhydrate und Eiweiß zusammen.

b) Bestimme den Anteil der Kohlenhydrate in Prozent.

c) Zeichne ein Streifendiagramm.

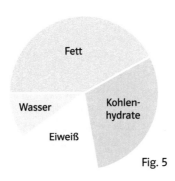

Fig. 5

Spurenelemente
Sie spielen gewichtsmäßig keine Rolle, sind aber für eine gesunde Ernährung sehr wichtig.

2 Die Zusammensetzung von Brot und Hartkäse ist in den Streifendiagrammen in Fig. 1 dargestellt.

a) Enthält Brot mehr Wasser als Hartkäse?

b) Eine Scheibe Brot wiegt 50 g, eine Scheibe Käse 30 g. Wie viel Eiweiß enthält die mit Käse belegte Scheibe Brot?

3 Seit Beginn seiner Schlankheitskur notiert Herr Kugel jeden Sonntagmorgen sein Gewicht und erstellt damit ein Säulendiagramm.

a) Wie viel wiegt Herr Kugel nach zwei Wochen seiner Kur?

b) Wie groß ist die Gewichtsabnahme in den ersten vier Wochen der Kur?

c) Warum lässt wohl Herr Kugel die Gewichtsskala erst bei 70 kg beginnen? Zeichne ein Diagramm, bei dem die Skala bei 0 kg beginnt.

Fig. 1

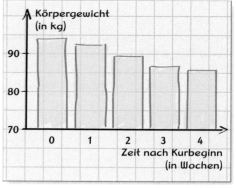

Fig. 2

4 Im Jahr 2002 gab es in Deutschland etwa 935 000 Schülerinnen und Schüler, die ihren Schulbesuch abschlossen. Die Verteilung auf die verschiedenen Schulabschlüsse zeigt das Kreisdiagramm in Fig. 3.

a) Wie hoch ist der Anteil der Schülerinnen und Schüler mit Realschulabschluss?

b) Wie viele Schülerinnen und Schüler verlassen die Schule ohne Abschluss?

c) Zeichne ein Säulendiagramm.

5 Eine Firma veröffentlicht ihre Gewinne bzw. Verluste in den vergangenen fünf Geschäftsjahren in Form eines Balkendiagramms (Fig. 4).

Hat die Firma in diesen Jahren insgesamt einen Gewinn erzielt?

Vergleiche das Ergebnis, das du durch Berechnen erhältst, mit dem ersten Eindruck beim Betrachten des Diagramms.

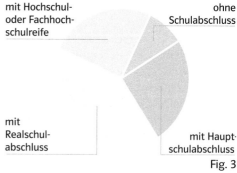

Fig. 3

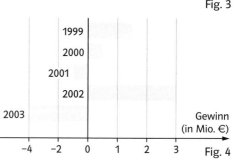

Fig. 4

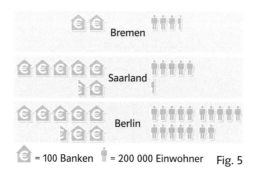

= 100 Banken 	= 200 000 Einwohner 	Fig. 5

6 Das Bilddiagramm in Fig. 5 zeigt die Anzahl der Banken und die Einwohnerzahl dreier Bundesländer im Jahr 2002.

a) Überlege dir Fragen, die man mithilfe des Bilddiagramms beantworten kann, und stelle diese Fragen deinem Partner.

b) Suche in Zeitungen nach Diagrammen, überlege Fragen dazu und stelle sie deiner Partnerin oder deinem Partner. Stellt der Klasse die Ergebnisse vor.

2 Abhängigkeiten beschreiben

Mithilfe von Diagrammen kann man nicht nur Größenangaben veranschaulichen. Man kann damit auch zeigen, wie eine Größe von einer anderen abhängt.

Bei einem Radrennen wurde in der letzten halben Stunde des Rennens die Geschwindigkeit eines Testfahrers laufend gemessen und aufgezeichnet. Jan meint beim Betrachten des Diagramms: „Ich finde es unfair, dass es zum Ziel bergauf geht!"

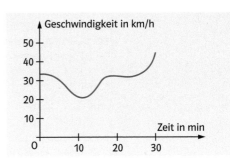

Fig. 1

Marielle interessiert, wie schnell der Bach hinter ihrer Schule fließt. Sie rollt am Ufer ein Maßband aus und setzt ein Papierschiffchen auf das Wasser. Alle zehn Sekunden liest sie auf dem Maßband ab, wie weit das Schiffchen geschwommen ist. Ihre Messergebnisse notiert sie in einer Tabelle.

Zeit seit dem Start (in s)	10	20	30	40	50
Zurückgelegte Strecke (in m)	8	16	24	32	40

Beide Größen trägt sie in einem gemeinsamen Diagramm ein (Fig. 2). Dadurch wird die Abhängigkeit der zurückgelegten Strecke von der Zeit veranschaulicht. Der Punkt mit den Koordinaten (20|16) zeigt, dass das Schiffchen in 20 s eine Strecke von 16 m zurückgelegt hat. Marielle hätte zu jedem beliebigen Zeitpunkt die zurückgelegte Strecke messen können. Daher ist es sinnvoll, die eingetragenen Punkte miteinander zu verbinden. Damit kann man z. B. ablesen, dass das Schiffchen in 25 s etwa 20 m weit geschwommen ist. Die Tabelle und das Diagramm zeigen, dass das Schiffchen jeweils in 10 s eine Strecke von 8 m zurücklegt. Der Bach fließt also mit einer Geschwindigkeit von 0,8 Meter pro Sekunde.

Die Einheiten auf den Koordinatenachsen werden so gewählt, dass die Werte aus der Tabelle möglichst übersichtlich in das Koordinatensystem eingetragen werden können: Für 10 s wählt man 1 cm, für 10 m ebenfalls 1 cm.

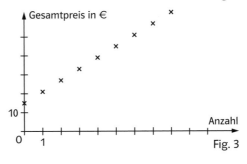
Fig. 2

Mark entdeckt in einer Zeitschrift eine Anzeige, in der Olympiamünzen mit der zugehörigen Sammelmappe angeboten werden. In einem Diagramm (Fig. 3) wird dargestellt, wie der Gesamtpreis von der Anzahl der bestellten Münzen abhängt.

Mithilfe des Diagramms kann man eine Tabelle für den Gesamtpreis erstellen.

Fig. 3

Da keine Bruchteile von Münzen verkauft werden, gibt es keinen Preis für 1,5 Münzen oder 2,3 Münzen. Es ist also nicht sinnvoll, die Punkte im Diagramm miteinander zu verbinden.

Anzahl der bestellten Münzen	0	1	2	3	4	5	6	7	8
Gesamtpreis (in €)	15	21	27	33	39	45	51	57	63

Die Sammelmappe kostet also 15 € und jede Münze 6 €.

Mithilfe einer **Tabelle** kann man beschreiben, wie eine Größe von einer anderen Größe abhängt. Diese Abhängigkeit lässt sich in einem **Diagramm** veranschaulichen, in dem eine Größe auf der x-Achse, die andere Größe auf der y-Achse abgetragen wird. Häufig kann man die Abhängigkeit auch **in Worten** formulieren.

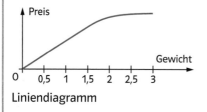

Liniendiagramm

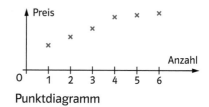

Punktdiagramm

Beispiel

a) Das Diagramm (Fig. 1) zeigt den Verlauf der Lufttemperatur an einem Sommertag. Beschreibe diesen Verlauf in Worten.

b) Die Heizung einer Wohnung ist so eingestellt, dass bis 6 Uhr morgens die Raumtemperatur 15 °C beträgt. Bis um 8 Uhr wird sie um 5 Grad erhöht. Diese Temperatur wird bis 22 Uhr beibehalten. Im Verlauf der nächsten 4 Stunden kühlt sich der Raum wieder auf 15 °C ab. Zeichne ein Diagramm für den Temperaturverlauf eines Tages.

Lösung:

a) Morgens um 6 Uhr beträgt die Lufttemperatur 12 °C. Sie steigt im Laufe des Tages an. Um 15 Uhr ist es am wärmsten, nämlich 30 °C. Von diesem Zeitpunkt an wird es wieder kühler. Abends um 22 Uhr ist es aber immer noch 20 °C warm.

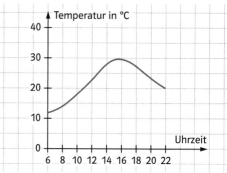

Fig. 1

b)

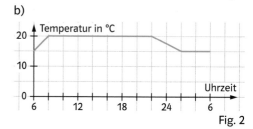

Fig. 2

Aufgaben

1 Die Höhe eines Heißluftballons wurde in einem Diagramm (Fig. 3) aufgezeichnet. Beschreibe den Verlauf der Ballonfahrt in Worten.

2 Sarah spart für ein neues Computerspiel. In ihrem Sparschwein hat sie schon 25 €. Zu Beginn jedes Monats wirft sie 4 € von ihrem Taschengeld ein. Stelle den Inhalt des Sparschweins im Verlauf eines Jahres in einer Tabelle und in einem Diagramm dar. Wann kann sie das Spiel für 66,50 € kaufen?

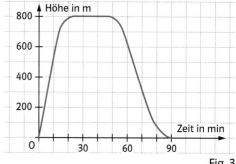

Fig. 3

1 Das Diagramm (Fig. 1) zeigt den Inhalt eines Heizöltanks im Verlauf eines Jahres.
a) Erstelle eine Tabelle.
b) Beschreibe den Verlauf in Worten.

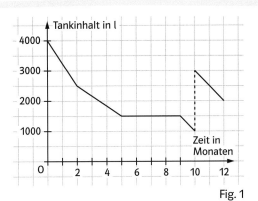

Fig. 1

2 Ein Liter Olivenöl wiegt etwa 920 g, eine leere Literflasche 600 g.
a) Veranschauliche in einem Diagramm, wie das Gesamtgewicht vom Inhalt der Flasche abhängt.
b) Wie viel Öl ist in der Flasche, wenn das Gesamtgewicht 1 kg beträgt?

3 Eine Schnecke möchte eine 8 m hohe Mauer hinaufkriechen. In 2 Stunden schafft sie 5 m. Dann muss sie sich 2 Stunden lang ausruhen, wobei sie wieder 2 m nach unten rutscht.
a) Veranschauliche in einem Diagramm, wie hoch die Schnecke im Lauf der Zeit gekommen ist.
b) Wann ist sie oben angekommen?

4 Ein quadratisches Gartenstück soll durch Büsche eingezäunt werden. Die Büsche werden dabei in einem Abstand von einem Meter gepflanzt.
a) Wie viele Büsche werden gebraucht, wenn das Gartenstück eine Seitenlänge von 2 m, 3 m, 4 m … 10 m hat? Erstelle eine Tabelle. Drücke das Ergebnis in Worten aus.
b) Zeichne ein Diagramm für verschiedene Seitenlängen des Grundstücks.

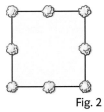

Fig. 2

5 Die durchschnittliche Körpergröße von Kleinkindern zeigt die folgende Tabelle.

Alter in Monaten	0	2	4	6	9	12
Körpergröße in cm	50	58	63	67	72	76

a) Zeichne ein Punktdiagramm, das veranschaulicht, wie die durchschnittliche Körpergröße vom Lebensalter abhängt. Ist es sinnvoll, die Punkte miteinander zu verbinden?
b) Wann wächst ein Kleinkind am schnellsten?
c) Versuche mithilfe des Diagramms zu schätzen, wie groß ein 24 Monate altes Kleinkind durchschnittlich ist.
d) Wie groß wäre ein 12 Monate altes Kind, wenn es immer so schnell wachsen würde wie in den ersten beiden Monaten?

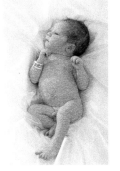

6 Die Deutsche Bahn stellt die Bewegungen von Zügen in so genannten Bildplänen dar. Dabei werden die Positionen verschiedener Züge zu allen Uhrzeiten in ein Koordinatensystem eingetragen. (Fig. 3)
a) Beschreibe den „Fahrplan" von Zug 1 in Worten.
b) Wo und wann begegnet der Zug 2 dem Zug 3? Überholt ein Zug einen anderen?

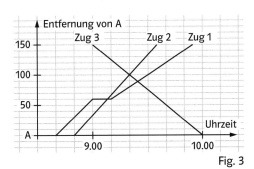

Fig. 3

3 Den Dreisatz verstehen

Die Abhängigkeit zweier Größen hast du gelernt in Diagrammen darzustellen. Bei einer bestimmten Abhängigkeit genügt es, ein Paar zusammengehörende Größenangaben zu kennen, um weitere Werte berechnen zu können.

Tom und Jessica studieren in der Disco die Getränkekarte.
Tom: „Irgendwie scheinen mir die Preise nicht in Ordnung zu sein."
Jessica: „Wieso denn? Für das Einschenken, das Bedienen und das Gläserspülen berechnet die Disco 1,50 € pro Glas."

An einem Messbecher kann man ablesen, dass 500 cm³ Mehl etwa 400 g wiegen. Kann man daraus berechnen, wie viel 700 cm³ wiegen? Es ist klar, zum größeren Volumen gehört auch ein größeres Gewicht. Genauer: Zum doppelten Volumen gehört das doppelte Gewicht, zum halben Volumen das halbe Gewicht. Um das Gewicht von 700 cm³ Mehl zu bestimmen, berechnet man zunächst, wie viel 100 cm³ wiegen.

Zu einem Fünftel des Volumens gehört ein Fünftel des Gewichts. Zum siebenfachen Volumen gehört das siebenfache Gewicht.

500 cm³ wiegen 400 g.
100 cm³ wiegen 400 g : 5 = 80 g.
700 cm³ wiegen 80 g · 7 = 560 g.
Ebenso könnte man jetzt auch berechnen, wie viel 200 cm³, 400 cm³ usw. wiegen.
Da man aus drei gegebenen („gesetzten") Größenangaben weitere berechnen kann, nennt man das Rechenschema **Dreisatz**.

Wasser 500 cm³   Mehl 400 g

Fig. 1

Lisa ist 5 Jahre alt und 1,15 cm groß. Wie groß wird sie mit 10 Jahren sein?
Wenn sie doppelt so alt ist, ist sie zwar größer geworden, aber sicher nicht doppelt so groß. Hier ist also der Dreisatz nicht anwendbar.
Mahmud hat zum Geburtstag eine große Tüte Gummibärchen erhalten. Verteilt er alle an 6 Kinder, so erhält jedes Kind 16 Bärchen. Wie viele Bärchen erhält jedes Kind, wenn er sie an 8 Kinder verteilt?

Zu einem Sechstel gehört das Sechsfache. Zum Achtfachen gehört ein Achtel.

Bei doppelt so vielen Kindern erhält jedes Kind nur halb so viele Bärchen, bei halb so vielen Kindern doppelt so viele Bärchen. Hier kann man einen anderen Dreisatz anwenden.
Bei 6 Kindern erhält jedes 16 Gummibärchen.
Bei 1 Kind erhält jedes 16 Gummibärchen · 6 = 96 Gummibärchen.
Bei 8 Kindern erhält jedes 96 Gummibärchen : 8 = 12 Gummibärchen.

Gilt „Je mehr desto mehr", dann gilt auch „Je weniger desto weniger".

Gilt „Je mehr desto weniger", dann gilt auch „Je weniger desto mehr".

Um einen Dreisatz anwenden zu können, muss man vorher überprüfen, ob die folgenden Bedingungen erfüllt sind.

Je-mehr-desto-mehr-Dreisatz   oder   **Je-mehr-desto-weniger-Dreisatz**
1. Nimmt die erste Größe zu, so nimmt auch die zweite Größe zu.
2. Zum Doppelten, Dreifachen ... der ersten Größe gehört das Doppelte, das Dreifache ... der zweiten Größe.

1. Nimmt die erste Größe zu, so nimmt die zweite Größe ab.
2. Zum Doppelten, Dreifachen ... der ersten Größe gehört die Hälfte, ein Drittel ... der zweiten Größe.

Beispiel 1   Bedingung für Dreisatz erkennen

Bei welchen Abhängigkeiten kann man einen Dreisatz anwenden? Begründe.

a) Länge eines Drahtes – Gewicht des Drahtes

b) Alter einer Eiche – Höhe der Eiche

c) Anzahl der Maler, die einen Zaun streichen – Zeit, die sie zum Streichen brauchen

Lösung:

a) Bei gleicher Dicke und gleichem Material wiegt ein doppelt so langes Drahtstück auch doppelt so viel. Also ist ein Je-mehr-desto-mehr-Dreisatz anwendbar.

b) Eine Eiche wird zwar mit zunehmendem Alter höher, aber eine alte Eiche wächst langsamer als eine junge Eiche. Also ist kein Dreisatz anwendbar.

c) Wenn alle Maler gleich schnell arbeiten, brauchen doppelt so viele Maler nur halb so lang. Also ist ein Je-mehr-desto-weniger-Dreisatz anwendbar.

Viele Maler verderben den Dreisatz!

Beispiel 2   Dreisatz anwenden

Bei einem Handballspiel bezahlten 400 Zuschauer zusammen 2400 € Eintritt. Wie hoch wären die Einnahmen bei 500 Zuschauern gewesen? Welche Annahme hast du bei deiner Rechnung gemacht?

Lösung:

Es ist ein Je-mehr-desto-mehr-Dreisatz anwendbar.

400 Zuschauer bezahlen 2400 € .

100 Zuschauer bezahlen 2400 € : 4 = 600 € .

500 Zuschauer bezahlen 600 € · 5 = 3000 € .

Annahme: Das Eintrittsgeld ist für alle Zuschauer gleich hoch.

Beispiel 3   Dreisatz anwenden

Um die Fenster eines Bürogebäudes zu reinigen, brauchen 3 Arbeiter einer Firma 6 Tage.

a) Wie lange würden 2 Arbeiter für die Reinigung brauchen?

b) Nach 2 Tagen wird ein Arbeiter krank. Wie lange dauert nun die gesamte Reinigung?

Lösung:

a) *Es ist ein Je-mehr-desto-weniger-Dreisatz anwendbar.*

3 Arbeiter brauchen 6 Tage.

1 Arbeiter braucht 6 Tage · 3 = 18 Tage.

2 Arbeiter brauchen 18 Tage : 2 = 9 Tage.

b) Nach 2 Tagen gilt: 3 Arbeiter würden noch 4 Tage brauchen.

1 Arbeiter würde 3 · 4 Tage = 12 Tage brauchen.

2 Arbeiter brauchen dann 12 Tage : 2 = 6 Tage.

Die Reinigung der Fenster des Bürogebäudes dauert dann also 8 Tage.

Aufgaben

1   In welchen der folgenden Situationen kann man mit einem Dreisatz rechnen?

Fig. 1

2 Welche Annahmen muss man machen, um die Aufgaben mit einem Dreisatz lösen zu können? Berechne.

a) 3 Brezeln kosten 1,50 €. Manfred möchte 5 Brezeln kaufen.

b) Familie Glück fährt mit dem Auto in den Urlaub. In den ersten beiden Stunden sind sie 180 km weit gekommen. Wie lange brauchen sie für die 450 km bis zu ihrem Ziel?

c) In der Zeitung wird ein 500 m² großer Bauplatz für 150 000 € angeboten. Familie Bauer braucht für ihr geplantes Haus einen 400 m² großen Bauplatz.

3 ⛬ Denke dir zusammen mit deinem Nachbarn jeweils zwei Aufgaben aus, die mit einem Je-mehr-desto-mehr-Dreisatz, einem Je-mehr-desto-weniger-Dreisatz und die nicht mit einem Dreisatz lösbar sind.

4 In allen fünf Gefäßen (Fig. 1) befinden sich 25 Liter Wasser. Es steht überall 10 cm hoch. Bei welchen Gefäßen kann man mit einem Dreisatz das Volumen des Wassers berechnen, wenn man weiß, dass das Wasser 25 cm hoch steht?

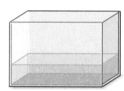

Fig. 1

Ein Dutzend:

Fig. 2

5 a) Ein Dutzend Eier kostet auf dem Wochenmarkt 1,80 €. Berechne den Preis für 10 Eier.

b) Um ein Ei in einem Wassertopf hart zu kochen, muss man es acht Minuten lang im kochenden Wasser lassen. Wie lange muss man 10 Eier im Wasser kochen, bis sie hart sind?

c) Mit dem elektrischen Eierkocher braucht man sieben Minuten, um 3 Eier hart zu kochen. Wie lange braucht man für 6 Eier und wie lange für 10 Eier?

6 Um die Baugrube für eine Tiefgarage auszuheben, brauchen 3 Bagger 25 Tage. Nach fünf Tagen erhält der Bauleiter die Anweisung, dass die Grube schon fünf Tage früher fertig sein muss. Wie viele Bagger muss er ab dem sechsten Tag zusätzlich einsetzen?

Kannst du das noch?

7 a) Zeichne ein Dreieck mit den Ecken A(−2|−1), B(6|0) und C(1|2).

b) Wie groß sind die Winkel des Dreiecks?

c) Bestimme den Flächeninhalt und den Umfang des Dreiecks.

8 a) Zeichne ein Parallelogramm mit den Seitenlängen 6 cm und 4 cm, dessen Seiten einen Winkel von 30° einschließen.

b) Bestimme den Flächeninhalt des Parallelogramms.

c) Vergleiche mit dem Flächeninhalt eines Rechtecks, das ebenfalls die Seitenlängen 6 cm und 4 cm hat.

4 Mit dem Dreisatz rechnen

Schreinermeister Hobel rechnet:
„Wenn 4000 Nägel 52 € kosten, dann kostet ein Nagel 52 € : 4000 = 0,013 € . Für einen Nagel müsste ich also einen Cent bezahlen. 5000 Nägel kosten dann 5000 · 1 Cent = 5000 Cent = 50 €. Die Packung mit 5000 Nägeln ist billiger als die mit 4000 Nägeln!"

In einem Backrezept ist angegeben, dass man für 8 Obsttörtchen 200 g Mehl benötigt. Die für 15 Törtchen benötigte Menge Mehl lässt sich mithilfe eines „Je-mehr-desto-mehr-Dreisatzes" berechnen. Den Rechenweg kann man mithilfe dreier Sätze oder in einer Tabelle darstellen.

Für 8 Törtchen benötigt man 200 g.
Für 1 Törtchen benötigt man 200 g : 8 = 25 g.
Für 15 Törtchen benötigt man 25 g · 15 = 375 g.

Anzahl der Törtchen	Mehlgewicht in g
: 8 (8	200) : 8
· 15 (1	25) · 15
15	375

Will man wissen, für wie viele Törtchen 500 g Mehl ausreichen, so kann man ebenfalls einen „Je-mehr-desto-mehr-Dreisatz" anwenden. Dabei stellt man wieder die gesuchte Größe nach rechts.

200 g ergeben 8 Törtchen.
100 g ergeben 8 Törtchen : 2 = 4 Törtchen.
500 g ergeben 4 Törtchen · 5 = 20 Törtchen.

Mehlgewicht in g	Anzahl der Törtchen
: 2 (200	8) : 2
· 5 (100	4) · 5
500	20

Statt im zweiten Schritt des Dreisatzes von 200 g auf 100 g zu schließen, hätte man beispielsweise auch auf 20 g, auf 1000 g oder auf 1 g schließen können.

Gewicht in g	Anzahl		Gewicht in g	Anzahl		Gewicht in g	Anzahl
: 10 (200	8) : 10		· 5 (200	8) · 5		: 200 (200	8) : 200
· 25 (20	0,8) · 25		: 2 (1000	40) : 2		· 500 (1	0,04) · 500
500	20		500	20		500	20

Ein Schluss auf 400 g oder 600 g hätte hier nicht weitergeholfen.

Schließt man im zweiten Schritt eines Dreisatzes auf 1, so führt dies immer zum Ziel. Allerdings erhält man dabei oft Zahlen, mit denen man schlecht im Kopf rechnen kann. Verwendet man einen Taschenrechner, so fällt dies nicht ins Gewicht.

So rechnet man mit dem Dreisatz:
- Prüfen, ob ein Dreisatz anwendbar ist. Wenn ja: Welcher?
- In einer Tabelle die beiden zusammengehörenden Größenangaben eintragen. Die gesuchte Größe steht dabei rechts.
- Durch Dividieren oder Multiplizieren auf ein geeignetes Zwischenergebnis schließen.
- Durch Multiplizieren oder Dividieren das Endergebnis berechnen.

Größe 1	Größe 2
gegeben	gegeben
...	...
gegeben	gesucht

Beispiel 1 Je-mehr-desto-weniger-Dreisatz (ohne Taschenrechner)

Wenn Vera jeden Tag 10 Seiten in ihrem Buch liest, braucht sie 12 Tage, bis sie es ausgelesen hat.

a) Wie viele Seiten muss sie pro Tag lesen, wenn sie schon nach 8 Tagen fertig sein will?

b) Wie lange braucht sie, wenn sie pro Tag nur 6 Seiten liest?

Lösung:

Wenn sie pro Tag doppelt so viele Seiten liest, braucht sie nur halb so lang. Es ist also ein „Je-mehr-desto-weniger-Dreisatz" anwendbar.

a) *Gesucht: Seitenzahl; steht also rechts.*

Lesedauer in Tagen	Seiten pro Tag
:3 (12	10) ·3
·2 (4	30
8	15) :2

b) *Gesucht: Lesedauer; steht also rechts.*

Seiten pro Tag	Lesedauer in Tagen
:5 (10	12) ·5
·3 (2	60
6	20) :3

Sie muss 15 Seiten pro Tag lesen.

Sie braucht 20 Tage für das Buch.

Beispiel 2 Je-mehr-desto-mehr-Dreisatz (mit Taschenrechner)

Eine Wandfläche von 185 m^2 soll gestrichen werden. Für die ersten 14 m^2 wurden 2,3 Liter Farbe verbraucht. Wie viel Farbe braucht man für die ganze Wand?

Lösung:

Für die doppelte Wandfläche braucht man bei gleichmäßigem Anstrich doppelt so viel Farbe. Es ist also ein „Je-mehr-desto-mehr-Dreisatz" anwendbar.

Wandfläche in m^2	Menge der Farbe in l
:14 (14	2,3) :14
·185 (1	0,164…
185	30,392…) ·185

Zwischenergebnis nicht runden.
Berechnetes Endergebnis sinnvoll runden.

Für die ganze Wand benötigt man etwa 30,4 Liter Farbe.

Aufgaben

1 Ein Auto braucht auf 100 km durchschnittlich 6,0 l Diesel.

a) Wie hoch ist der Verbrauch bei einer 250 km langen Fahrt?

b) Wie weit kann man mit einer Tankfüllung von 51 l fahren?

2 Prüfe, ob man die fehlenden Werte in der Tabelle mithilfe eines Dreisatzes berechnen kann. Berechne die fehlenden Werte.

a)

2	4	6	8	10	
3	6	9	12		48

b)

2	4	6	8	10	
5	7	9	11		19

c)

2	4	6	8	10	
60	30	20		12	4

3 Eine Großbäckerei stellt aus einer Lieferung Teig 950 Tafelbrötchen mit jeweils 40 g Gewicht her. Wie viele Brötchen hätte sie aus dem Teig herstellen können, wenn sie die Brötchen um 2 g leichter gemacht hätte?

Ab hier ist die Verwendung eines Taschenrechners sinnvoll.

4 Die schwerste Tafel Schokolade der Welt wurde im Jahr 2000 in Turin (Italien) hergestellt. Hätte man sie in lauter 50 g schwere Portionen aufgeteilt, so hätte sie für 45 600 Personen gereicht. Wie schwer wäre eine Portion gewesen, wenn man die Schokolade auf 5000 Personen verteilt hätte?

5 Vor fast 2000 Jahren bauten die Römer eine 50 km lange Wasserleitung, die die damalige römische Metropole Nîmes (in Südfrankreich) mit frischem Wasser versorgte. Die Quelle lag nur 17 m höher als das Ende der Leitung in Nîmes. Etwa auf halber Strecke musste das Tal des Flüsschens Gardon überquert werden. Dafür wurde ein 275 m langer Aquädukt errichtet, der Pont du Gard.
Berechne den Höhenunterschied zwischen den beiden Enden des Pont du Gard.

Um den Pont du Gard zu bauen waren etwa 1000 Menschen drei Jahre lang beschäftigt.

Bist du sicher?

1 Ein Stapel mit 150 Blättern Kopierpapier wiegt 0,750 kg.
a) Wie viel wiegt eine Packung mit 1000 Blättern?
b) Ein Stapel wiegt 1,250 kg. Aus wie vielen Blättern besteht der Stapel?

2 Mit dem Inhalt eines Weintanks wurden 1360 Flaschen mit je 0,75 l Inhalt abgefüllt.
a) Wie viele Glasballons mit je 4 l Inhalt könnte man aus diesem Tank füllen?
b) Der Wein soll auf 12 gleiche Fässer umgefüllt werden. Wie groß ist der Inhalt eines Fasses?

6 Ein Passagierschiff startet eine Kreuzfahrt mit 348 Personen an Bord. Der Lebensmittelvorrat reicht für 18 Tage.
a) Nach sechs Tagen werden 78 Personen zusätzlich an Bord genommen. Wie lange reicht der Vorrat jetzt noch?
b) Wie viele Personen könnten nach sechs Tagen an Bord genommen werden, wenn die Kreuzfahrt insgesamt 14 Tage dauert?

7 Der Weltrekord für den Meilenlauf (1 Meile = 1609 m) beträgt 3 min 43,13 s.
In welcher Zeit hat wohl der Läufer die 1500-m-Marke passiert?
Vergleiche mit dem Weltrekord über 1500 m von 3 min 26,00 s.

Beide Weltrekorde werden von dem Marokkaner Hicham El Guerrouj gehalten.

8 Die Tabelle zeigt einige Weltrekorde im Eisschnelllauf der Frauen.

Strecke	500 m	1000 m	1500 m	5000 m
Weltrekordzeit	0:37,22 min	1:13,83 min	1:54,02 min	6:46,91 min

Welche Zeiten für 500 m, 1500 m und 5000 m würde man erhalten, wenn man auf den 1000-m-Weltrekord den Dreisatz anwenden würde?
Wie kannst du dir die Abweichungen von den tatsächlichen Weltrekorden erklären?

Deutsche Beteiligung bei den Ballsportarten:
Fußball (Frauen)
Handball (Männer)
Hockey (Frauen und Männer)
Volleyball (Frauen)
Beachvolleyball (Frauen und Männer)

9 Bei den Olympischen Spielen 2004 in Athen starteten 79 deutsche Teilnehmerinnen und Teilnehmer in der Leichtathletik, 59 in den verschiedenen Wassersportarten, 49 beim Rudern, 23 im Radsport und 85 waren Mannschaftsmitglieder von Ballsportarten. Die restlichen 147 gehörten zu 16 anderen Sportarten. Erstelle ein Kreisdiagramm für die Zusammensetzung der deutschen Mannschaft nach Sportarten.

10 Den Mineralölverbrauch verschiedener Länder im Jahr 2003 (in Millionen Tonnen) zeigt die folgende Tabelle.

USA	China	Japan	Russland	Deutschland	Italien	Spanien	Niederlande
895	263	252	126	125	90	75	45

In einer Zeitungsmeldung sollen diese Werte durch ein Säulendiagramm veranschaulicht werden. Die Säule für den Verbrauch der USA soll dabei 10 cm hoch werden.
a) Wie hoch müssen dann die anderen Säulen werden?
b) Berechne den Ölverbrauch Saudi-Arabiens, wenn dessen Säule 7,5 mm hoch ist.
c) Zeichne das Säulendiagramm.

Die Zahlen geben an, wie viele mg Vitamin C in 100 g Frucht enthalten sind.

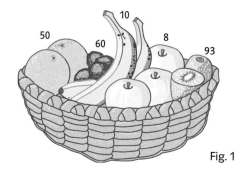

Fig. 1

11 Mit unserer Nahrung sollen wir täglich mindestens 75 mg Vitamin C zu uns nehmen.
a) Wie viel muss man jeweils von einer der abgebildeten Fruchtsorten essen, um den täglichen Bedarf an Vitamin C damit zu decken?
b) Wie viele Bananen muss man noch essen, wenn man schon einen 170 g schweren Apfel gegessen hat?

So hieß der Dreisatz damals:

Einfache Regel-de-tri

12 Aus einem Mathematikbuch aus dem Jahr 1909:

> **Ein Fußgänger legt in 5 Stunden einen Weg von 26 km zurück.**
> **a. Wieviel km Weg kann er in 12 Stunden zurücklegen?**
> **b. Wieviel Zeit braucht er zu einem Wege von 143 km Länge?**

13 Eine Kabeltrommel mit 50 m Kabel wiegt 6,5 kg. Die gleiche Trommel mit 30 m Kabel wiegt 4,9 kg. Wie kann man das Gewicht der Trommel allein bestimmen, ohne das Kabel abzuwickeln?

14 Für die Abhängigkeit zweier Größen soll gelten: Nimmt die erste Größe um jeweils 10 Einheiten zu, so nimmt die zweite Größe um jeweils 2 Einheiten zu.
Kann man hier einen Dreisatz anwenden? Suche nach geeigneten Beispielen.

Zum Experimentieren

15 Öffne einen Wasserhahn ganz leicht, sodass er gerade zu tropfen beginnt. Stelle unter den Hahn einen Messbecher und bestimme die Zeit, bis in den Messbecher 100 cm³ Wasser getropft sind.
a) Berechne den Wasserverlust, der durch einen tropfenden Wasserhahn in einer Woche entsteht.
b) Wie viel Geld geht dabei in einem Jahr verloren?

5 Umfang eines Kreises

Tina möchte an ihrem Fahrrad einen Kilometerzähler anbringen. In der Bedienungsanleitung liest sie:
- Bringen Sie an der Fahrradgabel und an einer Speiche des Vorderrads jeweils einen kleinen Magneten an.
- Geben Sie den Durchmesser des Vorderrads in den Kilometerzähler ein.

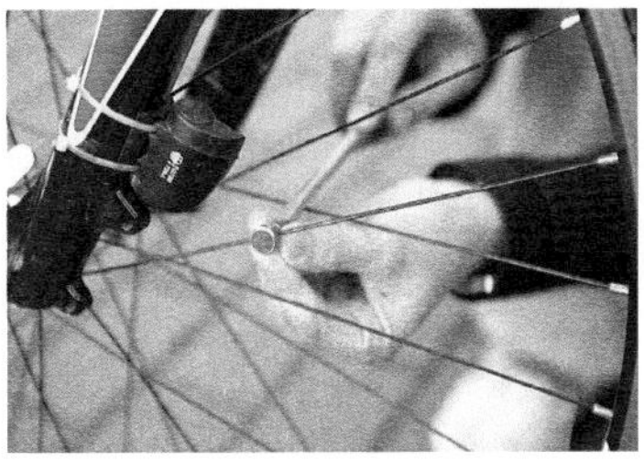

Den Umfang eines Quadrats kann man berechnen, indem man seine Seitenlänge mit 4 multipliziert. Figur 1 zeigt, dass der Umfang des Kreises kleiner ist als der Umfang des roten Quadrats, also kleiner als das Vierfache seines Durchmessers.

Umfang = Länge der Kreislinie

Fig. 1

Wie der **Umfang eines Kreises** von seinem Durchmesser abhängt, kann man genauer untersuchen, indem man bei einer Dose einerseits den Durchmesser des Deckels und andererseits mithilfe eines Fadens den Umfang der Dose misst. Bei einem Durchmesser von 8,5 cm beträgt der Umfang ungefähr 26,7 cm. Das ist etwa das 3,14fache des Durchmessers. Weitere Messungen zeigen, dass bei allen Kreisen das 3,14fache des Durchmessers ungefähr den Umfang des Kreises ergibt.

Diesen bei allen Kreisen gleichen Faktor bezeichnet man als die **Kreiszahl π** (sprich: pi).

Fig. 2

Der griechische Buchstabe π kommt von peripheria (griechisch): Umfang.

> Den Umfang eines Kreises erhält man ungefähr, indem man seinen Durchmessers mit 3,14 multipliziert.
> Für den Umfang U gilt die Formel $U = \pi \cdot d$ mit $\pi \approx 3,14$.

Im Taschenrechner ist ein genauerer Wert gespeichert:

$\pi \approx 3,141\,592\,654\ldots$

Beispiel 1 Umfang eines Kreises
a) Berechne den Umfang eines Kreises mit dem Radius 2 m.
b) Welchen Durchmesser hat ein Kreis mit dem Umfang 37,7 cm?
Lösung:
a) Durchmesser des Kreises: $2 \cdot 2\,m = 4\,m$
   Umfang: $3,14 \cdot 4\,m \approx 12,6\,m$
b) Umfang: $37,7\,cm = 3,14 \cdot d$
   Durchmesser: $d = 37,7\,cm : 3,14 \approx 12,0\,cm$

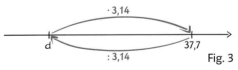

Fig. 3

Beispiel 2 Umfang einer Figur
Berechne den Umfang der Figur 4.
Lösung:
Die Figur besteht aus einem Halbkreis mit Durchmesser 4 cm und 2 Halbkreisen mit Durchmesser 2 cm.

Umfang:
$\frac{1}{2} \cdot 3,14 \cdot 4\,cm + 2 \cdot \frac{1}{2} \cdot 3,14 \cdot 2\,cm \approx 12,6\,cm$

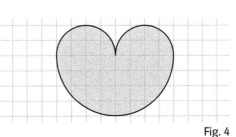

Fig. 4

Aufgaben

1 Ein Kreis hat den Radius 4 cm.
a) Berechne seinen Umfang.
b) Wie vergrößert sich sein Umfang, wenn man seinen Radius verdoppelt?
c) Um wie viele Zentimeter vergrößert sich sein Umfang, wenn sein Radius um 1 cm vergrößert wird?

2 Ein Kreis hat den Umfang 78,5 m.
a) Berechne seinen Durchmesser und seinen Radius.
b) Wie muss man den Durchmesser verändern, wenn der Umfang nur halb so groß sein soll?
c) Um wie viele Zentimeter wird der Durchmesser kleiner, wenn man den Umfang um 5 cm verkleinert?

3 Übertrage die Tabelle in dein Heft und ergänze die fehlenden Angaben.

Radius	2 m			
Durchmesser		8 cm		
Umfang			44 cm	1 m

4 Der Abwurfkreis beim Diskuswerfen hat einen Durchmesser von 2,50 m. Er ist von einem 70 mm hohen Blechstreifen umschlossen.
a) Wie lang ist dieser Blechstreifen?
b) Berechne den Flächeninhalt des Streifens.

5 Berechne die gesamte Länge des Rands der Figur.

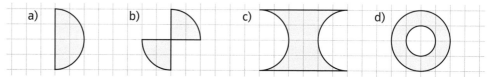

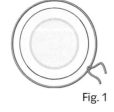

Fig. 1

1 Zoll = 2,54 cm

6 a) Lege um den Rand eines Tellers einen dicht anliegenden Faden. Miss die Länge des Fadens und berechne damit den Durchmesser des Tellers. Überprüfe dein Ergebnis.
b) Verlängere nun den Faden um 10 cm und versuche damit einen Kreis um den Teller zu legen. Wie weit ist der Faden vom Tellerrand entfernt? Schätze, rechne und miss nach.

7 Bei einem 26″-Fahrrad beträgt der Raddurchmesser 26 Zoll. Wie viele Umdrehungen macht ein Rad im Verlauf einer 40 km langen Fahrradtour?

8 Der Fernsehsatellit ASTRA befindet sich in 35 900 km Höhe über der Erdoberfläche und steht scheinbar am Himmel still, da er die Erde in genau 24 Stunden in Richtung der Erddrehung umkreist. Welche Strecke legt er in einer Stunde zurück?

Erdradius 6370 km

Fig. 2

6 Flächeninhalt eines Kreises

Familie Sommer möchte ihren quadratischen Esstisch durch einen runden Tisch ersetzen.

Herr Sommer: „Für jedes Familienmitglied muss aber weiterhin ein Meter Platz am Tisch sein."

Frau Sommer: „Hoffentlich passt dann auch noch gleich viel auf den Tisch."

Den Flächeninhalt eines Quadrats kann man berechnen, indem man seine Seitenlänge mit sich selbst multipliziert.

In Fig. 1 ist die Seitenlänge der vier grünen Quadrate so groß wie der Radius des Kreises. Man sieht, dass die Kreisfläche kleiner ist als die vier grünen Quadrate zusammen.

Fig. 1   Fig. 2

Das gelbe Quadrat in Fig. 2 liegt ganz in dem Kreis und ist halb so groß wie die vier grünen Quadrate in Fig. 1. Der Flächeninhalt des Kreises liegt also zwischen $2 \cdot r^2$ und $4 \cdot r^2$. Damit gilt: Der Flächeninhalt eines Kreises ist ungefähr 3-mal so groß wie der Flächeninhalt eines Quadrats mit dem Radius als Seitenlänge. Dieser Näherungswert 3 erweist sich bei genaueren Untersuchungen wie beim Kreisumfang als die Kreiszahl π.

Den Flächeninhalt eines Kreises erhält man, indem man den Radius quadriert und mit der Kreiszahl π multipliziert.

Für den Flächeninhalt A gilt die Formel $A = \pi \cdot r^2$ mit $\pi \approx 3{,}14$.

„Quadrieren" heißt „mit sich selbst multiplizieren".

Beispiel 1   Flächeninhalt berechnen
Berechne den Flächeninhalt eines Kreises mit dem Durchmesser 8 cm.
Lösung:
Radius: 4 cm.   Flächeninhalt: $\pi \cdot 4^2 \, cm^2 \approx 50{,}3 \, cm^2$

Beispiel 2   Radius verdoppeln
Ein Kreis hat den Radius 10 m.
Wie verändert sich sein Flächeninhalt, wenn der Radius verdoppelt wird?
Lösung:
Alter Flächeninhalt: $\pi \cdot 10^2 \, m^2 = \pi \cdot 100 \, m^2 \approx 314 \, m^2$
Neuer Flächeninhalt: $\pi \cdot 20^2 \, m^2 = \pi \cdot 400 \, m^2 \approx 1257 \, m^2$
Der neue Flächeninhalt ist um 943 m² größer. Er ist viermal so groß wie der alte.

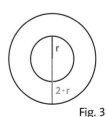

Fig. 3

Aufgaben

1   Berechne den Flächeninhalt eines Kreises mit
a) Radius 6 cm,   b) Durchmesser 14 cm,   c) Radius 20 km,   d) Durchmesser 25 m.

Das Nördlinger Ries entstand vor ca. 15 Millionen Jahren durch den Einschlag eines 1 km großen Meteoriten. Es hat einen Durchmesser von ca. 25 km.

2 a) Ein Radiosender hat eine Reichweite von 45 km.
Wie viel km² groß ist sein Sendegebiet?
b) Berechne den Flächeninhalt des Nördlinger Rieses.

3 a) Ein Kreis hat den Umfang 37,7 cm. Bestimme seinen Flächeninhalt.
b) Bestimme den Radius eines Kreises, der den Flächeninhalt 78,5 cm² hat.

4 Frau Sommer will für ihren runden Tisch (Durchmesser 1,80 m) ein Tischtuch kaufen, das überall 20 cm runterhängen soll. Berechne den Flächeninhalt des Tischtuchs.

5 Bestimme den Flächeninhalt der Figuren. (1 Kästchenlänge = 0,5 cm.)

6 Fritz hat den Umfang und den Flächeninhalt eines Kreises mit Radius 10 cm berechnet. Wie erhält er daraus den Umfang und den Flächeninhalt eines Kreises mit Radius 5 cm?

7 Was hat den größeren Flächeninhalt: Ein Kreis mit Radius 10 cm oder zwei Kreise mit dem Radius 5 cm? Vergleiche auch die Längen der Randlinien.

Für π-Forscher

8 Zeichne auf ein kariertes Papier einen Kreis mit Radius 2 cm. Bestimme durch „Kästchenauszählen" näherungsweise den Flächeninhalt des Kreises und damit einen Näherungswert für π.
Führe diese Untersuchung auch mit anderen Kreisradien durch.

9 Zeichne auf ein Stück Pappe einen Kreis mit Radius 10 cm und ein Quadrat mit Seitenlänge 5 cm. Schneide die beiden Flächenstücke aus und wiege sie auf einer Briefwaage. Wie kannst du damit einen Näherungswert für die Zahl π bestimmen? Wenn eine Gruppe oder eine Klasse zusammenarbeitet, wird der Näherungswert noch besser.

Info

Schon seit langer Zeit haben Mathematiker versucht, die Kreiszahl π genauer zu bestimmen.

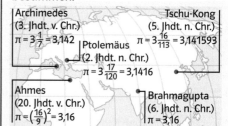

Archimedes (3. Jhdt. v. Chr.)
$\pi = 3\frac{1}{7} = 3,142$

Tschu-Kong (5. Jhdt. n. Chr.)
$\pi = 3\frac{16}{113} = 3,141593$

Ptolemäus (2. Jhdt. n. Chr.)
$\pi = 3\frac{17}{120} = 3,1416$

Ahmes (20. Jhdt. v. Chr.)
$\pi = \left(\frac{16}{9}\right)^2 = 3,16$

Brahmagupta (6. Jhdt. n. Chr.)
$\pi = 3,16$

Der bisher genaueste Näherungswert für π wurde 1999 in Japan mithilfe eines Hochleistungscomputers bestimmt. Er hat 206 158 430 000 Stellen nach dem Komma.

7 Maßstäbliches Darstellen

Herr Schumacher überlegt sich, ob er ein neues Auto kaufen soll. Der Autohändler verspricht ihm als Werbegeschenk ein Modell des Autos im Maßstab 1 : 10. Herr Schumacher erschrickt: „Der Stellplatz für mein Auto ist 15 m² groß. Da brauche ich ja 1,5 m² Platz für das Modell!"

Landkarten sind verkleinerte Darstellungen von Teilen der Erdoberfläche, in denen nur wichtige Dinge wie Flüsse, Straßen oder Gebäude dargestellt werden. Je nach Verwendungszweck wählt man einen anderen **Maßstab**. Die Südfrankreichkarte (Fig. 1) ist im Maßstab 1 : 1,6 Millionen gezeichnet. Ein Zentimeter auf der Karte entspricht daher 1 600 000 cm = 16 000 m = 16 km in der Wirklichkeit. Die Städte Nîmes und Avignon sind auf der Karte 2,3 cm voneinander entfernt. Ihre wirkliche Entfernung (Luftlinie) beträgt also 2,3 · 16 km ≈ 37 km.

Fig. 1

Man unterscheidet:

Topografische Karten *Maßstab 1 : 25 000 bis 1 : 200 000*

Übersichtskarten *Maßstab bis 1 : 900 000*

Geografische Karten *Maßstab ab 1 : 1 000 000*

Auch bei anderen Verkleinerungen und Vergrößerungen ist die Angabe des Maßstabs wichtig. Er wird beim Lesen von Bauplänen benötigt, um die wirkliche Länge und Breite von Zimmern zu berechnen, oder bei der Betrachtung von Tierbildern, um die Größe der Tiere in der Natur zu bestimmen.

Maßstab 1 : 20 bedeutet eine Verkleinerung auf ein Zwanzigstel.

Maßstab 20 : 1 bedeutet eine Vergrößerung auf das Zwanzigfache; d. h., 20 cm in der Abbildung entsprechen 1 cm in der Wirklichkeit.

> Der Maßstab gibt an, mit welchem Faktor man eine Länge in der Abbildung multiplizieren muss, um die Länge in der Wirklichkeit zu erhalten.
> Beim Maßstab 1 : 500 („1 zu 500") entspricht 1 cm auf der Abbildung
> 1 cm · 500 = 500 cm = 5 m in der Wirklichkeit.

Beispiel 1 Wirkliche Größen bestimmen
Das Klassenzimmer (Fig. 2) ist im Maßstab 1 : 200 gezeichnet.
a) Bestimme seine Länge und Breite.
b) Welchen Flächeninhalt hat das Zimmer auf dem Plan und in Wirklichkeit?
Lösung:
1 cm entspricht 200 cm = 2 m.
a) Gemessene Länge: 6,0 cm. Wirkliche Länge: 6,0 · 2 m ≈ 12,0 m
   Gemessene Breite: 2,7 cm. Wirkliche Breite: 2,7 · 2 m ≈ 5,4 m
b) Flächeninhalt im Plan: 6,0 · 2,7 cm² ≈ 16,2 cm²
   Flächeninhalt in Wirklichkeit: 12,0 · 5,4 m² ≈ 64,8 m²

Fig. 2

Der Flächeninhalt verkleinert sich nicht auf ein zweihundertstel.

*Beim Maßstab 1 : 200
wird stärker verkleinert
als beim Maßstab
1 : 134. Also passt das
Spielfeld auf jeden Fall
auf das Blatt.*

Beispiel 2   Maßstab festlegen

Das Spielfeld beim Hallenhandball ist 40 m lang und 20 m breit. Wie muss man den Maßstab wählen, dass man das Spielfeld leicht auf ein DIN-A4-Blatt (210 × 297 mm) zeichnen kann? Wie groß sind dann die Seitenlängen auf dem Blatt?

Lösung:

Länge des Spielfelds: 40 m = 40 000 mm; Länge des Blatts: 297 mm.

Vergleich der Längen: 40 000 : 297 ≈ 134.

Ein passender Maßstab ist also zum Beispiel 1 : 200.

Länge auf dem Blatt: 40 m : 200 = 20 cm; Breite auf dem Blatt: 20 m : 200 = 10 cm.

Aufgaben

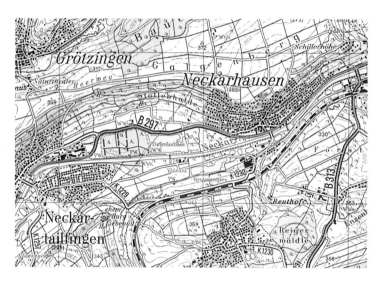

1   Der Kartenausschnitt zeigt das Neckartal bei Nürtingen im Maßstab 1 : 50 000.

a) Wie lange ist das Neckarstück zwischen den beiden Brücken in Neckartailfingen und Neckarhausen?

b) Wie breit ist der Neckar auf diesem Flussabschnitt ungefähr?

c) Bestimme den Flächeninhalt des Baggersees an der Bundesstraße B 297.

d) Unter welchem Winkel kreuzen sich die beiden Bundesstraßen B 297 und B 312?

e) Ein Wanderer startet auf dem Parkplatz beim Naturtheater und wandert mit einer durchschnittlichen Geschwindigkeit von 5 km/h auf dem Heerweg. Wo befindet er sich nach einer halben Stunde?

2   Mithilfe eines Mikroskops wurde ein 0,2 mm langes Pantoffeltierchen fotografiert. Auf dem Foto war es 6 cm lang. Bestimme den Maßstab.

*Die „Adler" machte ihre
erste Fahrt am 7.12.1835
auf der Strecke Nürn-
berg–Fürth. Ihre
Höchstgeschwindigkeit
betrug bei 50 t Zuglast
23 km/h.*

3   Die Zeichnung im Maßstab 1 : 150 zeigt die „Adler", die erste deutsche Lokomotive. Sie war 7,62 m lang und wog 6,5 t.

a) Berechne, wie lange die Lokomotive in der Zeichnung sein müsste, und vergleiche.

b) Bestimme die Durchmesser der Räder und die Höhe des Kamins.

c) Welchen Winkel schließen benachbarte Speichen des mittleren Rads ein?

d) Die moderne elektrische Lokomotive BR 146 ist 19,90 m lang. Wie lang wäre sie auf einer Zeichnung im selben Maßstab?

4   Eine Spielzeugfirma stellte die Adler im Maßstab 1 : 80 aus Metall her.

a) Welche Längenangaben würdest du in dem Katalog für die Spielzeuglokomotive angeben? Wie viel wiegt wohl die Spielzeuglokomotive?

1 Die Klasse 6 d wird von Schülerinnen und Schülern aus fünf verschiedenen Ortschaften besucht. Fig. 1 zeigt, wie viele Schüler aus welcher Ortschaft kommen.
a) Berechne den Anteil der Schüler aus A-Tal.
b) Zeichne ein Kreisdiagramm.
c) Nach dem ersten Halbjahr kommen drei Schüler aus B-Stadt zur Klasse dazu und ein Schüler zieht von C-Dorf nach D-Berg um.
Berechne für jeden Ort, wie viel Prozent der Schüler aus diesem Ort kommen, und zeichne ein Kreisdiagramm.

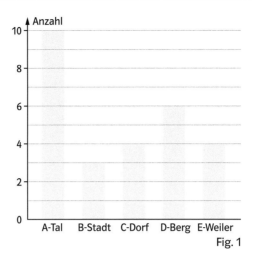

Fig. 1

2 Eine der schwierigsten Etappen bei der Tour de France 2004 war das 15,5 km lange Bergzeitfahren von Bourg d'Oisans nach Alpe d'Huez. In dem Streckenprofil (Fig. 2) ist der Maßstab für die Streckenlängen anders gewählt als für die Angaben der Höhen über dem Meeresspiegel.
a) Bestimme die beiden verwendeten Maßstäbe.
b) Wie groß wäre der Höhenunterschied zwischen Start und Ziel in der Zeichnung, wenn für die Höhen derselbe Maßstab wie für die Streckenlängen verwendet würde?

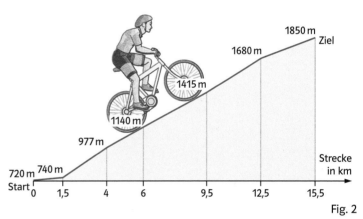

Fig. 2

3 Andere Zeiten – andere Probleme – gleiche Mathematik
a) 1887: Von einem $\frac{11}{4}$ breiten Tuche braucht man $3\frac{1}{2}$ Meter zu einem Kleide. Wie viel Meter braucht man von einem Tuche, welches $\frac{9}{4}$ breit ist?
b) 1920: 24 Weber fertigen in 12 Tagen 5400 m Zeug.
Wie viel Meter können 50 Weber in derselben Zeit fertigen?
Wie viel Meter können 24 Weber in 45 Tagen fertigen?
c) 1941: In Jena (60 000 Einwohner) wurden 1936 täglich 60 dz Küchenabfälle gesammelt, darunter 5 dz Brot. Wie viele dz Küchenabfälle und wie viele dz Brot können entsprechend in Berlin gesammelt werden? Berlin hat 4,25 Millionen Einwohner.
d) 1963: Bauer Herbst führte im vorigen Jahr seinen Dunghaufen mit einem Pferdegespann aufs Feld. Es waren 38 Fuhren mit je 0,9 m³ Mist. In diesem Jahr führte er einen gleich großen Dunghaufen mit einem Schlepper ab, mit dem er jedesmal 1,75 m³ befördern konnte. Wie viel Fuhren waren diesmal notwendig?
e) 1994: Pia geht im Nachbarort zur Schule. Wenn sie mit dem Fahrrad gleichmäßig mit 15 km/h fährt, braucht sie für den Schulweg 20 Minuten. Wie lange wäre sie zu Fuß bei einer Geschwindigkeit von 5 km/h unterwegs?
f) 2004: Bei Onurs Handy-Vertrag sind pro Monat 20 SMS frei. Im Januar hat Onur 54 SMS verschickt und musste dafür 6,46 € bezahlen. Wie hoch sind seine Kosten im Februar, wenn er 44 SMS verschickt hat?

Alle Aufgaben stammen aus verschieden alten Schulbüchern.

1 dz (Doppelzentner) = 100 kg

4 Geschwindigkeiten von Schiffen werden in Knoten angegeben. 1 Knoten bedeutet, dass das Schiff in einer Stunde eine Seemeile zurücklegt. Eine Seemeile sind 1,852 km.
a) Die Höchstgeschwindigkeit eines Katamarans beträgt 30 Knoten. Welche Strecke kann er in 5 Stunden segeln? Gib das Ergebnis in Seemeilen und Kilometer an.
b) Wie lange braucht er mindestens für eine Strecke von 75 km?

5 ⚇ Fig. 1 zeigt eine grafische Darstellung der Temperatur, der Niederschlagsmenge und der Sonnenscheindauer im Januar 2004 in Stuttgart.
a) Welches war der kälteste, welches der wärmste Tag?
b) Berechne die durchschnittliche Sonnenscheindauer pro Tag.
c) Überlege dir weitere Fragen, die durch Ablesen und Rechnen beantwortet werden können. Stelle die Fragen deinem Partner.
d) Besorgt euch eine ähnliche Darstellung und schreibt einen Bericht über das Wetter dieses Monats.

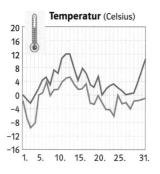
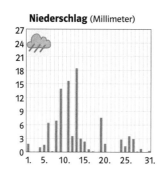
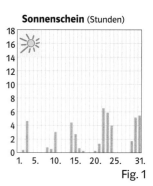

Fig. 1

6 Eine 6 m hohe Mauer soll an ihrem oberen Ende durch einen Balken abgestützt werden (Fig. 2). Je größer der Winkel α zwischen der Mauer und dem Balken ist, desto länger muss der Balken sein.
a)

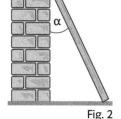

Fig. 2

Winkelweite in Grad	10	20	30	45	60
Länge des Balkens in m					

Übertrage die Tabelle in dein Heft und bestimme die zu den angegebenen Winkelweiten gehörenden Balkenlängen mithilfe einer Zeichnung im Maßstab 1 : 100.
b) Veranschauliche die Abhängigkeit der Balkenlänge von der Winkelweite in einem Diagramm. Ist es sinnvoll, die eingezeichneten Punkte miteinander zu verbinden? Welchen Winkel schließt ein 7,8 m langer Stützbalken mit der Mauer ein?

7 Richtig oder falsch?
a) Eine Pizza mit doppeltem Durchmesser reicht für doppelt so viele Leute.
b) Eine Pizza mit doppeltem Umfang wiegt auch doppelt so viel.
c) Eine Pizza mit doppeltem Durchmesser kostet viermal so viel.

Wandern mit Karten

Topografische Karten enthalten viele Informationen, die bei der Planung einer
Wanderung nützlich sein können. Auf der
Karte ist ein Ausschnitt des Landkreises Tübingen zu sehen. Ihr Maßstab beträgt
1 : 35 000, d.h., 1 cm auf der Karte entspricht 350 m in der Wirklichkeit.
Eine Messung auf der Karte und eine kurze
Umrechnung zeigen, dass der Fußweg um
den Kirchentellinsfurter Baggersee etwa
3,5 km lang ist.

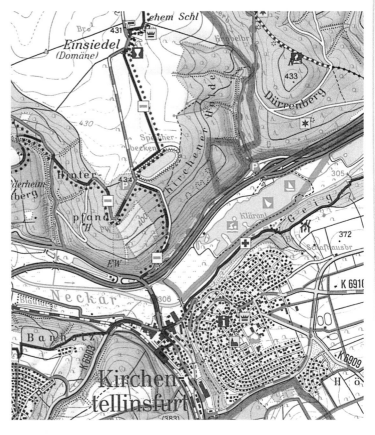

Mithilfe der Karte kann man nicht nur
Entfernungen, sondern auch **Höhenunterschiede** bestimmen. An wichtigen Punkten
ist die Höhe über dem Meeresspiegel angegeben.
So liegt z. B. der Neckar bei der Brücke
306 m ü. NN, das Hofgut Einsiedel 431 m
ü. NN.; bei einer Wanderung ist also ein
Anstieg von 125 m zu bewältigen.
Weitere Höhenangaben sind aus den Höhenlinien ersichtlich. Alle Punkte auf derselben Höhenlinie liegen auf der gleichen
Höhe über dem Meeresspiegel. So kann
man z. B. erkennen, dass man auf der Straße zwischen dem Neckartal und Einsiedel
kurz vor dem Speicherbecken die Höhe 400 m ü. NN erreicht hat.
Je enger Höhenlinien beieinander liegen, desto steiler ist das Ge-
lände.

Bei der Beschreibung von Wanderungen wird häufig ein so genanntes Höhenprofil verwendet. Fig. 2 zeigt das Höhenprofil einer
Wanderung vom Bahnhof Kirchentellinsfurt zum Hofgut Einsiedel.
Um die Höhenunterschiede der Wanderstrecke deutlich darzustellen, verwendet man für die Höhenangaben einen anderen Maßstab als für die Entfernungen.

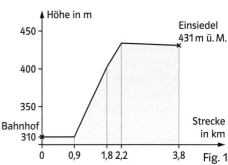

Fig. 1

Für die Schätzung der voraussichtlichen **Wanderzeit** haben sich die folgenden Faustregeln
bewährt:
Für eine Wanderstrecke von 4 km braucht man etwa eine Stunde.
Für einen Anstieg mit dem Höhenunterschied 400 m muss man eine weitere Stunde Wan-
derzeit dazurechnen.
Die Zeit für die Wanderung vom Bahnhof Kirchentellinsfurt zum Hofgut Einsiedel berech-
net sich damit folgendermaßen:
Für die Wanderstrecke von 3,8 km muss man etwa eine Stunde rechnen.
Für die Höhendifferenz von 125 m kommen noch ca. 20 Minuten dazu.
Die gesamte Wanderzeit beträgt also voraussichtlich 1 Stunde und 20 Minuten.

Rückblick

Diagramme

Zahlen- oder Größenangaben können durch Säulen- oder Balkendiagramme veranschaulicht werden.

Anteile werden durch Kreis- oder Streifendiagramme veranschaulicht.

Lieblingsfarbe	rot	gelb	blau	grün
Anzahl Schüler	12	10	5	3

Abhängigkeiten

Abhängigkeiten zwischen zwei Größen, die durch Worte oder in Tabellen beschrieben sind, können durch Punkt- oder Liniendiagramme veranschaulicht werden.

Zeit in min	0	2	4	6
Temperatur in °C	18,0	29,5	33,7	35,2

Dreisatz

Gehört zum Doppelten, Dreifachen ... der ersten Größe das Doppelte, Dreifache ... der zweiten Größe, so ist ein **Je-mehr-desto-mehr-Dreisatz** anwendbar:

– In einer Tabelle werden die zusammengehörenden Größenangaben eingetragen. Die gesuchte Größe steht dabei rechts.
– In beiden Spalten wird durch die gleiche Zahl dividiert, sodass man ein geeignetes Zwischenergebnis erhält.
– In beiden Spalten wird mit der gleichen Zahl multipliziert, sodass man das Endergebnis erhält.

25 Liter Benzin kosten 30 €.
Berechnung der Kosten für 60 Liter:

Volumen in Liter	Preis in €
: 5 ⟨ 25	30 ⟩ : 5
· 12 ⟨ 5	6 ⟩ · 12
60	72

60 Liter Benzin kosten 72 €.

Gehört zum Doppelten, Dreifachen ... der ersten Größe die Hälfte, ein Drittel ... der zweiten Größe, so ist ein **Je-mehr-desto-weniger-Dreisatz** anwendbar:

– In einer Tabelle werden die zusammengehörenden Größenangaben eingetragen. Die gesuchte Größe steht dabei rechts.
– In der linken Spalte wird durch eine Zahl dividiert und in der rechten Spalte mit der gleichen Zahl multipliziert, sodass man ein geeignetes Zwischenergebnis erhält.
– In der linken Spalte wird mit einer Zahl multipliziert und in der rechten Spalte durch die gleiche Zahl dividiert, sodass man das Endergebnis erhält.

Ein Heuvorrat reicht für 6 Kühe 50 Tage. Berechnung der Zeit, für die der Vorrat bei 10 Kühen reicht:

Anzahl der Kühe	Zeit in Tagen
: 6 ⟨ 6	50 ⟩ · 6
· 10 ⟨ 1	300 ⟩ : 10
10	30

Für 10 Kühe reicht der Vorrat 30 Tage.

Kreis

Für einen Kreis mit Radius r bzw. Durchmesser d gilt:
Umfang $U = \pi \cdot d$; Flächeninhalt $A = \pi \cdot r^2$.

Ein Näherungswert für π ist im Taschenrechner gespeichert.
$\pi \approx 3{,}141592654\ldots$

Für einen Kreis mit dem Durchmesser
$d = 8\,cm$ gilt:
Radius $r = 4\,cm$;
Umfang $U = \pi \cdot 8\,cm \approx 25{,}1\,cm$;
Flächeninhalt $A = \pi \cdot 4^2\,cm^2 \approx 50{,}3\,cm^2$.

Maßstab

Der Maßstab gibt an, mit welchem Faktor man eine Länge in der Abbildung multiplizieren muss, um die Länge in der Wirklichkeit zu erhalten.

Auf einer Karte im Maßstab 1 : 50 000 sind 3 cm in Wirklichkeit:
$3\,cm \cdot 50\,000 = 150\,000\,cm = 1{,}5\,km$.

Training

1 Bei der Wahl des neuen Vereinsvorsitzenden bewarben sich die Personen A, B, C und D. Das Kreisdiagramm in Fig. 1 zeigt das Wahlergebnis.
a) Bei der Wahl wurden 128 Stimmen abgegeben. Wie viele Stimmen erhielt Person D?
b) Zeichne ein Säulendiagramm für die Stimmenzahlen der vier Bewerber.

Für die Aufgaben 1–3 gilt:

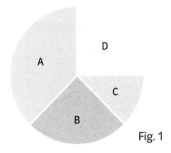

Fig. 1

2 Eine Brezel kostet 50 Cent, drei Brezeln werden als Sonderangebot zu 1,20 € verkauft.
a) Wie viel kosten fünf Brezeln?
b) Erstelle eine Tabelle, aus der der Preis für 1, 2 … 10 Brezeln ersichtlich ist.
c) Zeichne ein Punktdiagramm für den Preis der Brezeln.

3 Bauunternehmer Häusle will 24 t Erdaushub auf die Deponie bringen. Er erinnert sich: „Letztes Mal musste ich für 18 Tonnen 64,80 € bezahlen."
a) Wie viel muss er dieses Mal bezahlen, wenn sich der Preis nicht verändert hat?
b) Wie viel muss er bezahlen, wenn der Preis um 30 Cent pro Tonne erhöht wurde?

4 Eine übliche Musik-CD hat einen Durchmesser von 12,0 cm. Ein 2 mm breiter äußerer Rand und ein Innenrand (einschließlich Loch) mit dem Durchmesser 4,6 cm sind unbespielbar. Berechne den Inhalt der bespielbaren Fläche. Wie viele Sekunden Musik passen auf 1 cm^2?

Abspieldauer: 72 min

1 Bei der Wahl des Sprechers der Tischtennisabteilung erhielt Kandidat A 3 Stimmen, B 5 Stimmen, C 8 Stimmen und D 2 Stimmen. Erstelle ein Kreisdiagramm für die Stimmverteilung.

2 Ein 1-Cent-Stück wiegt 2,30 g, ein 2-Cent-Stück 3,06 g, ein 5-Cent-Stück 3,92 g.
a) Wie viel Gramm wiegen 8 Cent mindestens?
b) Übertrage die Tabelle in dein Heft und ergänze sie.

Geldbetrag in Cent	1	2	3	4	5	6	7	8	9
Mindestgewicht in g									

c) Zeichne ein zugehöriges Punktdiagramm. Ist es sinnvoll, die Punkte zu verbinden?

3 Sechs Eurostücke werden in eine Schachtel mit rechteckigem Boden gelegt.
a) Wie groß ist die Fläche, die die Eurostücke bedecken?
b) Welchen Flächeninhalt muss der Schachtelboden mindestens haben?

4 Auf einer Landkarte mit dem Maßstab 1 : 200 000 sind zwei Orte 7,5 cm voneinander entfernt.
a) Berechne die Entfernung der Orte in Wirklichkeit.
b) Wie kann man alle Punkte auf der Karte einzeichnen, die in Wirklichkeit von einem bestimmten Ort höchstens 20 km entfernt sind?

Ein Eurostück hat den Durchmesser 23,25 mm.

Ernas Problemlöseschule

Bei schwierigeren Problemen muss man es wie das Huhn Erna machen!

Was ist eigentlich hier das Besondere?

Hier gibt es Aufgaben, denen man nicht gleich ansieht, wie man sie lösen kann. Probiert doch mal, die Lösungen der vier Aufgaben unten zu finden.

Manchmal muss Erna einen Umweg machen.

Manchmal muss Erna sehr ausdauernd sein.

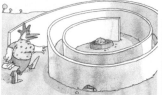

Manchmal erkennt Erna keinen Plan und fängt einfach an.

Manchmal muss Erna etwas Neues tun.

Manchmal muss Erna noch mal in Ruhe alles überdenken.

Manchmal muss Erna Werkzeug holen.

Vergiss in keinem Falle, auch dann nicht, wenn vieles misslingt: Die Gescheiten werden nicht alle! (So unwahrscheinlich das klingt.)

Erich Kästner

? Welche Figur passt nicht zu den anderen?

? Wie geht's weiter?
3; 18; 24; 4; 24; 30; 5…

? In einer Kiste befinden sich 12 schwarze Socken, 8 weiße Socken und 2 geringelte Socken. Alle fühlen sich gleich an und liegen durcheinander. Man greift mit verbundenen Augen in die Kiste. Wie viele Socken muss man mindestens herausholen, damit auf jeden Fall zwei gleichfarbige dabei sind?

? Zeichne auf ein Blatt neun Punkte wie in Fig. 1. Ziehe ohne abzusetzen vier gerade Linien, die alle neun Punkte treffen.

Fig. 1

Die Lösungen zu den vier Aufgaben findest du hinten im Buch.

Hier geht alles seinen geregelten Gang

Ein Eichhörnchen ist im Herbst damit beschäftigt, Vorratsplätze mit Nüssen für den
Winter anzulegen. Zum Sammeln ist das
Eichhörnchen immer 10 Minuten unterwegs. Dann legt es alle Nüsse abwech-
selnd an eine Stelle unter dem Baum und
an eine Stelle am Komposthaufen. Unter
dem Baum verweilt es jedes Mal 2 Minuten, am Komposthaufen immer 3 Minuten.
Gerade hat das Eichhörnchen den Komposthaufen verlassen.

		Vergangene Zeit
Sammeln	10 Min.	10 Min.
Baum	2 Min.	12 Min.
Sammeln	10 Min.	22 Min.
Kompost	3 Min.	25 Min.
Sammeln	10 Min.	35 Min.
Baum	2 Min.	37 Min.
Sammeln	10 Min.	47 Min.
Kompost	3 Min.	50 Min.
Sammeln	10 Min.	60 Min.

Tipp von Erna:

*„Ich erstelle zuerst eine
Tabelle. Dann entdecke
ich vielleicht eine Regelmäßigkeit."*

? a) Was macht das Eichhörnchen in
genau einer Stunde?
b) Was macht das Eichhörnchen in vier
Stunden?

Der Flussdampfer Ariadne fährt das ganze Jahr regelmäßig die Strecke Kala – Silk und
zurück mit folgendem Fahrplan:

Kala – Silk (flussabwärts)	Silk (Hafentag)	Silk – Kala (flussaufwärts)	Kala (Hafentag)
3 Tage	1 Tag	4 Tage	1 Tag

Die Ariadne fährt am Dienstag um 18 Uhr in Kala ab.

? a) An welchem Wochentag nimmt der Kapitän sein Mittagessen wieder in Kala ein?
b) Wird der Kapitän jemals wieder an einem Dienstag in Kala zu Mittag essen?

1. Jahr 2. Jahr 3. Jahr
Fig. 1

? Bei dem Igel-
baum in Fig. 1
wachsen jedes
Jahr aus jeder
Spitze zwei neue
Spitzen.
Wie viele Spitzen
hat der Igel-
baum nach 20
Jahren?

? Bei den Ergebnissen der Rechnungen 7·7; 67·67; 667·667... gibt es
eine Regelmäßigkeit. Beschreibe diese
so genau wie möglich.

? Untersuche, ob man von den Ergebnissen der Rechnungen 1^2; 11^2; 111^2...
auf das Ergebnis von 111111111^2 und
von 1111111111^2 schließen kann.

In allen Dörfern von Soneland ist jedes
Haus mit jedem anderen Haus durch eine
direkte Straße verbunden. Hat ein Dorf
drei Häuser, benötigt man drei Straßen,
hat das Dorf vier Häuser, benötigt man
sechs Straßen. In Seedorf in Soneland gab
es bisher 99 Häuser.
Jetzt wird das hun-
dertste Haus neu
gebaut.

? Wie viele
neue Straßen
braucht man?

Logo?

Tipp von Erna:

„Zuerst schreibe ich in einer Tabelle unter jeden Vornamen alle möglichen Nachnamen (Fig. 1).
Dann lese ich den Text noch einmal ganz genau. Aus (I) schließe ich, dass Christian nicht Müller und nicht Maurer heißt. Diese Namen streiche ich in der Tabelle."

Alf hat seine Freunde Britta, Christian und Detlef eingeladen. Sie heißen mit Nachnamen (in alphabetischer Reihenfolge) Maier, Maurer und Müller.
(I) Zur Einladung kommt Christian als erster, dann Müller, zuletzt Maurer.
(II) Nur zwei von den Dreien brachten ein Geschenk mit: Britta ein Spiel, Müller eine CD.

Britta	Christian	Detlev
Müller	Müller	Müller
Maier	Maier	Maier
Maurer	Maurer	Maurer

Fig. 1

? Welche Vor- und Nachnamen gehören zusammen?

Anna, Berta, Celia und Dagmar kommen zu einem Pfadfindertreffen aus den vier Städten Berlin, Hamburg, Stuttgart und München. Celia und die Teilnehmerinnen aus München und Stuttgart sind die einzigen, die schon im letzten Jahr dabei waren. Anna ist die Älteste, dann kommt die Teilnehmerin aus Berlin, dann Berta und als Jüngste die Teilnehmerin aus München. Anna hat eine Brieffreundschaft mit der Teilnehmerin aus Stuttgart.

? Zu welcher Stadt gehört welches Mädchen?

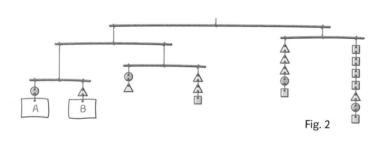

Fig. 2

Das Mobile in Fig. 2 ist mit jeweils gleichschweren Dreiecken, Quadraten und Kreisen behängt. An den Enden eines Querstäbchens hängt jeweils dasselbe Gewicht.

? Welche Figuren müssen an den Stellen A und B noch befestigt werden? Gibt es mehrere Möglichkeiten?

Bernd sprang 8 cm weiter als Cäsar.
Dieter hat die Weite von Arnd um 10 % unterboten.
Arnd fehlten 20 cm zu 5 m.
Cäsar und Bernd sprangen im Durchschnitt 4,58 m.
Erwin sprang so viel über 4,45 m, wie Dieter darunter blieb.

? Welche Weiten erreichten Arnd, Bernd, Cäsar, Dieter und Erwin im Weitsprung?

? Wer ist an dem Einbruch beteiligt gewesen?

In der Gold-Bank ist eingebrochen worden. Kommissar Ochsenhorn hat die drei Gauner Edi, Jimmi und Timmi hinter Gitter gebracht, von denen mindestens einer bei dem Einbruch dabei war. Kommissar Ochsenhorn weiß außerdem:
Wenn Edi und Jimmi nicht beide dabei waren, dann war auch Timmi nicht dabei.
Ist Jimmi schuldig, dann war er es nicht alleine, aber Edi ist dann unschuldig.

Zündende Ideen mit Streichhölzern

? Die abgebildete Figur ist aus 12 Streichhölzern gelegt (Fig. 1).
a) Es sollen aus Fig. 1 zwei Quadrate entstehen, wenn man zwei Hölzer wegnimmt.
b) Es sollen aus Fig. 1 drei gleich große Quadrate entstehen, wenn man vier Hölzer umlegt.

Fig. 1

Tipp von Erna:

„Zuerst besorge ich mir Streichhölzer zum Probieren. Dabei fällt mir auf, dass Fig. 1 aus 4 kleinen Quadraten und einem großen Quadrat, also insgesamt 5 Quadraten besteht. Zur Lösung von Aufgabe a muss ich es schaffen, dass entweder zwei kleine Quadrate oder ein kleines und das große Quadrat übrig bleiben."

? a) Nimm in Fig. 2 acht Hölzer so weg, dass zwei Quadrate übrigbleiben.
b) In Fig. 2 sollen acht Hölzer umgelegt werden. Es sollen drei Quadrate entstehen.

Fig. 2

? In Fig. 3 ist aus sechs Streichhölzern ein Dreieck gelegt.
a) Durch Dazulegen von drei Hölzern sollen fünf Dreiecke entstehen.
b) Durch Umordnen von drei Hölzern soll aus a) ein Sechseck entstehen.

Fig. 3

? In Fig. 4 sind aus insgesamt 20 Streichhölzern zwei Rechtecke gelegt. Die gestrichelten Linien zeigen, dass der Flächeninhalt des unteren Rechtecks dreimal so groß ist wie der Flächeninhalt des oberen Rechtecks. Lege aus den vorhandenen Streichhölzern zwei Rechtecke, von denen das eine einen doppelt so großen Flächeninhalt wie das andere hat.

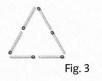

Fig. 4

Hier siehst du alle Ziffern und Rechenzeichen mit Hölzern gelegt.

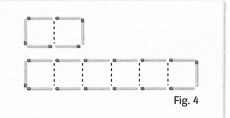

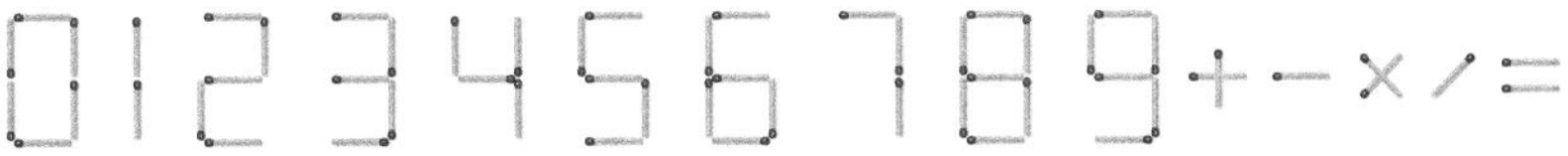

0 1 2 3 4 5 6 7 8 9 + – · : =

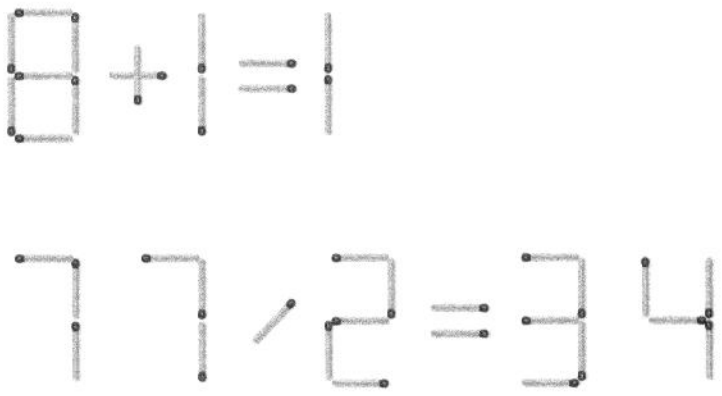

Fig. 5

? Die Kuchenschaufel in Fig. 6 ist aus 4 Streichhölzern gelegt. Kann man durch Umlegen von zwei Hölzern erreichen, dass das Kuchenstück nicht mehr auf der Schaufel liegt?

Fig. 6

? Die Rechnungen in Fig. 5 sind falsch. Du darfst ein Hölzchen umlegen, damit sie stimmen ...

Gegenverkehr

Die älteste mathematische Aufgaben-
sammlung in lateinischer Sprache wurde vermutlich von dem Mönch Alcuin
(735–804) verfasst. Alcuin war Leiter der
Hofschule in Aachen am Hof Karls des Großen (747–814). Er setzte sich dafür ein, an
den Klöstern und Bischofssitzen des Fran-
kenreiches Schulen zu gründen. Zu diesem
Zweck verfasste er eine Aufgabensamm-
lung mit 56 Aufgaben. In den Aufgaben 17
bis 20 aus dieser Sammlung müssen stets
Lebewesen oder Dinge über einen Fluss
gebracht werden. Zwei davon findest du
hier.

Mönch Alcuin

Tipp von Erna:

*„Ich stelle das Gesche-
hen in einer Tabelle dar.
Damit ich wenig schrei-
ben muss, kürze ich ab:
M für den Mann, W
für den Wolf, Z für die
Ziege und K für den
Kohlkopf. Jetzt gehe ich
Schritt für Schritt vor."*

? Am Ufer eines Flusses steht ein
Mann mit einem Wolf, einer Ziege und
einem Kohlkopf. Er möchte mit allem
über den Fluss setzen, hat aber nur ein
kleines Boot zur Verfügung, das außer
ihm selbst nur noch Einen von den Drei-
en tragen kann. Zudem darf der Mann
den Wolf und die Ziege nicht allein
lassen, sonst wird die Ziege gefressen.
Auch die Ziege und den Kohlkopf darf er
nicht allein lassen, sonst wird der Kohlkopf gefressen. Wer es kann, der möge
zeigen, wie der Mann alles unverletzt
über den Fluss bringt.

linkes Ufer				Fluss			rechtes Ufer
M	W	Z	K				
	W		K	→	M	Z	
	W		K	←	M		Z
			K	→	M	W	Z
			K	←	M	Z	W
			...		...		...

? Eine Frau, ein Mann und zwei Kinder
wollen über den Fluss. Das Boot trägt
aber nur den Mann oder die Frau oder
die beiden Kinder. Wie kommen alle
über den Fluss?

Zwei Wanderer gehen auf einem sehr
schmalen Bergpfad. Ihnen kommen zwei
Wanderer entgegen, aber es gibt keinen
Platz, um auszuweichen. Auf der einen Seite des Pfades tut sich eine tiefe Schlucht
auf, auf der anderen Seite steigt die Felswand senkrecht an. Nur an einer Stelle ist
der Pfad etwas breiter. Dort ist eine kleine
Höhle in der Felswand, in die sich gerade
noch ein Wanderer so hineindrücken kann,
dass andere vorbeigehen können.

? Können die
Wanderer anein-
ander vorbeige-
hen oder müssen
sie umkehren?

Zaubern in Mathe

Ein Abzähltrick

Der Zauberer malt auf die Tafel ein großes Ziffernblatt. Er bittet einen Zuschauer, sich eine Zahl des Ziffernblatts im Stillen zu merken und sagt: „Ich werde diese Zahl herausfinden. Dazu tippe ich jetzt mit der Kreide wahllos Zahlen an. Bei jedem Antippen zählst du im Stillen mit, wobei du mit der ausgewählten Zahl beginnst. Wenn du bei 20 angelangt bist, sagst du laut „Halt". Die Kreide wird dann auf die ausgewählte Zahl zeigen."

Der Zauberer erklärt: „Die ersten acht Zahlen tippe ich wahllos an. Beim neunten Tippen zeige ich auf die 12, dann auf die 11 und so weiter entgegen dem Uhrzeigersinn. Bei 20 wird die gesuchte Zahl angezeigt."

? Damit die Zuschauer nicht misstrauisch werden, lässt der Zauberer statt bis 20 z.B. bis 23 zählen. Beschreibe für diesen Fall, wie der Zauberer vorgehen muss.

Tipp von Erna:

„Zuerst führe ich den Trick mehrmals so vor, wie ihn der Zauberer beschrieben hat. Dann nehme ich einfachere Zahlen, z.B., soll der Zuschauer bei 12 Halt sagen."

Ein Vertauschungstrick

Der Zauberer bezeichnet drei Stellen auf dem Tisch mit Lage 1, Lage 2 und Lage 3. Auf diese Stellen legt er einen Ring, einen Bleistift und einen Radiergummi und sagt zu einem Zuschauer: „Ich wende mich jetzt ab. Dann vertauschst du die Lage von jeweils zwei Gegenständen und sagst laut die Nummern. Z.B. 1 mit 3; 2 mit 3 usw. Das machst du so oft, wie du willst. Aber einmal zwischendrin vertauschst du, ohne die Nummern laut zu sagen, und merkst dir den Gegenstand, der dabei liegen bleibt. Anschließend nennst du wieder die vertauschten Nummern. Wenn du aufhörst, werde ich mich herumdrehen und dir den Gegenstand zeigen, der liegen blieb."

Der Zauberer erklärt: „Ich merke mir die anfängliche Lage des Ringes. Dann verfolge ich in Gedanken die Wanderung des Ringes. Das geht leicht, wenn ich eine Hand als Merkhilfe benütze. Dazu bewege ich den Daumen einer Hand zwischen dem Zeigefinger (Lage 1), dem Mittelfinger (Lage 2) und dem Ringfinger (Lage 3) hin und her. Wenn ich mich am Ende herumdrehe, gibt es zwei Möglichkeiten: Entweder stimmt die Lage des Ringes mit der Lage meines Daumens überein oder nicht. Mehr sage ich nicht."

? Wie findet der Zauberer heraus, welcher Gegenstand bei dem einen Umtauschen liegen blieb oder nicht? Vervollständige die Erklärung des Zauberers.

Lage 1   Lage 2   Lage 3

Ein Trick mit geraden und ungeraden Zahlen

Auf dem Tisch liegen Münzen. Der Zauberer sagt: „Ich wende mich jetzt ab. Ein Zuschauer dreht dann so viele Münzen herum, wie er möchte. Er sagt jedes Mal laut „umgedreht".

Irgendwann wird er aufhören und eine Münze mit der Hand bedecken. Ich werde mich umdrehen und sagen, ob die abgedeckte Münze Wappen oder Zahl zeigt."

? Erläutere, wie der Zauberer herausfindet, ob die abgedeckte Münze Wappen oder Zahl zeigt.

Zettelwirtschaft

*Zuerst die **Kärtchen lesen**, **verstehen**, und Beispiele mit dem Taschenrechner **ausprobieren**.*

Zur Lösung der Aufgaben auf dieser Seite sind die Kärtchen A – F hilfreich. Mit „Zahl" ist auf dieser Seite immer nur eine **natürliche Zahl** 0; 1; 2; 3… gemeint.

B Eine Zahl a ist durch eine Zahl b teilbar (oder b ist ein Teiler von a), wenn beim Teilen durch b kein Rest bleibt. Beispiel: 35 ist durch 7 teilbar, aber nicht durch 8.

A Unter der Quersumme einer Zahl versteht man die Summe ihrer Ziffern. Beispiel: Die Quersumme von 6056 ist 6 + 0 + 5 + 6 = 17.

D Die Zahlen, die durch 5 teilbar sind, sind genau diejenigen, deren letzte Ziffer 0 oder 5 lautet.

C Die Zahlen, die durch 3 teilbar sind, sind genau diejenigen, deren Quersumme durch 3 teilbar ist.

E Die Zahlen, die durch 9 teilbar sind, sind genau diejenigen, deren Quersumme durch 9 teilbar ist.

F Die Zahlen, die durch 2 teilbar sind, sind genau diejenigen, deren letzte Ziffer 0, 2, 4, 6 oder 8 ist.

Tipp von Erna:

„Ausprobieren oder logisch kombinieren, das ist hier die Frage."

? Gibt es Zahlen zwischen 1840 und 1860, die durch 5 und durch 9 teilbar sind? Auf dem Kärtchen B steht, was „teilbar" bedeutet.

„Ich dividiere jede der Zahlen 1841; 1842; 1843… 1859 mit dem Taschenrechner durch 5 und durch 9 und prüfe, ob bei beiden Divisionen kein Rest bleibt. Das ist ganz schön langwierig. Mit den Kärtchen geht es schneller." „Ich benutze die Kärtchen A, D und E. Die letzte Ziffer der Zahlen muss 0 oder 5 sein (Kärtchen D). In Frage kommen die Zahlen 1845; 1850; 1855. Von diesen Zahlen bilde ich die Quersumme (Kärtchen E)."

? Wie lautet die kleinste fünfstellige Zahl, die durch 3 teilbar ist?

? Durch welche der Zahlen 2; 3; 5; 9 ist die Zahl 4 456 887 018 teilbar?

? Kann man aus allen neun Ziffern 1; 2; 3; 4; 5; 6; 7; 8; 9 eine neunstellige Zahl bilden, die durch 9 teilbar ist?

? Bei der Zahl 24 6 ☐ 1 999 010 fehlt eine Ziffer. Gib alle Möglichkeiten an, sodass
a) die Zahl durch 5 teilbar ist,
b) die Zahl durch 9 teilbar ist.

? Gib eine sechsstellige Zahl an, die weder durch 2 noch durch 3 teilbar ist.

Sind diese Aussagen wahr oder falsch? Begründe deine Antwort.

? Wenn alle Ziffern einer Zahl Sechsen sind, dann ist die Zahl durch 3 teilbar.

? Wenn zwei Zahlen gleich viele Stellen haben, dann ist die Zahl mit der größeren Quersumme auch die größere Zahl.

Schachmatt?

Beim Schachspiel kann jede Figur andere Felder bedrohen. Fig. 1 zeigt, dass der Springer je nach seiner Stellung 2; 3; 4; 6 oder 8 Felder bedrohen kann.

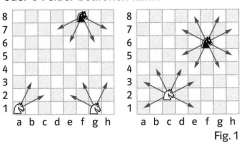
Fig. 1

? Auf dem Schachbrett steht auf einem Feld die angegebene Figur. Sonst ist das Brett leer.
Wie viele Felder können durch diese Figur bedroht werden? Die Antwort hängt davon ab, auf welchem Feld die Figur steht.
a) König   b) Turm
c) Läufer   d) Dame

Auf das Schachbrett sollen nur Türme gestellt werden. Jedes Feld des Brettes soll durch mindestens einen Turm bedroht werden. Kein Turm darf einen anderen Turm bedrohen.

? Wie viele Türme kann man unter diesen Bedingungen auf dem Brett postieren?

Auf das Schachbrett sollen nur Läufer gestellt werden. Jedes Feld des Brettes soll durch mindestens einen Läufer bedroht werden. Kein Läufer darf einen anderen bedrohen.

? a) Wie viele Läufer muss man unter diesen Bedingungen mindestens postieren?
b) Wie viele Läufer kann man unter diesen Bedingungen höchstens postieren?

Wo ist eigentlich Erna?

Schneide rechteckige Pappkärtchen aus, die zwei Felder des Schachbretts bedecken.

? a) Wie viele solcher Kärtchen sind nötig, um das ganze Schachbrett zu bedecken?
b) Begründe, warum es nicht möglich ist, nur den in Fig. 2 gefärbten Teil des Schachbretts mit den Kärtchen zu bedecken.
c) Beim Schachbrett in Fig. 3 fehlen zwei gegenüberliegende Ecken. Ist es möglich, dieses Brett mit den Kärtchen zu bedecken?

Fig. 2   Fig. 3

Der Mathematiker Euler war eine guter Schachspieler. 1759 schrieb er:
„Eines Tages befand ich mich in einer Gesellschaft, als bei Gelegenheit des Schachspiels jemand die Frage aufwarf, mit einem Springer bei gegebenem Anfangsfeld alle Felder des Schachbretts der Reihe nach, jedes nur einmal, zu passieren." (Rösselsprung)

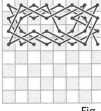
Fig. 4

? a) Fig. 4 zeigt einen von Euler gefundenen Rösselsprung für das halbe Schachbrett. Wie kann man einen Rösselsprung für das ganze Brett zeichnen?
b) Gibt es für ein Brett mit 9 Feldern (3 mal 3) einen Rösselsprung?

Olympische Spiele

Olympia – die Zeitungen sind voll mit Bildern, Berichten, Sensationen, Rekorden, Medaillenspiegeln, Tragödien und Skandalen. Das Fernsehen ist überall dabei: Live-Reportagen, Menschen, Schicksale, Interviews, Zeitlupen, rund um die Uhr.

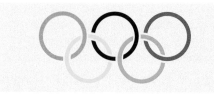

Geschlagen – Superstar Franziska van Almsick enttäuscht
Sie schwamm in Athen 2004 nicht die erwarteten Zeiten.

Birgit Fischer gewann ihr achtes Gold
Rekorde und Medaillen – Als älteste Kanufahrerin gewann Birgit Fischer mit 42 Jahren in Athen 2004 eine Goldmedaille. Mit 18 gewann sie ihr erstes Gold – als jüngste Kanutin.

Totaler Absturz – Tim Lobinger versagt
Dreimal scheiterte er beim Stabhochsprung an der Höhe von 5,65 m und schied als Achter aus.

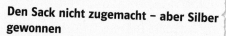

Den Sack nicht zugemacht – aber Silber gewonnen
Der Traum vom Gold zerplatzte für die deutsche Handballmannschaft 2004 in Athen im Finale. Sie hatte nicht genügend Tore geworfen. Aber das Team hatte grandios aufgespielt und in der Vorrunde 6:4 Punkte gewonnen.

Warum war gerade Athen so interessant? Was hat es mit der Geschichte um die Spiele auf sich? Die Schüler der Klasse 6b unterhalten sich angeregt. Peter ist im Leichtathletikklub, Daniela spielt Volleyball, Gerd ist leidenschaftlicher Schwimmer … Jeder ist ein kleiner Spezialist auf seinem Gebiet und verfolgt daher Sportwettkämpfe in seiner Disziplin ganz intensiv. Ein besonderer Höhepunkt sind die olympischen Spiele alle vier Jahre. Plötzlich haben die Schülerinnen und Schüler eine Idee: „Wir organisieren eine Ausstellung zum Thema „Olympia". Jeder vertieft sein Spezialgebiet und stellt es den anderen vor. Da gibt es eine Menge Fragen zu klären, und darin sind sich alle einig: Die Ausstellung soll interessant und pfiffig werden, es muss so richtig „was los" sein. Es soll so lebhaft zugehen wie auf einem Marktplatz, auf dem man alles kaufen, anschauen, sich anhören und miteinander reden kann. Plötzlich kommen ganz viele Ideen zur Gestaltung des Marktplatzes zusammen. „Wir organisieren einen Nachmittag mit dem Thema

Marktplatz „Olympia" – LIVE dabei.

Dazu laden wir unsere Eltern und Freunde ein und bauen viele verschiedene Marktstände auf. Überall wird etwas geboten."

„Gute Idee! Lass uns einen Marktstand machen, an dem man alles über die verschiedenen Läufe, die Spitzenzeiten und die Veränderung der Laufzeiten von 1896 bis heute erfahren kann. Unseren Stand nennen wir dann **Laufen, laufen …"**

Zahlen, Diagramme und mehr *„Wir veranschaulichen die vielen Zahlen mithilfe verschiedener Diagramme. In einem Kreisdiagramm ist der Medaillenspiegel der Teilnehmerländer gut zu zeigen. Mit Säulendiagrammen kann man die Durchschnittsgeschwindigkeiten der Schwimmer in ihren Schwimmstilen veranschaulichen."*

Steckbriefe *„Wir beschreiben interessante Athletinnen und Athleten in Form von Steckbriefen auf Plakaten."*

Weiten im Vergleich *„Ja, klar! Die Weiten, die beim Weitsprung erzielt wurden, zeichnen wir auf dem Schulhof auf und tragen unsere eigenen Weiten im Vergleich dazu ein."*

Wettkämpfe live *„Bei uns kann jeder die antiken Wettkämpfe einmal selbst ausprobieren. Der Sieger wird dann wie damals ermittelt und geehrt. Antike Sportgeräte können mit den heutigen Geräten verglichen werden."*

Das Interview *„Ein Reporter interviewt einen Kugelstoßer und testet ihn, ob er nicht nur stark ist, sondern auch einiges zum Kugelstoßring weiß."*

Die Zeitleiste *„Wir zeichnen eine riesengroße Zeitleiste auf Packpapier, tragen alle Olympischen Spiele ein und kleben interessante Bilder auf."*

„Die olympischen Ringe müssen wir auf jeden Fall ganz groß aufzeichnen!"

„Stopp, Stopp! Eure Idee mit den Plakaten ist ja gut. Aber könnten wir noch etwas mehr Action auf den Marktplatz bringen?"

Die Reportage *„Ein Reporter berichtet live von einem spannenden Ruderwettkampf und vergleicht die verschiedenen Zeiten in den Einern, Zweiern, Vierern und Achtern."*

Quiz *„Hier kann jeder sein Wissen testen."*

Sketch *„Bei uns geht es zum Abschluss der Veranstaltung dann ganz lustig zu. Hier wird ein Sketch aufgeführt zum Thema „Wie stellen wir uns Olympia in 50 Jahren vor?" Jeder Besucher kann mitmachen. Das wäre sicher ein super Abschluss!"*

Wie fing alles an? Die Olympischen Spiele der Antike

Der antike Fünfkampf

Er umfasste die Disziplinen Diskuswerfen, Weitsprung, Speerwurf, Laufen und Ringen. Beim Diskuswerfen wurde eine ca. 5,7 kg schwere Scheibe aus Bronze, Eisen, Blei oder Stein mit einem Durchmesser von 34 cm verwendet.

Beim Weitsprung hielt der Athlet Sprunggewichte von 1,4 kg bis 4,6 kg aus Stein, Blei oder Bronze in jeder Hand. Der Sprung selbst soll aus dem Stand heraus erfolgt sein. Es wurden fünf Sprünge hintereinander ausgeführt. Am Schluss zählte die Gesamtdistanz. Der Speer wurde mithilfe einer Lederriemenschlaufe abgeworfen. Die Laufstrecke war wahrscheinlich eine Stadionlänge. Es wird vermutet, dass der Sieger nicht nach einem Punktesystem, sondern nach einem Ausscheidungsverfahren ermittelt wurde.

Im Laufe der Jahre wurden die Disziplinen erweitert und die Spiele von einem Tag auf fünf Tage ausgedehnt.[1] Man unterschied die gymnischen (oder athletischen) und die hippischen Wettkämpfe sowie einen Wettstreit der Trompeter und Herolde.

[1] In manchen Quellen ist auch von sechs Tagen die Rede.

? Welche Disziplinen umfassten diese Wettkämpfe?

Wie groß und wie schwer ist die heutige Diskusscheibe?

Von Anfang bis Ende

776 v. Chr. wird als das erste Jahr der Olympischen Spiele bezeichnet. Das Datum konnte man aus Siegerlisten ableiten. Bei den ersten Spielen fand nur ein Lauf, der so genannte Stadionlauf, über die Länge das Stadions (192,27 m) statt. Die Spiele dauerten einen Tag und fanden nach der Sommersonnenwende statt. Der Sieger bekam als Preis einen Kranz aus Olivenzweigen.

Ab der 14. Olympiade im Jahr 724 v. Chr. kam der Doppellauf als neue Disziplin hinzu. Der Läufer musste am Ende des Stadions eine Wendemarke umrunden und zur Startlinie zurückkehren. Ab 720 v. Chr. wird von Langsteckenläufen über 20 oder 24 Stadionlängen, dem so genannten Pendellauf, berichtet. 708 v. Chr. wurde der Fünfkampf eingeführt. 680 v. Chr. fand das erste Wagenrennen mit einem Vierspänner statt. 476 v. Chr. wurden die Olympischen Spiele durch Hinzunahme weiterer Disziplinen zu einem fünftägigen Fest erweitert. Im Laufe der Jahre wurden die Spiele rauer und teilweise sogar gewalttätig.

393 n. Chr. wurden die Olympischen Spiele von Kaiser Theodosius I abgeschafft.

? Welche Disziplinen zählt man heute zum Fünfkampf?

In verschiedenen Quellen findet man folgende Angaben:
Die Stadionlänge entsprach der Legende nach dem Sechshundertfachen der Fußgröße des Herakles. Die Reitbahn – das Hippodrom – war ca. 4 Stadien lang. Die Zwei- und Vierspänner legten darin zwölf Runden (Längen des Hippodroms) zurück.

? Stelle zu den verschiedenen Messgrößen Berechnungen an.

? Fertige eine Zeitleiste an, die von 776 v. Chr. bis heute reicht. Markiere alle Jahre, in denen Olympische Spiele stattgefunden haben.

Modell der Bauten im Heiligtum von Olympia

1 Zeustempel   2 Gästehaus für die Ehrengäste

Ein berühmter Athlet: Milon von Kroton

Milon von Kroton siegte als 17-Jähriger im Jahr 540 v. Chr. zum ersten Mal bei einer Olympiade als Ringer. Er ging aus dem Leistungszentrum von Kroton in Süditalien hervor. Die Überlieferung sagt, dass der berühmte Mathematiker Pythagoras, der selbst Olympiasieger im Ringkampf war, sein Lehrmeister gewesen sei.

Insgesamt errang Milon von Kroton sechs Olympiasiege.

Von ihm wird erzählt, dass er in seiner Jugend täglich ein Kalb getragen habe. Mit zunehmendem Gewicht des Kalbs wuchs auch seine Muskelkraft. Später soll er einen Stier auf den Schultern rund um die Laufbahn eines Stadions von 1,5 km Länge getragen haben. Man sagt ihm nach, dass er täglich 17 Pfund Brot und 17 Pfund Fleisch gegessen und 10 Liter Wein getrunken habe.

? Versuche noch mehr über die Olympischen Spiele der Antike zu erfahren. Interessante Informationen erhältst du aus dem Internet, wenn du das Suchwort „Antikes Olympia" eingibst.

? Wer war 776 v. Chr. der erste Olympiasieger?
Warum wurde nur ein Teilnehmer Olympiasieger?
Wie wurde der Sieger ermittelt?

Der Marathonlauf

Wer war der erste Marathonsieger?

Spiridon Louis wurde am 12. Januar 1873 als fünftes Kind der Bauersleute Kalomira und Athanasios Louis in Marusi geboren. Sonntags verkauften Spiridon und sein Vater in Athen Quellwasser aus Marusi. Am 10. April 1896 startete Spiridon beim ersten offiziellen Marathonlauf in Marathon. Er berichtete über seinen Lauf: „Am Wege nach Pikermi stand mein nachmaliger Schwager Kontos an der Straße und streckte mir einen Becher Wein und ein rohes Osterei entgegen. Ich schlürfte das Weinchen im Laufen und fühlte mich hernach so gestärkt, dass ich mich ins Zeug legte…" Spiridon traf als Erster im Stadion ein. Er legte die Marathonstrecke in 2 Stunden, 58 Minuten und 50 Sekunden zurück. Die Griechen feierten ihn als Helden. Im März 1940 starb Louis in Marusi so arm, wie er geboren war.

Quelle: Das Olympiabuch Athen 1896 – 2004. Delius Klasing Verlag, Bielefeld

Wie ging es weiter? – Olympiasieger im Marathonlauf

1896	Spiridion Louis	GRE	2:58:50h	1960	Abebe Bikila	ETH	2:15:16h
1900	Michael Thealo	FRA	2:59:45h	1964	Abebe Bikila	ETH	2:12:11h
1904	Thomas Hicks	USA	3:28:53h	1968	Amamo Wolde	ETH	2:20:26h
1908	J. Joseph Hayes	USA	2:55:18h	1972	Frank Shorter	USA	2:12:19h
1912	Kenneth McArtur	RSA	2:36:54h	1976	Waldemar Cierpinski	GDR	2:09:55h
1920	Hannes Kolehmainen	FIN	2:32:35h	1980	Waldemar Cierpinski	GDR	2:11:03h
1924	Albin Sleenros	FIN	2:41:22h	1984	Carlos Lopez	POR	2:09:21h
1928	Mohamed El Quafi	FRA	2:32:57h	1988	Gelindo Bordin	ITA	2:10:32h
1932	Juan Carlos Zabata	ARG	2:31:36h	1992	Hwang Young-Cho	KOR	2:13:23h
1936	Kitei Son	JPN	2:29:19h	1996	Josiah Thungwane	RSA	2:12:36h
1948	Delfo Cabrera	ARG	2:34:51h	2000	Gezangne Abera	ETH	2:10:11h
1952	Emil Zatopek	TCH	2:23:03h	2004	Stefano Baldini	ITA	2:10:55h
1956	Alain Mimoun	FRA	2:25:00h				

? Vergleiche die Laufzeit von Stefano Baldini mit der Laufzeit von Spiridon Louis und der besten olympischen Laufzeit.

Die Zwischenzeiten von Stefano Baldini, Athen 2004

5km	10km	15km	20km	25km	30km	35km	40km
15:58min	31:56min	48:18min	1:03:55h	1:20:08h	1:35:50h	1:50:37h	2:04:49h

? In welchen Jahren wichen die Zeiten um mehr als zehn Minuten von der Laufzeit Baldinis ab?

? Stelle weitere Vergleiche und Berechnungen an und veranschauliche sie.

Höhenprofil der Laufstrecke Marathon – Athen

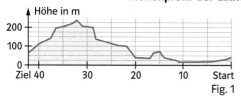

Fig. 1

? Welche Durchschnittsgeschwindigkeit erzielte Baldini auf den jeweiligen Streckenabschnitten? Vergleiche sie untereinander. Stelle eine Verbindung zum Höhenprofil der Laufstrecke her.

Marathonlauf der Frauen

Erst 88 Jahre nach Spiridon Louis' Marathonsieg fand der erste olympische Marathon der Frauen statt. Man war lange Zeit der Überzeugung, dass ein Marathon zu anstrengend sei für Frauen. Zwar nahmen ab 1972 erstmals Frauen am Boston-Marathon teil, aber erst 1984 durften sie auch bei den Olympischen Spielen in Los Angeles starten.

Olympiazeiten

1984	Joan Benoi	USA	2:24:52 h
1988	Rosa Mota	POR	2:25:40 h
1992	Walentina Jegorowa	EUN	2:32:41 h
1996	Fatuma Roba	ETH	2:26:05 h
2000	Naoka Takahashi	JPN	2:23:14 h
2004	Mizuki Noguchi	JPN	2:26:20 h

Entwicklung der Weltbestzeiten seit 1970

Fig. 1

? Welche Informationen kann man der Grafik mit den Weltbestzeiten entnehmen?

? Erstelle eine Grafik für die Olympiazeiten und vergleiche die Weltbestzeiten mit den Olympiazeiten.

Portrait einer Olympiasiegerin: Mizuki Noguchi

Die Vorbereitung auf Olympia 2004 mit dem Ziel der Goldmedaille startete für Mizuki Noguchi bereits kurz nach ihrem Vizeweltmeister-Titel im Marathon 2003 in Paris. Die aus Kyoto stammende Noguchi trainierte im Winter hauptsächlich im südchinesischen Höhenzentrum Konmei in 1600 m Höhe. Jeden Morgen standen vor dem Frühstück 10 – 12 km auf dem Programm, nachmittags oft Tempoeinheiten über 10- oder 20-mal 1000 m. Manchmal stand ein 40-km-Lauf an. Der wurde dann vor dem Mittagessen ausgetragen, ohne dass dafür auf den Trainingslauf am frühen Morgen verzichtet wurde.

Für ihren Olympialauf in Athen konstruierte der Chefschuhentwickler einer bedeutenden Sportfirma einen Spezialschuh, der nur sensationelle 118 g wog. Er war wohl nur für eine superleichte Läuferin wie Mizuki Noguchi mit ihren 40 kg Gewicht tragbar.

Ihre Bestzeiten erzielte Mizuki Noguchi im 10 000-m-Lauf im Jahr 2004 in Kobe mit 31:21,03 min, im 21,1-km-Lauf im gleichen Jahr in Myazaki mit 67:47 min, im 30-km-Straßenlauf in Ohme (ebenso 2004) in einer Zeit von 1:39:02 h und im Marathonlauf im Jahr zuvor in Osaka in 2:21:18 h.

Quelle: Laufmagazin Spiridon 10/2004, Seite 20. Spiridon Verlags-GmbH, Düsseldorf

? Wie viele Kilometer läuft M. Noguchi durchschnittlich im Monat, wenn sie jeden dritten Tag einen 40-km-Lauf macht?

? Wie viele Trainingsmonate braucht sie, um die Erde auf der Höhe des Äquators einmal zu umrunden?

? Welche Durchschnittsgeschwindigkeiten hatte sie bei ihren Läufen mit den Bestzeiten? Veranschauliche sie.

Läufe im Olympiastadion

Wilma Rudolph – die schwarze Gazelle

Wilma Rudolph wurde 1940 als 20. von 22 Kindern einer armen Familie in einem Ghetto in Tennesee (USA) geboren. Sie erkrankte im Alter von vier Jahren an Kinderlähmung, sodass sie ihr linkes Bein nicht mehr bewegen konnte und zwei Jahre im Bett verbringen musste. Mit sechs Jahren konnte sie wieder mit einer Stütze gehen. Mit elf Jahren warf sie die Krücke weg und begann Basketball zu spielen. Bald wurde erkannt, wie schnell Wilma laufen konnte und schon mit 16 Jahren qualifizierte sie sich für die Olympischen Spiele 1956 in Melbourne. Sie gewann eine Bronzemedaille in der 4 x 100-m-Staffel. Als sie 1960 zu den Olympischen Spielen nach Rom kam, hielt sie bereits den Weltrekord über 200 m und war als erste Frau unter 23,0 s gelaufen. Im Finale über 100 m zeigten die Stoppuhren 11,0 s, ein unglaublicher Weltrekord, denn bis dahin war die Bestzeit 11,3 s. Leider konnte der Weltrekord nicht anerkannt werden, da der Rückenwind mit 2,47 Meter pro Sekunde zu stark war. Wilma fragte: „War ich nicht schneller als der Wind?" Außerdem gewann sie in Rom die Goldmedaillen über 200 m und 4 x 100 m. 1962 zog sich die schnellste Frau der Welt aus der Leichtathletik zurück. Sie bekam vier Kinder und arbeitete als Sportlehrerin. Wilma Rudolph starb 1994 an einem Gehirntumor.

Der 100-m-Lauf
Einige 100-m-Olympiasieger

1896	Thomas Burke	USA	12,0 s
1908	Reggie Walker	RSA	10,8 s
1924	Harold Abrahams	GBR	10,6 s
1936	Jesse Owens	USA	10,3 s
1948	Harrison Dillard	USA	10,3 s
1960	Armin Hary	GER	10,0 s
1972	Waleri Borsow	RUS	10,14 s
1984	Carl Lewis	USA	9,99 s
1996	Donavan Bailey	CAN	9,84 s
2004	Justin Gatlin	USA	9,85 s

Armin Hary

Der 100-m-Lauf ist die Königsdisziplin der Olympischen Spiele, denn die Goldmedaillengewinner sind die schnellsten Männer der Welt.

? Stelle in Diagrammen (z. B. Säulendiagrammen) dar, wie sich die 100-m-Zeiten und die Durchschnittsgeschwindigkeiten im Lauf der Jahrzehnte verbessert haben.

? Wie viele km pro Stunde laufen die schnellsten Menschen über 100 m? Vergleiche mit verschiedenen Tieren. In der Tabelle sind die Laufzeiten der Tiere über 100 m angegeben.

Eisbär	Hausmaus	Katze	Gepard	Elefant
5,56 s	$\frac{1}{2}$ min	7,5 s	3,0 s	9,23 s

? Welchen Bruchteil der Zeit benötigte der Olympiasieger mit der besten Zeit im Vergleich zu dem mit der längsten Zeit? Wie groß wäre sein Vorsprung?

Kelly Holmes

Die Läufe im Vergleich
Olympiasiegerinnen von Athen 2004

100 m	Julia Nesterenko	BLR	10,93 s
200 m	Veronica Campbell	JAM	22,05 s
400 m	Tonique Williams-Darling	BAH	49,41 s
800 m	Kelly Holmes	GBR	1:56,38 s
1500 m	Kelly Holmes	GBR	3:57,90 s
5000 m	Meseret Defar	ETH	14:45,65 s
10 000 m	Huina Xing	CHN	30:24,36 s

? Wie schnell wäre Julia Nesterenko auf der Marathonstrecke (42,195 km), wenn sie ihr Tempo halten könnte? Wie schnell wäre Huina Xing?

? Stelle in Diagrammen dar, wie sich die Siegerzeiten und die Durchschnittsgeschwindigkeiten je nach Streckenlänge verändern.

? Kann man bei den Laufzeiten für die verschiedenen Strecken mit einem Je-mehr-desto-mehr-Dreisatz rechnen?

Das Olympiastadion

Olympiastadion Berlin

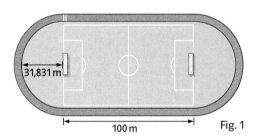

31,831 m

100 m   Fig. 1

Die Laufbahn im Olympiastadion besteht aus der Zielgeraden und der Gegengeraden, beide sind 100 m lang. Sie werden durch die Kurvenbahnen verbunden, die die Form von Halbkreisen haben. Alle acht Bahnen sind je 1 m breit.

? Der Radius der Innenseite von Bahn 1 ist 31,831 m. Rechne nach, dass die Innenseite dieser Bahn 400 m lang ist.

? Wie lang ist die Innenseite der Bahnen 2 bis 8? Wie groß ist beim 400-m-Lauf der Vorsprung, den die Läufer der Bahnen 2 bis 8 gegenüber dem Läufer der Bahn 1 jeweils erhalten, die so genannte Kurvenvorgabe? Warum erhält man beim 800-m-Lauf nur die halbe Kurvenvorgabe wie beim 400-m-Lauf? Wie groß sind die Kurvenvorgaben für den 200-m-Lauf?

? Wie viele Runden muss man für die einzelnen Laufstrecken zurücklegen? Wo auf der Bahn ist jeweils der Start zu dieser Laufstrecke?

? Welches sind für den 400-m-Lauf wohl die „besten Bahnen" und warum?

? Zeichne ein Stadion im Maßstab 1:500 mit den ungefähren Positionen der Startblocks beim 400-m-Lauf.

Höhen und Weiten

Ulrike Meyfarth – Höhen und Tiefen

Als Ulrike Meyfarth mit dreizehn Jahren mit dem Hochsprung begann, war gerade das Zeitalter des Fosbury-Flop angebrochen, eines neuen Sprungstils, bei dem die Latte rückwärts überquert wird. Mit diesem Sprungstil kam die damals bereits 1,86 m große Ulrike mit ihren langen Beinen blendend zurecht. Dass sie mit sechzehn schon zu den Olympischen Spielen 1972 in München fahren durfte, war auch Glück: Teure Tickets fielen nicht an, man wollte der jungen Athletin die Chance geben, Erfahrung zu sammeln. Die Situation im Olympiastadion am 4.9.1972 war unglaublich. Mühelos hielt Ulrike mit den Großen mit. Mit einer Bestleistung von 1,85 m war sie angereist, als sie über 1,88 m flog, hatte sie schon eine Medaille sicher. Als Einzige überquerte sie 1,90 m und hatte somit die Goldmedaille. Anschließend sprang sie im Höhenrausch noch die Weltrekordhöhe von 1,92 m. Bis heute ist sie die jüngste Olympiasiegerin in einem Leichtathletik-Einzelwettbewerb.
Am Tag nach ihrem euphorischen Olympiasieg wurde auf die israelische Olympiamannschaft ein Anschlag verübt, 17 Menschen starben. Weltweite Trauer überschattete den Rest der Spiele.
Bei den Olympischen Spielen 1976 sprang Ulrike dann nur 1,80 m. Erst 1981 fand sie wieder zurück. Sie sprang als eine der ersten Frauen über 2 m hoch und sprang Weltrekordhöhe. Bei den Olympischen Spielen 1984 in Los Angeles wurde sie mit 2,02 m zum zweiten Mal Olympiasiegerin. Mit ihren 28 Jahren war sie nun die älteste Athletin, die bisher Hochsprunggold gewann.

Der Weitsprung
Einige Olympiasieger im Weitsprung

1896	Ellery Clark	USA	6,35 m
1908	Francis Irons	USA	7,48 m
1920	William Peterson	SWE	7,15 m
1928	Edward Hamm	USA	7,73 m
1936	Jesse Owens	USA	8,06 m
1956	Gregory Bell	USA	7,83 m
1968	Bob Beamon	USA	8,90 m
1980	Lutz Dombrowski	GDR	8,54 m
1992	Carl Lewis	USA	8,67 m
2004	Dwight Philips	USA	8,59 m

? Stelle mithilfe von Diagrammen dar, wie sich die Weiten im Lauf der Zeit verändert haben.

? Veranschauliche die unterschiedlichen Weiten der Olympiasieger durch eine maßstabsgetreue Zeichnung der Weiten. Markiere auch deine Bestweiten. Oder markiere im Klassenzimmer, im Flur oder auf dem Schulhof mit Kreide die Weiten.

? Stelle mithilfe eines Kreisdiagramms die Verteilung der in der obigen Tabelle aufgeführten Goldmedaillengewinner auf die Länder dar. Oder recherchiere alle Weitsprung-Olympiasieger und ihre Herkunftsländer und fertige ein Kreisdiagramm für die Verteilung auf die Länder an.

? Warum nannte man Bob Beamons Siegessprung 1968 einen „Sprung ins nächste Jahrtausend"?

? Vergleiche die weitesten Sprünge von Menschen mit denen von Tieren. Wie weit sind die weitesten Sprünge jeweils im Verhältnis zur Körperlänge des Tieres?

Schneeleopard	Floh	Känguru	Springmaus	Springfrosch
15 m	60 cm	12,5 m	2,5 m	2 m

? Den Dreisprung-Weltrekord hält Jonathan Edwards mit 18,29 m. Kann man für Sprünge einen Je-mehr-desto-mehr-Dreisatz anwenden? Wie weit sind die drei Sprünge im Durchschnitt?

Das Kugelstoßen

Am 18.8.2004 wurde zum ersten Mal nach zweitausend Jahren im antiken Olympiagelände wieder ein olympischer Wettbewerb ausgetragen, das Kugelstoßen der Frauen. Die Tabelle zeigt das Ergebnis der sechs Versuche der besten fünf Sportlerinnen (in m):

Ostaptschuk	BLR	18,25	x	19,01	x	x	x
Kleinert	GER	18,77	19,55	19,17	18,55	x	x
Kriweljowa	RUS	18,55	19,49	19,29	19,15	19,20	18,44
Cumba	CUB	x	18,39	18,74	x	x	19,59
Choroneko	BLR	18,82	18,09	18,87	18,59	18,59	18,96

Nadine Kleinert

? Wie ist die Siegerreihenfolge der fünf Sportlerinnen?

? Wer hat den besten Mittelwert aller gültigen Versuche? Wer hat den besten Mittelwert aller Versuche?

? Der Abstoßkreis (Kugelstoßring) hat einen Durchmesser von 7 Fuß (1 Fuß = 30,48 cm). Sein Mittelpunkt ist Scheitelpunkt des Wurfsektors, der einen Winkel von 35° hat. Zeichne maßstäblich eine Kugelstoßanlage (s. Fig. 1) und markiere die Auftreffpunkte für Weltrekorde, Olympiasiege und für deine Kugelstoßweiten. Du kannst eine solche Anlage auch in Originalgröße auf den Schulhof zeichnen.

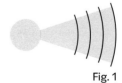

Fig. 1

? Ein Kugelstoßer stößt aus einer Höhe von 2 m ab. Die Tabelle enthält für verschiedene Abstoßwinkel die Koordinaten des höchsten Punkts H der Flugbahn (in m).
Markiere in einem Koordinatensystem den Startpunkt S(0|2) und zeichne die Abstoßhöhe (in Fig. 2 ist es die blaue Gerade) ein. Zeichne für jeden Winkel am Scheitelpunkt S den Abstoßwinkel ein und markiere den zugehörigen höchsten Punkt H der Flugbahn. Skizziere schließlich den ungefähren Verlauf der Flugkurve. In Fig. 2 ist die Flugkurve für 30° gezeichnet.

Winkel	20°	30°	40°	50°	60°	80°
x-Koordinate	6,3	8,5	9,7	9,7	8,5	3,4
y-Koordinate	3,2	4,5	6,1	7,8	9,4	11,5

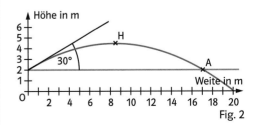

Fig. 2

? Wie groß ist die maximale Weite? Welcher Abstoßwinkel ist am besten?

Ballsportarten bei Olympia

Magic Johnson and the Dream Team

Born: Aug. 14, 1959 in East Lansing, Michigan

Basketball player Earvin Johnson earned the nickname „Magic" when he was only 15 years old. The tallest point guard in NBA history (6-foot-9, 225-pound), Johnson was elected the most valuable player of the year three times and, with the Lakers, won five championships. His all-around play inspired the term „triple-double" to refer to a game in which he scored at least 10 points, captured at least 10 rebounds and made at least 10 assists. From the moment he stepped onto the court, people pondered: How could a man so big do so many things with the ball and with his body? It was Magic. 1991 Magic Johnson announced that he had tested positive for HIV. For the 1992 Barcelona Games the United States chose a squad of all-stars that deservedly came to be known as the Dream Team. Magic was honoured with the position of a co-captain. The Dream Team was so much better than their opponents that their average margin of victory was 43¾ points. They also averaged an Olympic record 117¼ points per game. After the Olympic games Magic was retiring from Basketball.

? Eine Vorrundengruppe hat vier Mannschaften. Wie viele Gruppenspiele gibt es in dieser Gruppe, wenn jede Mannschaft gegen jede spielt? Wie ist es bei einer Gruppe mit fünf oder sechs Mannschaften? Eine Zeichnung wie in Fig. 1 und Fig. 2 kann helfen. Lege eine Tabelle an und versuche einen Term für die Anzahl der Spiele bei x Mannschaften in der Gruppe zu finden.

Die Anzahl der Spiele

Bei Olympischen Spielen gibt es in den Ballsportarten zunächst eine Vorrunde mit Gruppenspielen, danach schließt sich Viertelfinale, Halbfinale und Finale an.

Die Gruppenspiele bei vier Mannschaften

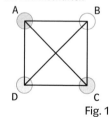

fünf Mannschaften

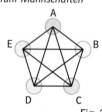

Fig. 1   Fig. 2

Beim olympischen Hockeyturnier der Frauen 2004 gab es zwei Gruppen mit je fünf Mannschaften. In den Gruppen spielte jeder gegen jeden. Danach gab es Viertelfinale, Halbfinale, Finale und Spiel um Platz drei. Die Verlierer im Viertelfinale trugen ein Spiel um Platz fünf und ein Spiel um Platz sieben aus.

? Wie viele Frauenhockeyspiele gab es insgesamt? Wer wurde Olympiasieger?

? Wie viele Spiele gab es bei den Männern mit zwei Sechsergruppen (ansonsten gleiches Verfahren)?

Beim Tischtennis wurden die Medaillengewinner unter den 32 Teilnehmern, die sich nach der Vorrunde für die Hauptrunde qualifiziert hatten, im K.o.-System ermittelt. Außerdem gab es ein Spiel um Platz drei.

? Wie viele Spiele gab es nach der Vorrunde?

? Wie viele Spiele gäbe es bei einem solchen Turnier bei 64 Teilnehmern? Welche Teilnehmerzahlen sind günstig für ein Turnier, das im K.o.-System ausgetragen werden soll?

Basketball

? Fertige eine maßstabsgetreue Zeichnung z. B. im Maßstab 1:100 von einem Basketballfeld an.

? Welchen Flächeninhalt hat der Dreipunktebereich, welchen Flächeninhalt haben die Freiwurfräume?

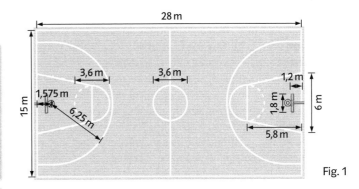

Fig. 1

? Michael Jordan hatte bei den Olympischen Spielen 1992 in Barcelona 19 Freiwurfversuche, 13 davon traf er. Wie hoch war seine Freiwurfquote (in Prozent)?

? John Stockton war mit $6\frac{1}{6}$ Fuß der kleinste Spieler im amerikanischen Dream Team 1992; Charles Barkley und Michael Jordan waren $\frac{1}{4}$ Fuß größer, Scottie Pippen $\frac{1}{2}$ Fuß, Larry Bird, Magic Johnson und Karl Malone $\frac{2}{3}$ Fuß, Christian Laettner $\frac{3}{4}$ Fuß, Patrick Ewing $\frac{5}{6}$ Fuß und David Robinson $\frac{11}{12}$ Fuß. Wie groß waren die Spieler in Fuß und Zoll, wie groß in Meter (12 Zoll sind ein Fuß, 1 Zoll = 2,54 cm)?

? Die Tabelle zeigt die Ergebnisse der acht Spiele des Dream Team bei Olympia 1992. Stimmen die Behauptungen, die in dem Bericht über Magic Johnson auf der vorigen Seite über die Olympia-Ergebnisse der USA erwähnt wurden?

? In welchen Spielen konnte der Gegner mehr als $\frac{2}{3}$ der Punkte der USA erzielen?

USA	116	Angola	48
USA	103	Kroatien	70
USA	111	Deutschland	68
USA	127	Brasilien	83
USA	122	Spanien	81
USA	115	Puerto Rico	77
USA	127	Litauen	76
USA	117	Kroatien	85

Wasser

Johnny Weissmüller – der olympische Tarzan

Johnny Weissmüller kam 1904 in Freidorf zur Welt, das damals
zu Österreich-Ungarn gehörte. Kurz darauf wanderten seine Eltern nach Amerika aus, sein Vater war ein armer Bergarbeiter. Er
starb, als Johnny 10 Jahre alt war. Johnny musste mit 12 die Schule
verlassen und in Chicago als Page arbeiten. Mit 16 wurde er von
einem strengen Schwimmtrainer entdeckt, der ihn im Training
wie einen Sklaven behandelte und quälte. Mit 18 schwamm er
als erster Mensch über 100 m unter 1 Minute. In den Folgejahren
stellte er 67 Weltrekorde auf, die zum Teil sehr lange hielten. Bei
den Olympischen Spielen 1924 in Paris besiegte er über 100 m
Freistil den Olympiasieger von 1912 und 1920 Duke Kahanamoku
aus Hawaii, den man den „Fischmenschen" nannte, da er das Frei-
stilschwimmen und das Surfen entscheidend entwickelte. Johnny
gewann 1924 und 1928 insgesamt fünf Goldmedaillen im Schwimmen und eine Bronzemedaille im Wasserball. Unbesiegt trat Johnny 1929 vom Schwimmen zurück und wurde unter 150 Bewerbern
für die Hauptrolle in den Tarzanfilmen ausgewählt. Für viele ist er
bis heute der beliebteste Tarzan. Als guter Jodler erfand er den
Tarzanruf. Den größten Teil der verdienten Millionen verlor er später wieder. Er starb 1984 arm in Acapulco, Mexico.

Schwimmen 100 m Freistil

? Stelle mithilfe von Diagrammen dar, wie sich die Zeiten und
die Durchschnittsgeschwindigkeiten im Lauf der Jahrzehnte verbessert haben.

? Wie groß wäre der Vorsprung von Peter van den Hoogen-
band vor Alfred Hajos im Ziel? Welche Schwimmer haben weniger als $\frac{2}{3}$ der Zeit von Alfred Hajos gebraucht?

Einige 100-m-Freistil-Olympiasieger

1896	Alfred Hajos	HUN	1:22,2
1912	Duke Kahanamoku	USA	1:03,4
1928	Johnny Weissmüller	USA	58,6
1936	Ferenc Csik	HUN	57,6
1948	Walter Ris	USA	57,3
1956	Jon Henricks	AUS	55,4
1964	Don Schollander	USA	53,4
1972	Mark Spitz	USA	51,22
1980	Jörg Woithe	GDR	50,40
1988	Matt Biondi	USA	48,63
1996	Alexander Popov	RUS	48,74
2004	Peter v. d. Hoogenband	NED	48,17

Fächer-fisch	Eisbär	Magellan-pinguin	Orca	See-pferdchen	Grauwal
3,40 s	36,00 s	10,00 s	6,55 s	225,00 s	48,00 s

? Wie viele km pro Stunde schwimmen die schnellsten Menschen über 100 m?
Vergleiche mit den Schwimmgeschwindigkeiten von verschiedenen Tieren. In der
Tabelle sind die Schwimmzeiten über 100 m angegeben. Welche Tiere können schneller
schwimmen, als du laufen kannst?

Die unterschiedlichen Freistilschwimmstrecken
Olympiasiegerinnen von Athen 2004

50 m	Inge de Bruijn	NED	24,58 s
100 m	Judie Henry	AUS	53,84 s
200 m	Camelia Potec	ROM	1:58,03 min
400 m	Laure Manaudou	FRA	4:05,34 min
800 m	Ai Shibata	JPN	8:24,54 min

Inge de Bruijn

? Wie schnell wäre Inge de Bruijn auf der 800-m-Strecke, wenn sie ihr Tempo halten könnte? Wie schnell wäre Judie Henry?

? Wann schwammen die Männer über 100 m Freistil so schnell, wie die Frauen 2004 schwammen? Wie verhält sich das beim 100-m-Lauf oder anderen Strecken?

? Stelle in Diagrammen dar, wie sich die Siegerzeiten und die Durchschnittsgeschwindigkeiten je nach Schwimmstrecke verändern.

Die unterschiedlichen Schwimmstile
Die Schwimmstile im Vergleich bei den Spielen in Athen 2004

200 m Brust	K. Kitajima	JPN	2:09,44
200 m Freistil	I. Thorpe	AUS	1:44,71
200 m Lagen	M. Phelps	USA	1:57,14
200 m Rücken	A. Peirsol	USA	1:54,95
200 m Schmetterling	M. Phelps	USA	1:54,04

? Welches ist der schnellste Schwimmstil, welches der langsamste? Zeichne ein Diagramm für die Zeiten, bei dem die Unterschiede deutlich werden.

? Die Lagenstrecke besteht aus vier Bahnen, die in je einem der vier Schwimmstile geschwommen werden. Ist die Lagenzeit auch eine Durchschnittszeit der anderen Zeiten? Begründe.

? Kannst du die Schwimmstile vormachen?

Das Rudern
Die Olympiasiegerinnen im Rudern 2004 in Athen

Einer	Rutschow-Stomporowski	GER	7:18,12
Zweier	Evers-Swindell	NZL	7:01,79
Vierer	Boron...	GER	6:29,29
Achter	Florea...	ROM	6:17,70

? Wie verhalten sich die Zeiten bei zunehmender Zahl der Ruderinnen? Kann man hier einen Je-mehr-desto-weniger-Dreisatz anwenden? Zeichne ein Diagramm, in dem man die Unterschiede erkennen kann. Wie schnell könnte ein Sechzehner sein?

? Vergleiche die Durchschnittsgeschwindigkeiten für die einzelnen Ruderklassen und zeichne ein Diagramm. Die Streckenlänge ist jeweils 2000 m. Vergleiche diese Geschwindigkeiten mit deiner Laufgeschwindigkeit. Kannst du neben den Booten herlaufen?

Kürzen und Erweitern

1 Erweitere

a) $\frac{4}{6}$ mit 7; b) $\frac{3}{4}$ mit 5; c) $\frac{-6}{7}$ mit 8; d) $\frac{-1}{9}$ mit 13; e) $\frac{7}{-12}$ mit 8;

f) $\frac{9}{20}$ mit 4; g) $\frac{-9}{35}$ mit 8; h) $\frac{-13}{30}$ mit 2; i) $\frac{1}{-16}$ mit 30; j) $\frac{12}{-19}$ mit 45.

2 a) Kürze mit 3: $\frac{12}{39}$; $\frac{24}{51}$; $\frac{-21}{33}$; $\frac{63}{-123}$; $-\frac{87}{144}$. b) Kürze mit 7: $\frac{14}{49}$; $\frac{-35}{84}$; $\frac{56}{-91}$.

3

Brüche erweitern	mit 2	mit 3	mit 7	mit 11	mit 15	mit 50	mit ...
$\frac{1}{2}$			$\frac{7}{14}$				
$\frac{3}{5}$		$\frac{9}{15}$			$\frac{45}{75}$		
$\frac{-7}{8}$	$\frac{-14}{16}$						
$\frac{5}{-7}$			$\frac{35}{-49}$				
$-\frac{4}{15}$							
$\frac{1}{24}$							
$\frac{2}{25}$							
$\frac{-1}{50}$							
$\frac{25}{-111}$				$\frac{275}{-1221}$			$\frac{2500}{-11100}$
$-\frac{9}{750}$							

4 Kürze so weit wie möglich.

a) $\frac{12}{18}$; $\frac{15}{24}$; $\frac{15}{15}$ b) $\frac{6}{12}$; $\frac{5}{20}$; $\frac{12}{36}$ c) $\frac{16}{48}$; $\frac{-10}{60}$; $\frac{27}{-81}$ d) $\frac{24}{96}$; $-\frac{45}{10}$; $\frac{-28}{56}$

e) $\frac{-27}{36}$; $\frac{32}{-96}$; $\frac{27}{45}$ f) $-\frac{36}{78}$; $\frac{72}{84}$; $\frac{75}{-25}$ g) $\frac{35}{49}$; $\frac{-48}{64}$; $\frac{33}{-77}$ h) $\frac{28}{70}$; $\frac{-36}{84}$; $-\frac{69}{-92}$

5 a) Erweitere $\frac{3}{4}$ so, dass folgende Nenner entstehen: 8; 12; −52; 172; −256.
b) Erweitere $\frac{3}{4}$ so, dass folgende Zähler entstehen: 12; 21; −39; 48; −99.

6 a) $\frac{25}{65}$ gekürzt mit 5 ist ☐. b) $\frac{-35}{98}$ gekürzt mit 7 ist ☐.
c) ☐ gekürzt mit 12 ist $\frac{2}{3}$. d) ☐ gekürzt mit 15 ist $\frac{-3}{4}$.
e) $\frac{228}{399}$ gekürzt mit 19 ist ☐. f) $\frac{-255}{425}$ gekürzt mit 17 ist ☐.
g) ☐ gekürzt mit 250 ist $\frac{7}{12}$. h) ☐ gekürzt mit 350 ist $\frac{-9}{11}$.

7 Übertrage ins Heft. Ergänze die fehlenden Zähler und Nenner.

a) $\frac{8}{12} = \frac{\square}{36} = \frac{56}{\square} = \frac{\square}{-72} = \frac{-104}{\square}$ b) $\frac{6}{15} = \frac{18}{\square} = \frac{\square}{105} = \frac{-54}{\square} = \frac{\square}{-165}$

c) $\frac{-7}{3} = \frac{\square}{12} = \frac{49}{\square} = \frac{\square}{-63} = \frac{-161}{\square}$ d) $\frac{-5}{12} = \frac{25}{\square} = \frac{\square}{120} = \frac{-45}{\square} = \frac{\square}{-132}$

e) $\frac{3}{-11} = \frac{27}{\square} = \frac{\square}{121} = \frac{-36}{\square} = \frac{\square}{-154}$ f) $\frac{2}{-23} = \frac{22}{\square} = \frac{\square}{115} = \frac{-56}{\square} = \frac{\square}{-161}$

8 Erweitere den Bruch so, dass im Nenner 100 steht und wandle dann in cm um.

a) $\frac{3}{4}$ m b) $\frac{6}{5}$ m c) $\frac{11}{20}$ m d) $\frac{13}{25}$ m e) $\frac{47}{25}$ m

9 Rechne um, indem du zuerst auf einen geeigneten Nenner erweiterst.

a) $\frac{7}{8}$ kg in g   b) $\frac{15}{4}$ kg in g   c) $\frac{4}{5}$ cm² in mm²   d) $\frac{11}{5}$ cm² in mm²

e) $\frac{2}{3}$ Tage in h   f) $\frac{5}{4}$ Tage in h   g) $\frac{5}{6}$ h in min   h) $\frac{7}{5}$ h in min

i) $\frac{3}{8}$ t in kg   j) $\frac{17}{4}$ t in kg   k) $\frac{2}{3}$ h in s   l) $\frac{5}{4}$ h in s

10 Welcher Bruch ist größer?

a) $\frac{1}{2}$; $\frac{1}{3}$ b) $\frac{-2}{3}$; $-\frac{1}{6}$ c) $\frac{5}{8}$; $\frac{7}{10}$ d) $\frac{11}{-12}$; $-\frac{19}{20}$ e) $\frac{3}{4}$; $\frac{-7}{-10}$

f) $\frac{5}{11}$; $\frac{11}{15}$ g) $-\frac{2}{3}$; $\frac{-3}{4}$ h) $\frac{3}{8}$; $\frac{7}{12}$ i) $\frac{4}{-15}$; $\frac{-7}{10}$ j) $-\frac{11}{12}$; $\frac{-14}{15}$

11 Ordne der Größe nach.

a) $\frac{1}{3}$; $\frac{-2}{3}$; $\frac{3}{4}$; $-\frac{1}{2}$; $\frac{9}{-12}$; $\frac{-1}{4}$; $\frac{7}{12}$; $\frac{-5}{6}$; $\frac{5}{8}$

b) $\frac{18}{11}$; $\frac{-16}{13}$; $\frac{37}{19}$; $\frac{12}{-7}$; $\frac{9}{5}$; $-\frac{15}{11}$; $\frac{12}{13}$; $\frac{-35}{19}$; $\frac{13}{7}$; $-\frac{8}{5}$

12 Welche der Bruchzahlen $\frac{1}{3}$; $\frac{-2}{3}$; $\frac{4}{5}$; $-\frac{3}{5}$; $\frac{10}{21}$; $\frac{10}{-23}$; $\frac{2}{5}$; $-\frac{9}{13}$; $\frac{7}{15}$; $\frac{-9}{11}$ sind

a) größer als $\frac{1}{2}$;   b) größer als $-\frac{1}{3}$;   c) kleiner als $\frac{2}{3}$?

Rationale Zahlen umwandeln

1 Schreibe als Dezimalzahl und in Prozent.

a) $\frac{3}{10}$ b) $\frac{37}{100}$ c) $-\frac{7}{10}$ d) $\frac{-637}{1000}$ e) $\frac{13}{-100}$

f) $\frac{237}{1000}$ g) $\frac{309}{10\,000}$ h) $-\frac{463}{1000}$ i) $\frac{-93}{100}$ j) $\frac{2730}{-10\,000}$

k) $\frac{3090}{1000}$ l) $\frac{4637}{10}$ m) $-\frac{462}{100}$ n) $\frac{-1254}{10}$ o) $\frac{2398}{-1000}$

p) $\frac{4}{5}$ q) $\frac{5}{2}$ r) $-\frac{3}{5}$ s) $\frac{-7}{2}$ t) $\frac{9}{-20}$

u) $\frac{17}{25}$ v) $\frac{17}{8}$ w) $-\frac{107}{40}$ x) $\frac{-5}{16}$ y) $\frac{37}{-32}$

2 Schreibe als vollständig gekürzten Bruch und in Prozent.

a) 0,25   b) 0,05   c) 0,15   d) −3,26   e) −3,05

f) 0,35   g) 0,07   h) 4,8   i) 13,16   j) −3,45

k) 1,4   l) 21,35   m) 7,322   n) 87,23   o) −0,045

p) 1,009   q) 60,75   r) 5,898   s) −0,087   t) 5,231

u) 0,305   v) 0,2025   w) 7,586   x) 8,259   y) −5,231

3 Kürze und/oder erweitere und schreibe dann als Dezimalzahl.

a) $\frac{23}{230}$ b) $\frac{49}{28}$ c) $-\frac{55}{220}$ d) $\frac{-35}{140}$ e) $\frac{9}{-600}$

f) $\frac{81}{225}$ g) $\frac{196}{280}$ h) $-\frac{169}{520}$ i) $\frac{-280}{175}$ j) $\frac{57}{-60}$

k) $\frac{51}{340}$ l) $\frac{99}{125}$ m) $-\frac{105}{350}$ n) $\frac{-87}{290}$ o) $\frac{121}{-440}$

p) $\frac{17}{32}$ q) $\frac{91}{65}$ r) $-\frac{279}{310}$ s) $\frac{-33}{48}$ t) $\frac{135}{-360}$

4 Bestimme den Anteil der rot getönten Fläche an der ganzen Fläche als vollständig gekürzten Bruch und in Prozent.

a)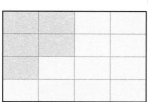

b)

c)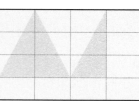

5 Schreibe als Bruch und kürze.

a) 50 %   b) 1 %   c) 8 %   d) 24 %   e) $12\frac{1}{2}$ %

f) 70 %   g) 99 %   h) $37\frac{1}{2}$ %   i) 120 %

Anteile und Bruchteile berechnen

1 Schreibe den Anteil als gekürzten Bruch und in Prozent.

a)

Anteil	12 € von 150 €	8,50 € von 25 €	21,50 € von 40 €	34 € von 60 €
Bruch				
Prozent				

b)

Anteil	21 m von 300 m	4 km von 20 km	27 cm von 6 m	33 mm von 9 cm
Bruch				
Prozent				

c)

Anteil	45 kg von 600 kg	16 g von 80 g	270 kg von 3 t	350 g von 12 kg
Bruch				
Prozent				

d)

Anteil	4 h von 20 h	8 min von 30 min	42 min von 2 h	33 s von 90 min
Bruch				
Prozent				

2 Berechne die Bruchteile.

a) $\frac{2}{10}$ von 2 cm²   b) $\frac{56}{100}$ von 3 m²   c) $\frac{19}{20}$ von 43 km²   d) $\frac{3}{5}$ von 17 a

e) $\frac{1}{2}$ von 7 m   f) $\frac{2}{3}$ von 8 Tagen   g) $\frac{2}{7}$ von 85 km   h) $\frac{2}{5}$ von 8 h

3 Wie viele Minuten sind

a) $\frac{2}{3}$ von 5 h;   b) $\frac{5}{6}$ von 11 h;   c) $\frac{2}{17}$ von 34 h;   d) $\frac{15}{19}$ von 57 h?

4

a)

3% von	3400 l	230 g	150 t	24 kg	5 t	7 km	190 m	76 m²
sind								

b)

18% von	3400 l	230 g	150 t	24 kg	5 t	7 km	190 m	76 m²
sind								

c)

4% von	600 kg	90 cm	50 €	12 m	300 m	40 €	480 kg	75 cm
sind								

d)

15% von	600 kg	90 cm	50 €	12 m	300 m	40 €	480 kg	75 cm
sind								

e)

120% von	17 km	950 l	875 €	5,40 €	300 m³	25 dm	345 m	9,45 €
sind								

f)

116% von	17 km	950 l	875 €	5,40 €	300 m³	25 dm	345 m	9,45 €
sind								

Größen umwandeln

1 Erweitere den Bruch so, dass im Nenner 100 steht, und wandle dann in cm um.

a) $\frac{3}{4}$ m
b) $\frac{4}{5}$ m
c) $\frac{11}{20}$ m
d) $\frac{23}{25}$ m
e) $\frac{24}{25}$ m

2 Erweitere den Bruch so, dass im Nenner 60 steht, und wandle dann in min um.

a) $\frac{1}{4}$ h
b) $\frac{1}{5}$ h
c) $\frac{2}{3}$ h
d) $\frac{4}{15}$ h
e) $\frac{7}{20}$ h

3 Rechne um, indem du zuerst auf einen geeigneten Nenner erweiterst.

a) $\frac{7}{8}$ kg in g
b) $\frac{4}{5}$ cm² in mm²
c) $\frac{2}{3}$ Tage in h
d) $\frac{11}{12}$ h in min

e) $\frac{3}{5}$ t in kg
f) $\frac{1}{8}$ dm² in mm²
g) $\frac{5}{6}$ Tage in h
h) $\frac{11}{15}$ min in s

4 Schreibe zunächst in m und ordne dann der Größe nach.

a) 7,2 cm; 68 mm; 0,45 dm; 0,059 m; $\frac{3}{4}$ dm; $75\frac{1}{2}$ mm; $\frac{7}{100}$ m

b) 120,5 m; 0,13 km; 1469 cm; $\frac{1}{8}$ km; $\frac{652}{5}$ m; 1105 dm

5 Schreibe zunächst in g und ordne dann der Größe nach.

a) 1230 g; 0,012 t; 1,32 kg; $\frac{5}{4}$ kg; $\frac{1}{400}$ t; $\frac{6178}{5}$ g

b) 56,9 g; 40 000 mg; 0,050 kg; $\frac{5}{80}$ kg; $\frac{7}{80\,000}$ t; $\frac{111}{2}$ g

6 Schreibe zunächst in m² und ordne dann der Größe nach.

a) 1,35 m²; 0,12 a; 14 500 cm²; $\frac{1}{80}$ a; $\frac{231}{2}$ dm²; $\frac{1}{1000}$ ha

b) 78,5 m²; 0,81 a; 7888 dm²; $\frac{4}{500}$ ha; $\frac{17}{20}$ a; $\frac{165}{2}$ m²

7 Schreibe zunächst in s und ordne dann der Größe nach.

a) 13 min; 0,2 h; 690 s; $\frac{5}{24}$ h; $\frac{61}{5}$ min; $\frac{7}{720}$ Tage

b) 0,55 min; 0,009 h; 28,5 s; $\frac{1}{120}$ h; $\frac{9}{20}$ min; $\frac{131}{5}$ s

8 Übertrage die Figur in dein Heft und ergänze.

$$19.30\text{h} \xrightarrow{+\frac{2}{3}\text{h}} \quad\square\quad \xrightarrow{-\frac{17}{20}\text{h}} \quad\square\quad \xrightarrow{-\frac{2}{5}\text{h}} \quad\square$$

Kapitel **II**

Addieren und Subtrahieren

1 Kürze wenn möglich.

a)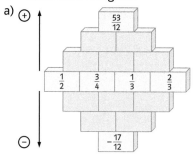

b)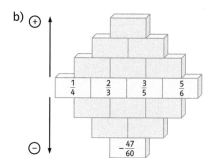

2 Addiere und kürze falls möglich.

a) $\frac{1}{4} + \frac{1}{6}$ b) $\frac{1}{8} + \frac{1}{12}$ c) $\frac{1}{4} + \frac{1}{10}$ d) $\frac{1}{10} + \frac{1}{15}$ e) $\frac{1}{15} + \frac{1}{20}$

f) $\frac{3}{14} + \frac{5}{21}$ g) $\frac{7}{12} + \frac{5}{18}$ h) $\frac{4}{15} + \frac{3}{20}$ i) $\frac{11}{15} + \frac{3}{25}$ j) $\frac{7}{10} + \frac{4}{15}$

3 Subtrahiere und kürze falls möglich.

a) $\frac{1}{12} - \frac{1}{15}$ b) $\frac{1}{6} - \frac{1}{9}$ c) $\frac{1}{6} - \frac{1}{8}$ d) $\frac{1}{12} - \frac{1}{18}$ e) $\frac{5}{12} - \frac{3}{8}$

f) $\frac{1}{3} - \frac{11}{12}$ g) $\frac{1}{4} - \frac{7}{8}$ h) $\frac{1}{3} - \frac{17}{18}$ i) $\frac{7}{18} - \frac{2}{3}$ j) $\frac{3}{8} - \frac{17}{24}$

k) $\frac{2}{5} - \frac{7}{15}$ l) $\frac{3}{8} - \frac{7}{12}$ m) $\frac{11}{5} - \frac{5}{6}$ n) $\frac{1}{10} - \frac{4}{14}$ o) $\frac{7}{12} - \frac{5}{8}$

4 Berechne und kürze falls möglich.

a) $\frac{5}{14} + \frac{8}{21}$ b) $\frac{3}{10} - \frac{4}{15}$ c) $\frac{1}{18} - \frac{5}{27}$ d) $\frac{5}{22} - \frac{3}{20}$ e) $\frac{7}{16} - \frac{5}{12}$

f) $\frac{11}{20} - \frac{3}{16}$ g) $\frac{11}{12} + \frac{3}{10}$ h) $\frac{7}{12} - \frac{7}{16}$ i) $\frac{3}{25} + \frac{7}{40}$ j) $\frac{7}{30} - \frac{9}{20}$

k) $\frac{7}{9} - \frac{9}{7}$ l) $\frac{13}{8} - \frac{8}{5}$ m) $\frac{15}{17} - \frac{17}{20}$ n) $\frac{7}{2} - \frac{40}{11}$ o) $\frac{9}{13} - \frac{12}{19}$

5 Schreibe den Bruch als Dezimalzahl und berechne.

a) $3{,}5 + \frac{3}{5}$ b) $\frac{1}{2} - 1{,}2$ c) $\frac{3}{4} - 0{,}2$ d) $\frac{4}{5} - \frac{3}{2}$ e) $\frac{2}{5} - 3{,}02$

f) $0{,}8 - \frac{1}{20}$ g) $\frac{1}{4} + 1{,}63$ h) $2{,}08 - \frac{9}{4}$ i) $4{,}83 - \frac{2}{5}$ j) $\frac{7}{5} - 7{,}28$

6 Schreibe die Dezimalzahl als Bruch und berechne.

a) $0{,}5 + \frac{1}{4}$ b) $\frac{3}{4} + 0{,}2$ c) $\frac{4}{5} - 1{,}6$ d) $\frac{2}{3} + 0{,}75$ e) $5{,}05 - \frac{5}{6}$

f) $0{,}4 - \frac{1}{3}$ g) $\frac{2}{7} + 0{,}5$ h) $5{,}02 - \frac{17}{3}$ i) $\frac{3}{24} - 1{,}5$ j) $\frac{5}{6} - 0{,}45$

7 Berechne.

a) $\frac{14}{3} - \left(\frac{2}{3} + \frac{1}{4}\right)$ b) $\frac{7}{5} - \left(\frac{7}{2} + \frac{7}{9}\right)$ c) $\frac{4}{3} - \left(\frac{1}{2} + \frac{5}{6}\right)$ d) $\frac{9}{8} - \left(1{,}25 + \frac{7}{16}\right)$

e) $\frac{1}{3} - \left(\frac{9}{10} - \frac{11}{15}\right)$ f) $\frac{7}{8} - \left(5{,}25 - \frac{5}{9}\right)$ g) $\frac{12}{7} - \left(\frac{4}{3} - \frac{3}{7}\right)$ h) $9{,}5 - \left(\frac{55}{3} - \frac{23}{12}\right)$

8 Fülle die Zauberquadrate aus.

a)

$\frac{-2}{3}$	$\frac{1}{3}$		
		$\frac{-2}{3}$	$\frac{1}{3}$
$\frac{5}{6}$	$\frac{-3}{4}$		
	$\frac{-1}{6}$		$\frac{-3}{4}$

Zauberzahl: $\frac{1}{4}$

b)

$\frac{-5}{4}$		$\frac{-11}{4}$	
$\frac{-13}{12}$	$\frac{-1}{2}$		$\frac{7}{5}$
	$\frac{-11}{4}$	$\frac{-5}{4}$	
	$\frac{-1}{2}$		

Zauberzahl: $\frac{-43}{30}$

9 Rechne geschickt.

a) $\frac{1}{4} + \left(\frac{1}{2} + \frac{3}{4}\right)$ b) $\frac{1}{8} - \left(\frac{3}{8} + \frac{1}{2}\right)$ c) $\left(\frac{4}{5} - \frac{1}{3}\right) - \frac{1}{5}$ d) $\left(\frac{1}{2} - \frac{1}{5}\right) - \frac{2}{3}$

e) $\left(\frac{2}{3} + \frac{1}{4}\right) + \frac{3}{4}$ f) $\left(\frac{1}{4} + \frac{1}{5}\right) - \frac{9}{20}$ g) $\frac{1}{2} + \left(\frac{2}{3} - \frac{3}{4}\right)$ h) $\frac{1}{9} - \left(\frac{4}{7} + \frac{2}{3}\right)$

i) $\frac{1}{3} + \frac{3}{4} + \frac{2}{3} + \frac{1}{2}$ j) $\frac{2}{7} + \frac{1}{8} - \frac{3}{4} + \frac{5}{7}$ k) $\frac{12}{13} + \frac{9}{2} - \frac{25}{13} - \frac{27}{4}$ l) $\frac{3}{8} + \frac{5}{4} - \frac{7}{8} - 0{,}5$

m) $\frac{4}{9} + \frac{5}{6} + \frac{14}{9} + \frac{2}{3}$ n) $\frac{15}{7} - \frac{4}{3} + \frac{20}{21} - \frac{6}{7}$ o) $\frac{11}{13} - \frac{2}{3} - \frac{37}{13} + \frac{17}{4}$ p) $\frac{5}{6} - 0{,}8 + \frac{2}{7} - \frac{1}{3}$

10 Berechne, gib das Ergebnis als Bruch und in dezimaler Schreibweise an.

a) $\frac{1}{4} + 1{,}63$ b) $2{,}08 - \frac{9}{4}$ c) $4{,}83 - \frac{2}{5}$ d) $\frac{3}{5} - 7{,}28$

e) $\frac{1}{5} + 3{,}82$ f) $\frac{4}{5} - 0{,}678$ g) $0{,}19 - \frac{3}{4}$ h) $\frac{1}{2} - 2{,}49$

i) $10 + \frac{1}{4} - 1{,}8$ j) $3{,}2 + \frac{1}{2} - 4{,}8$ k) $3{,}4 - 0{,}6 + \frac{3}{4}$ l) $2 - 8{,}8 + \frac{9}{5}$

m) $\frac{3}{4} - \frac{1}{2} + 0{,}73$ n) $\frac{2}{5} - \frac{1}{2} + 4{,}3$ o) $\frac{3}{8} - 4{,}625 + 2{,}25$ p) $\frac{9}{250} - \frac{19}{10} + 0{,}3$

q) $5{,}5 + \frac{3}{4} - 2{,}75$ r) $\frac{5}{8} - \frac{1}{4} - 2{,}375$ s) $4{,}5 - \frac{7}{4} - 3{,}45$ t) $\frac{17}{125} - 0{,}55 + \frac{1}{8}$

11 a) $\oplus$

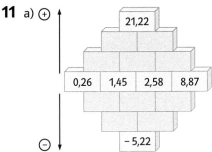

b) $\oplus$

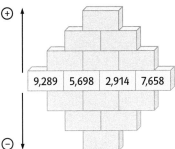

12 Mache zuerst einen Überschlag und berechne dann.

a) $25{,}32 + 24{,}03$ b) $18{,}675 + 0{,}98$ c) $52{,}49 + 19{,}983$

d) $608{,}08 + 35{,}47$ e) $78{,}99 - 173{,}83$ f) $371{,}7 - 250{,}95$

g) $283{,}4 - 397{,}92$ h) $739{,}83 - 841{,}9$ i) $403{,}169 - 174{,}84$

j) $6861{,}46 - 351{,}29$ k) $2256{,}29 - 456{,}8$ l) $7842{,}83 - 8615$

13 Mache zuerst einen Überschlag und berechne dann.

a) $200 - (520,8 - 487,6) + 74,1$

b) $(38,4 + 17,9) - (39,81 + 14,26)$

c) $(36,5 - 3,8) - (81,63 - 19,9 + 2,06)$

d) $(486,96 - 391,58) - (931,6 - 48,93)$

e) $924,68 - (198,6 + 413,47) - 83,82$

f) $245,86 - (465,8 + 654,09) + 43,62$

14 Berechne. Runde das Ergebnis auf Zehntel.

a) $4,23 + 8,751 + 6,9 + 7,253$

b) $675,3 - (24,25 + 8,647 + 14,2)$

c) $810,82 - 10,8 + 20,53 - 49,01$

d) $7,604 - 2,0035 + (8,6 + 7,25 - 33,8)$

e) $6,83 - 9,231 + 8,3 - 9,467$

f) $(54,65 + 9,132 + 41,5) - 241,6$

g) $120,91 - 60,2 - 71,65 - 91,42$

h) $8,274 - 5,1723 + (71,3 + 9,1 - 63,1)$

15 a)

+	$\frac{1}{4}$	$\frac{7}{3}$	$-\frac{3}{8}$
$\frac{1}{2}$			
$\frac{3}{5}$			
$-\frac{2}{3}$			

b)

−	$\frac{3}{2}$	$\frac{4}{3}$	$-\frac{2}{5}$
$\frac{3}{4}$			
$\frac{1}{8}$			
$-\frac{11}{3}$			

c)

−	$\frac{7}{12}$	$-\frac{17}{24}$	$\frac{29}{40}$
$\frac{5}{4}$			
$\frac{11}{8}$			
$-\frac{3}{16}$			

Kapitel **IV**

Multiplizieren und Dividieren

1 Kürze, falls möglich, vor dem Ausrechnen.

a) $\frac{2}{9} \cdot \frac{3}{4}$

b) $\frac{7}{8} \cdot \frac{-1}{4}$

c) $\frac{-14}{9} \cdot \frac{6}{7}$

d) $\frac{24}{35} \cdot \frac{-21}{20}$

e) $\frac{16}{-17} \cdot \frac{85}{48}$

f) $\frac{11}{13} \cdot \frac{39}{77}$

g) $\frac{-17}{81} \cdot \frac{28}{51}$

h) $\frac{-5}{7} \cdot \frac{10}{21}$

i) $\frac{14}{27} \cdot \frac{-9}{28}$

j) $\frac{17}{-69} \cdot \frac{-25}{51}$

k) $\frac{33}{37} \cdot \frac{74}{99}$

l) $\frac{25}{13} \cdot \frac{-39}{100}$

m) $\frac{-9}{20} \cdot \frac{10}{-21}$

n) $\frac{21}{25} \cdot \frac{3}{-5}$

o) $\frac{11}{12} \cdot \frac{6}{55}$

p) $\frac{4}{15} \cdot \frac{1}{8}$

q) $\frac{15}{16} \cdot \frac{20}{55}$

r) $-\frac{4}{7} \cdot \frac{25}{12}$

s) $\frac{-9}{22} \cdot \frac{6}{11}$

t) $\frac{7}{12} \cdot \frac{6}{35}$

u) $\frac{3}{2} \cdot \frac{1}{2}$

v) $\frac{12}{25} \cdot \frac{15}{16}$

w) $\frac{22}{45} \cdot \frac{40}{55}$

x) $\frac{-3}{5} \cdot \frac{15}{42}$

y) $\frac{13}{25} \cdot \frac{10}{39}$

2 Berechne, kürze möglichst früh.

a) $\frac{2}{3} : \frac{4}{9}$

b) $\frac{-7}{8} : \frac{1}{4}$

c) $\frac{2}{5} : -\frac{3}{10}$

d) $\frac{1}{3} : \frac{4}{3}$

e) $\frac{-2}{7} : \frac{-3}{8}$

f) $\frac{4}{9} : \frac{2}{3}$

g) $\frac{9}{10} : \frac{3}{5}$

h) $\frac{-5}{7} : \frac{10}{21}$

i) $\frac{1}{2} : \frac{1}{-10}$

j) $\frac{9}{22} : \frac{6}{11}$

k) $\frac{5}{6} : \frac{12}{17}$

l) $\frac{21}{25} : \frac{-3}{5}$

m) $\frac{-49}{50} : \frac{7}{-25}$

n) $\frac{56}{57} : \frac{14}{19}$

o) $\frac{-50}{51} : \frac{10}{3}$

3 Berechne. Kürze, falls möglich.

a) $\frac{5}{7} : \frac{10}{21}$

b) $\frac{3}{5} \cdot \frac{-25}{84}$

c) $\frac{7}{8} : \frac{1}{4}$

d) $\frac{-7}{5} \cdot \frac{21}{25}$

e) $\frac{63}{50} : \frac{7}{22}$

f) $\frac{24}{17} \cdot \frac{1}{8}$

g) $\frac{-9}{10} : \frac{3}{-5}$

h) $\frac{5}{7} \cdot \frac{40}{21}$

i) $\frac{-4}{15} \cdot \frac{7}{8}$

j) $\frac{13}{25} \cdot \frac{80}{39}$

k) $\frac{2}{5} : \frac{3}{10}$

l) $\frac{4}{13} : \frac{65}{-12}$

m) $\frac{4}{7} : \frac{-3}{32}$

n) $\frac{14}{19} \cdot \frac{95}{49}$

o) $\frac{17}{69} \cdot \frac{15}{51}$

Selbsttraining

4 Kürze wenn möglich.

a)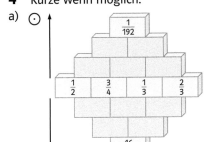

b)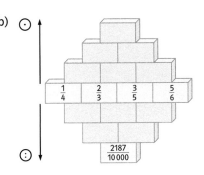

5 Berechne.
a) $45{,}319 \cdot 100$ b) $9{,}01 \cdot (-1000)$ c) $10\,000 \cdot 0{,}0025$ d) $10 \cdot 3{,}084$
e) $0{,}035 \cdot 100$ f) $100\,000 \cdot 0{,}0078$ g) $(-38{,}6) \cdot 1000$ h) $100 \cdot (-15)$
i) $0{,}0004 \cdot 10$ j) $384{,}5 : 10$ k) $-384{,}5 : (-100)$ l) $384{,}5 : 10$
m) $0{,}0047 : 10$ n) $(-30{,}03) : 10$ o) $7{,}5 : 10$ p) $-3{,}9 : 100$
q) $5 : 10$ r) $-0{,}8 : (-100)$ s) $0{,}0032 : 100$ t) $7000 : (-10\,000)$

6 Folgende Umrechnung heißt gegensinnige Kommaverschiebung:
$0{,}0045 \cdot 3000 = 0{,}045 \cdot 300 = 0{,}45 \cdot 30 = 4{,}5 \cdot 3 = 13{,}5$
Berechne mithilfe von gegensinniger Kommaverschiebung im Kopf.
a) $0{,}03 \cdot 50$ b) $90 \cdot (-0{,}05)$ c) $-0{,}24 \cdot 20$ d) $1{,}7 \cdot 20$ e) $-0{,}7 \cdot (-80)$
f) $0{,}11 \cdot 800$ g) $0{,}06 \cdot 150$ h) $-250 \cdot 0{,}4$ i) $12{,}5 \cdot 40$ j) $-25 \cdot 0{,}2$
k) $22 \cdot 0{,}05$ l) $11 \cdot 0{,}09$ m) $0{,}08 \cdot (-70)$ n) $0{,}06 \cdot 40$ o) $55 \cdot (-0{,}02)$
p) $35 \cdot 0{,}2$ q) $45 \cdot (-0{,}4)$ r) $410 \cdot 0{,}03$ s) $-52 \cdot 0{,}04$ t) $0{,}035 \cdot 40$

7 Führe zunächst eine Überschlagsrechnung durch. Rechne dann genau.
a) $64{,}2 \cdot 0{,}12$ b) $18{,}5 \cdot (-0{,}488)$ c) $27{,}21 \cdot 0{,}011$ d) $-0{,}052 \cdot 318$
e) $520 \cdot 0{,}45$ f) $309 \cdot 0{,}035$ g) $(-82{,}5) \cdot 0{,}29$ h) $-39{,}4 \cdot (-0{,}91)$
i) $832 \cdot 3{,}03$ j) $-8{,}73 \cdot 732{,}1$ k) $0{,}045 \cdot 485$ l) $-34{,}2 \cdot (-0{,}68)$
m) $0{,}049 \cdot 65{,}4$ n) $-14{,}8 \cdot (-19{,}3)$ o) $(-87{,}4) \cdot 0{,}38$ p) $456{,}2 \cdot (-56{,}3)$

8 Berechne.
a) $1{,}5 : 2$ b) $3{,}8 : (-2)$ c) $(-7{,}8) : 6$ d) $5{,}7 : (-19)$ e) $9{,}6 : 12$
f) $13{,}2 : 11$ g) $-35{,}7 : 17$ h) $87{,}1 : 13$ i) $-124{,}2 : 9$ j) $0{,}963 : (-3)$
k) $0{,}624 : 6$ l) $7{,}56 : (-6)$ m) $0{,}084 : 12$ n) $-0{,}096 : 8$ o) $(-0{,}231) : 7$

9 Mache bei den folgenden Aufgaben immer zuerst eine Überschlagsrechnung.
a) $2{,}25 : 0{,}018$ b) $58{,}24 \cdot (-455)$ c) $(-12{,}1) : 9{,}68$ d) $28 : 0{,}448$
e) $20{,}67 \cdot 0{,}65$ f) $139632 : 0{,}032$ g) $17{,}11 \cdot (-29{,}5)$ h) $-288{,}64 : 32$
i) $5{,}95 : 1{,}7$ j) $360 \cdot \frac{1}{125}$ k) $-25 : \left(-\frac{5}{40}\right)$ l) $(-0{,}12) : (-0{,}3)$
m) $0{,}56 \cdot \frac{4}{5}$ n) $0{,}96 : 1{,}2$ o) $1{,}44 \cdot (-3{,}6)$ p) $(-0{,}17) : 0{,}5$
q) $0{,}03 \cdot \frac{1}{5}$ r) $-0{,}303 \cdot \frac{1}{2}$ s) $2{,}97 : \left(-\frac{9}{10}\right)$ t) $-4{,}42 : \left(-\frac{13}{10}\right)$

10 Trage in jedes Kästchen über zwei Zahlen jeweils ihr Produkt ein.

a)

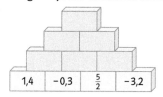

| 1,4 | −0,3 | $\frac{5}{2}$ | −3,2 |

b)

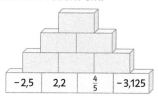

| −2,5 | 2,2 | $\frac{4}{5}$ | −3,125 |

Kapitel **V**

Addieren, Subtrahieren, Multiplizieren und Dividieren

1 Beachte: Punktrechnung vor Strichrechnung, aber Klammern zuerst.

a) $\frac{1}{2} \cdot \frac{1}{3} + \frac{1}{6}$

b) $\frac{2}{5} \cdot \frac{1}{4} - \frac{3}{10}$

c) $\frac{2}{3} \cdot \frac{3}{4} + \frac{7}{10}$

d) $\frac{4}{5} \cdot \frac{5}{8} - \frac{2}{3}$

e) $\frac{5}{6} + \frac{1}{3} \cdot \frac{2}{3}$

f) $\frac{1}{4} - \frac{5}{3} \cdot \frac{3}{4}$

g) $\frac{1}{2} \cdot \left(\frac{3}{2} + \frac{1}{4} \right)$

h) $\frac{2}{3} \cdot \left(\frac{1}{5} - \frac{1}{4} \right)$

i) $\left(\frac{3}{4} + \frac{1}{3} \right) \cdot \frac{4}{13}$

j) $\left(\frac{1}{5} - \frac{3}{8} \right) \cdot \frac{2}{7}$

k) $1\frac{1}{2} \cdot \left(2 + \frac{1}{3} \right)$

l) $2\frac{2}{3} \cdot \left(\frac{1}{6} - \frac{1}{2} \right)$

m) $1\frac{4}{5} \cdot \left(\frac{1}{3} + \frac{5}{6} \right)$

n) $\left(\frac{2}{3} - \frac{3}{2} \right) \cdot 1\frac{1}{5}$

o) $\frac{2}{3} + \frac{1}{2} \cdot \frac{5}{4}$

p) $\frac{2}{7} \cdot \frac{4}{5} - \frac{1}{2}$

q) $\frac{5}{6} : \frac{2}{3} + \frac{1}{3}$

r) $\frac{5}{18} - \frac{3}{4} : 5$

s) $\frac{5}{7} - \frac{1}{2} \cdot \frac{3}{4}$

t) $\frac{2}{5} \cdot \frac{4}{5} - \frac{3}{4}$

u) $\frac{5}{8} : \frac{1}{4} - 3\frac{8}{9}$

v) $\frac{2}{3} + \frac{1}{9} \cdot \frac{11}{12}$

w) $\frac{2}{3} : \left(\frac{5}{6} - \frac{1}{2} \right)$

x) $\frac{5}{16} : \left(\frac{3}{8} + \frac{1}{4} \right)$

2 Beachte die Reihenfolge der Rechenschritte.

a) $\frac{2}{5} \cdot \frac{3}{4} - \frac{1}{4} : 2\frac{1}{2}$

b) $\frac{1}{2} : 1\frac{1}{3} - \frac{1}{3} : \frac{4}{5}$

c) $\frac{5}{7} \cdot \frac{10}{11} + \frac{3}{8} \cdot \frac{4}{7}$

d) $\frac{4}{9} \cdot 1\frac{4}{5} + \frac{3}{10} : \frac{2}{5}$

e) $1\frac{1}{3} \cdot \frac{1}{6} - \frac{5}{6} \cdot 2\frac{2}{5}$

f) $5\frac{1}{3} : \left(-\frac{4}{9} \right) - 3\frac{1}{3} \cdot \frac{3}{5}$

g) $\left(\frac{2}{3} + \frac{1}{2} \right) \cdot \left(\frac{1}{4} + \frac{1}{3} \right)$

h) $\left(\frac{2}{5} - \frac{1}{2} \right) \cdot \left(\frac{1}{3} + \frac{1}{5} \right)$

i) $\left(\frac{1}{6} + \frac{3}{4} \right) \cdot \left(\frac{1}{2} - \frac{2}{5} \right)$

j) $\left(\frac{3}{7} - \frac{1}{3} \right) \cdot \left(\frac{1}{2} - \frac{1}{3} \right)$

k) $\left(\frac{-1}{3} - \frac{3}{4} \right) \cdot \left(\frac{1}{6} - \frac{4}{3} \right)$

l) $\left(\frac{2}{3} + \frac{3}{4} \right) : \left(\frac{1}{3} - \frac{5}{7} \right)$

m) $\left(\frac{2}{3} - 0,5 \right) : \left(\frac{3}{4} + \frac{1}{8} \right)$

n) $\left(\frac{2}{5} + 0,3 \right) \cdot \left(\frac{3}{7} - 0,25 \right)$

o) $\left(\frac{1}{9} - \frac{7}{12} \right) \cdot \left(\frac{3}{10} - \frac{3}{5} \right)$

p) $\left(\frac{5}{16} + \frac{3}{8} \right) : \left(\frac{1}{4} + 2\frac{1}{2} \right)$

q) $\left(\frac{5}{9} - \frac{1}{3} \right) : \left(\frac{2}{7} + \frac{2}{3} \right)$

r) $\left(\frac{5}{6} + \frac{3}{4} \right) \cdot \left(\frac{1}{7} - 1 \right)$

s) $\left(0,6 - \frac{1}{10} \right) : \left(\frac{3}{4} + \frac{5}{8} \right)$

t) $\left(2 + \frac{1}{9} \right) \cdot \left(0,3 - \frac{3}{5} \right)$

u) $4 \cdot \left(0,75 - \left(\frac{1}{2} - 0,375 \right) \right)$ v) $\left(1\frac{1}{3} - \left(\frac{5}{6} + \frac{11}{12} \right) \right) \cdot 0,6$ w) $\left(\frac{4}{5} - \left(2\frac{1}{2} - 1\frac{3}{4} \right) \right) : 0,1$ x) $-0,625 \cdot \left(\frac{2}{3} - \left(\frac{5}{12} + \frac{7}{15} \right) \right)$

3 Berechne.

a) $(1,5 \cdot 2 + 3,8 - 4,8) \cdot 0,485$

b) $(4,8 \cdot 3 - 6 \cdot 0,51 - 7,46) \cdot 17,1$

c) $(2,6 \cdot 3,5 - 3,1 \cdot 2,5) \cdot (-0,11)$

d) $5,31 \cdot (7,2 \cdot 5,1 - 6,8 \cdot 4,9 + 16,6)$

e) $12,6 + 3,25 \cdot (1,8 - 1,65)$

f) $(3,4 \cdot 0,3 + 4,8 \cdot 0,11) - 2,8 \cdot 6,5$

g) $8,76 \cdot (5,99 - 6,91) + 7,69 \cdot 7$

h) $25,99 - 4,01 \cdot 22 - 12 \cdot (3,5 - 2,09)$

i) $70 : 0,2 - 78,3 : (5,1 : 17 - 0,1)$

j) $-8,5 \cdot (35,35 : 7 + 4,95) - 17,5$

k) $24 - 4 : \left(2,3 - 13 : \frac{130}{3} \right) - 22$

l) $(1,8 + 0,2 \cdot 5 + 1,7) : 0,009$

m) $(7,3 - 0,0085 \cdot 1800) : 0,016$

n) $6,206 : 2 - (2,08 - 0,638) : 1,4$

o) $\left(\frac{9}{2} : 0,06 - 0,3 : 0,75 \right) : 25$

p) $\left(15,6 : 3 - 40 : \frac{5}{2} \right) : (2,88 : 4,8 - 2,4)$

Selbsttraining

4 Rechne möglichst geschickt. Benutze Rechengesetze.

a) $\frac{3}{5} \cdot \frac{7}{8} \cdot \frac{5}{3} \cdot \frac{8}{7}$

b) $\frac{27}{16} \cdot \frac{-39}{144} \cdot \frac{16}{27} \cdot \frac{144}{39}$

c) $\frac{11}{47} \cdot \frac{-3}{8} \cdot \frac{94}{-11} \cdot \frac{16}{15}$

d) $\frac{169}{109} \cdot \frac{15}{17} \cdot \frac{109}{13} \cdot \frac{17}{225}$

e) $2\frac{1}{3} \cdot \left(-3\frac{2}{5}\right) \cdot (-3) \cdot (-5)$

f) $7\frac{13}{14} \cdot 4\frac{13}{17} \cdot (-21) \cdot 34$

g) $-4 \cdot 5\frac{13}{17} \cdot 7 \cdot 3\frac{1}{49}$

h) $6\frac{2}{3} \cdot 9\frac{3}{7} \cdot \frac{1}{66} \cdot \frac{21}{20}$

i) $-9\frac{1}{2} \cdot \frac{-7}{8} \cdot \frac{6}{19} \cdot \frac{-2}{21}$

5 Mit Rechengesetzen lassen sich die Aufgaben leichter lösen.

a) $\left(\frac{1}{3} + \frac{1}{6}\right) \cdot 3$

b) $\left(\frac{7}{36} - \frac{63}{144}\right) \cdot \frac{4}{7}$

c) $16 \cdot \left(\frac{-7}{8} - 1\frac{3}{4}\right)$

d) $\frac{1}{7} \cdot \frac{2}{3} + \frac{6}{7} \cdot \frac{2}{3}$

e) $\frac{27}{39} \cdot 18 - \frac{105}{39} \cdot 18$

f) $\frac{4}{17} \cdot \frac{5}{27} + 2\frac{13}{17} \cdot \frac{5}{27}$

g) $2\frac{1}{3} \cdot \frac{3}{20} + 7\frac{2}{3} \cdot \frac{3}{20}$

h) $7\frac{9}{16} \cdot \frac{9}{25} + 2\frac{7}{16} \cdot \frac{9}{25}$

i) $16\frac{1}{8} \cdot 8\frac{1}{5} - 14\frac{1}{8} \cdot 8\frac{1}{5}$

6 Rechne vorteilhaft.

a) $\left(\frac{1}{2} + \frac{2}{3}\right) \cdot \frac{3}{5} + \left(\frac{1}{2} + \frac{2}{3}\right) \cdot \frac{2}{5}$

b) $\left(2\frac{1}{4} - 1\frac{5}{8}\right) \cdot \frac{13}{11} + \left(2\frac{1}{4} - 1\frac{5}{8}\right) \cdot \frac{9}{11}$

c) $1\frac{5}{8} \cdot \left(3\frac{1}{7} + 7\frac{1}{3}\right) - \left(7\frac{1}{7} + 3\frac{1}{3}\right) \cdot 1\frac{5}{8}$

d) $\left(\frac{7}{9} + 2\frac{4}{9}\right) : \frac{9}{31} - \left(2\frac{4}{9} + \frac{7}{9}\right) : \frac{9}{13}$

e) $\left(2\frac{5}{9} - 5\frac{1}{3}\right) : \frac{5}{7} + \left(2\frac{5}{9} - 5\frac{1}{3}\right) : \frac{5}{8}$

f) $\left(4\frac{1}{8} + 3\frac{3}{16}\right) \cdot 2\frac{1}{9} + 1\frac{4}{9} \cdot \left(4\frac{1}{8} + 3\frac{3}{16}\right)$

g) $6 \cdot \left(0,5 + \frac{2}{3} - 0,75\right)$

h) $\left(\frac{1}{12} - \frac{7}{3} + \frac{7}{8}\right) \cdot (-24)$

Gleichungen

1 Löse die Gleichung.

a) $2x + 5 = 9$

b) $3x - 7 = 5$

c) $-4x + 4 = -12$

d) $8x - 7 = 9$

e) $25 + 3x = 13$

f) $18 = -2x + 40$

g) $17 = 8x - 15$

h) $-22 = -54 - 8x$

2 Löse die Gleichung.

a) $\frac{2}{3}x + 2 = 4$

b) $1,5 - 1,5 \cdot x = 7,5$

c) $\frac{1}{4} = -\frac{1}{16} \cdot x + 0,75$

d) $15 - \frac{4}{7}x = -1$

e) $25x - 26 = 99$

f) $1 + \frac{7}{5}x = -13$

g) $0,2 = \frac{3}{10} \cdot x - \frac{8}{20}$

h) $1001 = 44x + 221$

Lösungen

Kapitel I, Bist du sicher? Seite 12

1

a) Gefärbt: $\frac{1}{4}$ b) Gefärbt: $\frac{5}{16}$ c) Gefärbt: $\frac{15}{32}$

2

a) 300 g b) 25 dm² c) 20 min d) 500 dm³

3

$\frac{1}{6}$ von 24 Stückchen sind 4 Stückchen.

$\frac{2}{3}$ von 24 Stückchen sind 16 Stückchen.

4 Stückchen + 16 Stückchen = 20 Stückchen.

Es bleiben 4 Stückchen übrig.

Kapitel I, Bist du sicher? Seite 16

1

a) $\frac{24}{54}$ b) $\frac{3}{4}$ c) $\frac{4}{6} = \frac{2}{3} = \frac{6}{9}$

2

Individuelle Lösung, z. B. $\frac{6}{12}$

3

$\frac{3}{12} = \frac{20}{80} = \frac{5}{20}\left(=\frac{1}{4}\right);$ $\frac{20}{100} = \frac{3}{15}\left(=\frac{1}{5}\right)$

Kapitel I, Bist du sicher? Seite 19

1

a) $\frac{2}{200} = \frac{1}{50}; \frac{25}{100} = \frac{1}{4}; \frac{70}{100} = \frac{7}{10}; \frac{4}{100} = \frac{1}{25}; \frac{44}{100} = \frac{11}{25}$

b) 20 %; 60 %; 35 %; 40 %; 40 %

2

a) 4 € b) 22 cm c) 820 g

3

zu Fuß	Fahrrad	Bus	Auto
10 %	35 %	50 %	5 %

Kapitel I, Bist du sicher? Seite 22

1

A: 0 B: $-\frac{3}{2}$ C: $-\frac{1}{4}$ D: $\frac{1}{3}$

2

a) $-\frac{9}{15} = -\frac{3}{5}; -\frac{12}{20} = -\frac{3}{5}$. Dieselbe rationale Zahl.

b) $-\frac{9}{6} = -\frac{3}{2}; -\frac{32}{8} = -\frac{8}{2}$. Nicht dieselbe rationale Zahl.

Kapitel I, Bist du sicher? Seite 25

1

a) $\frac{8}{10}$ b) $-\frac{9}{100}$ c) $\frac{25}{100}$ d) $-\frac{11}{1000}$ e) $\frac{45}{100}$

2

a) 0,6 b) $-0,7$ c) $-0,75$ d) 0,007 e) 0,99

3

A: $-\frac{2}{5} = -0,4;$ B: $\frac{4}{5} = 0,8;$ C: $\frac{1}{10} = 0,1;$

D: $\frac{11}{10} = 1,1;$ E: $-\frac{9}{10} = -0,9$

Kapitel I, Bist du sicher? Seite 28

1

a) 0,106 km b) 0,01 kg c) 40 dm²
d) 803 m² e) 0,045 m³

2

a) 240 dm² b) 30,03 m³ c) 7,2 ha

3

a) 0,05 m² b) 4 l c) 60 mm³

Kapitel I, Bist du sicher? Seite 31

1

a) $<$ b) $<$ c) $<$ d) $>$ e) $>$

2

a) $<$ b) $>$ c) $<$ d) $>$ e) $>$

3

Erste Torte $\frac{4}{12} = \frac{8}{24}$. Zweite Torte $\frac{6}{16} = \frac{9}{24}$.

Der Anteil der zweiten Torte ist größer.

Kapitel I, Bist du sicher? Seite 34

1
a) 42,5   b) − 0,05   c) 6,75   d) − 10,02

2
a) $\frac{578}{87} < 6{,}89$ b) $-\frac{7}{73} < -\frac{5}{56}$ c) $\frac{9}{405} > \frac{80}{4000}$

3
a) $40\% < \frac{21}{50}$ b) $\frac{80}{110} < 80\%$

Kapitel I, Training Runde 1, Seite 39

1
a) $\frac{4}{100} = \frac{1}{25}$ b) $\frac{60}{100} = \frac{3}{5}$ c) $\frac{2}{10} = \frac{1}{5}$
d) $-\frac{3}{10}$ e) $-\frac{26}{10} = -\frac{13}{5}$

2
a) 0,7   b) − 0,8   c) 5,25
d) 0,230 oder 0,23   e) 3,06

3
a) 600 g   b) 200 m   c) 260 dm² d) 20 €   e) 30 cm³

4
Linke Figur: Der gefärbte Anteil ist $\frac{1}{4} = 25\%$.
Rechte Figur: Der gefärbte Anteil ist $\frac{3}{8} = 37{,}5\%$.

5
a) 0,280 km   b) 3450 dm³   c) 0,3 t   d) 0,09 a

6
a) 2,786 > 2,699   b) $\frac{7}{9} > \frac{8}{12} = \frac{6}{9}$

7
A: $\frac{7}{8} = 0{,}875$ B: $\frac{2}{8} = 0{,}25$ C: $-\frac{3}{8} = -0{,}375$.

8
Gefärbter Anteil bei der oberen Scheibe $\frac{2}{8} = \frac{1}{4}$.
Gefärbter Anteil bei der unteren Scheibe $\frac{3}{10}$.
Es gilt: $\frac{2}{8} < \frac{3}{10}$. Die Zielscheiben sind nicht gleichwertig, weil man bei der unteren Scheibe häufiger trifft.

Kapitel I, Training Runde 2, Seite 39

1
a) 0,15 = 15 % b) 0,7 = 70 %   c) 0,2 = 20 %   d) 0,75 = 75 %

2
a) $\frac{34}{5}$ b) $-\frac{9}{50}$ c) $\frac{7}{20}$ d) $-\frac{5}{4}$

3
a) $\frac{12}{18} = \frac{4}{6} = \frac{20}{30}$; $-\frac{5}{6} = -\frac{20}{30}$ b) $\frac{3}{4}$

4
a) 70 dm²   b) 120 dm³   c) 750 ct
d) 150 a   e) 2660 mm³

5
a) Zwischen 3 und 4   b) Zwischen − 6 und − 7
c) Zwischen − 3 und − 4   d) Zwischen 9 und 10

6
Ein Teilstrich bedeutet 30 min. Es stehen noch 45 min zur Verfügung.

Kapitel II, Bist du sicher? Seite 44

1
a) $\frac{31}{24}$ b) $\frac{59}{20}$ c) $\frac{67}{18}$ d) $\frac{1}{18}$
$\frac{11}{24}$ $\frac{83}{60}$ $\frac{67}{18}$ $\frac{1}{6}$

2
a) $\frac{1}{5} - \frac{1}{8} = \frac{3}{40}$ b) $\frac{1}{10} - \frac{1}{100} = \frac{9}{100}$

Kapitel II, Bist du sicher? Seite 48

1
a) $\frac{31}{30}$ b) $-\frac{1}{2}$ c) $-\frac{13}{24}$ d) $\frac{31}{21}$

2
a) $-\frac{11}{18}$ b) $-\frac{1}{15}$ c) $-\frac{1}{6}$ d) $-\frac{17}{21}$

Kapitel II, Bist du sicher? Seite 51

1
a) 7,6; − 6,5; − 8,7   b) 20,39; − 1,388; − 3,53
c) 22,1 kg; 26,1 kg; 47 m³

2
a) 11,54   b) 23,79

Kapitel II, Bist du sicher? Seite 53

1
auf 1 Dezimale: 1,3; 1,6; − 0,6; − 199,0
auf 2 Dezimalen: 1,25; 1,60; − 0,59; − 199,01

2
a) möglicher Überschlag: 1126
genaues Ergebnis: 1125,85
b) möglicher Überschlag: − 8 − 6 − 5 = −19
genaues Ergebnis: − 18,36

3
a) Kosten: 48,98 €; der 50-€-Schein reicht.

Kapitel II, Bist du sicher? Seite 56

1
a) 2,1   b) 16,6   c) 6,8   d) $-\frac{3}{2}$

Kapitel II, Training Runde 1, Seite 63

1
a) $\frac{44}{15}$ b) $-\frac{11}{5}$ c) $\frac{1}{6}$ d) $-\frac{29}{24}$
e) 1,3   f) − 7,7   g) − 1,9   h) − 8,4

2
a) $\frac{28}{45}$ b) $\frac{7}{75}$ c) − 17,5   d) 5,5

3
a) 17,91 s   b) 18,41 s

4
a) 1. Tag 27,3 km, 2. Tag 79,5 km, 3. Tag 73,8 km,
4. Tag 40,3 km; insgesamt 220,9 km
b) ca. 180 km (genau 179,1 km)
Tachoanzeige 3088,4 km
Bei durchschnittlichen Tagestouren von 60 km (50 km)
braucht sie noch ca. 3 Tage (ca. 4 Tage).

5
a) 1,1   b) − 3   c) − 11,5

Kapitel II, Training Runde 2, Seite 63

1
a) $-\frac{5}{12}$ b) $-\frac{11}{24}$ c) $\frac{17}{30}$ d) − 16
e) 4,2   f) − 1,1   g) − 2,4   h) 23,6

2
a) 1,1; 1,2; 1,3; 1,4
Fortsetzung der Zahlenreihe: 7,6; 9,2; 10,9 …
b) 0,01; 0,10; 1,0; 10,0
Fortsetzung der Zahlenreihe: 111,12; 1111,12; 11111,12
c) 1,01; 2,02; 3,03; 4,04
Fortsetzung der Zahlenreihe: 15,25; 21,31; 28,38

3
a) 32 m; 13 m; 1 m   b) 27 l; 15 l; 843 l

4
a) möglicher Überschlag: (100 − 20) − (−10 + 5) = 85
genaues Ergebnis: 93,48
b) möglicher Überschlag: 200 − 60 − 120 = 20
genaues Ergebnis: 13,8
c) möglicher Überschlag: (−14 − 4) − (20 − 13) = −25
genaues Ergebnis: − 23,1

5
a) (− 6,2 + 13,2) + (− 5,5 − 13,2) = − 11,7
b) (15,9 − 6,8) − (15,9 + 6,8) = − 13,6
c) 10 − (− 13,4 − 8,5) = 31,9

6
a) 199 m³
b) 24,9 m³
c) Heiße Sommermonate Juni und Juli: Wasserbedarf zum
Waschen, Duschen und im Garten steigt. Im August macht
Familie Flüssig Urlaub.

Kapitel III, Bist du sicher? Seite 71

1
a) Es wird die Schalterstellung „Warm halten" erreicht.
b) Man dreht um einen Winkel der Weite 135° nach rechts.

2
a) Stunden- und Minutenzeiger bilden einen Winkel der Weite 105°.
b) Der kleine Zeiger hat sich um einen Winkel von 135° gedreht.

Kapitel III, Bist du sicher? Seite 74

1

α ≈ 61°   β ≈ 72°   γ ≈ 32°   δ ≈ 21°

2

Es entsteht ein Winkel der Weite 180° (gestreckter Winkel).
Siehe auch Fig. 1.

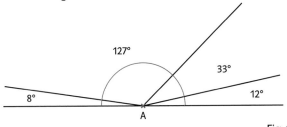

Fig. 1

Kapitel III, Bist du sicher? Seite 79

1

∢ BAE ≈ 64°   ∢ CBA ≈ 82°   ∢ DCB ≈ 243°
∢ CDE ≈ 332°   ∢ AED ≈ 124°

2

a) 5 Schüler trinken keine Milch.

	Schoko	Vanille	keine Milch
Anzahl der Schüler	15	10	5

b)

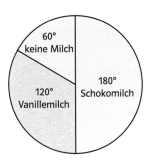

Fig. 2

Kapitel III, Training Runde 1, Seite 91

1

a) Winkel der Weite 102°
b) Die Uhr zeigt 6:55 Uhr an. Es sind 40 min vergangen.

2

a) α = ∢ ADE,   β = ∢ EAC,   γ = ∢ EFA,   δ = ∢ AEB
b) α ≈ 73°,   β ≈ 15°,   γ ≈ 223°,   δ ≈ 79°

3

∢ ABC ≈ 28°   ∢ DAB ≈ 57°   ∢ BDC ≈ 32°   ∢ DCA ≈ 252°

4

Fig. 3

5

Liegt der Punkt C gegenüber der Mitte der Strecke AB, so ist
der Winkel ACB am größten. Seine Weite hängt noch vom
Abstand der Parallelen voneinander ab.

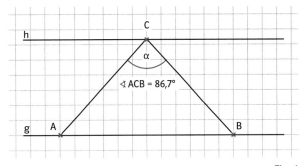

Fig. 4

Kapitel III, Training Runde 2, Seite 91

1

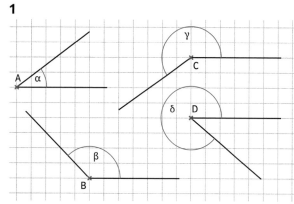

Fig. 1

2

	0 Autos	1 Auto	mehr als 1 Auto
Winkel	30°	210°	120°
Haushalte	100	700	400

3

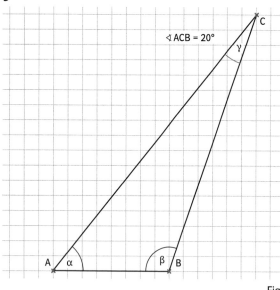

⊲ ACB = 20°

Fig. 2

4

⊲ CAB ≈ 333°,   ⊲ ABC ≈ 270°,   ⊲ BCA ≈ 297°
Die Summe der Winkel beträgt 900°.

5

Typische Eigenschaften: Zwei gleichlange Schenkel im Dreieck.
Veränderung der Figur: Länge der Grundseite verändern. Länge der gleichlangen Seiten verändern.
Erkenntnis: Der Winkel an der Spitze wird halbiert.

Kapitel IV, Bist du sicher? Seite 96

1
a) $\frac{8}{11}$ b) $\frac{5}{2}$ c) $-\frac{3}{23}$ d) $\frac{1}{68}$ e) $-\frac{2}{3}$

2
$4\frac{1}{2}$ Liter

3
17,5 g Pulverkaffee, $\frac{7}{6}$ Esslöffel Zucker, $\frac{1}{10}$ l süße Sahne $\frac{3}{16}$ l Milch, 1 Eigelb

Kapitel IV, Bist du sicher? Seite 99

1
a) $\frac{1}{3}$ kg   b) $\frac{7}{20}$ t
c) $\frac{9}{8} = 1\frac{1}{8}$ km   d) $\frac{15}{2} = 7\frac{1}{2}$ m³

2
a) $\frac{8}{9}$ b) $-\frac{20}{3}$ c) $\frac{7}{2}$ d) -3 e) $\frac{161}{72}$

3
$\frac{2}{5}$ beträgt der Weizenanteil.

Kapitel IV, Bist du sicher? Seite 101

1
a) $\frac{5}{8}$ b) $\frac{9}{2}$ c) $-\frac{21}{10}$ d) $\frac{38}{15}$

2
a) $\frac{25}{84}$ b) -8 c) $\frac{16}{27}$ d) $\frac{9}{2}$

3
31 Dosen

Kapitel IV, Bist du sicher? Seite 104

1
a) 4,5   b) 31   c) 0,0007   d) 0,00507   e) 0,0230

2
a) multipliziert mit 10^3
b) dividiert durch 100
c) multipliziert mit 100
d) dividiert durch 1000

3
10 Münzen: 21,25 mm hoch und 75 g schwer
100 Münzen: 212,5 mm = 21,25 cm hoch und 750 g schwer
1000 Münzen: 2125 mm = 2,125 m hoch und 7500 g = 7,5 kg schwer

Kapitel IV, Bist du sicher? Seite 107

1
a) 0,15   b) − 0,48   c) − 0,0012   d) 0,64   e) 0,006

2
a) 8 · 3 = 24; 23,925
b) 830 · 3 = 2490; 2520,96
c) 5 · 5 = 25; 21,825
d) 0,5 · 7 = 3,5; 3,2046
e) 15 · 20 = 300; 285,64

3
7473,48 Euro

Kapitel IV, Bist du sicher? Seite 109

1
a) 0,05   b) − 0,8   c) 0,043   d) − 3,8   e) 0,1375

2
a) 0,125   b) − 0,45   c) 0,4375   d) $1,\overline{3}$ e) $-0,8\overline{3}$

Kapitel IV, Bist du sicher? Seite 112

1
a) 25   b) − 9   c) 3   d) 2   e) 3000

2
a) 1570 : 2 = 785; 654
b) − 2700 : 9 = − 300; − 314
c) 1,4 : (− 7) = − 0,2; − 0,249
d) 39 : 3 = 13; 12,34375

3
Er muss 8-mal fahren.

Kapitel IV, Bist du sicher? Seite 114

1
a) 256 m   b) 25 €   c) 7,19 km

Kapitel IV, Training Runde 1, Seite 123

1
a) $\frac{15}{7}$ b) $-\frac{2}{5}$ c) 7   d) $-\frac{12}{5}$

2
a) $\frac{6}{5}$ b) $\frac{21}{10}$ c) $-\frac{3}{2}$ d) − 20

3
a) 0,0009   b) 6,09   c) 195,02
d) − 0,06   e) − 2,6   f) 50

4
Tischtennisplatte: 2,74 · 1,53 = 4,1922 gerundet: 4,19
Billardtisch: 2,84 · 1,42 = 4,0328 gerundet: 4,03
Die Tischtennisplatte hat den größeren Flächeninhalt.

5
a) Auch im Ergebnis verschiebt sich das Komma um eine Stelle nach rechts.
b) Das Ergebnis verändert sich nicht.

6
70 kW entsprechen 95,2 PS. 75 PS entsprechen 55,2 kW.

7
a) 10,20 : 4 = 2,55
b) 24,10 : 11 = 2,19090 gerundet 2,19 €
c) 24,1 : 2,7 = 8,9259…   75 : 2,7 = 27,777…
Eine Wochenkarte lohnt sich, wenn man mindestens 9-mal fährt, eine Monatskarte ab 30 Fahrten. Bei 29 Fahrten löst man besser 7 Mehrfachfahrscheine und einen Einzelfahrschein.

1

a) $-\frac{15}{4}$ b) $-\frac{5}{3}$ c) $-\frac{96}{25}$ d) $-\frac{37}{2}$

e) $\frac{9}{10}$ f) $-\frac{21}{20}$

2

a) 32 b) $-0,1523$ c) 0,0125 d) 50

3

a) $-152,7$ b) 14,7 c) 0,0075

d) 0,009 e) $-3,2$ f) 51

4

$5,04 : 0,045 = 112$ $9,18 : 0,045 = 204$ $44,91 : 0,045 = 998$

5

a) $39 + 37 + 38 + 40 + 42 + 35 + 41 = 272$

$272 : 7 = 38,857\ldots$

Durchschnittlich sind 39 Hölzer in einer Schachtel.

b) $265 : 7 = 37,857\ldots$ Der Mittelwert ändert sich ebenfalls um ein Holz.

6

$18\,900 : 0,9 = 21\,000$ $21\,000 : 175 = 120$

Es können 120 Fässer gefüllt werden.

7

$1,1 : 3 = 0,3666\ldots$ $1,55 : 5 = 0,31$

Das zweite Angebot ist günstiger.

Kapitel V, Bist du sicher? Seite 128

1

a) $-8,6$ b) $-\frac{1}{3}$ c) 0,25

2

$0,2 \cdot 3,5 - \frac{3}{14} \cdot \left(-\frac{7}{5}\right)$

$= 0,7 + \frac{3}{14} \cdot \frac{7}{5}$

$= 0,7 + 0,3$

$= 1$

Kapitel V, Bist du sicher? Seite 132

1

a) $-9,2 - (8,1 - 9,2)$

$= -9,2 - 8,1 + 9,2$ (Minusklammerregel)

$= -8,1$

b) $\frac{5}{6} \cdot \frac{7}{8} - \frac{5}{6} \cdot \frac{1}{8}$

$= \frac{5}{6} \cdot \left(\frac{7}{8} - \frac{1}{8}\right)$ (Ausklammern)

$= \frac{5}{6} \cdot \frac{6}{8}$

$= \frac{5}{8}$

c) $(-5) \cdot (400 - 20)$

$= (-5) \cdot 400 - (-5) \cdot 20$ (Ausmultiplizieren)

$= -2000 + 100$

$= -1900$

2

a) Fehler: Beim Auflösen der Minusklammer dreht sich das Vorzeichen um. Daher wird aus der -13 eine $+13$.

Richtig: $27 - (-13 + 14)$ oder $27 - (-13 + 14)$

$\quad\quad = 27 + 13 - 14$ $= 27 - 1$

$\quad\quad = 40 - 14$ $= 26$

$\quad\quad = 26$

b) Fehler: Beim Ausmultiplizieren wurde das Minuszeichen vor der 5 nicht immer berücksichtigt.

Richtig: $(-5) \cdot \left(2 - \frac{1}{5}\right)$ oder $(-5) \cdot \left(2 - \frac{1}{5}\right)$

$\quad = (-5) \cdot 2 - (-5) \cdot \frac{1}{5}$ $= (-5) \cdot \left(\frac{10}{5} - \frac{1}{5}\right)$

$\quad = -10 + 1$ $= (-5) \cdot \frac{9}{5}$

$\quad = -9$ $= -9$

c) Fehler: Beim Ausklammern wurde das Minuszeichen vor der zweiten Klammer übersehen.

Richtig: $(-0,5) \cdot 18 - (-0,5) \cdot 2$

$\quad\quad = (-0,5) \cdot (18 - 2)$

$\quad\quad = (-0,5) \cdot 16$

$\quad\quad = -8$

1

		3	−2	1,8
a)	$3 + 5x$	18	−7	12
b)	$−4 − 2x$	−10	0	−7,6
c)	$x + 2$	5	0	3,8
d)	$2(x − 1) + 3x$	13	−12	7

1

a) $30 + 3,5x$ ist ein Term für den von Emira gesparten Betrag (in €) nach x Wochen.

b) Umfang: $3 + x + 2,5 + x + 3 + 2,5$ oder $11 + 2x$ sind Terme für den Umfang des Rechtecks (in cm).
Flächeninhalt: $2,5 \cdot (3 + x)$ oder $2,5 \cdot x + 7,5$ sind Terme für den Flächeninhalt des Rechtecks (in cm^2).

c) $3x + 1$

1

a) Nein, denn $4 \cdot (−3) + 5 = −7$

b) Nein, denn $(−3) \cdot (−5) − 17 = −2$

c) Ja, denn $0,7 \cdot (−3) + 2,1 = 0$

2

a) 8   b) 6   c) 3   d) 11

3

Term: $12,55 + 2,9x$ ist ein Term für Ferrys gesparten Betrag (in €) nach x Wochen.
Gleichung: $12,55 + 2,9x = 58,95$
Lösung: 16
Ergebnis: Nach 16 Wochen kann Ferry sich den Walkman kaufen.

1

a) $\frac{1}{2} \cdot \frac{1}{3} + \frac{5}{6} = \frac{1}{6} + \frac{5}{6}$ (Punkt-vor-Strich-Regel)
$\qquad = 1$

b) $7,4 + 2,6 \cdot 2 = 7,4 + 5,2$ (Punkt-vor-Strich-Regel)
$\qquad = 12,6$

c) $\left(\frac{3}{7} - \frac{1}{2}\right) \cdot 14 = \frac{3}{7} \cdot 14 - \frac{1}{2} \cdot 14$ (Ausmultiplizieren)
$\qquad = 6 - 7$ (Punkt-vor-Strich-Regel)
$\qquad = −1$

d) $4,5 \cdot 14 - 4,5 \cdot 4 = 4,5 \cdot (14 - 4)$ (Ausklammern)
$\qquad = 45$

e) $12,4 - 6,9 - 3,1 = 12,4 - (6,9 + 3,1)$ (Zusammenfassen)
$\qquad = 12,4 - 10$ (Klammerregel)
$\qquad = 2,4$

f) $\frac{7}{2} \cdot \left(\frac{3}{4} - \frac{4}{5}\right) = \frac{7}{2} \cdot \left(\frac{15}{20} - \frac{16}{20}\right)$
$\qquad = \frac{7}{2} \cdot \left(-\frac{1}{20}\right)$ (Klammerregel)
$\qquad = -\frac{7}{40}$

g) $(5,8 + 8,7) : 2,9 = 5,8 : 2,9 + 8,7 : 2,9$ (Ausmultiplizieren)
$\qquad = 2 + 3$
$\qquad = 5$

h) $1,4 \cdot (5 - 200) = 1,4 \cdot 5 - 1,4 \cdot 200$ (Ausmultiplizieren)
$\qquad = 7 - 280$
$\qquad = −273$

2

x	1	2	8	6	−4	0,8
$2x − 7$	−5	−3	9	5	−15	−5,4

x	0,5	$\frac{1}{4}$	5,1	$-\frac{2}{3}$	−1
$2x − 7$	−6	$-6\frac{1}{2}$	3,2	$-8\frac{1}{3}$	−9

3

a) Umfang: 34 cm; Flächeninhalt: 54 cm^2

b) Umfang (in cm): $2x + 24$
Flächeninhalt (in cm^2): $6x + 24$

c) Gleichung: $2x + 24 = 64$
Lösung: 20
Ergebnis: Für x = 20 cm ist der Umfang 64 cm.

d) Gleichung: $6x + 24 = 42$
Lösung: 3
Ergebnis: Für x = 3 cm ist der Flächeninhalt 42 cm^2.

4

a)

x	0	1	2	10	50	100
B = 9,95 + 0,35 · x	9,95	10,30	10,65	13,45	27,45	44,95

b) Für 10 Minuten: B = 0,15 · 10 + 19,95 = 21,45 €.
Für 100 Minuten: B = 0,15 · 100 + 19,95 = 34,95 €.
Für 27,45 €: Gleichung: 0,15 · x + 19,95 = 27,45
Lösung: 50.
Ergebnis: Johannes kann 50 Minuten telefonieren.
c) Kathrin zahlt bei ihrem Vertrag für 70 Minuten
0,35 · 70 + 9,95 = 34,45 €.
Johannes zahlt bei seinem Vertrag für 70 Minuten
0,15 · 70 + 19,95 = 30,45 €.
Ida sollte den Vertrag von Johannes wählen.

Kapitel V, Training Runde 2, Seite 151

1

a) $\frac{1}{2} \cdot \left(\frac{2}{3} + \frac{4}{7}\right) = \frac{1}{2} \cdot \left(\frac{14}{21} + \frac{12}{21}\right)$
$= \frac{1}{2} \cdot \frac{26}{21}$ (Klammerregel)
$= \frac{13}{21}$

b) $7,4 \cdot 4,2 + 4,2 \cdot 2,6 = 4,2 \cdot (7,4 + 2,6)$ (Ausklammern)
$= 4,2 \cdot 10 = 42$

c) $\left(2,8 + \frac{4}{5}\right) \cdot 5 = 3,6 \cdot 5$ (Klammerregel)
$= 18$

d) $\frac{8}{7} \cdot \frac{2}{3} - \frac{11}{6} \cdot \frac{8}{7} = \frac{8}{7} \cdot \left(\frac{2}{3} - \frac{11}{6}\right)$ (Ausklammern)
$= \frac{8}{7} \cdot \left(\frac{4}{6} - \frac{11}{6}\right)$
$= \frac{8}{7} \cdot \left(-\frac{7}{6}\right)$
$= -\frac{4}{3}$

2

x	4	– 6	1,4
2x + 4	12	– 8	6,8
3x – 8	4	– 26	– 3,8
– 0,5x – 5	– 7	– 2	– 5,7

3

a) – 4   b) 5   c) 0,8   d) – 8

4

a) Für 80 km: 0,25 · 80 € = 20 € für die gefahrenen km.
Zuzüglich 45 € Grundgebühr ergibt zusammen 65 €.
b) Term: 45 + 0,25 · x
(Gesamtgebühr nach x gefahrenen km in €).
c) Für 120 km: 45 + 0,25 · 120 = 75. Also 75 €.
Für 250 km: 45 + 0,25 · 250 = 107,50. Also 107,50 €.
d) Gleichung: 45 + 0,25 · x = 100.
Rückwärts rechnen: 100 – 45 = 55
55 : 0,25 = 220
Ergebnis: Man kann 220 km fahren.

Kapitel VI, Bist du sicher? Seite 159

1

a)

Zeit in Monaten	0	1	2	3	4	5	6
Tankinhalt in l	4000	3300	2500	2200	1850	1500	1500

Zeit in Monaten	7	8	9	10	11	12
Tankinhalt in l	1500	1500	1500	1000 3000	2500	2000

b) Vom Beginn des Jahres bis Ende Februar nimmt der Tankinhalt stark ab, bis Ende Mai nimmt er weniger stark ab. Von Ende Mai bis Ende September verändert er sich nicht. Im Oktober wird wieder Öl verbraucht. Nachdem Ende Oktober nur noch 1000 l im Tank sind, werden 2000 l aufgefüllt. Im November und Dezember nimmt dieser Vorrat wieder um 1000 l ab.

2

a)

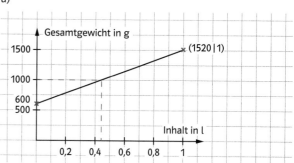

Fig. 1

b) Bei einem Gesamtgewicht von 1 kg sind ca. 430 g Öl in der Flasche.

1

a)

	Anzahl	Gewicht in g	
	150	750	
:3	50	250	:3
· 20	1000	5000	· 20

Die Packung wiegt 5 kg.

b)

	Gewicht in g	Anzahl	
	750	150	
:3	250	50	:3
· 5	1250	250	· 5

Der Stapel besteht aus 250 Blättern.

2

a)

	Inhalt eines Gefäßes in l	Anzahl der Gefäße	
	0,75	1360	
:0,75	1	1020	· 0,75
· 4	4	255	:4

Man könnte 255 Glasballons füllen.

b)

	Anzahl der Gefäße	Inhalt eines Gefäßes in l	
	1360	0,75	
:1360	1	1020	· 1360
· 12	12	85	:12

Ein Fass hat den Inhalt 85 l.

1

a)

Person	A	B	C	D
Winkel	135°	90°	45°	90°
Stimmenzahl	48	32	16	32

Person D erhielt 32 Stimmen.

b)

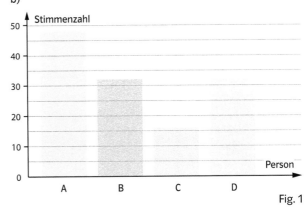

Fig. 1

2

a) Preis für 5 Brezeln: 1,20 € + 2 · 0,50 € = 2,20 €

b)

Anzahl der Brezeln	1	2	3	4	5	6	7	8	9	10
Gesamtpreis in €	0,5	1	1,2	1,7	2,2	2,4	2,9	3,4	3,6	4,1

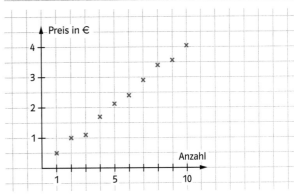

Fig. 2

3

a)

Gewicht in t	Preis in €
18 t	64,80
6 t	21,60
24 t	86,40

Dieses Mal muss er 86,40 € bezahlen.
b) Alter Preis pro t: 64,80 € : 18 = 3,60 €
Neuer Preis pro t: (3,60 € + 0,30 €) · 24 = 93,60 €

4

Inhalt der bespielbaren Fläche:
$\pi \cdot (5,8\,\text{cm})^2 - \pi \cdot (2,3\,\text{cm})^2 \approx 89\,\text{cm}^2$
Abspieldauer pro cm²: $72 \cdot 60\,\text{s} : 89 \approx 48,5\,\text{s}$

Kapitel VI, Training Runde 2, Seite 177

1

Kandidat	A	B	C	D
Stimmenzahl	3	5	8	2
Anteil	$\frac{1}{6}$	$\frac{5}{18}$	$\frac{4}{9}$	$\frac{1}{9}$
Winkel im Kreis-diagramm	60°	100°	160°	40°

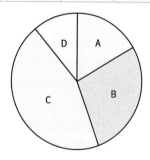

Fig. 1

2

a) 8 Cent = 5 Cent + 2 Cent + 1 Cent
Mindestgewicht: 3,92 g + 3,06 g + 2,30 g = 9,28 g
b)

Geldbetrag in Cent	1	2	3	4	5	6	7	8	9
Mindestgewicht in g	2,30	3,06	5,36	6,12	3,92	6,22	6,98	9,28	10,04

c)

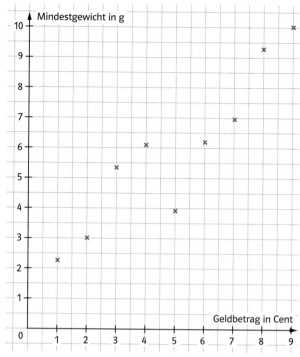

Fig. 2

Es ist nicht sinnvoll, die Punkte miteinander zu verbinden, da es keine Münzen mit Zwischenwerten wie 1,4 Cent gibt.

3

a) Radius eines Eurostücks: 11,625 mm
Flächeninhalt eines Eurostücks: ≈ 424,6 mm²
Flächeninhalt aller 6 Eurostücke: ≈ 25,47 cm²
b) Schachtelboden:
Länge: 3 · 23,25 mm = 69,75 mm
Breite: 2 · 23,25 mm = 46,5 mm
Flächeninhalt: ≈ 32,43 cm²

4

a) 7,5 cm auf der Karte entsprechen in Wirklichkeit
7,5 cm · 200 000 = 1 500 000 cm = 15 km
b) 20 km in Wirklichkeit entsprechen auf der Karte
20 km : 200 000 = 2 000 000 cm : 200 000 = 10 cm.
Die gesuchten Punkte liegen auf der Karte in einem Kreis um den bestimmten Ort mit Radius 10 cm.

Sachthema: Probleme lösen, Seite 178

1 Figuren
Die zweite Figur passt nicht zu den anderen, weil sie als einzige nicht achsensymmetrisch ist.
Auch richtig:
Die erste Figur passt nicht zu den anderen, weil sie als einzige nicht aus zwei getrennten Teilen besteht.

2 Socken
Man muss mindestens vier Socken herausholen.

3 Wie geht's weiter?
3; 18; 24; 4; 24; 30; 5; **30; 36; 6; 36; 42; 7; 42; 48; 8; ...**
Es wird so gerechnet: Mal 6; plus 6; geteilt durch 6; mal 6; plus 6; geteilt durch 6 ...

4 Neun Punkte

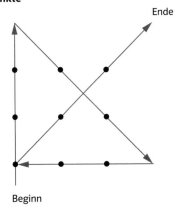

Fig. 1

Selbsttraining – Lösungen

Kürzen und Erweitern

1 a) $\frac{28}{42}$ b) $\frac{15}{20}$ c) $\frac{-48}{56}$ d) $\frac{-13}{117}$ e) $\frac{56}{-96}$ f) $\frac{36}{80}$ g) $\frac{-72}{280}$ h) $\frac{-26}{60}$
i) $\frac{30}{-480}$ j) $\frac{540}{-855}$

2 a) $\frac{4}{13}; \frac{8}{17}; \frac{-7}{11}; \frac{21}{-41}; \frac{-29}{48}$ b) $\frac{2}{7}; -\frac{5}{12}; \frac{8}{-13}$

3

Brüche erweitern	mit 2	mit 3	mit 7	mit 11	mit 15	mit 50	mit 100
$\frac{1}{2}$	$\frac{2}{4}$	$\frac{3}{6}$	$\frac{7}{14}$	$\frac{11}{22}$	$\frac{15}{30}$	$\frac{50}{100}$	$\frac{100}{200}$
$\frac{3}{5}$	$\frac{6}{10}$	$\frac{9}{15}$	$\frac{21}{35}$	$\frac{33}{55}$	$\frac{45}{75}$	$\frac{150}{250}$	$\frac{300}{500}$
$\frac{-7}{8}$	$\frac{-14}{16}$	$\frac{-21}{24}$	$\frac{-49}{56}$	$\frac{-77}{88}$	$\frac{-105}{120}$	$\frac{-350}{400}$	$\frac{-700}{800}$
$\frac{5}{-7}$	$\frac{10}{-14}$	$\frac{15}{-21}$	$\frac{35}{-49}$	$\frac{55}{-77}$	$\frac{75}{-105}$	$\frac{250}{-350}$	$\frac{500}{-700}$
$-\frac{4}{15}$	$-\frac{8}{30}$	$-\frac{12}{45}$	$-\frac{28}{105}$	$-\frac{44}{165}$	$-\frac{60}{225}$	$-\frac{200}{750}$	$-\frac{400}{1500}$
$\frac{1}{24}$	$\frac{2}{48}$	$\frac{3}{72}$	$\frac{7}{168}$	$\frac{11}{264}$	$\frac{15}{360}$	$\frac{50}{1200}$	$\frac{100}{2400}$
$\frac{2}{25}$	$\frac{4}{50}$	$\frac{6}{75}$	$\frac{14}{175}$	$\frac{22}{275}$	$\frac{30}{375}$	$\frac{100}{1250}$	$\frac{200}{2500}$
$\frac{-1}{50}$	$\frac{-2}{100}$	$\frac{-3}{150}$	$\frac{-7}{350}$	$\frac{-11}{550}$	$\frac{-15}{750}$	$\frac{-50}{2500}$	$\frac{-100}{5000}$
$\frac{25}{-111}$	$\frac{50}{-222}$	$\frac{75}{-333}$	$\frac{175}{-777}$	$\frac{275}{-1221}$	$\frac{375}{-1665}$	$\frac{1250}{-5550}$	$\frac{2500}{-11100}$
$-\frac{9}{750}$	$-\frac{18}{1500}$	$-\frac{27}{2250}$	$-\frac{63}{5250}$	$-\frac{99}{8250}$	$-\frac{135}{11250}$	$-\frac{450}{37500}$	$-\frac{900}{75000}$

4 a) $\frac{2}{3}; \frac{5}{8}; 1$ b) $\frac{1}{2}; \frac{1}{4}; \frac{1}{3}$ c) $\frac{1}{3}; -\frac{1}{6}; -\frac{1}{3}$ d) $\frac{1}{4}; -\frac{9}{2}; -\frac{1}{2}$
e) $-\frac{3}{4}; -\frac{1}{3}; \frac{3}{5}$ f) $-\frac{6}{13}; \frac{6}{7}; -3$ g) $\frac{5}{7}; -\frac{3}{4}; -\frac{3}{7}$ h) $\frac{2}{5}; \frac{3}{7}; \frac{3}{4}$

5 a) $\frac{6}{8}; \frac{9}{12}; \frac{-39}{-52}; \frac{129}{172}; \frac{-192}{-256}$ b) $\frac{12}{16}; \frac{21}{28}; \frac{-39}{-52}; \frac{48}{64}; \frac{-99}{-132}$

6 a) $\frac{5}{13}$ b) $-\frac{5}{14}$ c) $\frac{24}{36}$ d) $-\frac{45}{60}$ e) $\frac{12}{21}$ f) $-\frac{15}{25}$ g) $\frac{1750}{3000}$ h) $-\frac{3150}{3850}$

7 a) $\frac{8}{12} = \frac{24}{36} = \frac{56}{84} = \frac{-48}{-72} = \frac{-104}{-156}$ b) $\frac{6}{15} = \frac{18}{45} = \frac{42}{105} = \frac{-54}{-135} = \frac{-66}{-165}$
c) $\frac{-7}{3} = \frac{-28}{12} = \frac{49}{-21} = \frac{147}{-63} = \frac{-161}{69}$ d) $\frac{-5}{12} = \frac{25}{-60} = \frac{-50}{120} = \frac{-45}{108} = \frac{55}{-132}$
e) $\frac{3}{-11} = \frac{27}{-99} = \frac{-33}{121} = \frac{-36}{132} = \frac{42}{-154}$ f) $\frac{2}{-23} = \frac{22}{-253} = \frac{-10}{115} = \frac{-56}{644} = \frac{14}{-161}$

8 a) 75 cm b) 120 cm c) 55 cm d) 52 cm e) 188 cm

9 a) 875 g b) 3750 g c) 80 mm² d) 220 mm² e) 16 h
f) 30 h g) 50 min h) 84 min i) 375 kg j) 4250 kg k) 2400 s
l) 4500 s

10 a) $\frac{1}{2} > \frac{1}{3}$ b) $\frac{-2}{3} < \frac{1}{6}$ c) $\frac{5}{8} < \frac{7}{10}$ d) $\frac{11}{-12} > -\frac{19}{20}$ e) $\frac{3}{4} > \frac{-7}{-10}$
f) $\frac{5}{11} < \frac{11}{15}$ g) $-\frac{2}{3} > \frac{-3}{4}$ h) $\frac{3}{8} < \frac{7}{12}$ i) $\frac{4}{-15} > \frac{-7}{10}$ j) $-\frac{11}{12} > \frac{-14}{15}$

11 a) $\frac{-5}{6} < \frac{9}{-12} < \frac{-2}{3} < -\frac{1}{2} < \frac{-1}{4} < \frac{1}{3} < \frac{7}{12} < \frac{5}{8} < \frac{3}{4}$
b) $\frac{-35}{19} < \frac{12}{-7} < -\frac{8}{5} < -\frac{15}{11} < \frac{-16}{13} < \frac{12}{13} < \frac{18}{11} < \frac{9}{5} < \frac{13}{7} < \frac{37}{19}$

12 a) $\frac{4}{5}$ b) $\frac{1}{3}; \frac{4}{5}; \frac{10}{21}; \frac{2}{5}; \frac{7}{15}$ c) $\frac{1}{3}; \frac{-2}{3}; -\frac{3}{5}; \frac{10}{21}; \frac{10}{-23}; \frac{2}{5}; -\frac{9}{13}; \frac{7}{15}; \frac{-9}{11}$

Rationale Zahlen umwandeln

1 a) $0,3 = 30\%$ b) $0,37 = 37\%$ c) $-0,7 = -70\%$ d) $-0,637$
$= -63,7\%$ e) $-0,13 = -13\%$ f) $0,237 = 23,7\%$ g) $0,0309$
$= 3,09\%$ h) $-0,463 = -46,3\%$ i) $-0,93 = -93\%$ j) $-0,273$
$= -27,3\%$ k) $3,09 = 309\%$ l) $463,7 = 46370\%$ m) $-4,62$
$= -462\%$ n) $-125,4 = -12540\%$ o) $-2,398 = -239,8\%$
p) $0,8 = 80\%$ q) $2,5 = 250\%$ r) $-0,6 = -60\%$ s) $-3,5$
$= -350\%$ t) $-0,45 = -45\%$ u) $0,68 = 68\%$ v) $2,125$
$= 212,5\%$ w) $-2,675 = -267,5\%$ x) $-0,3125 = -31,25\%$
y) $-1,15625 = -115,625\%$

2 a) $\frac{1}{4} = 25\%$ b) $\frac{1}{20} = 5\%$ c) $\frac{3}{20} = 15\%$ d) $-\frac{163}{50} = -326\%$
e) $-\frac{61}{20} = -305\%$ f) $\frac{7}{20} = 35\%$ g) $\frac{7}{100} = 7\%$ h) $\frac{24}{5} = 480\%$
i) $\frac{329}{25} = 1316\%$ j) $-\frac{69}{20} = -345\%$ k) $\frac{7}{5} = 140\%$ l) $\frac{427}{20} = 2135\%$
m) $\frac{3661}{500} = 732,2\%$ n) $\frac{8723}{100} = 8723\%$ o) $-\frac{9}{200} = -4,5\%$
p) $\frac{1009}{100} = 100,9\%$ q) $\frac{243}{4} = 6075\%$ r) $\frac{2949}{500} = 589,8\%$ s) $-\frac{87}{1000}$
$= -8,7\%$ t) $\frac{5231}{1000} = 523,1\%$ u) $\frac{61}{200} = 30,5\%$ v) $\frac{81}{400} = 20,25\%$
w) $\frac{3793}{500} = 758,6\%$ x) $\frac{8259}{1000} = 825,9\%$ y) $-\frac{5231}{1000} = -523,1\%$

3 a) $\frac{1}{10} = 0,1$ b) $\frac{7}{4} = 1,75$ c) $-\frac{1}{4} = -0,25$ d) $-\frac{35}{140} = -0,25$
e) $-\frac{3}{200} = -0,015$ f) $\frac{9}{25} = 0,36$ g) $\frac{7}{10} = 0,7$ h) $-\frac{13}{40} = -0,325$
i) $-\frac{8}{5} = -1,6$ j) $-\frac{19}{20} = -0,85$ k) $\frac{3}{20} = 0,15$ l) $\frac{99}{125} = 0,792$
m) $-\frac{3}{10} = -0,3$ n) $-\frac{3}{10} = -0,3$ o) $-\frac{11}{40} = -0,275$ p) $\frac{17}{32} = 0,53125$
q) $\frac{7}{5} = 1,4$ r) $-\frac{9}{10} = -0,9$ s) $-\frac{11}{16} = -0,6875$ t) $-\frac{3}{8} = -0,375$

4 a) $\frac{5}{16} = 31,25\%$ b) $\frac{15}{32} = 46,875\%$ c) $\frac{9}{32} = 28,125\%$

5 a) $\frac{1}{2}$ b) $\frac{1}{100}$ c) $\frac{4}{50}$ d) $\frac{6}{25}$ e) $\frac{1}{8}$ f) $\frac{7}{10}$ g) $\frac{99}{100}$ h) $\frac{3}{8}$ i) $\frac{6}{5}$

Anteile und Bruchteile berechnen

1
a)

Anteil	12 € von 150 €	8,50 € von 25 €	21,50 € von 40 €	34 € von 60 €
Bruch	$\frac{2}{25}$	$\frac{17}{50}$	$\frac{43}{80}$	$\frac{17}{30}$
Prozent	8 %	34 %	53,75 %	$56,\overline{6}\,\%$

b)

Anteil	21 m von 300 m	4 km von 20 km	27 cm von 6 m	33 mm von 9 cm
Bruch	$\frac{7}{100}$	$\frac{1}{5}$	$\frac{9}{200}$	$\frac{11}{30}$
Prozent	7 %	20 %	4,5 %	$36,\overline{6}$ %

c)

Anteil	45 kg von 600 kg	16 g von 80 g	270 kg von 3 t	350 g von 12 kg
Bruch	$\frac{3}{40}$	$\frac{1}{5}$	$\frac{9}{100}$	$\frac{7}{240}$
Prozent	7,5 %	20 %	9 %	$2,91\overline{6}$ %

d)

Anteil	4 h von 20 h	8 min von 30 min	42 min von 2 h	33 s von 90 min
Bruch	$\frac{1}{5}$	$\frac{4}{15}$	$\frac{7}{20}$	$\frac{11}{1800}$
Prozent	20 %	$26,\overline{6}$ %	35 %	$0,6\overline{1}$ %

2 a) 0,4 cm² b) 1,68 m² c) 40,85 km² d) 10,2 a e) 3,5 m
f) $5\frac{1}{3}$ Tage g) $24\frac{2}{7}$ km h) 3,2 h

3 a) 200 min b) 550 min c) 240 min d) 2700 min

4 a)

3 % von	3400 l	230 g	150 t	24 kg	5 t	7 km	190 m	76 m²
sind	102 l	6,6 g	4,5 t	0,72 kg	0,15 t	0,21 km	5,7 m	2,28 m²

b)

18 % von	3400 l	230 g	150 t	24 kg	5 t	7 km	190 m	76 m²
sind	612 l	41,4 g	27 t	4,32 kg	0,9 t	1,26 km	34,2 m	13,68 m²

c)

4 % von	600 kg	90 cm	50 €	12 m	300 m	40 €	480 kg	75 cm
sind	24 kg	3,6 cm	2 €	0,48 m	12 m	1,60 €	19,2 kg	3 cm

d)

15 % von	600 kg	90 cm	50 €	12 m	300 m	40 €	480 kg	75 cm
sind	90 kg	13,5 cm	7,5 €	1,8 m	45 m	6 €	72 kg	11,25 cm

e)

120 % von	17 km	950 l	875 €	5,40 €	300 m³	25 dm	345 m	9,45 €
sind	20,4 km	1140 l	1050 €	6,48 €	360 m³	30 dm	414 m	11,34 €

f)

116 % von	17 km	950 l	875 €	5,40 €	300 m³	25 dm	345 m	9,45 €
sind	19,72 kg	1102 l	1015 €	$6{,}26_4$ €	348 m³	29 dm	400,2 m	$10{,}96_2$ €

Größen umwandeln

1 a) 75 cm b) 80 cm c) 55 cm d) 92 cm e) 96 cm

2 a) 15 min b) 12 min c) 40 min d) 16 min e) 21 min

3 a) 875 g b) 80 mm² c) 16 h d) 55 min e) 600 kg
f) 1250 mm² g) 20 h h) 44 s

4 a) 0,045 m < 0,059 m < 0,068 m < 0,07 m < 0,072 m;
< 0,075 m < 0,0755 m
0,45 dm < 0,059 m < 68 mm < $\frac{7}{100}$ m < 7,2 cm < $\frac{3}{4}$ dm < $75\frac{1}{2}$ mm
b) 14,69 m < 110,5 m < 120,5 m < 125 m < 130 m < 130,4 m
1469 cm < 1105 dm < 120,5 m < $\frac{1}{8}$ km < 0,13 km < $\frac{652}{5}$ m

5 a) 1230 g < 1235,6 g < 1250 g < 1320 g < 2500 g < 12000 g
1230 g < $\frac{6178}{5}$ g < $\frac{5}{4}$ kg < 1,32 kg < $\frac{1}{400}$ t < 0,012 t
b) 40 g < 50 g < 55,5 g < 56,9 g < 62,5 g < 87,5 g
40000 mg < 0,050 kg < $\frac{111}{2}$ g < 56,9 g < $\frac{5}{80}$ kg < $\frac{7}{80\,000}$ t

6 a) 1,155 m² < 1,25 m² < 1,35 m² < 1,45 m² < 10 m² < 12 m²
$\frac{231}{2}$ dm² < $\frac{1}{80}$ a < 1,35 m² < 14500 cm² < $\frac{1}{1000}$ ha < 0,12 a
b) 78,5 m² < 78,88 m² < 80 m² < 81 m² < 82,5 m² < 85 m²
78,5 m² < 7888 dm² < $\frac{4}{500}$ ha < 0,81 a < $\frac{165}{2}$ m² < $\frac{17}{20}$ a

7 a) 690 s < 720 s < 732 s < 780 s < 750 s < 840 s
690 s < 0,2 h < $\frac{61}{5}$ min < 13 min < $\frac{5}{24}$ h < $\frac{7}{720}$ Tage
b) 26,2 s < 27 s < 28,5 s < 30 s < 32,4 s < 33 s
$\frac{131}{5}$ s < $\frac{9}{20}$ min < 28,5 s < $\frac{1}{120}$ h < 0,009 h < 0,55 min

8 Übertrage die Figur in dein Heft und ergänze.

19.30 h $\xrightarrow{+\frac{2}{3}\text{h}}$ 20.10 h $\xrightarrow{-\frac{17}{20}\text{h}}$ 19.19 h $\xrightarrow{-\frac{2}{5}\text{h}}$ 18.55 h

Selbsttraining Kapitel II

Addieren und Subtrahieren

1 a)

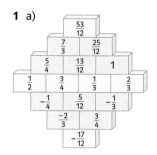

b)

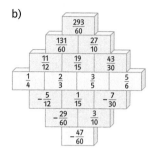

2 a) $\frac{5}{12}$ b) $\frac{5}{24}$ c) $\frac{7}{20}$ d) $\frac{1}{6}$ e) $\frac{7}{60}$ f) $\frac{19}{42}$ g) $\frac{31}{36}$ h) $\frac{5}{12}$ i) $\frac{64}{75}$ j) $\frac{29}{30}$

3 a) $\frac{1}{60}$ b) $\frac{1}{18}$ c) $\frac{1}{24}$ d) $\frac{1}{36}$ e) $\frac{1}{24}$ f) $-\frac{7}{12}$ g) $-\frac{5}{8}$ h) $-\frac{11}{18}$ i) $-\frac{5}{18}$ j) $-\frac{1}{3}$ k) $-\frac{1}{15}$ l) $-\frac{5}{24}$ m) $\frac{41}{30}$ n) $-\frac{13}{70}$ o) $-\frac{1}{24}$

4 a) $\frac{31}{42}$ b) $\frac{1}{30}$ c) $-\frac{7}{54}$ d) $\frac{17}{220}$ e) $\frac{1}{48}$ f) $\frac{29}{80}$ g) $\frac{73}{60}$ h) $\frac{7}{48}$ i) $\frac{59}{200}$ j) $-\frac{13}{60}$ k) $-\frac{32}{63}$ l) $\frac{1}{40}$ m) $\frac{11}{340}$ n) $-\frac{3}{22}$ o) $\frac{15}{247}$

5 a) 4,1 b) $-0,7$ c) 0,55 d) $-0,7$ e) $-2,62$ f) 0,75 g) 1,78 h) $-0,17$ i) 4,43 j) $-5,88$

6 a) $\frac{3}{4}$ b) $\frac{19}{20}$ c) $-\frac{4}{5}$ d) $\frac{17}{12}$ e) $\frac{253}{60}$ f) $\frac{1}{15}$ g) $\frac{11}{14}$ h) $-\frac{97}{150}$ i) $-\frac{11}{8}$ j) $\frac{23}{60}$

7 a) $\frac{15}{4}$ b) $-\frac{259}{90}$ c) 0 d) $-\frac{9}{16}$ e) $\frac{1}{6}$ f) $-\frac{275}{72}$ g) $\frac{17}{21}$ h) $-\frac{83}{12}$

8 a) Zauberzahl: $\frac{1}{4}$

$-\frac{2}{3}$	$\frac{1}{4}$	$-\frac{3}{4}$	$\frac{4}{3}$
$-\frac{1}{4}$	$\frac{5}{6}$	$-\frac{2}{3}$	$\frac{1}{3}$
$\frac{5}{6}$	$-\frac{3}{4}$	$\frac{5}{6}$	$-\frac{2}{3}$
$\frac{1}{3}$	$-\frac{1}{6}$	$\frac{5}{6}$	$-\frac{3}{4}$

b) Zauberzahl: $\frac{-43}{30}$

$-\frac{5}{4}$	$\frac{7}{5}$	$-\frac{11}{4}$	$\frac{7}{6}$
$-\frac{13}{12}$	$-\frac{1}{2}$	$-\frac{5}{4}$	$\frac{7}{6}$
$-\frac{1}{2}$	$-\frac{11}{4}$	$\frac{46}{15}$	$-\frac{5}{4}$
$\frac{7}{5}$	$\frac{5}{12}$	$-\frac{1}{2}$	$-\frac{11}{4}$

9 a) $\frac{3}{2}$ b) $-\frac{3}{4}$ c) $\frac{4}{15}$ d) $-\frac{11}{30}$ e) $\frac{5}{3}$ f) 0 g) $\frac{5}{12}$ h) $-\frac{71}{63}$ i) $\frac{9}{4}$ j) $\frac{3}{8}$ k) $-\frac{13}{4}$ l) $\frac{1}{4}$ m) $\frac{7}{2}$ n) $\frac{19}{21}$ o) $\frac{19}{12}$ p) $-\frac{1}{70}$

10 a) $\frac{47}{25} = 1,88$ b) $-\frac{17}{100} = -0,17$ c) $\frac{443}{100} = 4,43$ d) $-\frac{167}{25} = -6,68$ e) $\frac{201}{50} = 4,02$ f) $\frac{61}{500} = 0,122$ g) $-\frac{14}{25} = -0,56$ h) $-\frac{199}{100} = -1,99$ i) $\frac{169}{20} = 8,45$ j) $-\frac{11}{10} = -1,1$ k) $\frac{71}{20} = 3,55$ l) -5 m) $\frac{49}{50} = 0,98$ n) $\frac{21}{5} = 4,2$ o) -2 p) $-\frac{391}{250} = -1,564$ q) $\frac{7}{2} = 3,5$ r) -2 s) $-\frac{7}{10} = -0,7$ t) $-\frac{289}{1000} = -0,289$

11 a) b)

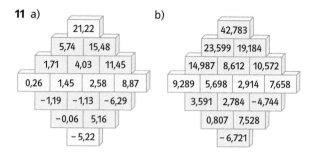

12 a) 49,35 b) 19,655 c) 72,473 d) 643,55 e) $-94,84$ f) 120,75 g) $-114,52$ h) $-102,07$ i) 228,329 j) 6510,17 k) 1799,49 l) $-772,17$

13 a) 240,9 b) 2,23 c) $-31,09$ d) $-787,29$ e) 228,79 f) $-830,41$

14 a) 27,1 b) 628,2 c) 771,5 d) $-12,3$ e) $-3,6$ f) $-136,3$ g) $-102,4$ h) 20,4

15 a)

+	$\frac{1}{4}$	$\frac{7}{3}$	$-\frac{3}{8}$
$\frac{1}{2}$	$\frac{3}{4}$	$\frac{17}{6}$	$\frac{1}{8}$
$\frac{3}{5}$	$\frac{17}{20}$	$\frac{44}{15}$	$\frac{9}{40}$
$-\frac{2}{3}$	$-\frac{5}{12}$	$\frac{5}{3}$	$-\frac{25}{24}$

b)

−	$\frac{3}{2}$	$\frac{4}{3}$	$-\frac{2}{5}$
$\frac{3}{4}$	$-\frac{3}{4}$	$-\frac{7}{12}$	$\frac{23}{20}$
$\frac{1}{8}$	$-\frac{11}{8}$	$-\frac{29}{24}$	$\frac{21}{40}$
$-\frac{11}{3}$	$-\frac{31}{6}$	-5	$-\frac{49}{15}$

c)

−	$\frac{7}{12}$	$-\frac{17}{24}$	$\frac{29}{40}$
$\frac{5}{4}$	$\frac{2}{3}$	$\frac{47}{24}$	$\frac{21}{40}$
$\frac{11}{8}$	$\frac{19}{24}$	$\frac{25}{12}$	$\frac{13}{20}$
$-\frac{3}{16}$	$-\frac{37}{48}$	$\frac{25}{48}$	$-\frac{73}{80}$

Selbsttraining Kapitel IV

Multiplizieren und Dividieren

1 a) $\frac{1}{6}$ b) $-\frac{7}{32}$ c) $-\frac{4}{3}$ d) $-\frac{18}{25}$ e) $-\frac{5}{3}$ f) $\frac{3}{7}$ g) $-\frac{28}{243}$ h) $-\frac{50}{147}$ i) $-\frac{1}{6}$ j) $\frac{25}{207}$ k) $\frac{2}{3}$ l) $-\frac{3}{4}$ m) $\frac{3}{14}$ n) $-\frac{63}{125}$ o) $\frac{1}{10}$ p) $\frac{1}{30}$ q) $\frac{15}{44}$ r) $-\frac{25}{21}$ s) $-\frac{27}{121}$ t) $\frac{1}{10}$ u) $\frac{3}{4}$ v) $\frac{9}{20}$ w) $\frac{16}{45}$ x) $-\frac{3}{14}$ y) $\frac{2}{15}$

2 a) $\frac{3}{2}$ b) $-\frac{7}{2}$ c) $-\frac{4}{3}$ d) $\frac{1}{4}$ e) $\frac{16}{21}$ f) $\frac{2}{3}$ g) $\frac{3}{2}$ h) $-\frac{3}{2}$ i) -5 j) $\frac{3}{4}$ k) $\frac{85}{72}$ l) $-\frac{7}{5}$ m) $\frac{7}{2}$ n) $\frac{4}{3}$ o) $-\frac{5}{17}$

3 a) $\frac{3}{2}$ b) $-\frac{5}{28}$ c) $\frac{7}{2}$ d) $-\frac{147}{125}$ e) $\frac{99}{25}$ f) $\frac{3}{17}$ g) $\frac{3}{2}$ h) $\frac{3}{8}$ i) $-\frac{7}{30}$ j) $\frac{16}{15}$ k) $\frac{4}{3}$ l) $-\frac{5}{3}$ m) $-\frac{128}{21}$ n) $\frac{10}{7}$ o) $\frac{5}{69}$

4 a) b)

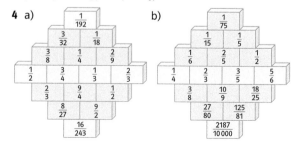

5 a) 4531,9 b) −9010 c) 25 d) 30,84 e) 3,5 f) 780
g) −38 600 h) −1500 i) 0,004 j) 38,45 k) 3,845 l) 38,45
m) 0,000 47 n) −3,003 o) 0,75 p) −0,039 q) 0,5 r) 0,008
s) 0,000 032 t) −0,7

6 a) 1,5 b) −4,5 c) −4,8 d) 34 e) 56 f) 88 g) 9 h) −100
i) 500 j) −5 k) 1,1 l) 0,99 m) −5,6 n) 2,4 o) −1,1 p) 7
q) −18 r) 12,3 s) −2,08 t) 1,4

7 a) 7,704 b) −9,028 c) 0,299 31 d) −16,536 e) 234
f) 10,815 g) −23,925 h) 35,854 i) 2520,96 j) −6391,233
k) 21,825 l) 23,256 m) 3,2046 n) 285,64 o) −33,212
p) −25 684,06

8 a) 0,75 b) −1,9 c) −1,3 d) −0,3 e) 0,8 f) 1,2 g) −2,1
h) 6,7 i) −13,8 j) −0,321 k) 0,104 l) −1,26 m) 0,007
n) −0,012 o) −0,033

9 a) 125 b) −26 499,2 c) −1,25 d) 62,5 e) 13,4355
f) 4 363 500 g) −504,745 h) −9,02 i) 3,5 j) 2,88 k) 200
l) 0,4 m) 0,448 n) 0,8 o) −5,184 p) −0,34 q) 0,006
r) −0,1515 s) −3,3 t) 3,4

10 a)

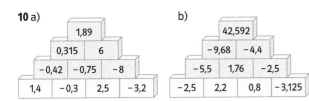

b)

Addieren, Subtrahieren, Multiplizieren und Dividieren

1 a) $\frac{1}{3}$ b) $-\frac{1}{5}$ c) $\frac{6}{5}$ d) $-\frac{1}{6}$ e) $\frac{19}{18}$ f) -1 g) $\frac{7}{8}$ h) $-\frac{1}{30}$ i) $\frac{1}{3}$
j) $-\frac{1}{20}$ k) $\frac{7}{2}$ l) $-\frac{8}{9}$ m) $\frac{21}{10}$ n) -1 o) $\frac{16}{15}$ p) $-\frac{1}{7}$ q) $\frac{19}{12}$ r) $\frac{23}{180}$
s) $\frac{1}{21}$ t) $-\frac{1}{4}$ u) $-\frac{25}{18}$ v) $\frac{26}{33}$ w) 2 x) $\frac{1}{2}$

2 a) $\frac{1}{5}$ b) $-\frac{1}{24}$ c) 1 d) $\frac{31}{20}$ e) $-\frac{16}{9}$ f) -14 g) $\frac{49}{72}$ h) $-\frac{4}{75}$ i) $\frac{11}{120}$
j) $\frac{1}{63}$ k) $\frac{91}{72}$ l) $-\frac{119}{32}$ m) $\frac{4}{21}$ n) $\frac{1}{8}$ o) $\frac{17}{120}$ p) $\frac{1}{4}$ q) $\frac{7}{30}$ r) $-\frac{19}{14}$ s) $\frac{4}{11}$
t) $-\frac{19}{30}$ u) $\frac{5}{2}$ v) $-\frac{1}{4}$ w) $\frac{1}{2}$ x) $\frac{13}{96}$

3 a) 0,97 b) 66,348 c) −0,1485 d) 106,2 e) 13,0875
f) −16,652 g) 45,7708 h) −79,15 i) −41,5 j) −102,5 k) 0
l) 500 m) −500 n) 2,073 o) 2,984 p) 6

4 a) 1 b) −1 c) $\frac{4}{5}$ d) $\frac{13}{15}$ e) −119 f) −26 973 g) $-\frac{8288}{17}$
h) 1 i) $-\frac{1}{4}$

5 a) $\frac{3}{2}$ b) $-\frac{5}{36}$ c) −42 d) $\frac{2}{3}$ e) −36 f) $\frac{5}{9}$ g) $\frac{3}{2}$ h) $\frac{18}{5}$ i) $\frac{82}{5}$

6 a) $\frac{7}{6}$ b) $\frac{5}{4}$ c) 0 d) $\frac{58}{9}$ e) $-\frac{25}{3}$ f) 26 g) $\frac{5}{2}$ h) 33

Gleichungen

1 a) x = 2 b) x = 4 c) x = 4 d) x = 2 e) x = −4 f) x = 11
g) x = 4 h) x = 4

2 a) 3x = 3 b) x = 4 c) x = 8 d) x = 28 e) x = 5 f) x = −10
g) x = 2 h) x = 20

Register

Bildquellen

S. 8.1: Getty Images (Photographer`s Choice), München – S. 8.2: Soehnle-Waagen GmbH & Co. KG (Leifheit), Backnang – S. 8.3: Getty Images (Photographer's Choice), München – S. 8.4: Getty Images (Image Bank), München – S. 8.5: Getty Images (R. Harding World Imagery), München – S. 8.6: Getty Images (Image Bank), München – S. 8.7: Avenue Images GmbH (PhotoDisc), Hamburg – S. 8.8: MEV, Augsburg – S. 9.1: Getty Images (Botanica), München – S. 9.2: Astrofoto (Shigemi Numazawa), Sörth – S. 13: Corel Corporation, Unterschleissheim – S. 22.1: Corel Corporation, Unterschleissheim – S. 22.2: Corel Corporation, Unterschleissheim – S. 29: Corbis (Steve Chenn), Düsseldorf – S. 33.1: Getty Images (Taxi), München – S. 33.2: Getty Images (Taxi), München – S. 36: ZEFA, Düsseldorf – S. 40.1: Getty Images (Taxi), München – S. 40.2: Corbis (RF), Düsseldorf – S. 40.3: Thomas Kanzler, Diessen – S. 40.4: Studio Nordbahnhof (Tobias Oexle), Stuttgart – S. 41.1: Avenue Images GmbH (Stockbyte Platinum), Hamburg – S. 41.2: Klett-Archiv (Jörg Buck), Stuttgart – S. 41.3: Klett-Archiv, Stuttgart – S. 41.3: Getty Images (R. Harding World Imagery), München – S. 44: Mauritius (Doc Max), Mittenwald – S. 45: Corbis (Richard T. Nowitz), Düsseldorf – S. 46: Klett-Archiv (Simianer & Blühdorn), Stuttgart – S. 49: Corbis (Reuters), Düsseldorf – S. 55: Getty Images (Image Bank), München – S. 59: Okapia (Thierry Montford), Frankfurt – S. 63: IMAGO (Camera 4), Berlin – S. 64.1: Getty Images (Allsport Concepts), München – S. 64.2: Visum (Bernd Arnold), Hamburg – S. 64.3: ZEFA (Saloutos), Düsseldorf – S. 64.4: Getty Images (Stone), München – S. 64.5: Avenue Images GmbH (PhotoDisc), Hamburg – S. 64.6: Corbis (Geiersperger), Düsseldorf – S. 64.7: Corbis (Ray Juno), Düsseldorf – S. 64.8: Avenue Images GmbH (PhotoDisc), Hamburg – S. 65.1: Avenue Images GmbH (Image Source), Hamburg – S. 65.2: Astrofoto, Sörth – S. 65.3: Getty Images (Stone), München – S. 66.1: Corel Corporation, Unterschleissheim – S. 66.2: Helga Lade (Kester), Frankfurt – S. 67.1: MEV, Augsburg – S. 67.2: Getty Images RF (PhotoDisc), München – S. 71.1: Avenue Images GmbH (Index Stock), Hamburg – S. 71.3: Mauritius (Pascal), Mittenwald – S. 71.4: Fotofinder (artur), Berlin – S. 72.1-4: Martin Bellstedt, Jena – S. 73.1-2: Martin Bellstedt, Jena – S. 75.1: Fotosearch RF (PhotoDisc), Waukesha, WI – S. 76.1: Getty Images, München – S. 76.2: Martin Bellstedt, Jena – S. 77: Martin Bellstedt, Jena – S. 82: Corbis (Vanni Archive), Düsseldorf – S. 83: AKG, Berlin – S. 84.1: Getty Images, München – S. 84.2: dpa, Frankfurt – S. 84.3: Getty Images, München – S. 85: Creativ Collection Verlag GmbH, Freiburg – S. 92: Getty Images (Ryan McVay), München – S. 93.1: Getty Images (Stone), München – S. 93.2: Getty Images (Image Bank), München – S. 94: IMAGO (Volkmann), Berlin – S. 96.1: Bananastock RF, Watlington/Oxon – S. 96.2: Getty Images RF (PhotoDisc), München – S. 97: Schmidtke, Dieter, Schorndorf – S. 98: Avenue Images GmbH (Index Stock), Hamburg – S. 99: MEV, Augsburg – S. 104.1: Fotofinder (auto motor und sport/MPI), Berlin – S. 104.2: Helga Lade (Geoff du Feu), Frankfurt – S. 105: Corbis (Ronnie Kaufman), Düsseldorf – S. 111.1: Picture-Alliance (epa/ Louisa Gouliamaki), Frankfurt – S. 111.2: MEV, Augsburg – S. 112.1: Klett-Archiv, Stuttgart – S. 112.2: Fotofinder (Zierhut/F1 ONLINE), Berlin – S. 113: Getty Images (Image Bank), München – S. 117.1: Corel Corporation, Unterschleissheim – S. 117.2: MEV, Augsburg – S. 117.3: Klett-Archiv, Stuttgart – S. 117.4: Klett-Archiv (Silberzahn), Stuttgart – S. 119: Klett-Archiv (Simianer&Blühdorn), Stuttgart – S. 124.1-4: Klett-Archiv (Simianer&Blühdorn), Stuttgart – S. 125.1: photonica amana (Jakob Helbig Photography), Hamburg – S. 125.2: Dieter Gebhardt, Asperg – S. 125.3: Klett-Archiv (Simianer&Blühdorn), Stuttgart – S. 125.4: Klett-Archiv (Simianer&Blühdorn), Stuttgart – S. 129.1: Creativ Collection Verlag GmbH, Freiburg – S. 129.2: Corel Corporation, Unterschleissheim – S. 129.3: Avenue Images GmbH (Corbis RF), Hamburg – S. 130: Corbis (LWA-Dann Tardif), Düsseldorf – S. 131: Corbis (LWA-Dann Tardif), Düsseldorf - S. 132: Picture-Alliance (dpa/Thieme), Frankfurt – S. 133: Cinetext (Warner Bros.), Frankfurt – S. 134: Klett-Archiv (Simianer&Blühdorn), Stuttgart – S. 138: Corbis (Dan Guravich), Düsseldorf – S. 139: Angermayer (Hans Reinhard), Holzkirchen – S. 140: Mauritius, Mittenwald – S. 142: Corel Corporation, Unterschleissheim – S. 143: Avenue Images GmbH (Corbis RF), Hamburg – S. 144: Picture-Alliance (UPI), Frankfurt – S. 147: MEV, Augsburg – S. 151: MEV, Augsburg – S. 152.1: Getty Images (Photographer`s Choice), München – S. 152.2: Avenue Images GmbH (Image Source), Hamburg – S. 152.3: Getty Images (Stone), München – S. 152.4: Getty Images (Image Bank), München – S. 152.5: Getty Images (Image Bank), München – S. 153.1: Getty Images (Stone), München – S. 153.2: Corbis(Lew Long), Düsseldorf – S. 154: Bongarts, Hamburg – S. 158: MEV, Augsburg – S. 159.1: Mauritius (Raith), Mittenwald – S. 159.2: Getty Images (Taxi), München – S. 162: Siemens AG, München – S. 165.1: Mauritius (Pigneter), Mittenwald – S. 165.2: Getty Images (EyeWire), München – S. 165.3: Getty Images (Jamie Squire), München – S. 167.1: Klett-Archiv (Simianer&Blühdorn), Stuttgart – S. 167.2: Klett-Archiv (Simianer&Blühdorn), Stuttgart – S. 168: Fotofinder (Vandystadt/Agentur Focus), Berlin – S. 169: Avenue Images GmbH (PhotoDisc), Hamburg - S. 170: Rieskrater-Museum, Nördlingen – S. 172.1: Landesvermessungsamt Baden-Württemberg, Stuttgart – S. 172.2: BPK, Berlin – S. 174: Picture-Alliance (epa/Rick Tomlinson), Frankfurt – S. 175: Landesvermessungsamt Baden-Württemberg, Stuttgart – S. 177: Klett-Archiv (Simianer&Blühdorn), Stuttgart – S. 179: Fotosearch RF (Digital Vision), Waukesha, WI – S. 182.1: Corbis (Bettmann), Düsseldorf – S. 182.2: Corbis (Don Mason), Düsseldorf – S. 186.1: IMAGO (Camera 4), Berlin – S. 186.2: IMAGO (Camera 4), Berlin – S. 186.3: IMAGO (Sven Simon), Berlin – S. 186.4: IMAGO (Ulmer), Berlin – S. 188.1: AKG (John Hios), Berlin – S. 188.2: Picture-Alliance (ASA), Frankfurt – S. 189.1: Picture-Alliance (akg-images), Frankfurt – S. 189.2: Bridgeman Art Library, London – S. 189.3: Picture-Alliance (akg-images), Frankfurt – S. 190: Picture-Alliance (dpa - Sportreport), Frankfurt – S. 191: Picture-Alliance (dpa - Sportreport), Frankfurt – S. 192.1: Picture-Alliance (dpa - Sportreport), Frankfurt – S. 192.2: Picture-Alliance (dpa - Bildarchiv), Frankfurt – S. 193.1: Picture-Alliance (dpa - Sportreport), Frankfurt – S. 193.2: IMAGO (Ulmer), Berlin – S. 194.1: Picture-Alliance (dpa - Sportreport), Frankfurt – S. 194.2: Picture-Alliance (dpa - Sportreport), Frankfurt – S. 195: IMAGO (Sven Simon), Berlin – S. 196.1: IMAGO (Camera 4), Berlin – S. 196.2: IMAGO (Sven Simon), Berlin – S. 197.1: IMAGO (Sven Simon), Berlin – S. 197.2: Picture-Alliance (Sportreport), Frankfurt – S. 198.1: Corbis (Bettmann), Düsseldorf – S. 198.2: Corbis (Underwood & Underwood), Düsseldorf - S. 199.1: IMAGO (Sven Simon), Berlin – S. 199.2: IMAGO (Hoch Zwei), Berlin

Textquellen

S. 41: Der Mathematiker: Heinz Erhardt – S. 190: Der Marathonlauf. Aus: Das Olympiabuch Athen 1896 – 2004. Delius Klasing Verlag, Bielefeld – S. 191: Porträt einer Olympiasiegerin: Mizuki Noguchi. Aus: Laufmagazin 10/2004, S. 20. Spiridon Verlags-GmbH, Düsseldorf

Nicht in allen Fällen war es uns möglich, den Rechteinhaber ausfindig zu machen. Berechtigte Ansprüche werden selbstverständlich im Rahmen der üblichen Vereinbarungen abgegolten.